计 量 经 济 学

赵建新 编著

苏州大学出版社

图书在版编目（CIP）数据

计量经济学/赵建新编著.—苏州：苏州大学出版社，2004.9（2014.8 重印）
ISBN 978-7-81090-342-4

Ⅰ.计…　Ⅱ.赵…　Ⅲ.计量经济学　Ⅳ.F224.0

中国版本图书馆CIP数据核字(2004)第084749号

计量经济学
赵建新　编著
责任编辑　陈　洁

苏州大学出版社出版发行
(地址：苏州市十梓街1号　邮编:215006)
宜兴市盛世文化印刷有限公司印装
(地址：宜兴市万石镇南漕河滨路58号　邮编：214217)

开本787mm×960mm　1/16　印张19　字数360千
2004年9月第1版　2014年8月第4次印刷
ISBN978-7-81090-342-4　定价：35.00元

苏州大学版图书若有印装错误，本社负责调换
苏州大学出版社营销部　电话：0512-65225020
苏州大学出版社网址 http://www.sudapress.com

目录

Contents

计量经济学

第 1 章

计量经济学方法论

§1.1　计量经济学解决什么问题

计量经济学是对英文 Econometrics 一词的一种翻译，有人也直译为经济计量学。以这两种名称出版的书籍，内容上并无多大差异。从字面上理解，计量经济学意味着“经济测量”，强调以经济数据为基础来分析和研究经济现象。简练地讲，计量经济学是一门发现、检验经济理论、结论或规律以及将一般性的经济规律在不同的时间和地域具体化、数量化的技术和方法体系。例如，以微观经济学中的效用函数及消费者效用最大化假定为基础，我们可以推出著名的“需求规律”：对正常商品而言，消费者对其的需求量与该商品的价格呈反方向变动关系。它是消费者均衡理论的一个重要推论。虽然不可能用经济测量的数据来直接检验消费者均衡理论，但如果以特定的消费者为观察对象，用经济测量的数据证伪了“需求规律”，则我们就有一定的理由去怀疑消费者均衡理论的正确性。反过来讲，如果“需求规律”是一个科学的结论，则经济测量的数据就一定与“需求规律”相容。这就是计量经济学的检验或实证功能。进一步讲，如果我们并不知道“需求规律”，但通过对经济测量数据的特定分析，我们是有可能猜出或得出“需求规律”的。这就是计量经济学的发现功能。最后，对于不同时间或地域的消费者而言，“需求规律”的具体表现形式可能是不同的，即需求函数具体是线性的还是非线性的，函数中参数的具体数值是多少，在“需求规律”的具体应用时是极为重要的，这就需要发挥计量经济学的具体化功能。

以下的文献摘录是对计量经济学性质和作用的不同解释：

计量经济学，是对经济学的作用存在某种期待的结果，它把数理统计学应用于经济数据，以使数理经济学构造出来的模型得到经验上的支持，并获得数值结果。[1]

计量经济学可定义为实际经济现象的数量分析。这种分析乃基于理论与观测的并行发展，而理论与观测又通过适当的推断方法而得以联系。[2]

计量经济学可定义为这样的社会科学：它把经济理论、数学和统计推断作为工具，应用于经济现象的分析。[3]

计量经济学研究经济规律的经验判定。[4]

计量经济学家的功夫，就在于找出一组足够具体且足够现实的假定，使他尽可能地利用好他所获得的数据。[5]

计量经济学有助于在积极意义上驱散公众对(数量或非数量的)经济学科的不良印象：这门学科犹如一个空箱子，即使有打开它的钥匙，对其空洞的内容，任何十位经济学家都会作出十一种解释。[6]

本质上，计量经济学的研究方法是，利用统计推断的理论和技术作桥头堡，以达到经济理论和实际观测相衔接的目的。[7]

§1.2 计量经济模型

模型，是人类认识世界的一种重要工具，是对现实的一种描述和模拟。存在各种不同形式的模型，如语义模型、物理模型、几何模型和数学模型等。数学模型更为简洁、深刻。例如，“供给不足的生产活动，产出量是由资本、劳动、技术等投入要素决定的，在一般情况下，随着各种投入要素的增加，产出量也随之增加，但要素的边际产出是递减的”，是一个语义经济模型，转换成数理经济模型则变为：

$$Q=Ae^{\gamma t}K^{\alpha}L^{\beta} \qquad A,\gamma,\alpha,\beta>0 \tag{1.2.1}$$

其中，Q 表示产出量，A 表示初始技术水平，K 表示资本，L 表示劳动，γ、α、β 分别表示不同的经济参数。对于不同的经济而言，A、γ、α、β 的数值是有所不同的，所以该数理经济模型无法告诉我们对特定的经济而言这些参数的具体数值是多少。另外，如果我们想利用一个特定经济的数据来检验该数理经济模型是否适用，则结论一般是否定的。因为，无论模型中的参数取什么值，绝大多数经济数据代入式(1.2.1)两侧都无法使等号成立。但这并不意味着该数理经济模型一定不适用于这一特定的经济。

因此，如果我们想检验该数理经济模型是否适用某一特定经济，或者我们已认定该数理经济模型适用于某一特定经济，只是想利用这一经济的一组观测数据来求出模型中的经济参数值，那么，我们就必须将该数理经济模型转换成如下的计量经济模型：

$$Q=Ae^{\gamma t}K^{\alpha}L^{\beta}\varepsilon \qquad A,\gamma,\alpha,\beta>0 \tag{1.2.2}$$

其中，ε 为随机误差项，可视为一随机变量。也就是说，计量经济模型总是由带有随机误差项的随机数学模型构成的。由于随机误差项的引入，允许经济数据直接代入式(1.2.2)，使得我们有办法去估计模型中的经济参数值。反过来，如果式(1.2.1)确实适用于某一特定经济，那么对式(1.2.2)而言，该经济的数据应该显示出：

$$E(Q)=E(Ae^{\gamma t}K^{\alpha}L^{\beta}\varepsilon)=Ae^{\gamma t}K^{\alpha}L^{\beta} \qquad A,\gamma,\alpha,\beta>0 \tag{1.2.3}$$

也就是说，从经济数据的角度看，一个正确的数理经济模型给出的只是一种期望或平均意义上的结论。

计量经济学使用带有随机误差项的数学模型，有多方面的原因：

(1) 模型的不完备性。任何一个模型都是用一些特定的经济变量去解释某一经济变量，或某些经济变量是如何影响另一经济变量的。该模型即使不错，但也不会全对，即模型会丢掉一些实际起影响作用的解释变量。因此，随机误差项可以看成是对模型所排除或忽略的其他解释变量的替代变量。

(2) 数据的欠缺。即使我们明知忽略了某些解释变量，但如果我们无法获得这些变量的数据信息，将这些变量纳入模型也是无用的。在经验研究中，人们得不到想要的数据是司空见惯的事。例如，从原理上讲，除收入外，我们还应该引入财富作为家庭消费支出的解释变量。但不幸的是，一般是得不到关于家庭财富的信息的。因此，不得不把财富变量从模型中割舍掉。这样一来，只有引入随机误差项才能使模型中的等式成立。

(3) 数据测量与归并误差的存在。由于主观或客观上的测量误差、书写、记录、印刷上的误差以及数据归并上的误差的存在，即使模型是完备的，数据代入后也不会严格成立，所以需要引入随机误差项去平衡等式。

(4) 模型数学形式设定上的偏差。经济现象背后的规律是很复杂的。模型中被解释变量与解释变量之间的真实数量关系可能是复杂的非线性式，我们或者对此认识不足，或者为了简化起见用线性式来近似，但实际的观测数据却不会随之而改变，因此也需要引入随机误差项去平衡等式。

(5) 人类行为内在的随机性。随机误差项的引入使得计量经济模型中的因变量(被解释变量)自然地成为随机变量。被解释变量作为经济变量，或者是人类行为的直接表现，或者是人类行为作用的结果，而人类行为具有强烈的机会主义特征及内在的随机性，所以引入随机误差项与人类的本性相容。

在计量经济分析中，随机误差项 ε 在特定的经济数据下所表现出的分布特征，是我们判断所选模型优劣的一个主要信息来源。因此，计量经济学的方法与数理统计学密切相关。

§1.3 计量经济研究的步骤

计量经济学对经济问题的研究，遵循一个统一的逻辑框架，一般按下列技术路线进行：(1)理论或假说的陈述；(2) 理论的数理模型的设定；(3) 理论的计量经济模型的设定；(4) 获取数据；(5) 计量经济模型的参数估计；(6) 假设检验；(7) 预报或预测；(8) 利用模型进行控制或制定政策。

下面我们以著名的凯恩斯消费理论为例，详细说明以上步骤。[8]

1.3.1 理论或假说的陈述

凯恩斯说：基本的心理定律……是，通常或平均而言，人们倾向于随着他们收入的增加而增加其消费，但比不上收入增加的那么多。简而言之，凯恩斯设想，边际消费倾向(MPC)，即收入每变化一个单位的消费变化率，大于 0 而小于 1。

1.3.2 数理模型设定

虽然凯恩斯公设了消费与收入之间有一正的关系，但他并没有明确指出这二者之间的准确的函数关系。为简单起见，数理经济学家也许建议采用如下的凯恩斯消费函数形式：

$$Y=\beta_1+\beta_2 X \qquad 0<\beta_2<1 \tag{1.3.1}$$

其中，Y 表示消费支出，X 表示收入。斜率系数 β_2 就是 MPC 的度量。方程(1.3.1)的几何意义可由图 1-1 表示。该方程表明消费与收入之间有线性关系。该线性方程仅是消费与收入之间各种可能的方程之一。该数理模型属于单方程模型，即模型中只含一个方程。出现在方程左边的变量称为因变量(被解释变量)，而右边的变量则称为解释变量。

1.3.3 计量经济模型设定

方程(1.3.1)给出的是消费函数的数理模型，它假定消费与收入之间有一个准确的或确定性的关系，因此，它对计量经济学家的用处是有限的。一般地说，经济变量之间的关系是非准确的。例如，我们获得了 500 个中国家庭消费支出和可支配收入的一个样本数据，并把这些数据画在以消费支出为纵坐标、可支配收入为横坐标的图纸上。我们不能指望所有的观测值都恰好落在图 1-1 的那条直线上。因为除了收入外，还有其他变量在影响着消费支出。比方说，家庭大小、家庭成员的年龄、家庭的宗教信仰等，都会对消费有一定的影响。

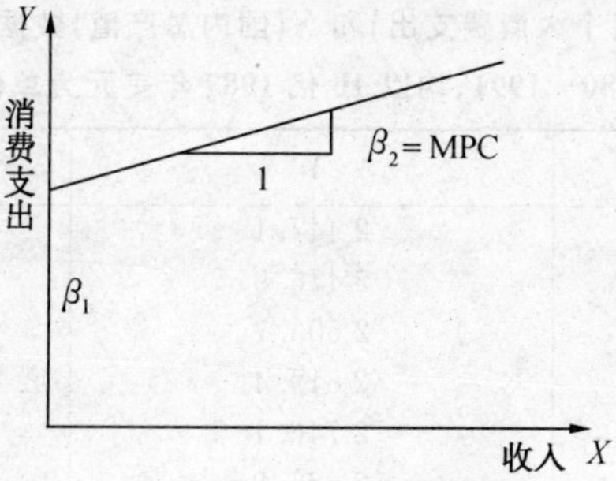

图 1-1 凯恩斯消费函数

考虑到经济变量之间的非准确关系,计量经济学家会把确定性的消费函数修改如下:

$$Y=\beta_1+\beta_2 X+\varepsilon \tag{1.3.2}$$

作为随机变量的误差项 ε,具有良好定义的概率性质,用来代表所有未经指明的对消费有所影响的那些因素。可以把消费函数的计量经济模型描绘成图 1-2 那样。

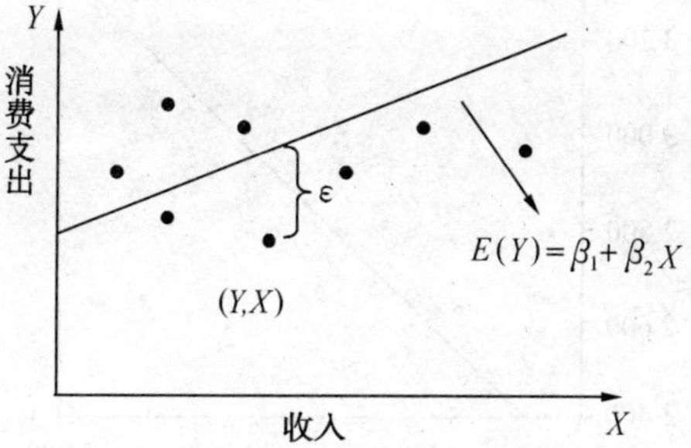

图 1-2 凯恩斯消费函数的计量经济模型

1.3.4 获取数据

为了估计式(1.3.2)所给的计量经济模型,也就是为了得到 β_1 和 β_2 的估计值,需要有数据。表 1-1 是美国经济的一个样本数据。该表中的 Y 变量是(整个经济的)对个人加总的消费支出,而 X 变量是国内总产值(GDP),代表加总收入的一个量度,均以 10 亿 1987 年美元为单位计算。因此,表中数据代表以 1987 年不变价格计算的“实际”消费和“实际”收入。现将这些数据描绘在图 1-3 上。

表 1-1　　Y(个人消费支出)和 X(国内总产值)数据，1980～1991，均以 10 亿 1987 年美元为单位

年	Y	X
1980	2 447.1	3 776.3
1981	2 476.9	3 443.1
1982	2 503.7	3 760.3
1983	2 619.4	3 906.6
1984	2 746.1	4 148.5
1985	2 865.8	4 279.8
1986	2 969.1	4 404.5
1987	3 052.2	4 539.9
1988	3 162.4	4 718.6
1989	3 223.3	4 838.0
1990	3 260.4	4 877.5
1991	3 240.8	4 821.0

资料来源：Economic Report of the President《总统经济报告》，1993，Table B—2，p. 350

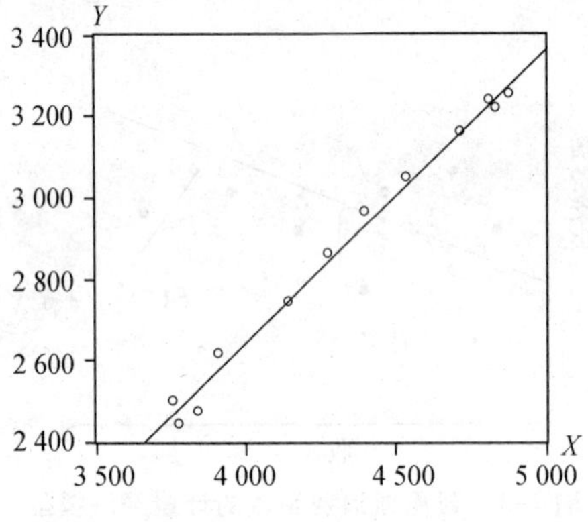

图 1-3　1980～1991 年个人消费支出(Y)对 GDP(X)的关系

1.3.5 计量经济模型的参数估计

既然有了数据，下一步的工作就是估计消费函数中的参数。参数的数值估计将对消费函数赋予经验内容。参数 β_1 和 β_2 的具体估计方法将在第 2 章中说明。这里仅指出，回归分析的统计技术是获得估计值的主要手段。利用这种技术以及表 1-1 所给的数据，我们获得 β_1 和 β_2 估计值为－231.8 和0.719 4。于是所估计的消费函数是：

$$\hat{Y} = -231.8 + 0.7194X \tag{1.3.3}$$

Y 顶上的帽符表示一种估计值。由此我们发现，在 1980～1991 年期间，斜率系数(即 MPC)约为 0.72，表示在此样本期间，实际收入每增加 1 美元，平均而言，

实际消费支出将增加72美分。我们说平均而言，是因为消费和收入之间没有准确的关系。这一点可以从图1-3所展示的、得自式(1.3.3)的回归线看出。

1.3.6 假设检验

假定所拟合的模型是现实的一个较好的近似，还必须制定适当的准则，借以判断回归方程(1.3.3)中的估计值是否与待检验的理论预期值相一致。因为根据“实证”经济学家的意见，凡是不能通过经验证据来证实的理论或假设，都不能作为科学探索的一个部分。

如前所述，凯恩斯曾预期MPC是正的，但小于1。在我们的例子中，我们求得MPC约为0.72。但在把这一发现看做是对凯恩斯消费理论的认可之前，还要追问这个估计值是否充分地低于1，以使我们不再怀疑这个估计值仅是通过一次偶然的机会得到，或者怀疑我们用的数据太特殊了。换言之，0.72是不是在统计意义上小于1？如果是，就可以用来支持凯恩斯的消费理论。

以样本证据为依据去确认或否定经济理论，是以统计推断(假设检验)为名的一个统计理论分支作为理论基础的。在以后的章节中，我们会处处看到这种推断过程实际上是怎样操作的。

1.3.7 预报或预测

如果所选的模型确认了我们所考虑的假说或理论，就可以根据解释变量X的已知或预期未来值来预测被解释变量或预报变量Y的未来值。

为了说明起见，假定实际GDP在1994年的预期未来值是60 000亿美元，问1994年的预报消费支出是多少？如果我们认为在1994年消费函数(1.3.3)仍然有效，这个答案就是：

$$\hat{Y}=-231.8+0.7194\times 6000=4084.6 \qquad (1.3.4)$$

即约40 846亿美元。

所估计的模型(1.3.3)还有另一用途。1993年克林顿总统上任不久便宣布了他的经济计划，其中包括对年收入超过14万美元的人增税。他还提出用能源和其他税收去削减联邦预算赤字。那么，这种收入政策对消费支出以至最终就业的影响将如何？

假若政策改变的结果，投资有所下降，其对经济的影响将如何？宏观经济理论告诉我们，投资支出每改变1元，收入的改变由收入乘数(M)：

$$M=\frac{1}{1-MPC} \qquad (1.3.5)$$

给出。如利用式(1.3.3)得出的$MPC=0.72$，此乘数就变成$M=1/(1-0.72)$

=3.57。就是说，投资减少（增加）1美元，将最终导致收入减少（增加）近4倍之多。但要注意的是，乘数的实现需要时间。

在这一计算中，MPC是个关键值，因为M依赖于它。但MPC的估计来自如式(1.3.3)的回归模型的估计值。所以，回归模型的估计为政策的制定提供了有价值的信息。一旦获知MPC，即可跟踪政府财政政策的改变，预测收入和消费支出的未来变化过程。

1.3.8 利用模型进行控制或制定政策

假若我们已经估计出由(1.3.3)给出的凯恩斯消费函数，而且政府认为40 000亿美元的（消费）支出水平即可维持当前约6.5%的失业率（1994年4月美国劳工统计局作出的估计），问什么收入水平将保证消费支出的这一目标值？

如果已估计出的消费函数(1.3.3)是可以接受的，简单的算术运算将表明：

$$4\,000 = -231.8 + 0.719\,4X$$

$$X = 5\,882.4$$

就是说，给定约0.72的一个MPC，58 824亿美元的收入水平将产生40 000亿美元的消费支出。

上述计算提示我们，一个已估计出来的模型可服务于控制或政策目的。通过适当的财政与货币政策的配合，政府可操纵控制变量X以产生目标变量Y的期望水平。

在实际研究中，上述步骤过程是在反复不断地进行的。也就是说，如果我们要不断地提高模型的解释力度，我们就需要不断地检验、检验、再检验，完善、完善、再完善。

§1.4 回归分析的性质

回归分析是计量经济学的核心内容，或者说回归技术是计量经济学的主要工具。那么，什么是回归呢？

1.4.1 回归的含义

回归一词最先由F.加尔顿(Francis Galton)引入。加尔顿发现，虽然有一个趋势，父母高，儿女也高；父母矮，儿女也矮；但给定父母的身高，儿女辈的平均身高却趋向于或者“回归”到全体人口的平均身高。

回归的现代解释是：回归分析是关于研究一个叫做因变量的变量对另一个或多个叫做解释变量的变量的依赖关系，其用意在于通过后者（在重复抽样中）

的已知或设定值，去估计或预测前者的(总体)均值。

1.4.2 统计关系与确定性关系的区别

与经典物理学中考虑的那种变量之间的函数或确定性依赖关系不同，回归分析中考虑的是一种所谓的统计关系。在变量之间的统计关系式中，主要处理的是随机变量，即有着概率分布的变量。统计关系与确定性关系的含义是有区别的。例如，农作物收成对气温、降雨、阳光以及施肥的依赖关系是统计性质的。这个性质的意义在于：这些解释变量固然重要，但并不能依此准确地预测农作物的收成。

1.4.3 回归与因果关系的区别

虽然回归分析研究一个变量对另一(些)变量的依赖关系，但它并不一定意味着因果关系。一个统计关系式，不管多强也不管多么有启发性，却永远不能确立因果方面的联系。对因果关系的把握，必须来自统计学以外，最终来自这种或那种理论。

在前面所述的农作物收成一例中，没有任何统计上的理由可以认为降雨量不依赖农作物收成。把农作物收成看做是依赖于降雨量等的因变量，是出于非统计上的考虑。常识提示我们不能把这种关系颠倒过来，因为我们不能用改变农作物收成的办法来控制降雨量。

1.4.4 回归分析与相关分析的区别

与回归分析密切联系而在概念上迥异的，是以测度两个变量之间的线性关联力度为其主要目的的相关分析。例如，我们也许有兴趣去求吸烟与肺癌、统计学考分与数学考分、中学成绩与大学成绩等之间的相关系数。而在回归分析中，我们并不主要对这种度量感兴趣。我们感兴趣的是试图根据其他变量的设定值来估计或预测某一变量的平均值。例如，我们也许更想知道能否从一个学生的已知数学考分，去预测他的统计学平均考分。

回归和相关还存在以下的区别。在回归分析中，对因变量和解释变量的处理方法存在着不对称性。因变量被当做是统计的、随机的，而解释变量则被看做(在重复抽样中)取有固定值。但在相关分析中，我们对称地对待任何两个变量，因变量和解释变量之间不加区别。同时，两个变量都被看做是随机的。但是，本教材要阐述的回归理论的大部分均以下述假定为条件：因变量是随机的，而解释变量是固定的或非随机的。

§1.5 计量经济分析所用数据的性质

任何计量经济分析的成功都有赖于适当数据的获得。因此，了解经验分析中所遇到的数据的性质是非常必要的。

1.5.1 时间序列数据

表 1-1 所列数据就属时间序列数据，它给出了两个时间序列。一个时间序列是对同一个观测对象就某一个测度指标（变量）在不同时间的观测结果。这些数据可以是在有规则的时间间隔内收集的。

虽然许多计量经济研究都使用时间序列数据，但它们的使用给计量经济学家提出了特殊的问题。基于时间序列的经验作品，大多假定所依据的时间序列是平稳的，所以这里要特别提醒，每当你使用时间序列的数据进行回归分析时，都要先问一问它的平稳性如何。

1.5.2 横截面数据

横截面数据是指对多个不同的观测对象就某一个或多个测度指标（变量）在同一时间点上的观测结果。其中，每一个测度指标都会给出一个横截面数据。

正如时间序列数据由于平稳性的争论产生了它特有的问题一样，横截面数据也有其自身的问题，特别是异方差性问题。

1.5.3 面板数据

在面板数据中同时兼有时间序列数据和横截面数据的成分。横截面数据的时间序列就是面板数据。面板数据的一种特殊类型是定点时序数据，是指对相同的横截面单元（比如家庭或厂家）在时（间）轴上进行跟踪调查的数据。定点时序数据对住户或厂商行为的动态特性提供了非常有用的信息。

1.5.4 数据的来源

用于经验分析的数据可以由一个政府机构（统计局或商业部）、一个国际机构（如国际货币基金或世界银行）、一个私营组织或某些个人来收集。这些组织所收集的数据可以是实验或非实验性质的。

在自然科学中，经常收集的是实验数据。这时，研究者希望在保持一些因素不变的情况下收集数据，以便评价另一些因素对某一现象的影响。例如，在评价肥胖对高血压的影响时，研究者要在人们饮食、烟酒习惯都不变的情况下收集数据，以便尽可能减少这些变量对血压的影响。

在社会科学中，通常人们获得的数据是非实验性的，就是说，这些数据不受研究者的控制。例如，GNP、失业、股票价格等数据并不受研究者的控制。对数据缺乏控制，常常给研究者在寻觅某种事态的准确原因时造成特别的疑难。例如，究竟是货币供给决定(名义)GNP呢？还是反过来GNP决定货币供给呢？

1.5.5 数据的准确性

虽然有大量的数据可供经济研究之用，但数据的质量却存在这样那样的不足。这是因为：(1)大部分社会科学的数据是非实验性质的。因此就有观测误差的存在；或出于疏漏，或出于误为。(2)即使是实验得来的数据，测量误差也可由近似计算或进位而产生。(3)在问卷型调查中，非应答问题可能占据的比重较大；能获得40%问卷者的应答就算幸运。根据这样的部分答卷所作的分析未必能真正反映60%非应答者的行为。由此导致所谓的(样本)选择性偏误。不但如此，回答问卷的人不一定回答所有的问题，特别是那些财务上敏感的问题，从而导致更多的选择性偏误。(4)获取数据的抽样方法可能变化很大，要比较不同样本得来的结果常常是困难的。(5)通常获得的经济数据都是高度加总的。例如，大多数宏观数据(如GNP、就业、通货膨胀、失业)都是针对整个经济或者至少是针对一些广大地(理)区(域)给出的。这种高度加总的数据未必能告诉我们多少有关个人或微观单位的情况，而后者才是研究的最终目标。(6)由于保密的原因，某些数据只能以高度加总的形式公布。

基于上述原因，如果在一定的情况下，研究者发现研究的结果“不能令人满意的”的话，原因不一定是误用模型，可能是数据的质量不好。

§1.6 数学及统计学的预备知识

本教材是在一个初等数学水平的基础上介绍计量经济学的。但作者仍假定学生已学过了概率论与数理统计学，对统计估计和假设检验的基本概念已有所理解。至于在数学方面，作者假定学生对微积分的概念不陌生，对线性代数中的矩阵表达形式并不惧怕。虽然，在个别地方我们使用了矩阵表达形式，那也是为了更简练地表述而已，但并不是必须的。作者特别提醒学生，计量经济学的基本理念的表达，并不需要借助矩阵代数。

§1.7 计算机及计量经济学应用软件的运用

回归分析中大量、复杂的计算是计量经济学研究中的家常便饭，没有计算机和某些应用软件的配合，这种计算工作量是难以想像的。幸好，现在已有很多优良的回归软件包，兼适用于主机和微机，并且与日俱增。诸如 ET、LIMDEP、SHAZAM、Micro TSP、SAS、SPSS、EViews 和 BMD 等应用软件包，容纳了本教材所讲的大多数运算功能。因此，学生在学习计量经济学时，如果你只是准备将来去应用它而不是研究它的话，那么，你就不必过于计较很多计算公式或结论的推倒过程，也不必担心今后不会亲自手工计算。你真正需要搞懂的是那些重要的应用公式和结论成立的前提条件与假定，以及当样本数据显示这些前提和假定不满足时，变通的处理方法是什么。我们希望在学完本课程的同时，学生同时掌握 TSP 或 EViews 软件的应用。教材中的大部分计算也都是利用 TSP 或 EViews 软件完成的，我们同时给出了相应的说明。

§1.8 要点

(1) 计量经济学是实证性研究经济问题的学科。它遵循一个规范的研究程序。

(2) 计量经济学研究的落脚点是计量经济模型。它是由含随机误差项的数学方程式构成的。计量经济模型分单方程模型和联立方程模型两大类。

(3) 回归分析是计量经济学的核心内容。其用意是分析一个叫做因变量的变量对另一个或多个叫做解释变量的变量的统计依赖性。其目标是在解释变量的已知或固定值的基础上，估计和预测因变量的均值。

(4) 应用计量经济研究的成功有赖于适用数据的获得。研究成果的质量取决于数据的质量。大部分经济数据是非实验性质的。

(5) 应用计量经济的研究离不开计算机及相应统计软件的使用。

习题 1

1. 举例说明实证研究的意义。

2. 以一个你所熟知的理论为例，详细说明计量经济研究的各个步骤的具体内容。

3. 计量经济模型中包含随机误差项的意义。

4. 设计出不同的抽样观测，以分别获得时间序列数据、横截面数据和面板数据。

第 2 章　二元线性回归模型的估计、检验与应用

这里所说的二元是指模型中只包含两个变量，线性则是指因变量（在期望意义上）与解释变量的函数关系是线性的。显然，每个回归模型都应包含两种变量：因变量与解释变量。因此，所谓二元线性回归模型是一个只含有一个解释变量的模型（所以，有的教材也将其称为一元线性回归模型），也是最简单的计量经济模型。本章将详细讲述二元线性回归分析方法。这样安排，不是因为它在实际应用中有着广泛的适用性，而是因为它能使回归分析的基本原理表述得尽可能简单而又透彻，而且，某些概念还能借助于二维图形来说明。更为重要的是，第 **3** 章的多元线性模型的回归方法，在许多方面都可以看成是二元线性模型回归方法的逻辑推广。因此，可以毫不夸张地讲，搞懂了本章的内容意味着你已搞懂了本课程的一半内容。本章是学好后续章节的重要基础。

§2.1　回归模型的设定与相关概念

二元线性总体回归模型的设定形式如下：

$$Y=\beta_1+\beta_2 X+u \tag{2.1.1}$$

其中，β_1 和 β_2 分别为一常系数，u 为一随机变量，并满足 $E(u)=0$。在上述设定下，显然有：

$$E(Y)=\beta_1+\beta_2 X \tag{2.1.2}$$

式(2.1.2)被称为总体回归方程。

从数据分析的角度讲，式(2.1.1)和式(2.1.2)的具体含义可进一步解释如下：

当解释变量 X 可重复（抽样）取值 X_i 时，即 $X=X_i$ 时，相应地存在下列关系式：

$$Y_i=\beta_1+\beta_2 X_i+u_i \tag{2.1.3}$$

u_i 在 $X=X_i$ 的前提条件下，为一确定分布的随机变量，且

$$E(u|X=X_i)=E(u_i|X_i)=E(u_i)=0 \tag{2.1.4}$$

因此，在 $X=X_i$ 的前提条件下，Y_i 也为一随机变量(取值不唯一)，具有与 u_i 相同的分布，但其数学期望(均值)为：

$$E(Y|X=X_i)=E(Y_i|X_i)=E(Y_i)=E(\beta_1+\beta_2X_i+u_i)=\beta_1+\beta_2X_i \tag{2.1.5}$$

因此，如果假定 $Var(u_i)=\sigma_i^2$，则 $Var(Y_i)=Var(\beta_1+\beta_2X_i+u_i)=Var(u_i)=\sigma_i^2$。特别是，如果假定 u_i 为有限、离散型的随机变量，在解释变量取一组特定数值的前提条件下($X=X_i, i=1,2,\cdots,n$)，因变量 Y_i 所有可能的取值由式(2.1.3)决定，它与式(2.1.5)的相互关系可用图 2-1 说明。

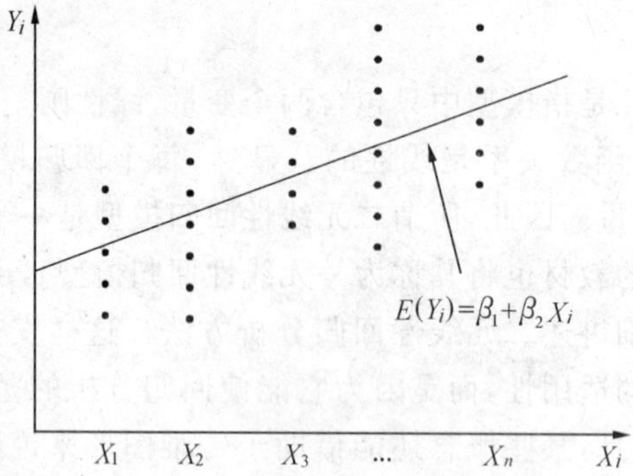

图 2-1 因变量取值与总体回归方程的关系

为使读者真正理解上述思想，我们通过下面这个假想的事例作进一步说明。假定符合式(2.1.3)的随机误差项 u_i 只取 $-20,-10,0,10,20$ 这 5 个值，且每个取值都是等可能性的，即有

$$p(u_{ij}=-20,-10,0,10,20|X_i)=\frac{1}{5} \tag{2.1.6}$$

$$\begin{aligned} Var(u_i)=\sigma_i^2 &= \sum_{j=1}^{5}[u_{ij}-E(u_i)]^2p(u_{ij})=\sum_{j=1}^{5}u_{ij}^2p(u_{ij}) \\ &= \frac{1}{5}[(-20)^2+(-10)^2+0^2+(10)^2+(20)^2] \\ &= 200 \end{aligned} \tag{2.1.7}$$

同时，$\beta_1=300$，$\beta_2=0.7$。在解释变量分别给定 $X_i=100,200,300,400,500,600,700,800,900,1\,000$的条件下，因变量 Y_i 的所有可能取值与相对应的解释变量的取值的关系可从表 2-1 中看出来。用表 2-1 中的数据，很容易就能绘出类似于图 2-1 的图来。

表 2-1　　总体回归模型与总体回归方程的关系

X_i / Y_i	100	200	300	400	500	600	700	800	900	1 000	u_i
	390	460	530	600	670	740	810	880	950	1 020	20
	380	450	520	590	660	730	800	870	940	1 010	10
	370	440	510	580	650	720	790	860	930	1 000	0
	360	430	500	570	640	710	780	850	920	990	−10
	350	420	490	560	630	700	770	840	910	980	−20
$E(Y_i)$	370	440	510	580	650	720	790	860	930	1 000	

现在，我们可以涉及回归分析中的一个核心问题了。我们已经知道，回归分析的核心就是要找到式(2.1.5)，或是要根据经济观测的数据，确定因变量 Y 与解释变量 X 是否满足式(2.1.5)，以及 β_1 和 β_2 的数值分别是多少。也就是说，我们可以先假定因变量 Y 与解释变量 X 满足式(2.1.5)，但我们不能事先假定 β_1 和 β_2 的具体数值分别是多少，它们对我们来说是未知的。正如在§1.5已分析过的那样，经济数据是非实验性质的(非可控的)，即我们无法通过重复抽样获得类似于表 2-1 中的数据，因此也就无法从中准确分析出 β_1 和 β_2 的数值。即使退一步讲，我们可以进行重复抽样观测，但如果 u_i 服从连续分布的话，重复抽样观测的数据就要比表 2-1 中所显示的数据复杂得多，也可能会使我们无法准确分析出 β_1 和 β_2 的数值。实际上我们真正面临和需要解决的问题是，我们获得了一组(不是重复)抽样观测的数据(Y_i, X_i)，$i=1,2,\cdots,n$，它被称为一个容量为 n 的样本，比如，我们(碰巧或随机地)获得了表 2-1 灰底方框中的数据，我们能否利用这组数据精确地估计出 $\beta_1=300$，$\beta_2=0.7$ 以及 $\sigma_i^2=200$ 呢？或者，如何合理地(尽可能准确地)去估计 β_1、β_2 和 σ_i 的数值。显然，对于一个随机的样本数据，我们所选定的估计方法估计出的 β_1、β_2 和 σ_i 的数值不一定等于 300、0.7 和 200，除非我们获得的样本碰巧是相当于表 2-1 中最后一行的数据。

因此，我们还需要做如下一系列的设定：假定因变量 Y 与解释变量 X 在总体上服从式(2.1.1)；我们获得了它们的一个容量为 n 的样本观测数据(Y_i, X_i)，$i=1,2,\cdots,n$；与式(2.1.1)相对应，该样本数据服从样本回归模型(2.1.8)：

$$Y_i=\hat{\beta}_1+\hat{\beta}_2 X_i+e_i \quad i=1,2,\cdots,n \tag{2.1.8}$$

其中，$\hat{\beta}_1$ 和 $\hat{\beta}_2$ 是(将要)根据样本数据求出的对 β_1 和 β_2 的估计值，e_i 称为样本回归模型的残差或剩余。需要特别指出的是，相对于给定的样本数据，式(2.1.8)是一个确定性方程；另外，Y_i 在式(2.1.8)中的含义是与观测值 X_i 相对应的一个已知的观测值，而在式(2.1.1)中，它则代表给定观测值 X_i 因变量 Y 所有可能的观测值。与式(2.1.8)所对应的样本回归方程被定义为：

$$\hat{Y}_i=\hat{\beta}_1+\hat{\beta}_2 X_i \quad i=1,2,\cdots,n \tag{2.1.9}$$

显然有，

$$e_i=Y_i-\hat{Y}_i \tag{2.1.10}$$

样本回归方程与总体回归方程之所以存在设定上的差异，那是因为，总体回归方程是根据因变量与解释变量所有可能的取值而确定的，而样本回归方程则是根据其中一组特定的取值来确定的。即一个依据总体情况，而另一个则依据部分情况。依据部分对总体的一个推断，自然不敢肯定一定符合总体。因此，回归分析的真正含义是，根据有限的部分情况（样本数据），通过"去伪存真、由此及彼、由表及里"的分析，发现（回归到）事物的真理（真值）。所以，$\hat{\beta}_1$ 和 $\hat{\beta}_2$ 就是对真值 β_1 和 β_2 的一个估计值。

现在，我们需要在式(2.1.6)和式(2.1.7)设定的基础上，找到一种估计方法，得出关于 $\hat{\beta}_1$ 和 $\hat{\beta}_2$ 的合理、有效的估计（计算）公式：

$$\hat{\beta}_1=f(Y_1,Y_2,\cdots,Y_n;X_1,X_2,\cdots,X_n) \tag{2.1.11}$$

$$\hat{\beta}_2=g(Y_1,Y_2,\cdots,Y_n;X_1,X_2,\cdots,X_n) \tag{2.1.12}$$

这就是下一节的任务。

§2.2 模型参数的最小二乘估计(原理)

本教材只介绍经典的最小二乘估计方法（OLS——Ordinary Least Squares）。它不是参数估计的唯一方法，比如，还存在最大或然法（ML）等。最小二乘估计方法的基本思路是：对于一个给定的样本，$\hat{\beta}_1$ 和 $\hat{\beta}_2$ 的选定值应使得由式(2.1.9)确定的样本回归方程（直线）对样本数据拟合得最好。如何确立具体的拟合标准呢？对容量为 n 的样本，最小二乘估计法给出的拟合最好的标准是：

$$Q=\sum_{i=1}^{n}e_i^2=\sum_{i=1}^{n}(Y_i-\hat{\beta}_1-\hat{\beta}_2 X_i)^2=\min \tag{2.2.1}$$

显然，对于给定的样本数据而言，$Q=f(\hat{\beta}_1,\hat{\beta}_2)$，即 $\hat{\beta}_1$ 和 $\hat{\beta}_2$ 的选定值不同，Q 的取值也不同，它是 $\hat{\beta}_1$ 和 $\hat{\beta}_2$ 的一个二元二次函数。$\hat{\beta}_1$ 和 $\hat{\beta}_2$ 选什么值可以使式(2.2.1)中的残差平方和最小呢？微积分学中的极值原理告诉我们，式(2.2.1)存在最小值，其充分必要条件是：

$$\begin{cases}\dfrac{\partial Q}{\partial \hat{\beta}_1}=-2\sum(Y_i-\hat{\beta}_1-\hat{\beta}_2 X_i)=-2\sum e_i=0\\[2ex]\dfrac{\partial Q}{\partial \hat{\beta}_2}=-2\sum(Y_i-\hat{\beta}_1-\hat{\beta}_2 X_i)X_i=-2\sum e_i X_i=0\end{cases} \tag{2.2.2}$$

由式(2.2.2) 得正规方程组

$$\begin{cases} n\hat{\beta}_1 + (\sum X_i)\hat{\beta}_2 = \sum Y_i \\ (\sum X_i)\hat{\beta}_1 + (\sum X_i^2)\hat{\beta}_2 = \sum X_i Y_i \end{cases} \tag{2.2.3}$$

解式(2.2.3)得:

$$\hat{\beta}_1 = \bar{Y} - \hat{\beta}_2 \bar{X} = \frac{\sum X_i^2 \sum Y_i - \sum X_i \sum X_i Y_i}{n\sum X_i^2 - (\sum X_i)^2} \tag{2.2.4}$$

$$\hat{\beta}_2 = \frac{n\sum X_i Y_i - \sum X_i \sum Y_i}{n\sum X_i^2 - (\sum X_i)^2}$$

$$= \frac{\sum (X_i - \bar{X})(Y_i - \bar{Y})}{\sum (X_i - \bar{X})^2} = \frac{\sum x_i y_i}{\sum x_i^2} \tag{2.2.5}$$

其中,$\bar{X} = \sum X_i/n$,$\bar{Y} = \sum Y_i/n$,称为样本的均值;$x_i = X_i - \bar{X}$,$y_i = Y_i - \bar{Y}$,称为样本(对均值) 的离差。因此,今后一定要注意大小写字母含义的区别。式(2.2.4) 和式(2.2.5) 就是根据最小二乘原理得出的二元线性回归模型的参数估计公式(方法)。利用表 2-1 灰底方框中的数据,可以计算出:$\hat{\beta}_1 = 304.67$,$\hat{\beta}_2 = 0.69$。显然,这是对 β_1 和 β_2 的一个不错的估计。如果利用表 2-1 中最后一行的数据,则可以计算出:$\hat{\beta}_1 = 300$,$\hat{\beta}_2 = 0.7$。

最小二乘估计方法的两个重要特征值得一提。从式(2.2.2) 中的第一个方程可知 $\sum e_i = 0$,说明该方法所选定的 $\hat{\beta}_1$ 和 $\hat{\beta}_2$ 的值,使各样本点偏离样本回归直线的正负距离之和等于零,或"均衡地" 分布在样本回归直线两侧。而从式(2.2.4) 可知,$\bar{Y} = \hat{\beta}_1 + \hat{\beta}_2 \bar{X}$,与样本回归方程(2.1.9) 比较,说明我们求出的样本回归方程肯定穿过样本均值点($\bar{X}$,$\bar{Y}$)。上述两点,为我们根据样本点画定回归直线,提供了一个参考标准。

现在,我们可以对式(2.2.4) 和式(2.2.5) 给出两种不同说法:对于给定的一个样本(Y_i,X_i),$i = 1,2,\cdots,n$ 而言,式(2.2.4) 和式(2.2.5) 给出了两个(确定的) 估计值,此时所强调的是将(Y_i,X_i) 作为具体的数据代入式(2.2.4) 和式(2.2.5)后所计算出的具体数值;而对于解释变量的一组给定值 X_i($i = 1,2,\cdots,n$) 而言,在重复抽样的情况下,由于 Y_i 是随机变量,式(2.2.4) 和式(2.2.5) 给出了两个(随机的) 估计量,此时所强调的是由一个确定性变量和一个随机变量作为自变量、由式(2.2.4) 和式(2.2.5) 作为计算公式而确定的两个随机变量(函数)。

§2.3 经典假定与最小二乘估计量的优良特性

2.3.1 经典假定

我们已经知道，对于不同的样本而言，用最小二乘法求出的同一回归模型的参数估计值不一定是相同的(常常不相同)。最重要的是，参数估计值不一定等于其真值(常常不等于)。估计值既然做不到，那么，作为用最小二乘法得出的估计量能否做到呢?即是否满足 $E(\hat{\beta}_1)=\beta_1$，$E(\hat{\beta}_2)=\beta_2$ 以及其他的优良特性呢?另外，到目前为止，最小二乘法并没有对模型的所有参数都给出估计，例如，模型中很重要的参数 σ_i^2 的估计$\hat{\sigma}_i^2$ 我们并没有给出估计公式。显然，对于容量为 n 的样本，我们需要估计 n 个$\hat{\sigma}_i^2$。从一般常识上讲，容量为 n 的样本给定了 n 个已知条件，而我们想估计出 $n+2$ 个未知数(另两个是$\hat{\beta}_1$ 和$\hat{\beta}_2$)，一般是不可能的。因此，无论是讨论最小二乘估计量的特性还是求出模型所有参数的估计，仅凭 §2.1 中对模型的相关假定是无法做到的。为此，我们需要更全面地给定关于模型(2.1.3)的假定，在此基础上再来讨论我们关心的问题。这些假定，一部分是为了保证参数估计得以进行或有意义而设定，比如下面将要给出的假定 1～3；一部分则是为了能对最小二乘估计量的特性作出肯定的推论而设定，比如将要给出的假定 3～7。

对回归模型(2.1.3)而言，必要的经典假定有：

假定 1：正确地设定了回归模型。该假定的重要性在于使我们明确地认识到，由于模型设定的不同，需要估计的参数会不同；参数的估计方法也不同；模型中随机误差项的特性也会发生改变。例如，如果模型设定为 $Y_i=\beta_2 X_i+u_i$，则与式(2.1.3)相比，只需要对 β_2 进行估计，但$\hat{\beta}_2=\sum X_iY_i/\sum X_i^2$。如果假定模型(2.1.3)的设定是正确的，且 $E(u_i)=0$，则在模型 $Y_i=\beta_2 X_i+u_i$ 中，就只能假定 $E(u_i)=\beta_1$。所以，在实际回归分析中，如果经样本数据分析发现某一设定的模型不能满足一些基本的假定，那我们就需要重新改变模型的设定了。

假定 2：样本容量 n 必须大于待估计的参数个数。

假定 3：样本中解释变量 X 的观测值要有变异性。也就是说，在参数估计时，样本中因变量的观测数据不变是允许的，但对解释变量来说则不允许。否则，将会出现 $X_i=\bar{X}$。而参照式(2.2.4)和式(2.2.5)，这将无法计算出$\hat{\beta}_1$ 和$\hat{\beta}_2$ 的数值(因为分母出现零)。

假定 4：随机误差项 u_i 在 $X = X_i$ 下的条件期望值为零。即 $E(u_i) = E(u_i \mid X_i) = 0$。

假定 5：在重复抽样中，解释变量 X_i 的观测数据是固定的（X_i 是非随机变量）。由此可以推出 $E(u_iX_i) = X_iE(u_i) = 0$。相应地，一个更弱或更一般的假设是：解释变量 X_i 与随机误差项 u_i 不相关，即有 $Cov(u_i, X_i) = 0$。

假定 6：随机误差项 u_i 的方差不变（同方差性）。即 $Var(u_i) = Var(u_i \mid X_i) = \sigma^2$。它是对 $Var(u_i) = Var(u_i \mid X_i) = \sigma_i^2$ 的否定。该假定使得原需要估计的 n 个 $\hat{\sigma}^2$ 减少为只估计一个 $\hat{\sigma}^2$。

假定 7：各个随机误差项之间无自相关。即给定任意两个 X_i 和 $X_j (i \neq j)$，$Cov(u_i, u_j) = Cov(u_i, u_j \mid X_i, X_j) = E(u_iu_j) = 0$。

2.3.2　最小二乘估计量的优良特性

在满足上述假定的前提下，可以推出最小二乘估计量具有下述（优良）特性：

1. 线性性

最小二乘估计量是（随机性）因变量 $Y_i (i = 1, 2, \cdots, n)$ 的线性函数。因为：

$$\begin{aligned}
\hat{\beta}_2 &= \frac{\sum x_i y_i}{\sum x_i^2} = \sum \left[\frac{x_i}{\sum x_i^2}\right] y_i = \sum \left[\frac{x_i}{\sum x_i^2}\right](Y_i - \overline{Y}) \\
&= \sum \left[\frac{x_i}{\sum x_i^2}\right] Y_i - \sum \left[\frac{x_i}{\sum x_i^2}\right]\overline{Y} \\
&= \sum \left[\frac{x_i}{\sum x_i^2}\right] Y_i \qquad (\because \sum \left[\frac{x_i}{\sum x_i^2}\right]\overline{Y} = \frac{\overline{Y}}{\sum x_i^2}\sum x_i = 0) \\
&= \sum k_i Y_i \qquad (\text{令 } k_i = \frac{x_i}{\sum x_i^2}) \qquad (2.3.1)
\end{aligned}$$

而

$$\begin{aligned}
\hat{\beta}_1 &= \overline{Y} - \hat{\beta}_2 \overline{X} = \sum \frac{Y_i}{n} - \overline{X}\sum k_i Y_i = \sum \left(\frac{1}{n} - \overline{X}k_i\right) Y_i \\
&= \sum \omega_i Y_i \qquad (\text{令 } \omega_i = \frac{1}{n} - \overline{X}k_i) \qquad (2.3.2)
\end{aligned}$$

2. 无偏性

最小二乘指估计量的期望值等于其真值，即 $E(\hat{\beta}_1) = \beta_1, E(\hat{\beta}_2) = \beta_2$。具体证明见附录 2A.1。

3. 最小方差性

在所有可能存在的线性、无偏估计量中，最小二乘估计量的方差是最小的。其中：

$$Var(\hat{\beta}_1)=\frac{\sigma^2\sum X_i^2}{n\sum x_i^2} \tag{2.3.3}$$

$$Var(\hat{\beta}_2)=\frac{\sigma^2}{\sum x_i^2} \tag{2.3.4}$$

式(2.3.3)、式(2.3.4)及最小方差性的具体证明见附录 2A.2 和 2A.3。

上述三个特性，决定了 OLS 估计量是最优线性无偏估计量(BLUE——the Best Linear Unbiased Estimator)，这是它得到普遍使用的重要原因。

最后，以上述相关假定及推论为基础，在给定样本数据的前提下，可以推出：

$$E\left[\frac{\sum e_i^2}{n-2}\right]=\sigma^2 \tag{2.3.5}$$

因此，对回归模型(2.1.3)中一个重要参数 σ^2 的无偏估计量为：

$$\hat{\sigma}^2=\frac{\sum e_i^2}{n-2}=\frac{\sum y_i^2-\hat{\beta}_2\sum x_i y_i}{n-2} \tag{2.3.6}$$

式(2.3.5)的具体证明见附录 2A.4，式(2.3.6)的具体证明见附录 2A.5。

§2.4 估计量的分布与真值的置信区间

由 §2.3 我们已经知道：

$$E(\hat{\beta}_1)=\beta_1 \quad Var(\hat{\beta}_1)=\frac{\sigma^2\sum X_i^2}{n\sum x_i^2}$$

$$E(\hat{\beta}_2)=\beta_2 \quad Var(\hat{\beta}_2)=\frac{\sigma^2}{\sum x_i^2}$$

且

$$\hat{\sigma}^2=\frac{\sum e_i^2}{n-2}=\frac{\sum y_i^2-\hat{\beta}_2\sum x_i y_i}{n-2}$$

那么，估计量 $\hat{\beta}_1$ 和 $\hat{\beta}_2$ 的具体分布是怎样的呢？这取决于对式(2.1.3)中 u_i 的分布的具体假定。一般，我们假定随机误差项 u_i 服从正态分布 $N(0,\sigma^2)$，即 $u_i\sim N(0,\sigma^2)$。那么，由(2.1.3)可以推出 $Y_i\sim N(\beta_1+\beta_2X_i,\sigma^2)$，再由式(2.3.1)和式(2.3.2)就可以推出 $\hat{\beta}_1$ 和 $\hat{\beta}_2$ 也服从正态分布，因而：

$$\hat{\beta}_1 \sim N\left(\beta_1, \frac{\sigma^2 \sum X_i^2}{n \sum x_i^2}\right) \tag{2.4.1}$$

$$\hat{\beta}_2 \sim N\left(\beta_2, \frac{\sigma^2}{\sum x_i^2}\right) \tag{2.4.2}$$

对$\hat{\beta}_2$ 而言（$\hat{\beta}_1$ 类同，讨论省略），当

$$S(\hat{\beta}_2) = \frac{\sigma}{\sqrt{\sum x_i^2}} \tag{2.4.3}$$

时（$S(\hat{\beta}_2)$ 表示$\hat{\beta}_2$ 的标准差）：

$$\frac{\hat{\beta}_2 - \beta_2}{S(\hat{\beta}_2)} = \frac{\hat{\beta}_2 - \beta_2}{\sigma/\sqrt{\sum x_i^2}} \sim N(0,1) \tag{2.4.4}$$

从标准正态分布表可知，

$$P(-1.96 \leqslant \frac{\hat{\beta}_2 - \beta_2}{\sigma/\sqrt{\sum x_i^2}} \leqslant 1.96) = 0.95 \tag{2.4.5}$$

因此，在 95% 的置信度下，

$$\hat{\beta}_2 - 1.96\sigma/\sqrt{\sum x_i^2} \leqslant \beta_2 \leqslant \hat{\beta}_2 + 1.96\sigma/\sqrt{\sum x_i^2} \tag{2.4.6}$$

因此，如果σ的数值为已知，给定样本数据后，利用OLS方法，我们就可以对参数真值的活动区间给出一个较为精确的估计。显然，σ 的值越小，活动区间越窄，估计也越精确。

在实际当中，σ 的数值是未知的，可用$\hat{\sigma}$ 来代替。而当

$$S(\hat{\beta}_2) = \frac{\hat{\sigma}}{\sqrt{\sum x_i^2}} \tag{2.4.7}$$

时，

$$\frac{\hat{\beta}_2 - \beta_2}{S(\hat{\beta}_2)} = \frac{\hat{\beta}_2 - \beta_2}{\hat{\sigma}/\sqrt{\sum x_i^2}} \sim t(n-2) \tag{2.4.8}$$

所以，真值 β_2 的 $1-\alpha$ 的置信区间为：

$$\hat{\beta}_2 \pm t_{\alpha/2} S(\hat{\beta}_2) = \hat{\beta}_2 \pm t_{\alpha/2} \frac{\hat{\sigma}}{\sqrt{\sum x_i^2}} \tag{2.4.9}$$

再次利用表 2-1 灰底方框中的数据为样本，可以计算出：$\hat{\beta}_2 = 0.689\,7$，$\hat{\sigma} = 14.152\,8$，$\sqrt{\sum x_i^2} = 906.917\,9$，查 t 分布表可知，$t_{0.05/2}(8) = 2.306$，因此，在该

样本下，真值 β_2 的 $1-\alpha=95\%$ 的置信区间为 0.6897 ± 0.036，即 $0.65\leqslant\beta_2\leqslant 0.73$。同理，因为 $t_{0.01/2}(8)=3.355$，所以，真值 β_2 的 99% 的置信区间为 $0.64\leqslant\beta_2\leqslant0.74$。

§2.5 回归系数的显著性检验

总体回归方程 $E(Y_i)=\beta_1+\beta_2X_i$ 的回归系数是指解释变量前的系数 β_2，同样，样本回归方程 $\hat{Y}_i=\hat{\beta}_1+\hat{\beta}_2X_i$ 的回归系数是指 $\hat{\beta}_2$。我们已经知道，根据某个特定的样本，估计值 $\hat{\beta}_2$ 通常并不等于 β_2，因此也就无法直接根据 $\hat{\beta}_2$ 值去精确推断 β_2 的值；但根据 $\hat{\beta}_2$ 的特定分布，依据其估计值，在一定置信水平下，还是可以对 β_2 出现的区间给出一个精确的推断。根据这种推断，我们可以对 β_2 是否取某一特殊值，给出统计学意义上的（假设）检验。例如，在上一节中，在给定的样本下，β_2 的 95% 的置信区间为 $0.65\leqslant\beta_2\leqslant0.73$，根据这一结论，在同样的置信度下，我们可以否定假定 $\beta_2=0$ 而接受假定 $0<\beta_2<1$。

所谓回归系数的**显著性检验**，是指对形如

$$E(Y)=\beta_1+\beta_2X \tag{2.5.1}$$

的总体回归方程中的未知系数 β_2，根据一个（特定的）样本数据、用最小二乘法得出估计值 $\hat{\beta}_2$ 后，在一定的置信度下（统计学意义上）去检验（原）假设 $H_0:\beta_2=0$ 是否成立。当我们说某个回归系数显著时，那只是说在一定的置信度下，（在统计学意义上）其值明显地不等于零。

回归系数的显著性检验问题之所以很重要，那是因为，如果样本数据在统计学意义上证明 $\beta_2=0$（尽管 $\hat{\beta}_2\neq0$），那么，线性回归方程(2.5.1)将不复存在，或因变量 Y 与解释变量 X 之间不存在线性关系，这样一来，已求出的样本回归方程的意义就不大，也不能理直气壮地加以应用。

在许多实际问题中，我们也的确需要关注回归系数的显著性问题。比如在§1.3 的凯恩斯消费理论一例中，该理论的正确性取决于样本数据是否在统计学意义上显示出 $0<\beta_2<1$。如果 $\beta_2=0$，则凯恩斯消费理论将被证伪，尽管利用表 1-1 所给的样本数据，我们求得 β_2 的估计值 $\hat{\beta}_2=0.7194$。

那么，如何对回归系数的显著性进行检验呢？上一节中的最后内容，实际上已给出了一种检验方法。那就是，我们首先在一个很高的置信度下（大概率空间）求出 β_2 的置信区间，如果 0 不包含在该区间内，那么，我们就拒绝原假设 $H_0:\beta_2=0$ 而接受其对立假设 $H_1:\beta_2\neq0$；反之，如果 0 包含在该区间内，那么，我们就接受原假设 $H_0:\beta_2=0$ 而拒绝其对立假设 $H_1:\beta_2\neq0$。由于置信区间与置信度有关，因此，显著性检验的结论与置信度的选取有关。在一个比较低的置信度下显

著的回归系数，可能会在较高的置信度下不显著。因此，回归系数的显著性检验的结论具有相对性，即总是相对特定的置信度而言的。

由于置信区间的计算更为麻烦，所以，通常对回归系数的显著性检验采取另一规范的方法（但基本思路是一致的，所依赖的仍然是式（2.4.8））。

（1）对总体回归系数提出假设：

$$H_0: \beta_2 = 0 \tag{2.5.2}$$

（2）在 H_0 成立的前提下，根据容量为 n 的样本数据计算统计量

$$t = \frac{\hat{\beta}_2}{S(\hat{\beta}_2)} \tag{2.5.3}$$

的数值。

（3）给定显著水平 α（$1-\alpha$ 为置信度，因此，α 值越小，置信度越高），查自由度为 $n-2$ 的 t 分布表，得置信区间临界值 $\pm t_{\alpha/2}(n-2)$。

（4）若 $|t| > t_{\alpha/2}(n-2)$，说明一个以大概率出现的样本所计算的统计量出现在了置信区间以外的小概率空间。这是矛盾的，矛盾的出现只能来源于原假设 $H_0: \beta_2 = 0$，因此，拒绝原假设 H_0，接受其对立假设 $H_1: \beta_2 \neq 0$，这意味着 β_2 与 0 有显著区别，其所对应的解释变量对因变量的线性影响不容忽视。反之，若 $|t| < t_{\alpha/2}(n-2)$，说明一个以大概率出现的样本所计算的统计量出现在了置信区间以内的大概率空间，这是正常的，因此，不能拒绝原假设 H_0，这意味着 β_2 与 0 的差异不显著，所对应的解释变量对因变量的线性影响不明显。

显然，上述假设检验方法，可以用于对 β_2 是否等于任何一个值的检验。只是通常我们更关心其是否等于零。

这样一来，通常在我们给出样本回归方程的同时，还需要给出式（2.5.3）即 t 统计量的计算值，并标明显著性检验的结果。例如，在 §1.3 中利用表 1-1 的数据对凯恩斯消费函数进行估计时，我们给出的回归方程是：

$$\begin{aligned} \hat{Y} = -231.79 + &0.7194X \\ &(33.078)^{***} \end{aligned} \tag{2.5.4}$$

括号中的数值是式（2.5.3）的计算值，括号右上角打出的星号 * 中，3 个 * 表示在 1% 的显著水平下检验显著，2 个 * 表示在 5% 的显著水平下检验显著，1 个 * 表示在 10% 的显著水平下检验显著。一般，所选择的显著水平不高于 10%。因此，我们说，回归方程（2.5.4）在 1%（显著）水平下检验显著。

实际上，利用置信区间的方法也可以得出同样的结论。根据

$$P\left(-t_{\alpha/2}(n-2) \leqslant \frac{\hat{\beta}_2 - \beta_2}{S(\hat{\beta}_2)} \leqslant t_{\alpha/2}(n-2)\right) = 1-\alpha \tag{2.5.5}$$

在显著水平 α 下的置信区间为：

$$\hat{\beta}_2 - t_{\alpha/2}(n-2)S(\hat{\beta}_2) \leqslant \beta_2 \leqslant \hat{\beta}_2 + t_{\alpha/2}(n-2)S(\hat{\beta}_2) \tag{2.5.6}$$

在本例中，$t_{0.01/2}(10) = 3.169, S(\hat{\beta}_2) = 0.021\,75$，所以，在 1% 的显著水平下的置信区间为：

$$0.65 \leqslant \beta_2 \leqslant 0.79 \tag{2.5.7}$$

所以，在 1% 的显著水平下，$\beta_2 \neq 0$。但置信区间方法同时还可以得出 $0 < \beta_2 < 1$ 的结论。

§2.6 样本回归方程的拟合优度测度

对于样本回归模型(2.1.6)而言，给定一个容量为 n 的样本 (Y_i, X_i)，最小二乘法给出了一个对数据最佳拟合的(样本)回归方程(2.1.7)；若再给定另一容量为 n 的样本，最小二乘法也同样能给出一个对数据最佳拟合的(样本)回归方程。这两个样本回归方程不会一定相同。现在我们要问：哪个样本回归方程对各自所依据的样本数据的拟合更好呢?为回答这一问题，需要对用最小二乘法给出的样本回归方程对样本数据的拟合优度进行测度，具体测度指标用判定系数 R^2 表示。该拟合优度还可以回答这一问题：给定一个容量为 n 的样本 n，用最小二乘法给出两个不同形式的样本回归方程，例如 $\hat{Y}_i = \hat{\beta}_{11} + \hat{\beta}_{12}X_i$ 和 $\hat{Y}_i = \hat{\beta}_{21} + \hat{\beta}_{22}X_i^2$，谁对样本数据的拟合更好呢?

对于一个用最小二乘法给出的样本回归方程(2.1.7)，判定系数 R^2 的测度定义通过分析恒等式(2.6.1)而获得：

$$Y_i - \bar{Y} = (\hat{Y}_i - \bar{Y}) + (Y_i - \hat{Y}_i) \tag{2.6.1}$$

由(2.6.1)，对所有样本数据平方求和后得：

$$\sum (Y_i - \bar{Y})^2 = \sum (\hat{Y}_i - \bar{Y})^2 + \sum (Y_i - \hat{Y}_i)^2 + 2\sum (\hat{Y}_i - \bar{Y})(Y_i - \hat{Y}_i) \tag{2.6.2}$$

由于

$$\hat{Y}_i = \hat{\beta}_1 + \hat{\beta}_2 X_i, \bar{Y} = \hat{\beta}_1 + \hat{\beta}_2 \bar{X}$$

所以

$$\hat{Y}_i - \bar{Y} = \hat{\beta}_2 (X_i - \bar{X}) \tag{2.6.3}$$

$$\begin{aligned} \sum (\hat{Y}_i - \bar{Y})(Y_i - \hat{Y}_i) &= \sum \hat{\beta}_2 (X_i - \bar{X}) e_i \\ &= \hat{\beta}_2 \sum (X_i - \bar{X}) e_i \end{aligned}$$

$$= \hat{\beta}_2(\sum X_i e_i - \overline{X}\sum e_i)$$

$$= 0 \quad (参照(2.2.2)) \tag{2.6.4}$$

因此，如果定义总离差平方和(Total Sum of Squares) 为 $TSS = \sum(Y_i - \overline{Y})^2$，回归平方和(Explained Sum of Squares) 为 $ESS = \sum(\hat{Y}_i - \overline{Y})^2$，残差平方和(Residual Sum of Squares) 为 $RSS = \sum(Y_i - \hat{Y}_i)^2$，则由(2.6.2) 和(2.6.4) 可得：

$$TSS = ESS + RSS \tag{2.6.5}$$

所以有：

$$1 = \frac{ESS}{TSS} + \frac{RSS}{TSS} \tag{2.6.6}$$

式(2.6.5) 和式(2.6.6) 是一个对用最小二乘法求出的样本回归方程所成立的恒等式。给定样本数据，TSS 是个固定值，样本回归方程的不同，决定了相应的 ESS 和 RSS 的取值不同；由于 $TSS \geqslant ESS$ 和 $RSS \geqslant 0$，所以，ESS 和 RSS 之间存在着此长彼消的关系，且 $0 \leqslant \frac{ESS}{TSS} \leqslant 1$，是一个无量纲的系数。由于 RSS 是样本回归方程对样本数据拟合效果的直接衡量，其数值越小，拟合效果越好，相应地，ESS 的数值也越大，并且考虑到不同回归方程之间的可比性问题，所以，将判定系数 R^2 定义为：

$$R^2 = \frac{ESS}{TSS} = 1 - \frac{RSS}{TSS} \tag{2.6.7}$$

其中，$0 \leqslant R^2 \leqslant 1$，其值越大，样本回归方程对其样本数据的拟合优度越高。其实，也可以将判定系数 R^2 定义为：$R^2 = RSS/TSS$，只是这样一来，判定系数 R^2 值越大，拟合优度越低，这不符合通常测度指标定义或使用的习惯。

根据式(2.6.7)，判定系数 R^2 的计算公式为：

$$R^2 = \frac{\sum \hat{\beta}_2^2 (X_i - \overline{X})^2}{\sum (Y_i - \overline{Y})^2}$$

$$= \hat{\beta}_2^2 \frac{\sum x_i^2}{\sum y_i^2} = \left(\frac{\sum x_i y_i}{\sum x_i^2}\right)^2 \frac{\sum x_i^2}{\sum y_i^2} = \frac{\left(\sum x_i y_i\right)^2}{\sum x_i^2 \sum y_i^2} \tag{2.6.8}$$

$$= \frac{(\sum (X_i - \overline{X})(Y_i - \overline{Y}))^2}{\sum (X_i - \overline{X})^2 \sum (Y_i - \overline{Y})^2}$$

继续使用 §2.1 中假想的事例。如果利用表 2-1 灰底方框中的数据，用最小二乘法得出的样本回归方程及相应的判定系数 R^2 为：

$$\hat{Y}_i = 304.6667 + 0.6897X_i \qquad R^2 = 0.9959 \qquad (2.6.9)$$

如果利用表 2-1 中最后一行的数据，用最小二乘法得出的样本回归方程及相应的判定系数 R^2 为：

$$\hat{Y}_i = 300 + 0.70X_i \qquad R^2 = 1 \qquad (2.6.10)$$

这样就可以看出，回归方程(2.6.9) 对其样本的拟合优度要比式(2.6.10) 低。而如果我们想用回归方程

$$\hat{Y}_i = \hat{\beta}_1 + \hat{\beta}_2 X_i^2 \qquad (2.6.11)$$

去拟合表 2-1 灰底方框中的数据，使用最小二乘法得出的样本回归方程及相应的判定系数 R^2 为：

$$\hat{Y}_i = 454.3663 + 0.006X_i^2 \qquad R^2 = 0.9485 \qquad (2.6.12)$$

（注意：在求该回归方程时，我们需要将 X_i^2 而不是 X_i 看成解释变量）可以看出，对于同一样本而言，式(2.6.12) 对样本的拟合优度要比式(2.6.9) 低。所以，如果我们事先无法设定因变量 Y 与解释变量 X 的总体回归方程是 $E(Y) = \beta_1 + \beta_2 X$ 还是 $\beta_1 + \beta_2 X^2$，那么，根据该样本数据以及式(2.6.9) 和式(2.6.12) 的分析结果，我们更愿意设定为前者。而且，最后给出的回归方程应更完整地写为：

$$\begin{aligned} &\hat{Y}_i = 304.6667 + 0.6897X_i \\ &R^2 = 0.9959 \quad (44.26)^{***} \end{aligned} \qquad (2.6.13)$$

由此可以看出，我们最终选定的应该是回归系数既显著且判定系数 R^2 又尽可能高的回归方程。

§2.7 如何利用模型进行预测

当我们获得了一个显著的且拟合优度相对其他可能的回归方程又足够高的回归方程之后，对该回归方程的应用之一就是利用它去预测。预测是所有科学最重要的功能之一。计量经济学中的预测，是指在给定样本之外的解释变量的数值或未来值(X_0) 的前提下，估计因变量的未知或未来值(Y_0)。当我们利用已估计出的回归方程进行预测时，总是隐含着这样一个假定：要预测的因变量（事物）仍服从于已估计出的回归方程。

2.7.1 点预测方法

当利用给定的解释变量的值 X_0，对因变量 Y_0 只给出一个预测值时，我们实际上是在进行点预测。点预测的方法很简单，具体方法就是：

$$Y_0 = \hat{Y}_0 = \hat{\beta}_1 + \hat{\beta}_2 X_0 \tag{2.7.1}$$

由于在给定解释变量的值为 X_0 的前提下，因变量 Y_0 的值为一随机变量，而式(2.7.1) 对 Y_0 的估计只是给出一个确定的值 $\hat{Y}_0$，所以，点预测肯定不是一种准确的预测。但由于在重复抽样中，Y_0 和 $\hat{Y}_0$ 都是随机变量，而且

$$\begin{aligned} E(\hat{Y}_0) &= E(\hat{\beta}_1 + \hat{\beta}_2 X_0) \\ &= \beta_1 + \beta_2 X_0 \\ &= E(Y_0) \end{aligned} \tag{2.7.2}$$

即

$$E(Y_0 - \hat{Y}_0) = 0 \tag{2.7.3}$$

这意味着$(Y_0 - \hat{Y}_0)$ 在多次重复抽样观察中，平均值会趋向于零。因此，如果需要对 Y_0 进行点预测，那么，式(2.7.1) 仍不失为最合理的方法。

2.7.2　区间预测方法

区间预测方法对因变量 Y_0 的预测给出的是一个置信区间。置信区间由以下分析获得：由于在重复抽样中，Y_0 和 $\hat{Y}_0$ 都是正态分布的随机变量，因而，$(Y_0 - \hat{Y}_0)$ 也是正态分布的随机变量，且由式(2.7.3) 可知，其期望值为零。在 2A.6 中可以证明，

$$Var(Y_0 - \hat{Y}_0) = \sigma^2 \left[1 + \frac{1}{n} + \frac{(X_0 - \overline{X})^2}{\sum x_i^2}\right] \tag{2.7.4}$$

所以，

$$\frac{Y_0 - \hat{Y}_0}{\sigma\sqrt{1 + \frac{1}{n} + \frac{(X_0 - \overline{X})^2}{\sum x_i^2}}} \sim N(0,1) \tag{2.7.5}$$

用$\hat{\sigma}^2 = \sqrt{\frac{\sum e_i^2}{n-2}}$ 替代式(2.7.5) 中的 σ，则

$$\frac{Y_0 - \hat{Y}_0}{\hat{\sigma}\sqrt{1 + \frac{1}{n} + \frac{(X_0 - \overline{X})^2}{\sum x_i^2}}} \sim t(n-2) \tag{2.7.6}$$

因此，在显著水平 α 下，预测值 Y_0 的置信区间为：

$$\hat{Y}_0 - t_{\alpha/2}(n-2)\,\hat{\sigma}\sqrt{1 + \frac{1}{n} + \frac{(X_0 - \overline{X})^2}{\sum x_i^2}} \leqslant Y_0 \leqslant \hat{Y}_0 + t_{\alpha/2}\,\hat{\sigma}\sqrt{1 + \frac{1}{n} + \frac{(X_0 - \overline{X})^2}{\sum x_i^2}} \tag{2.7.7}$$

式(2.7.7)给出的就是区间预测的方法。

置信区间的宽窄决定着预测的精度，置信区间越窄，精度越高。由式(2.7.7)可以看出：

(1) 这一置信区间的宽度随预测点 X_0 距样本均值点 $\overline{X}$ 的长度向两侧对称地增加，即预测点 X_0 距样本均值点 $\overline{X}$ 越远，预测精度越低。

(2) 用以估计样本回归方程的样本容量 n 越大，预测精度越高。

(3) 样本解释变量的取值范围越大，预测精度越高。

§2.8 利用 TSP 软件进行实例分析

现代经济学家对消费行为提出了许多假说，包括凯恩斯的绝对收入假说、杜生贝的相对收入假说、莫迪利安尼的生命周期假说和弗里得曼的持久收入假说等。在本实例中，结合 TSP 软件的应用，我们以中国 1985 ～ 1999 年的宏观经济数据为样本，验证凯恩斯的消费理论。在 §1.3 中我们已知道，凯恩斯式的消费函数模型可以表述为：

$$C_t = \beta_1 + \beta_2 Y_t + u_t \tag{2.8.1}$$

(2.8.1)在满足基本假定的前提下，应有 $0 < \beta_2 < 1$。那么，中国的样本数据能否验证这一点呢?正如在 §1.2 中已讲到的那样，在实际研究中，我们常常得不到想要的数据，在本实例中我们只得到了表 2-2 中的数据：

表 2-2　　中国城乡人口及消费统计

年份	国内居民人均消费额 X (元)	农村居民家庭人均纯收入 Y_1 (元)	城镇居民家庭人均可支配收入 Y_2 (元)	农村人口比重 B (%)	年底人口总数 P (亿人)	居民消费价格指数 Z (1985 = 100)
1985	437.00	397.60	739.10	76.29	10.59	100.00
1986	485.00	423.80	899.60	75.48	10.75	106.50
1987	550.00	462.60	1 002.20	74.68	10.93	114.30
1988	693.00	544.90	1 181.40	74.19	11.10	135.80
1989	762.00	601.50	1 375.70	73.79	11.27	160.20
1990	803.00	686.30	1 510.20	73.59	11.43	165.20
1991	896.00	708.60	1 700.60	73.63	11.58	170.80
1992	1 070.00	784.00	2 026.60	72.37	11.72	181.70
1993	1 331.00	921.60	2 577.40	71.86	11.85	208.40
1994	1 746.00	1 221.00	3 496.20	71.38	11.99	258.60
1995	2 236.00	1 577.70	4 283.00	70.96	12.11	302.80
1996	2 641.00	1 926.10	4 838.90	70.63	12.24	327.90

续表

年份	国内居民人均消费额 X（元）	农村居民家庭人均纯收入 Y_1（元）	城镇居民家庭人均可支配收入 Y_2（元）	农村人口比重 B（%）	年底人口总数 P（亿人）	居民消费价格指数 Z（1985 = 100）
1997	2 834.00	2 090.10	5 160.30	70.08	12.36	337.10
1998	2 972.00	2 162.00	5 425.10	69.60	12.48	334.40
1999	3 143.00	2 210.30	5 854.00	69.11	12.59	329.70

资料来源：《中国统计年鉴(2001)》，北京，中国统计出版社，2001。

显然，表 2-2 中的数据是一个高度加总的宏观数据，因此，我们也只能在平均意义上验证凯恩斯的消费理论。表中第 2 列数据对应于式(2.8.1) 中的消费支出 C_t，由于在 TSP 软件中 C 字母符号是一个专用字母，不能用做变量名，所以在表头中我们用字母 X 替换了 C，而且由于表中的数据是名义数据，需要将其换算成实际数据。具体换算公式为：

$$\text{实际数据} = \text{名义数据} \div \text{价格指数} \times 100 \tag{2.8.2}$$

即

$$X(\text{实际}) = X \times 100/Z \tag{2.8.3}$$

表 2-2 并没有直接给出国内居民人均可支配收入的数据 Y，但我们可以这样来计算：

$$\begin{aligned} Y(\text{名义}) &= [Y_1 \times B \times P/100 + Y_2 \times (100 - B) \times P/100]/P \\ &= [Y_1 \times B + Y_2 \times (100 - B)] \times 100 \end{aligned} \tag{2.8.4}$$

因此：

$$\begin{aligned} Y(\text{实际}) &= Y(\text{名义}) \times 100/Z \\ &= [Y_1 \times B + Y_2 \times (100 - B)]/Z \end{aligned} \tag{2.8.5}$$

现在，我们需要将表 2-2 中的原始数据在 TSP 状态下输入计算机，以完成我们需要的各种计算。具体操作步骤及指令如下：

(1) 开机并进入 TSP 工作环境。

(2) 创建工作文件，用以存放原始或样本数据。在本例中，键入：Create　JL1　Enter (JL1 为特定的工作文件名)。之后，屏幕出现如下提示：

```
U) Undated
A) Annual
Q) Quarterly
M) Monthly
```

用于确定数据的类型。在本例中，键入 A 或把光标移到“A) Annual”处，确定数据类型为时间序列。之后，屏幕出现提示：

Frequency//Annual

Starting date?

键入 1985 Enter 后,屏幕又出现提示:

Ending date?

键入 1999 Enter。最终完成工作文件创建。

(3) 输入原始或样本数据。键入 data x y1 y2 b p z Enter(如果需要输入的变量多,屏幕中装不下,可多次使用 data 命令),屏幕出现:

1985		NA	NA	NA	NA	NA
1986	NA	NA	NA	NA	NA	NA
1987	NA	NA	NA	NA	NA	NA
…	…	…	…	…	…	…
1998	NA	NA	NA	NA	NA	NA
1999	NA	NA	NA	NA	NA	NA
obs	X	Y1	Y2	B	P	Z

将表 2-2 中的数据逐个键入并按 Enter。输完后,键入 X 或 END 退出。修改输错数据,键入 B 使光标向后移动至修改处。若想查看输完的数据,可键入 Show x y1 y2 b p z Enter,屏幕会出现:

obs	X	Y1	Y2	B	P	Z
1985	437.0000	397.6000	739.1000	76.29000	10.59000	100.0000
1986	485.0000	423.8000	899.6000	75.48000	10.75000	106.5000
1987	550.0000	462.6000	1002.200	74.68000	10.93000	114.3000
1988	693.0000	544.9000	1181.400	74.19000	11.10000	135.8000
1989	762.0000	601.5000	1375.700	73.79000	11.27000	160.2000
1990	803.0000	686.3000	1510.200	73.59000	11.43000	165.2000
1991	896.0000	708.6000	1700.600	73.63000	11.58000	170.8000
1992	1070.000	784.0000	2026.600	72.37000	11.72000	181.7000
1993	1331.000	921.6000	2577.400	71.86000	11.85000	208.4000
1994	1746.000	1221.000	3496.200	71.38000	11.99000	258.6000
1995	2236.000	1577.700	4283.000	70.96000	12.11000	302.8000
1996	2641.000	1926.100	4838.900	70.63000	12.24000	327.9000
1997	2834.000	2090.100	5160.300	70.08000	12.36000	337.1000
1998	2972.000	2162.000	5425.100	69.60000	12.48000	334.4000
1999	3143.000	2210.300	5854.000	69.11000	12.59000	329.7000

(4) 计算所需使用的样本数据。本例中,键入 genr x = (x/z) * 100 Enter,屏幕出现:

> X computed.

再键入 genr y = (y1 * b + y2 * (100 − b))/z [Enter],屏幕出现:

> Y computed.

键入 Show　X　Y [Enter] 后,屏幕会显示出:

obs	X	Y
1985	437.0000	478.5696
1986	455.3990	507.4799
1987	481.1898	524.2578
1988	510.3093	522.2243
1989	475.6554	502.1335
1990	486.0775	547.1501
1991	524.5901	568.0272
1992	588.8828	620.4350
1993	638.6757	665.8071
1994	675.1740	723.9606
1995	738.4412	780.4885
1996	805.4285	848.3042
1997	840.7001	892.5256
1998	888.7560	943.1766
1999	953.2908	1011.780

这就是我们用于回归分析的样本数据。

(5) 计算样本回归方程及相关参数。键入 Ls　x　c　y [Enter]。屏幕显示:

表 2-3

LS//Dependent Variable is X

Date: 8 − 20 − 2003 / Time: 15:03

SMPL range: 1985 − 1999

Number of observations: 15

VARIABLE	COEFFICIENT	STD. ERROR	T-STAT.	2-TAIL SIG.
C	−19.705645	12.910247	−1.5263570	0.151
Y	0.9663423	0.0185071	52.214602	0.000

R-squared	0.995254	Mean of dependent var	633.3047
Adjusted R-squared	0.994889	S.D. of dependent var	173.5955
S.E. of regression	12.41017	Sum of squared resid	2002.159

Durbin-Watson stat	1.776963	F-statistic	2726.365
Log likelihood	−57.98856		

Display the Coefficient Covariance Matrix ? (P,S,ENTER)

表 2-3 中含有丰富的信息，依据其中部分指标数据，我们可以直接得出：

$$\hat{C}_t = -19.71 + 0.97Y_t$$
$$(-1.53)(52.21) \tag{2.8.6}$$
$$R^2 = 0.995 \quad \hat{\sigma} = 12.41$$

从式(2.8.6)中可以看出，回归方程对样本数据的拟合优度很高，若想进一步观察拟合情况，根据表 2-3 下的提示，键入 S，屏幕显示：

Coefficient Covariance Matrix

C,C	166.6745	C,Y	−0.231455
Y,Y	0.000343		

再键入 S，屏幕显示表 2-4，将样本数据的拟合情况详尽反映出来。

(6) 假设检验。在 1% 的显著水平下，$t_{0.005}(13) = 3.012$，所以，样本数据显示 β_1 显著为零，而 β_2 显著不为零。在 10% 的显著水平下，β_2 的置信区间为 $0.933 < \beta_2 < 0.999$。

(7) 预测。当中国居民的人均可支配收入 $Y_0 = 1\,100$ 时，人均消费支出的点预测值为

$$\hat{C}_0 = -19.71 + 0.966 \times 1\,100 = 1\,042.89$$

若想预测 2002、2003、2004 等年份的人均消费支出，则需先预测各年份的可支配收入，这又需要建立可支配收入对时间变量的回归方程。具体步骤如下：

① 键入 Data t。

② 输入(键入) 1(或 1985)、2(或 1986)、…、15(或 1999) 等数据。

表 2-4　　残差分布

残差图 Residual Plot	年份 obs	残差 RESIDUAL	实际值 ACTUAL	拟合值 FITTED
. * ¦ .	1985	−5.75645	437.000	442.756
* . ¦ .	1986	−15.2946	455.399	470.694
. * ¦ .	1987	−5.71701	481.190	486.907
. ¦ . *	1988	25.3675	510.309	484.942
. ¦ *.	1989	10.1283	475.655	465.527
* . ¦ .	1990	−22.9512	486.077	509.029

续表

残差图	年份	残差	实际值	拟合值
.　*　.	1991	−4.61289	524.590	529.203
.　　*　.	1992	9.03587	588.883	579.847
.　　　.　*	1993	14.9837	638.676	623.692
.　*　.	1994	−4.71414	675.174	679.888
.　　*　.	1995	3.92778	738.441	734.513
.　　*　.	1996	5.38193	805.429	800.047
.　*　　.	1997	−2.07951	840.700	842.780
.　*　　.	1998	−2.96981	888.756	891.726
.　*　　.	1999	−4.72938	953.291	958.020

Display the Residual, Actual & Fitted values ? (P,S,G,ENTER)

③ 键入 Ls　Y　C　T 后，得出结果：

$$\hat{Y}_t = 367.8 + 38.5t$$

$$(13.1)^{***}\ (12.5)^{***} \qquad (2.8.7)$$

$$R^2 = 0.922,\quad \hat{\sigma} = 51.68$$

该结果还令人满意，可以使用。

④ 键入 Create JL2(建立预测区间：2002 ～ 2004)。

⑤ 键入 Data t，并输入数据：18、19、20。

⑥ 键入 Forcst Y(计算预测值)。

⑦ 键入 Show t Y，屏幕显示：

obs	t	Y
2002	18	1060.711
2003	19	1099.207
2004	20	1137.702

最后，人均消费支出的点预测值为：

$$\hat{C}_{2002} = -19.71 + 0.966 \times 1\,060.71 = 1\,004.9$$

$$\hat{C}_{2002} = -19.71 + 0.966 \times 1\,099.21 = 1\,042.1$$

$$\hat{C}_{2002} = -19.71 + 0.966 \times 1\,137.70 = 1\,079.3$$

至此，算是完成了一个比较完整的分析过程。值得一提的是，式(2.8.7) 的结果并不是唯一的，可以尝试建立非线性回归方程，回归效果可能会更好。因为，直觉上感觉到对可支配收入的预测值偏低。相应地，对人均消费支出的预测结果也就不一样了。

§2.9 要点与结论

(1) 我们将所关心的现象用 Y 来代表，并认定对其影响的主要因素只有一个，用 X 来代表。

(2) 假定 X 对 Y 的影响方式是线性的，即存在模型

$$Y = \beta_1 + \beta_2 X + u$$

(3) 我们获得了一组样本值：

$$\begin{bmatrix} Y_1 & X \\ Y_2 & X_2 \\ \vdots & \vdots \\ Y_n & X_n \end{bmatrix}$$

(4) 使用最小二乘法，得出对 β_1 和 β_2 的估计值(量) 为：

$$\begin{cases} \hat{\beta}_2 = \dfrac{n\sum X_i Y_i - \sum X_i \sum Y_i}{n\sum X_i^2 - (\sum X_i)^2} = \dfrac{\sum (X_i - \bar{X})(Y_i - \bar{Y})}{\sum (X_i - \bar{X})^2} \\ \hat{\beta}_1 = \dfrac{1}{n}(\sum Y_i - \hat{\beta}_2 \sum X_i) = \bar{Y} - \hat{\beta}_2 \bar{X} \end{cases}$$

即得出样本回归方程为：$\hat{Y}_i = \hat{\beta}_1 + \hat{\beta}_2 X_i$

(5) 满足下述基本假定以及 $u_i \sim N(0,\sigma^2)$ 的前提下：

$$\hat{\beta}_1 \sim N\left(\beta_1, \sigma^2 \frac{\sum X_i^2}{n\sum x_i^2}\right)$$

$$\hat{\beta}_2 \sim N(\beta_2, \sigma^2 / \sum x_i^2)$$

$$\hat{\sigma}^2 = \sum e_i^2/(n-2)$$

(6) 我们可以用判定系数：

$$R^2 = \frac{ESS}{TSS} = \frac{\sum \hat{y}_i^2}{\sum y_i^2} = \frac{\sum (\hat{\beta}_2 x_i^2)^2}{\sum y_i^2} = \hat{\beta}_2^2 \frac{\sum x_i^2}{\sum y_i^2}$$

$$= \left(\frac{\sum x_i y_i}{\sum x_i^2}\right)^2 \frac{\sum x_i^2}{\sum y_i^2} = \frac{(\sum x_i y_i)^2}{\sum x_i^2 \sum y_i^2}$$

来衡量或测度用最小二乘法所建立的样本回归方程对样本点的拟合优度。

(7) 是否满足基本假定，还需要作一系列的进一步检验(第 4 章将会讲到)，如果满足，我们可以用统计量

$$t = \frac{\hat{\beta}_2}{S(\hat{\beta}_2)} \sim t(n-2)$$

来对假设

$$H_0: b_1 = 0$$
$$H_1: b_1 \neq 0$$

做出检验。

(8) β_2 的显著性检验通过后，回归方程的建立完毕，根据所计算出的估计值，真值的置信区间可通过下述方式确定：

$$\hat{\beta}_2 - t_{\alpha/2} S(\hat{\beta}_2) < \beta_2 < \hat{\beta}_2 + t_{\alpha/2} S(\hat{\beta}_2)$$

(9) 根据所建立的回归方程，可进行预测。点预测公式为：

$$Y_0 = \hat{Y}_0 = \hat{\beta}_1 + \hat{\beta}_2 X_0$$

区间预测公式为：

$$\hat{Y}_0 - t_{\alpha/2}\,\hat{\sigma}\sqrt{1 + \frac{1}{n} + \frac{(X_0 - \bar{X})^2}{\sum x_i^2}} \leqslant Y_0 \leqslant \hat{Y}_0 + t_{\alpha/2}\,\hat{\sigma}\sqrt{1 + \frac{1}{n} + \frac{(X_0 - \bar{X})^2}{\sum x_i^2}}$$

附录 2A

2A.1　最小二乘估计量的无偏性质

由式(2.3.1)得：

$$\hat{\beta}_2 = \sum k_i Y_i \tag{1}$$

其中：

$$k_i = \frac{x_i}{\sum x_i^2}$$

具有如下的性质：

1. 因 X_i 被假定为非随机的，故 k_i 也是非随机的。

2. $$\sum k_i = \sum \left[\frac{x_i}{\sum x_i^2}\right] = \frac{1}{\sum x_i^2}\sum x_i = \frac{1}{\sum x_i^2}\sum (X_i - \bar{X}) = 0 \tag{2}$$

3. $$\sum k_i^2 = \sum \left[\frac{x_i}{\sum x_i^2}\right]^2 = \sum \left[\frac{x_i^2}{(\sum x_i^2)^2}\right] = \frac{\sum x_i^2}{(\sum x_i^2)^2} = \frac{1}{\sum x_i^2} \tag{3}$$

4. $$\sum k_i X_i = \sum \left[\frac{x_i X_i}{\sum x_i^2}\right] = \frac{\sum x_i X_i}{\sum x_i^2} = \frac{\sum x_i (x_i + \bar{X})}{\sum x_i^2}$$

$$= \frac{\sum x_i^2}{\sum x_i^2} + \frac{\overline{X}\sum x_i}{\sum x_i^2} = 1 \tag{4}$$

因此，

$$\begin{aligned} \hat{\beta}_2 &= \sum k_i(\beta_1 + \beta_2 X_i + u_i) \\ &= \beta_1 \sum k_i + \beta_2 \sum k_i X_i + \sum k_i u_i \\ &= \beta_2 + \sum k_i u_i \end{aligned} \tag{5}$$

所以

$$\begin{aligned} E(\hat{\beta}_2) &= E(\beta_2 + \sum k_i u_i) = \beta_2 + \sum k_i E(u_i) \\ &= \beta_2 \end{aligned} \tag{6}$$

同理，由式(2.3.2)得：

$$\begin{aligned} \hat{\beta}_1 &= \overline{Y} - \hat{\beta}_2 \overline{X} \\ &= (\beta_1 + \beta_2 \overline{X} + \bar{u}) - (\beta_2 + \sum k_i u_i)\overline{X} \\ &= \beta_1 + \frac{\sum u_i}{n} - \overline{X}\sum k_i u_i \\ &= \beta_1 + \sum\left(\frac{1}{n} - \overline{X}k_i\right)u_i = \beta_1 + \sum \omega_i u_i \end{aligned} \tag{7}$$

所以

$$E(\hat{\beta}_1) = \beta_1 + \sum \omega_i E(u_i) = \beta_1 \tag{8}$$

2A.2 最小二乘估计量的方差

根据方差的定义，可知：

$$\begin{aligned} Var(\hat{\beta}_2) &= E[\hat{\beta}_2 - E(\hat{\beta}_2)]^2 \\ &= E(\hat{\beta}_2 - \beta_2)^2 \quad [\text{利用}(6)] \\ &= E(\sum k_i u_i)^2 \quad [\text{利用}(5)] \\ &= E(k_i^2 u_i^2 + k_2^2 u_2^2 + \cdots + k_n^2 u_n^2 + 2k_1 k_2 u_1 u_2 + \cdots + \\ &\quad 2k_{n-1} k_n u_{n-1} u_n) \end{aligned} \tag{9}$$

根据基本假定，对每一个 i，$E(u_i^2) = \sigma^2$，且对 $i \neq j$，$E(u_i u_j) = 0$，故：

$$Var(\hat{\beta}_2) = \sigma^2 \sum k_i^2 = \frac{\sigma^2}{\sum x_i^2} \quad [\text{利用}(3)] \tag{10}$$

或

$$Var(\hat{\beta}_2) = Var(\sum k_i Y_i) \quad [\text{利用}(1)]$$

$$= \sum k_i^2 Var(Y_i) = \sum \left(\frac{x_i}{\sum x_i^2}\right)^2 \sigma^2 \tag{11}$$

$$= \frac{\sigma^2}{\sum x_i^2}$$

而

$$Var(\hat{\beta}_1) = Var(\sum \omega_i Y_i) \quad [\text{利用式}(2.3.2)]$$

$$= \sum \omega_i^2 Var(Y_i) = \sum \left(\frac{1}{n} - \overline{X}k_i\right)^2 \sigma^2 \tag{12}$$

$$= \left(\frac{1}{n} + \frac{\overline{X}^2}{\sum x_i^2}\right)\sigma^2$$

$$= \frac{\sum x_i^2 + n\overline{X}^2}{n\sum x_i^2}\sigma^2 = \frac{\sigma^2 \sum X_i^2}{n\sum x_i^2}$$

2A.3　最小二乘估计量的最小方差性质

我们已经知道，最小二乘估计量 $\hat{\beta}_2$ 可表示为：

$$\hat{\beta}_2 = \sum k_i Y_i$$

其中

$$k_i = \frac{x_i}{\sum x_i^2}$$

现定义 β_2 的另一线性无偏估计量 $\hat{\beta}_2^*$：

$$\hat{\beta}_2^* = \sum m_i Y_i \tag{13}$$

其中 $m_i = f(X_1, X_2, \cdots, X_n)$，不一定等于 k_i，于是：

$$E(\hat{\beta}_2^*) = \sum m_i E(Y_i) = \sum m_i(\beta_1 + \beta_2 X_i) \tag{14}$$

$$= \beta_1 \sum m_i + \beta_2 \sum m_i X_i$$

要使 $\hat{\beta}_2^*$ 无偏，必须有：

$$\sum m_i = 0 \tag{15}$$

$$\sum m_i X_i = 1 \tag{16}$$

因而

$$Var(\hat{\beta}_2^*) = Var(\sum m_i Y_i) = \sum m_i^2 Var(Y_i)$$

$$= \sum m_i^2\sigma^2 = \sum(m_i - k_i + k_i)^2\sigma^2$$

$$= \sum[(m_i - k_i)^2 + 2(m_i - k_i)k_i + k_i^2]\sigma^2 \quad (17)$$

$$= \sigma^2\sum(m_i - k_i)^2 + 2\sigma^2\sum m_ik_i - \sigma^2\sum k_i^2$$

又

$$\sum m_ik_i = \sum\left[m_i\frac{(X_i - \overline{X})}{\sum x_i^2}\right] = \frac{\sum m_iX_i - \overline{X}\sum m_i}{\sum x_i^2} \quad (18)$$

$$= \frac{1}{\sum x_i^2} = \sum k_i^2$$

所以,由(17)得:

$$Var(\hat{\beta}_2^*) = \sigma^2\sum(m_i - k_i)^2 + \sigma^2\sum k_i^2$$

$$= \sigma^2\sum(m_i - k_i)^2 + Var(\hat{\beta}_2) \quad [参见(3)和(11)] \quad (19)$$

因为 $\sum(m_i - k_i)^2 \geqslant 0$

所以 $Var(\hat{\beta}_2^*) \geqslant Var(\hat{\beta}_2)$ (20)

同理可证 $Var(\hat{\beta}_1^*) \geqslant Var(\hat{\beta}_1)$ (21)

(20)和(21)就是著名的高斯—马尔可夫(Gauss—Markov)定理。

2A.4 σ^2 的最小二乘无偏估计量

因为

$$Y_i = \beta_1 + \beta_2X_i + u_i$$

$$\overline{Y} = \beta_1 + \beta_2\overline{X} + \bar{u}$$

所以

$$y_i = Y_i - \overline{Y} = \beta_2(X_i - \overline{X}) + (u_i - \bar{u}) \quad (22)$$

$$= \beta_2x_i + (u_i - \bar{u})$$

另有离差形式的样本回归方程:

$$e_i = y_i - \hat{\beta}_2x_i \quad (23)$$

将(22)代入(23)得:

$$e_i = \beta_2x_i + (u_i - \bar{u}) - \hat{\beta}_2x_i \quad (24)$$

$$= (u_i - \bar{u}) - (\hat{\beta}_2 - \beta_2)x_i$$

所以

$$\sum e_i^2 = \sum[(u_i - \bar{u}) - (\hat{\beta}_2 - \beta_2)x_i]^2$$

$$= \sum(u_i - \bar{u})^2 + (\hat{\beta}_2 - \beta_2)^2\sum x_i^2 - 2(\hat{\beta}_2 - \beta_2)\sum x_i(u_i - \bar{u}) \quad (25)$$

对(25)两边取期望值：

$$E(\sum e_i^2)=\sum E(u_i-\bar{u})^2+E(\hat{\beta}_2-\beta_2)^2\times\sum x_i^2-$$
$$2E[(\hat{\beta}_2-\beta_2)\sum x_i(u_i-\bar{u})] \qquad (26)$$

计算(26)右边各项：

$$\begin{aligned}\sum E(u_i-\bar{u})^2&=\sum E(u_i^2+\bar{u}^2-2u_i\bar{u})\\&=\sum E[u_i^2+(\sum u_j/n)^2-2u_i\sum u_j/n]\\&=\sum[E(u_i{}^2)+\frac{1}{n^2}E(\sum u_j)^2-\frac{2}{n}E(u_i\sum u_j)]\\&=\sum[\sigma^2+\frac{n\sigma^2}{n^2}-\frac{2\sigma^2}{n}]\quad[\text{参见}(9)]\\&=\sum(\sigma^2-\frac{\sigma^2}{n})=(n-1)\sigma^2\end{aligned} \qquad (27)$$

$$\begin{aligned}E(\hat{\beta}_2-\beta_2)^2\times\sum x_i^2&=Var(\hat{\beta}_2)\times\sum x_i^2\\&=\frac{\sigma^2}{\sum x_i^2}\times\sum x_i^2=\sigma^2\end{aligned} \qquad (28)$$

$$\begin{aligned}E[(\hat{\beta}_2-\beta_2)\sum x_i(u_i-\bar{u})]&=E[\sum k_ju_j\sum x_i(u_i-\bar{u})]\\&=E(\sum\sum k_ju_jx_iu_i-\bar{u}\sum\sum k_ju_jx_i)\\&=\sum\sum k_jx_iE(u_ju_i)-\bar{u}\sum\sum k_jx_iE(u_j)\\&=\sum k_ix_iE(u_i^2)=\sigma^2\sum\left(\frac{x_i^2}{\sum x_i^2}\right)=\sigma^2\end{aligned} \qquad (29)$$

所以　$$E(\sum e_i^2)=(n-1)\sigma^2+\sigma^2-2\sigma^2=(n-2)\sigma^2$$

即：　$$E\left(\frac{\sum e_i^2}{n-2}\right)=\sigma^2 \qquad (30)$$

2A.5　$\hat{\sigma}^2$ 的最小二乘计算公式

已知：$\hat{\sigma}^2=\dfrac{\sum e_i^2}{n-2}$，而 $e_i=y_i-\hat{\beta}_2x_i$，故：

$$\begin{aligned}\sum e_i^2&=\sum(y_i-\hat{\beta}_2x_i)^2\\&=\sum(y_i^2+\hat{\beta}_2^2x_i^2-2\hat{\beta}_2x_iy_i)\\&=\sum y_i^2+\hat{\beta}_2^2\sum x_i^2-2\hat{\beta}_2\sum x_iy_i\end{aligned}$$

$$= \sum y_i^2 + \hat{\beta}_2 \frac{\sum x_i y_i}{\sum x_i^2} \sum x_i^2 - 2\hat{\beta}_2 \sum x_i y_i$$

$$= \sum y_i^2 - \hat{\beta}_2 \sum x_i y_i \tag{31}$$

所以有：$$\hat{\sigma}^2 = \frac{\sum e_i^2}{n-2} = \frac{\sum y_i^2 - \hat{\beta}_2 \sum x_i y_i}{n-2}$$

2A.6 $(Y_0 - \hat{Y}_0)$ 的方差的性质

因为 $$E(Y_0 - \hat{Y}_0) = E(\beta_1 + \beta_2 X_0 + u_0) + E(\hat{\beta}_1 + \hat{\beta}_2 X_0)$$
$$= (\beta_1 + \beta_2 X_0) - (\beta_1 + \beta_2 X_0) = 0 \tag{32}$$

所以

$$Var(Y_0 - \hat{Y}_0) = E(Y_0 - \hat{Y}_0)^2$$
$$= E[(\beta_1 + \beta_2 X_0 + u_0) - (\hat{\beta}_1 + \hat{\beta}_2 X_0)]^2$$
$$= E[u_0 + (\beta_1 - \hat{\beta}_1) + (\beta_2 - \hat{\beta}_2) X_0]^2$$
$$= E[u_0^2 + (\beta_1 - \hat{\beta}_1)^2 + (\beta_2 - \hat{\beta}_2)^2 X_0^2$$
$$+ 2(\beta_1 - \hat{\beta}_1)(\beta_2 - \hat{\beta}_2) X_0 + 2u_0(\beta_1 - \hat{\beta}_1) + 2u_0(\beta_2 - \hat{\beta}_2) X_0] \tag{33}$$

因为

$$u_0[(\beta_1 - \hat{\beta}_1) + (\beta_2 - \hat{\beta}_2) X_0] = u_0[(\beta_1 + \beta_2 X_0) - (\hat{\beta}_1 + \hat{\beta}_2 X_0)]$$
$$= u_0(\beta_1 + \beta_2 X_0) - u_0(\beta_1 + \sum \omega_i u_i) -$$
$$X_0 u_0 (\beta_2 + \sum k_i u_i) \tag{34}$$

所以

$$E[2u_0(\beta_1 - \hat{\beta}_1) + 2u_0(\beta_2 - \hat{\beta}_2) X_0] = 0$$
$$(\because E(u_0) = 0, E(u_0 u_i) = 0) \tag{35}$$

最终

$$Var(Y_0 - \hat{Y}_0) = Var(u_0) + Var(\hat{\beta}_1) + X_0^2 Var(\hat{\beta}_2) + 2X_0 \mathrm{cov}(\hat{\beta}_1, \hat{\beta}_2) \tag{36}$$

已知

$$Var(u_0) = \sigma^2$$

$$Var(\hat{\beta}_1) = \frac{\sigma^2 \sum X_i^2}{n \sum x_i^2}$$

$$Var(\hat{\beta}_2) = \frac{\sigma^2}{\sum x_i^2}$$

又

$$\begin{aligned}
\mathrm{cov}(\hat{\beta}_1, \hat{\beta}_2) &= E(\hat{\beta}_1 - \beta_1)(\hat{\beta}_2 - \beta_2) \\
&= E(\bar{Y} - \hat{\beta}_2 \bar{X} - \beta_1)(\hat{\beta}_2 - \beta_2) \\
&= E[\bar{Y} - \hat{\beta}_2 \bar{X} - E(\bar{Y} - \hat{\beta}_2 \bar{X})](\hat{\beta}_2 - \beta_2) \\
&= E[\bar{Y} - \hat{\beta}_2 \bar{X} - \bar{Y} + E(\hat{\beta}_2 \bar{X})](\hat{\beta}_2 - \beta_2) \\
&= -E[\bar{X}\hat{\beta}_2 - \bar{X}E(\hat{\beta}_2)](\hat{\beta}_2 - \beta_2) \\
&= -\bar{X}E(\hat{\beta}_2 - \beta_2)^2 = -\bar{X}Var(\hat{\beta}_2) \\
&= -\frac{\bar{X}\sigma^2}{\sum x_i^2}
\end{aligned} \tag{37}$$

所以

$$\begin{aligned}
Var(Y_0 - \hat{Y}_0) &= \sigma^2 \left[1 + \frac{\sum X_i^2}{n\sum x_i^2} + \frac{X_0^2}{\sum x_i^2} - \frac{2X_0\bar{X}}{\sum x_i^2}\right] \\
&= \sigma^2 \left[1 + \frac{\sum (x_i - \bar{X})^2}{n\sum x_i^2} + \frac{X_0^2 - 2X_0\bar{X}}{\sum x_0^2}\right] \\
&= \sigma^2 \left[1 + \frac{1}{n} + \frac{\bar{X}^2}{\sum x_i^2} + \frac{X_0^2 - 2X_0\bar{X}}{\sum x_i^2}\right] \\
&= \sigma^2 \left[1 + \frac{1}{n} + \frac{(X_0 - \bar{X})^2}{\sum x_i^2}\right]
\end{aligned} \tag{38}$$

习题 2

1. 如果我们认定在某一时期中国总体的人均可支配收入 Y_t 与人均消费支出 C_t 存在如下的规律：$C_t = 740 + 0.6Y_t + u_t, u_t \sim N(0, 10\,000)$，那么：

(1) 如果在这一时期，当人均可支配收入为 3 000 元 / 月时，消费支出应是(　　)

A. 不能唯一确定　　B. 2 540 元 / 月

C. 在 2 540 元 / 月上下　　D. 2 440 ～ 2 640 元 / 月之间

(2) 如果在这一时期，当人均可支配收入等于 3 000 元 / 月时，在 95% 的置信水平下，消费支出应是(　　)

A. 2 540 元 / 月左右　　B. 2 440 ～ 2 640 元 / 月

C. 2 340 ～ 2 740 元 / 月　　D. 2 240 ～ 2 840 元 / 月

(3) 对同一时期的中国而言，关系式 $C_t = 740 + 0.6Y_t + u_t, u_t \sim N(0, 10\,000)$ 与 $C_t = \alpha + \beta Y_t + u_t, u_t \sim N(0, \sigma^2)$ 哪个可能更正确？(　　)

A. 前者　　B. 后者　　C. 二者都不　　D. 二者都是

(4) 如果我们认定在某一时期江苏的人均可支配收入 Y_t 与人均消费支出 C_t 存在如下的规律：$C_t = 740 + 0.6Y_t + u_t, u_t \sim N(0, \sigma^2)$，那么，$\sigma$ 的值应为(　　)

A. 100　　B. 大于 100　　C. 小于 100　　D. 都有可能

(5) 如果 $C_t = 740 + 0.6Y_t + u_t, u_t \sim N(0, 10\,000)$ 是成立的，而且我们在中国抽取了一组容量足够大的关于 Y_t 和 C_t 的样本值，使用 OLS 方法，我们得到 α 和 β 的估计值 $\hat{\alpha}$ 和 $\hat{\beta}$，那么(　　)

A. $\hat{\alpha} = 740, \hat{\beta} = 0.6$　　B. $\hat{\alpha} \neq 740, \hat{\beta} = 0.6$

C. $\hat{\alpha} = 740, \hat{\beta} \neq 0.6$　　D. $\hat{\alpha} \neq 740, \hat{\beta} \neq 0.6$

E. 前几种都可能

(6) 如果我们在中国再抽取了一组容量足够大的关于 Y_t 和 C_t 的样本值，使用 OLS 方法，我们又得到一组 α 和 β 的估计值 $\hat{\alpha}_1$ 和 $\hat{\beta}_1$，那么应有(　　)

A. $\hat{\alpha} = \hat{\alpha}_1, \hat{\beta} = \hat{\beta}_1$　　B. $\hat{\alpha} = \hat{\alpha}_1, \hat{\beta} \neq \hat{\beta}_1$

C. $\hat{\alpha} \neq \hat{\alpha}_1, \hat{\beta} = \hat{\beta}_1$　　D. $\hat{\alpha} \neq \hat{\alpha}_1, \hat{\beta} \neq \hat{\beta}_1$

E. 前几种都可能

(7) 在本题中，所谓的总体回归模型是指(　　)

A. $C_t = 740 + 0.6Y_t + u_t, u_t \sim N(0, 10\,000)$

B. $C_t = \alpha + \beta Y_t + u_t, u_t \sim N(0, \sigma^2)$

C. $E(C_t) = \alpha + \beta Y_t$

D. $E(C_t) = 740 + 0.6Y_t$

(8) 而所谓的总体回归方程是(　　)

A. $C_t = 740 + 0.6Y_t + u_t, u_t \sim N(0, 10\,000)$

B. $C_t = \alpha + \beta Y_t + u_t, u_t \sim N(0, \sigma^2)$

C. $E(C_t) = \alpha + \beta Y_t$

D. $E(C_t) + 740 + 0.6Y_t$

(9) 所谓的样本回归方程是(　　)

A. $C_t = \alpha + \beta Y_t + u_t, u_t \sim N(0, \sigma^2)$

B. $C_t = \hat{\alpha} + \hat{\beta} Y_t + e_t$

C. $E(C_t) = \alpha + \beta Y_t$

D. $\hat{C}_t = \hat{\alpha} + \hat{\beta} Y_t$

(10) 在本题中，真值 0.6 与样本无偏估计量的估计值$\hat{\beta}$的真实关系是(　　)

A. $\hat{\beta} = 0.6$　　B. $E(\hat{\beta}) = 0.6$

C. $\lim_{n\to\infty} \frac{1}{n}\sum_{i=1}^{n} \hat{\beta}_i = 0.6$　　D. $\hat{\beta} \neq 0.6$

2. 下列方程中正确的是(　　)，错误的是(　　)

(1) $Y_t = \beta_1 + \beta_2 X_t \quad t = 1,2,\cdots,n$

(2) $Y_t = \beta_1 + \beta_2 X_t + u_t \quad t = 1,2,\cdots,n$

(3) $Y_t = \hat{\beta}_1 + \hat{\beta}_2 X_t + u_t \quad t = 1,2,\cdots,n$

(4) $\hat{Y}_t = \hat{\beta}_1 + \hat{\beta}_2 X_t + u_t \quad t = 1,2,\cdots,n$

(5) $Y_t = \hat{\beta}_1 + \hat{\beta}_2 X_t \quad t = 1,2,\cdots,n$

(6) $\hat{Y}_t = \hat{\beta}_1 + \hat{\beta}_2 X_t \quad t = 1,2,\cdots,n$

(7) $Y_t = \hat{\beta}_1 + \hat{\beta}_2 X_t + e_t \quad t = 1,2,\cdots,n$

(8) $\hat{Y}_t = \hat{\beta}_1 + \hat{\beta}_2 X_t + e_t \quad t = 1,2,\cdots,n$

3. 一条直线或曲线拟合样本散布点的准则可能有哪些?最小二乘准则是否是唯一的准则?为什么建立在最小二乘准则基础上的最小二乘估计法在计量经济学中获得了最广泛的应用?

4. 在推导参数估计值计算公式过程中，分别令残差平方和对$\hat{\beta}_1$和$\hat{\beta}_2$的一阶偏导数为零。该条件是残差平方和达到最小值的必要条件还是充分必要条件?

5. 经典假设条件的内容是什么?为什么要对回归模型规定经典假设条件?

6. 高斯—马尔可夫定理的内容是什么?

7. 为什么要对回归方程进行显著性检验?其真实目的及检验的基本思路和一般步骤是什么?

8. 试证明当所有的样本点均在样本回归直线上时，$R^2 = 1$。

9. 在一元线性回归方法中，我们有一个重要的结论：$\hat{\beta}_2 \sim N(\beta_2, \sigma^2/\sum x_i^2)$。试说明这一结论的具体含义；结论成立的前提条件；$\hat{\beta}_2$的计算表达式；若使$\hat{\beta}_2$的估计值更为可用，对样本数据有什么要求?

10. 试证在截距项为零的(总体)回归模型 $Y_i = \beta_2 X_i + u_i$ 中：

(1) $\hat{\beta}_2 = \sum X_i Y_i / \sum X_i^2$

(2) $E(\hat{\beta}_2) = \beta_2$

(3) $Var(\hat{\beta}_2) = \sigma^2 / \sum X_i^2$

11. 设有 10 个工人的生产抽样数据如下：

X	10	7	10	5	8	8	6	7	9	10
Y	11	10	12	6	10	7	9	10	11	10

其中,X 为劳动工时,Y 为产量。

(1) 试估计 $Y_i = \beta_2 X_i + u_i$；

(2) 提供回归分析结果(按标准格式)并适当说明；

(3) 检验原假设：$\beta = 1.0$。

12. 用 12 对观测值估计出的消费函数为 $\hat{Y} = 10.0 + 0.9X$,并且已知 $\hat{\sigma}^2 = 0.01$,$\bar{X} = 200$,$\sum x_i^2 = 4\,000$,当 $X_0 = 250$ 时,试预测 Y_0 的点估计值及 95% 的置信区间。

13. 建立如下的二元回归模型：

$$\text{Ⅰ}: Y_i = \beta_1 + \beta_2 X_i + u_i$$

$$\text{Ⅱ}: Y_i = \alpha_1 + \alpha_2 (X - \bar{X}) + u_i$$

(1) 求 β_1 和 α_1 的估计量。它们是否相同?它们的方差是否相同?

(2) 求 β_2 和 α_2 的估计量。它们是否相同?它们的方差是否相同?

(3) 如果模型 Ⅱ 比模型 Ⅰ 好,好在哪里?

14. 如果你作了如下的回归：

$$y_i = \hat{\beta}_1 + \hat{\beta}_2 x_i + e_i$$

其中 y_i 和 x_i 照例是偏离它们各自均值的离差,问 β_1 将取何值?为什么?β_2 会不会和得自式(2.2.5)的一样?为什么?

15. 根据 8 个企业的广告支出 X 和销售收入 Y 的资料,求得：

$\sum X_i = 108$,$\sum Y_i = 480$,$\sum X_i^2 = 1\,620$,$\sum X_i Y_i = 6\,870$,$\sum Y_i^2 = 30\,000$

试用普通最小二乘法确定销售收入 Y 对广告支出 X 的回归方程,并计算判定系数以及检验回归方程的显著性(给定 $\alpha = 0.05$,已知 $t_{0.025}(6) = 2.447$)。

16. 表 1 给出了 1977 ～ 1991 年期间美国黄金价格、消费者价格指数(CPI)和纽约股票交易所指数(NYSE)数据。NYSE 指数包括在 NYSE 上市的大多数股票,约有 1 500 多种。

表 1　1977 ～ 1991 年美国黄金价格、消费者价格指数与纽约股票交易所指数

年份	每盎司纽约黄金美元价格	消费者价格指数(CPI) 1982 ～ 1984 = 100	纽约股票交易所指数(NYSE) 1965.12.31 = 100
1977	147.98	60.6	53.69
1978	193.44	65.2	53.70
1979	307.62	72.6	58.32
1980	612.51	82.4	68.10
1981	459.61	90.9	74.02
1982	376.01	96.5	68.93
1983	423.83	99.6	92.63
1984	360.29	103.9	92.46
1985	317.30	107.6	108.90
1986	367.87	109.6	136.00
1987	446.50	113.6	161.70
1988	436.93	118.3	149.91
1989	381.28	124.0	180.02
1990	384.08	130.7	183.46
1991	362.04	136.2	206.33

资料来源：CPI 和 NYSE 指数数据分别来自 Economic Report of the President《总统经济报告》，1993 年 1 月，表 B—59 和表 B—g1。黄金价格数据来自美国商业部经济分析局，Business Statistics《工商企业统计》，1963 ～ 1991，p.68。

（1）在同一散布图中描绘黄金价格、CPI 和 NYSE 指数。

（2）一种投资，如果它的价格和(或)回报率至少赶得上通货膨胀，就被认为是(对通货膨胀)保值(能抵御通货膨胀)的。为检验投资是保值的这一假设，假定(1)中的散点图表明拟合以下模型是适宜的：

$$黄金价格_t = \beta_1 + \beta_2 CPI_t + u_t$$

$$NYSE\ 指数_t = \beta_1 + \beta_2 CPI_t + u_t$$

如果假设正确，你预期 β_2 值为多少？

（3）哪一种投资对通货膨胀有较好的保值能力，黄金还是股票？

第3章 多元线性回归方法

本章是第2章思想及方法的直接推广，主要介绍(单方程)多元线性模型的回归方法。其中所谓的多元是指模型中含3个及以上的变量，或含2个及以上的解释变量。在实际问题中，我们所研究的因变量的变动常常不仅与一个解释变量有关。因此，多元线性模型的回归方法的应用更为普遍。更为重要的是，多元线性模型的回归方法在许多情况下可以间接地用于对非线性模型的估计。本章重点介绍结论，结论的由来或证明多作省略。

§3.1 多元线性模型的表达形式

3.1.1 总体回归模型与回归方程

总体回归模型的表达形式为：

$$Y_i=\beta_1+\beta_2X_{2i}+\beta_3X_{3i}+\cdots+\beta_kX_{ki}+u_i \tag{3.1.1}$$

其中，$X_2,X_3,\cdots,X_k$ 为解释变量，Y 为因变量，u 为随机变量。式(3.1.1)是一个 k 元线性回归模型，含 $k-1$ 个解释变量，k 个未知参数 $\beta_j(j=1,2,\cdots,k)$。式(3.1.1)表明，给定任一组解释变量的值($X_{2i},X_{3i},\cdots,X_{ki}$)，与之相对应的因变量的值 Y_i 是一随机变量。若令：

$$\boldsymbol{Y}=[Y_i]\quad \boldsymbol{X}=[1\quad X_{2i}\cdots X_{ki}]\quad \boldsymbol{\beta}=\begin{bmatrix}\beta_1\\ \beta_2\\ \vdots\\ \beta_k\end{bmatrix}\quad \boldsymbol{u}=[u_i] \tag{3.1.2}$$

则式(3.1.1)的矩阵表达形式为：

$$\boldsymbol{Y}=\boldsymbol{X\beta}+\boldsymbol{u} \tag{3.1.3}$$

与式(3.1.1)相对应，总体回归方程是指：

$$E(Y_i)=\beta_1+\beta_2\beta_{2i}+\beta_3 X_{3i}+\cdots+\beta_k X_{ki} \tag{3.1.4}$$

式(3.1.4)表明，给定任一组解释变量的值($X_{2i},X_{3i},\cdots,X_{ki}$)，与之相对应的因变量 Y_i 的期望值(均值)是一确定值，并由式(3.1.4)决定。同样，式(3.1.4)即总体回归方程的矩阵表达形式为：

$$E(\boldsymbol{Y})=\boldsymbol{X\beta} \tag{3.1.5}$$

给定任一 n 组解释变量的值 $X_{2i},X_{3i},\cdots,X_{ki}$，($i=1,2,\cdots,n$)，与之相对应的因变量 $Y_i(i=1,2,\cdots,n)$ 分别由下列 n 个随机方程决定：

$$\begin{cases} Y_1=\beta_1+\beta_2 X_{21}+\beta_3 X_{31}+\cdots+\beta_k X_{k1}+u_1 \\ Y_2=\beta_1+\beta_2 X_{22}+\beta_3 X_{32}+\cdots+\beta_2 X_{k2}+u_2 \\ \cdots\quad\cdots\quad\cdots\quad\cdots\quad\cdots\quad\cdots\quad\cdots\quad\cdots\quad\cdots \\ Y_n=\beta_1+\beta_2 X_{2n}+\beta_3 X_{3n}+\cdots+\beta_k X_{kn}+u_n \end{cases} \tag{3.1.6}$$

若令：

$$\boldsymbol{Y}=\begin{bmatrix} Y_1 \\ Y_2 \\ \vdots \\ Y_n \end{bmatrix} \quad \boldsymbol{X}=\begin{bmatrix} 1 & X_{21} & \cdots & X_{k1} \\ 1 & X_{22} & \cdots & X_{k2} \\ \vdots & \vdots & \vdots & \vdots \\ 1 & X_{2n} & \cdots & X_{kn} \end{bmatrix} \quad \boldsymbol{\beta}=\begin{bmatrix} \beta_1 \\ \beta_2 \\ \vdots \\ \beta_k \end{bmatrix} \quad \boldsymbol{u}=\begin{bmatrix} u_1 \\ u_2 \\ \vdots \\ u_n \end{bmatrix} \tag{3.1.7}$$

则式(3.1.6)同样可以用式(3.1.3)表达。所以我们将

$$\boldsymbol{Y}=\boldsymbol{X\beta}+\boldsymbol{u}$$

统一视为多元线性总体回归模型的矩阵表达形式。同样，多元线性总体回归方程的矩阵表达形式为：

$$E(\boldsymbol{Y})=\boldsymbol{X\beta}$$

3.1.2　样本回归模型与回归方程

在认可式(3.1.1)和式(3.1.4)的前提下，样本回归模型的设定形式为：

$$Y_i=\hat{\beta}_1+\hat{\beta}_2 X_{2i}+\hat{\beta}_3 X_{3i}+\cdots+\hat{\beta}_k X_{ki}+e_i \quad (i=1,2,\cdots,n) \tag{3.1.8}$$

其中，$\hat{\beta}_1,\hat{\beta}_2,\cdots,\hat{\beta}_k$ 是根据样本数据对 $\beta_1,\beta_2,\cdots,\beta_k$ 的估计，e_i 是残差。相应地，样本回归方程的设定形式为：

$$\hat{Y}_i=\hat{\beta}_1+\hat{\beta}_2 X_{2i}+\hat{\beta}_3 X_{3i}+\cdots+\hat{\beta}_k X_{ki} \quad (i=1,2,\cdots,n) \tag{3.1.9}$$

式(3.1.8)的矩阵表达形式为：

$$\boldsymbol{Y}=\boldsymbol{X\hat{\beta}}+\boldsymbol{e} \tag{3.1.10}$$

其中：

$$\boldsymbol{Y}=\begin{bmatrix}Y_1\\Y_2\\\vdots\\Y_n\end{bmatrix}\quad \boldsymbol{X}=\begin{bmatrix}1 & X_{21} & \cdots & X_{k1}\\1 & X_{22} & \cdots & X_{k2}\\\vdots & \vdots & \vdots & \vdots\\1 & X_{2n} & \cdots & X_{kn}\end{bmatrix}\quad \hat{\boldsymbol{\beta}}=\begin{bmatrix}\hat{\beta}_1\\\hat{\beta}_2\\\vdots\\\hat{\beta}_k\end{bmatrix}\quad \boldsymbol{e}=\begin{bmatrix}e_1\\e_2\\\vdots\\e_n\end{bmatrix} \tag{3.1.11}$$

式(3.1.9)的矩阵表达形式为：

$$\hat{\boldsymbol{Y}}=\boldsymbol{X}\hat{\boldsymbol{\beta}} \tag{3.1.12}$$

其中：

$$\hat{\boldsymbol{Y}}=\begin{bmatrix}\hat{Y}_1\\\hat{Y}_2\\\vdots\\\hat{Y}_n\end{bmatrix}\quad \boldsymbol{X}=\begin{bmatrix}1 & X_{21} & \cdots & X_{k1}\\1 & X_{22} & \cdots & X_{k2}\\\vdots & \vdots & \vdots & \vdots\\1 & X_{2n} & \cdots & X_{kn}\end{bmatrix}\quad \hat{\boldsymbol{\beta}}=\begin{bmatrix}\hat{\beta}_1\\\hat{\beta}_2\\\vdots\\\hat{\beta}_k\end{bmatrix} \tag{3.1.13}$$

§ 3.2 模型的基本假定

为根据样本数据并依据最小二乘法则合理地推出参数的优良估计(值)，必须对模型作必要的假定。基本假定包括：

假定 1 $E(u_i)=0, i=1,2,\cdots,n$。相应的矩阵形式的假定为：

$$E(\boldsymbol{u})=0 \tag{3.2.1}$$

假定 2 $E(u_iu_j)=0, i\neq j$。

假定 3 $E(u_i^2)=\sigma^2$(常数)，$i=1,2,\cdots,n$。

假定 2 和假定 3 的相应的矩阵形式的假定为：

$$E(\boldsymbol{u}\boldsymbol{u}')=\sigma^2 \boldsymbol{I_n} \tag{3.2.2}$$

这是由于：

$$\boldsymbol{u}\boldsymbol{u}'=\begin{bmatrix}u_1\\u_2\\\vdots\\u_n\end{bmatrix}\begin{bmatrix}u_1 & u_2 & \cdots & u_n\end{bmatrix}=\begin{bmatrix}u_1^2 & u_1u_2 & \cdots & u_1u_n\\u_2u_1 & u_2^2 & \cdots & u_2u_n\\\vdots & \vdots & \vdots & \vdots\\u_nu_1 & u_nu_2 & \cdots & u_n^2\end{bmatrix} \tag{3.2.3}$$

显然，仅当假定 2 和假定 3 成立时，式(3.2.2)才成立。

假定 4 X_{ji} 是非随机量，从而有 $E(X_{ji}u_i)=0, j=2,\cdots,k, i=1,2,\cdots,n$。

假定 1 和假定 4 使得：

$$E(\boldsymbol{X}'\boldsymbol{u})=0 \tag{3.2.4}$$

假定 5　$k<n$，即样本容量要大于待估计参数的个数。

假定 6　各解释变量之间不存在严格的线性相关，即不存在多重共线性。表现在样本数据中，要求：

$$rank(\boldsymbol{X})=k \tag{3.2.5}$$

即 $|\boldsymbol{X}'\boldsymbol{X}|\neq 0$，保证了 $(\boldsymbol{X}'\boldsymbol{X})^{-1}$ 的存在。

当然，为了保证知道估计量的具体分布，还需要加上最后一条：

假定 7　$u_i\sim N(0,\sigma^2),i=1,2,\cdots,n$。

§3.3　最小二乘估计公式

给定样本数据 $(Y_i,X_{2i},X_{3i},\cdots,X_{ki}),i=1,2,\cdots,n$，样本回归方程(3.1.9)中的参数估计的最小二乘法则为：

$$\boldsymbol{e}'\boldsymbol{e}=\sum e_i^2=\sum(Y_i-\hat{Y}_i)^2=\sum(Y_i-\hat{\beta}_1-\hat{\beta}_2X_{2i}-\cdots-\hat{\beta}_{ki})^2=\min \tag{3.3.1}$$

式(3.3.1)成立的充要条件是：

$$\frac{\partial\sum e_i^2}{\partial\hat{\beta}_j}=0\quad j=1,2,\cdots,k \tag{3.3.2}$$

由式(3.3.2)可得 k 个正规方程：

$$\begin{cases}\hat{\beta}_1 n+\hat{\beta}_2\sum X_{2i}+\cdots\hat{\beta}_k\sum X_{ki}=\sum Y_i\\ \hat{\beta}_1\sum X_{2i}+\hat{\beta}_2\sum X_{2i}^2+\cdots+\hat{\beta}_k\sum X_{2i}X_{ki}=\sum X_{2i}Y_i\\ \cdots\quad\cdots\quad\cdots\quad\cdots\quad\cdots\quad\cdots\quad\cdots\quad\cdots\\ \hat{\beta}_1\sum X_{ki}+\hat{\beta}_2\sum X_{ki}X_{2i}+\cdots+\hat{\beta}_k\sum X_{ki}^2=\sum X_{ki}Y_i\end{cases} \tag{3.3.3}$$

解式(3.3.3)，可得出我们要求的参数估计。

用矩阵形式可将式(3.3.3)重新写为：

$$\underbrace{\begin{bmatrix} n & \sum X_{2i} & \cdots & \sum X_{ki}\\ \sum X_{2i} & \sum X_{2i}^2 & \cdots & \sum X_{2i}X_{ki}\\ \vdots & \vdots & & \vdots\\ \sum X_{ki} & \sum X_{ki}X_{2i} & \cdots & \sum X_{ki}^2\end{bmatrix}}_{\boldsymbol{X}'\boldsymbol{X}}\underbrace{\begin{bmatrix}\hat{\beta}_1\\ \hat{\beta}_2\\ \vdots\\ \hat{\beta}_k\end{bmatrix}}_{\hat{\boldsymbol{\beta}}}=\underbrace{\begin{bmatrix}1 & 1 & \cdots & 1\\ X_{21} & X_{22} & \cdots & X_{2n}\\ \vdots & \vdots & & \vdots\\ X_{k1} & X_{k2} & \cdots & X_{kn}\end{bmatrix}}_{\boldsymbol{X}'}\underbrace{\begin{bmatrix}Y_1\\ Y_2\\ \vdots\\ Y_n\end{bmatrix}}_{\boldsymbol{Y}} \tag{3.3.4}$$

即有：

$$(\boldsymbol{X}'\boldsymbol{X})\hat{\boldsymbol{\beta}}=\boldsymbol{X}'\boldsymbol{Y} \tag{3.3.5}$$

因此，参数估计公式的矩阵表达形式为：

$$\hat{\boldsymbol{\beta}}=(\boldsymbol{X}'\boldsymbol{X})^{-1}\boldsymbol{X}'\boldsymbol{Y} \tag{3.3.6}$$

同时，也就不难得出：

$$\begin{aligned}\sum e_i^2 &=\boldsymbol{e}'\boldsymbol{e}=(\boldsymbol{Y}'-\hat{\boldsymbol{\beta}}'\boldsymbol{X}')(\boldsymbol{Y}-\boldsymbol{X}\hat{\boldsymbol{\beta}})\\ &=\boldsymbol{Y}'\boldsymbol{Y}-\boldsymbol{Y}'\boldsymbol{X}\hat{\boldsymbol{\beta}}-\hat{\boldsymbol{\beta}}'\boldsymbol{X}'\boldsymbol{Y}+\hat{\boldsymbol{\beta}}'\boldsymbol{X}'\hat{\boldsymbol{\beta}}\\ &=\boldsymbol{Y}'\boldsymbol{Y}-\boldsymbol{Y}'\boldsymbol{X}\hat{\boldsymbol{\beta}}-\hat{\boldsymbol{\beta}}'\boldsymbol{X}'\boldsymbol{Y}+\hat{\boldsymbol{\beta}}'\boldsymbol{X}'\boldsymbol{X}(\boldsymbol{X}'\boldsymbol{X})^{-1}\boldsymbol{X}'\boldsymbol{Y}\\ &=\boldsymbol{Y}'\boldsymbol{Y}-\boldsymbol{Y}'\boldsymbol{X}\hat{\boldsymbol{\beta}}-\hat{\boldsymbol{\beta}}'\boldsymbol{X}'\boldsymbol{Y}+\hat{\boldsymbol{\beta}}'\boldsymbol{X}'\boldsymbol{Y}\\ &=\boldsymbol{Y}'\boldsymbol{Y}-\boldsymbol{Y}'\boldsymbol{X}\hat{\boldsymbol{\beta}}\end{aligned} \tag{3.3.7}$$

又因为：

$$\hat{\boldsymbol{\beta}}'\boldsymbol{X}'\boldsymbol{Y}=[(\boldsymbol{X}'\boldsymbol{X})^{-1}\boldsymbol{X}'\boldsymbol{Y}]'\boldsymbol{X}'\boldsymbol{Y}=\boldsymbol{Y}'\boldsymbol{X}(\boldsymbol{X}'\boldsymbol{X})^{-1}\boldsymbol{X}'\boldsymbol{Y}=\boldsymbol{Y}'\boldsymbol{X}\hat{\boldsymbol{\beta}} \tag{3.3.8}$$

所以，也有：

$$\sum e_i^2 = \boldsymbol{e}'\boldsymbol{e} = \boldsymbol{Y}'\boldsymbol{Y}-\hat{\boldsymbol{\beta}}'\boldsymbol{X}'\boldsymbol{Y} \tag{3.3.9}$$

§3.4 最小二乘估计量的优良特性

在满足上述假定的前提下，可以推出最小二乘估计量具有以下优良特性：

1. 线性性

这可以从式(3.3.6)中直接看出。

2. 无偏性

因为：

$$\begin{aligned}\hat{\boldsymbol{\beta}}=(\boldsymbol{X}'\boldsymbol{X})^{-1}\boldsymbol{X}'\boldsymbol{Y} &=(\boldsymbol{X}'\boldsymbol{X})^{-1}\boldsymbol{X}'(\boldsymbol{X}\boldsymbol{\beta}+\boldsymbol{u})\\ &=(\boldsymbol{X}'\boldsymbol{X})^{-1}\boldsymbol{X}'\boldsymbol{X}\boldsymbol{\beta}+(\boldsymbol{X}'\boldsymbol{X})^{-1}\boldsymbol{X}'\boldsymbol{u}\\ &=\boldsymbol{\beta}+(\boldsymbol{X}'\boldsymbol{X})^{-1}\boldsymbol{X}'\boldsymbol{u}\end{aligned} \tag{3.4.1}$$

所以

$$E(\hat{\boldsymbol{\beta}})=\boldsymbol{\beta}+(\boldsymbol{X}'\boldsymbol{X})^{-1}\boldsymbol{X}'E(\boldsymbol{u})=\boldsymbol{\beta} \tag{3.4.2}$$

3. 最小方差性

因为：

$$
\begin{aligned}
E[(\hat{\boldsymbol{\beta}}-\boldsymbol{\beta})(\hat{\boldsymbol{\beta}}-\boldsymbol{\beta})'] &= E\{[(\boldsymbol{X}'\boldsymbol{X})^{-1}\boldsymbol{X}'\boldsymbol{u}][(\boldsymbol{X}'\boldsymbol{X})^{-1}\boldsymbol{X}'\boldsymbol{u}]'\} \\
&= E[(\boldsymbol{X}'\boldsymbol{X})^{-1}\boldsymbol{X}'\boldsymbol{u}\boldsymbol{u}'\boldsymbol{X}(\boldsymbol{X}'\boldsymbol{X})^{-1}] \\
&= (\boldsymbol{X}'\boldsymbol{X})^{-1}\boldsymbol{X}'E(\boldsymbol{u}\boldsymbol{u}')\boldsymbol{X}(\boldsymbol{X}'\boldsymbol{X})^{-1} \\
&= (\boldsymbol{X}'\boldsymbol{X})^{-1}\boldsymbol{X}'\sigma^2\boldsymbol{I}_n\boldsymbol{X}(\boldsymbol{X}'\boldsymbol{X})^{-1} \\
&= (\boldsymbol{X}'\boldsymbol{X})^{-1}\boldsymbol{X}'\boldsymbol{X}(\boldsymbol{X}'\boldsymbol{X})^{-1}\sigma^2 \\
&= (\boldsymbol{X}'\boldsymbol{X})^{-1}\sigma^2
\end{aligned} \tag{3.4.3}
$$

同时：

$$
E[(\hat{\boldsymbol{\beta}}-\boldsymbol{\beta})(\hat{\boldsymbol{\beta}}-\boldsymbol{\beta})'] = E\begin{bmatrix}\hat{\beta}_1-\beta_1 \\ \hat{\beta}_2-\beta_2 \\ \vdots \\ \hat{\beta}_k-\beta_k\end{bmatrix}[\hat{\beta}_1-\beta_1 \quad \hat{\beta}_2-\beta_2 \quad \cdots \quad \hat{\beta}_k-\beta_k]
$$

$$
= \begin{bmatrix} Var(\hat{\beta}_1) & Cov(\hat{\beta}_1,\hat{\beta}_2) & \cdots & Cov(\hat{\beta}_1,\hat{\beta}_k) \\ Cov(\hat{\beta}_2,\hat{\beta}_1) & Var(\hat{\beta}_2) & \cdots & Cov(\hat{\beta}_2,\hat{\beta}_k) \\ \vdots & \vdots & & \vdots \\ Cov(\hat{\beta}_k,\hat{\beta}_1) & Cov(\hat{\beta}_k,\hat{\beta}_2) & \cdots & Var(\hat{\beta}_k) \end{bmatrix} \tag{3.4.4}
$$

所以，若记 C_{ij} 为矩阵 $(\boldsymbol{X}'\boldsymbol{X})^{-1}$ 中的第 i 行第 j 列的元素，则有：

$$
Var(\hat{\beta}_j) = \sigma^2 C_{jj} \tag{3.4.5}
$$

$$
Cov(\hat{\beta}_i,\hat{\beta}_j) = \sigma^2 C_{ij} \tag{3.4.6}
$$

至于 $Var(\hat{\boldsymbol{\beta}}) \leqslant Var(\hat{\boldsymbol{\beta}}^*)$ 即最小方差性的证明，这里省略。

§3.5　σ^2的估计公式

可以证明：

$$
E(\sum e_i^2) = E(\boldsymbol{e}'\boldsymbol{e}) = (n-k)\sigma^2 \tag{3.5.1}
$$

所以，σ^2 的无偏估计为：

$$
\hat{\sigma}^2 = \frac{\sum e_i^2}{n-k} = \frac{\boldsymbol{e}'\boldsymbol{e}}{n-k} = \frac{\boldsymbol{Y}'\boldsymbol{Y} - \hat{\boldsymbol{\beta}}'\boldsymbol{X}'\boldsymbol{Y}}{n-k} \tag{3.5.2}
$$

故有：

$$
S(\hat{\beta}_j) = \hat{\sigma}\sqrt{C_{jj}} = \sqrt{\frac{\sum e_i^2}{n-k}}\sqrt{C_{jj}} \tag{3.5.3}
$$

[例 3-1] 某公司的企业管理费用主要取决于两种重点产品的产量，有关统计数据见表 3-1。估计企业管理费用的线性回归模型：

$$Y=\beta_1+\beta_2 X_2+\beta_3 X_3+u \tag{3.5.4}$$

表 3-1 企业管理费用的发生情况

年份	企业管理费用 Y(千元)	甲产品产量 X_1(万吨)	乙产品产量 X_2(万吨)
1	3	3	5
2	1	1	4
3	8	5	6
4	3	2	4
5	5	4	6

因变量样本观测值向量和解释变量样本观测值矩阵分别为：

$$\boldsymbol{Y}=\begin{bmatrix}3\\1\\8\\3\\5\end{bmatrix} \qquad \boldsymbol{X}=\begin{bmatrix}1&3&5\\1&1&4\\1&5&6\\1&2&4\\1&4&6\end{bmatrix}$$

计算过程中的有关矩阵分别为：

$$\boldsymbol{X}'\boldsymbol{X}=\begin{bmatrix}5&15&25\\15&55&81\\25&81&129\end{bmatrix} \qquad \boldsymbol{X}'\boldsymbol{Y}=\begin{bmatrix}20\\76\\109\end{bmatrix}$$

$$(\boldsymbol{X}'\boldsymbol{X})^{-1}=\begin{bmatrix}26.7&4.5&-8\\4.5&1&-1.5\\-8.0&-1.5&2.5\end{bmatrix}$$

故：

$$\hat{\boldsymbol{\beta}}=\begin{bmatrix}\hat{\beta}_1\\\hat{\beta}_2\\\hat{\beta}_3\end{bmatrix}=(\boldsymbol{X}'\boldsymbol{X})^{-1}\boldsymbol{X}'\boldsymbol{Y}=\begin{bmatrix}26.7&4.5&-8\\4.5&1&-1.5\\-8&-1.5&2.5\end{bmatrix}\begin{bmatrix}20\\76\\109\end{bmatrix}=\begin{bmatrix}4\\2.5\\-1.5\end{bmatrix}$$

因此，样本回归方程为：

$$\hat{Y}=4+2.5X_2-1.5X_3 \tag{3.5.5}$$

又：

$$\boldsymbol{Y}'\boldsymbol{Y}=108$$

$$\hat{\boldsymbol{\beta}}'\boldsymbol{X}'\boldsymbol{Y}=[4 \quad 2.5 \quad -1.5]\begin{bmatrix}20\\76\\109\end{bmatrix}=106.5$$

所以：

$$\hat{\sigma}^2=\frac{\boldsymbol{Y}'\boldsymbol{Y}-\hat{\boldsymbol{\beta}}'\boldsymbol{X}'\boldsymbol{Y}}{n-k}=\frac{108-106.5}{5-3}=0.75$$

$$\hat{\sigma}=\sqrt{0.75}=0.8660$$

$$S(\hat{\beta}_1)=\hat{\sigma}\sqrt{C_{11}}=\sqrt{0.75}\ \sqrt{26.7}=4.4749$$

$$S(\hat{\beta}_2)=\hat{\sigma}\sqrt{C_{22}}=\sqrt{0.75}\ \sqrt{1}=0.8660$$

$$S(\hat{\beta}_3)=\hat{\sigma}\sqrt{C_{33}}=\sqrt{0.75}\ \sqrt{2.5}=1.3693$$

其实，在实际分析中，并不需要用手工来计算。在 TSP 软件中，多元回归分析的命令与二元回归分析基本相同，只是在 LS 命令中增加解释变量的个数。在本例中，输入数据之后，键入：LS Y C X2 X3 命令后，屏幕会显示表 3-2：

表 3-2

Date：8－29－2003/Time：16:16
SMPL range：1－5
Number of observations：5

VARIABLE	COEFFICIENT	STD. ERROR	T-STAT.	2-TAIL SIG.
C	4.0000000	4.4749302	0.8938687	0.466
X2	2.5000000	0.8660254	2.8867513	0.102
X3	−1.5000000	1.3693064	−1.0954451	0.388

R-squared	0.946429	Mean of dependent var	4.000000
Adjusted R-squared	0.892857	S. D. of dependent var	2.645751
S. E. of regression	0.866025	Sum of squared resid	1.500000
Durbin-Watson stat	1.666667	F-statistic	17.66667
Log likelihood	−4.084761		

前面手工计算出的数据在其中均可找到。

如果你手头没有 TSP 等专用统计软件，利用常见的 Excel 软件中的统计功能，一般也能满足计算和分析的需要。

§3.6 样本回归方程的拟合优度测度

与二元回归方程相同，多元线性回归方程的样本拟合优度用样本决定系数 R^2 来测度：

$$R^2=\frac{ESS}{TSS}=1-\frac{RSS}{TSS} \tag{3.6.1}$$

其中：

$$0\leqslant R^2\leqslant 1 \tag{3.6.2}$$

$$TSS=\sum(Y_i-\bar{Y})^2=\sum(Y_i^2-2\bar{Y}Y_i+\bar{Y}^2)=\sum Y_i^2-n\bar{Y}^2=\mathbf{Y}'\mathbf{Y}-n\bar{Y}^2 \tag{3.6.3}$$

$$ESS=\sum(Y_i-\bar{Y})^2-\sum e_i^2=(\mathbf{Y}'\mathbf{Y}-n\bar{Y}^2)-(\mathbf{Y}'\mathbf{Y}-\hat{\boldsymbol{\beta}}'\mathbf{X}'\mathbf{Y})=\hat{\boldsymbol{\beta}}'\mathbf{X}'\mathbf{Y}-n\bar{Y}^2 \tag{3.6.4}$$

所以：

$$R^2=\frac{\hat{\boldsymbol{\beta}}'\mathbf{X}'\mathbf{Y}-n\bar{Y}^2}{\mathbf{Y}'\mathbf{Y}-n\bar{Y}^2} \tag{3.6.5}$$

但在用样本决定系数 R^2 衡量和比较不同的多元回归方程的拟合优度时，会面临两个问题：一是样本容量大的，TSS 会增加；二是解释变量多的，ESS 会增加。所以，为使解释变量个数和样本容量不同的使用最小二乘法则估计的回归方程之间的 R^2 有可比性，最好使用校正决定系数 $\bar{R}^2$：

$$\bar{R}^2=1-\frac{\boldsymbol{e}'\boldsymbol{e}/(n-k)}{(\mathbf{Y}'\mathbf{Y}-n\bar{Y}^2)/(n-1)}=1-\frac{\boldsymbol{e}'\boldsymbol{e}}{\mathbf{Y}'\mathbf{Y}-n\bar{Y}^2}\frac{n-1}{n-k}=1-(1-R^2)\frac{n-1}{n-k} \tag{3.6.6}$$

在例 3-1 中，根据给定的样本数据表 3-1，在 TSP 的输出结果中，样本回归方程(3.5.5)

$$\hat{Y}=4+2.5X_2-1.5X_3$$

的 $R^2=0.9464$，$\bar{R}^2=0.8929$。而

$$\hat{Y}=-0.8+1.6X_2 \qquad R^2=0.9143 \quad \bar{R}^2=0.8857 \tag{3.6.7}$$

$$\hat{Y}=-7.25+2.25X_3 \qquad R^2=0.7232 \quad \bar{R}^2=0.6310 \tag{3.6.8}$$

§3.7　回归系数的置信区间与显著性检验

3.7.1　回归系数的置信区间

与二元回归方程相同，回归系数的估计量服从：

$$\hat{\beta}_j \sim N(\beta_j, \sigma^2 C_{jj}) \tag{3.7.1}$$

所以：

$$\frac{\hat{\beta}_j - \beta_j}{\sigma\sqrt{C_{jj}}} \sim N(0,1) \tag{3.7.2}$$

以及：

$$\frac{\hat{\beta}_j - \beta_j}{\hat{\sigma}\sqrt{C_{jj}}} \sim t(n-k) \tag{3.7.3}$$

所以，多元回归系数$\hat{\beta}_j$ 的置信区间为：

$$\hat{\beta}_j - t_{\alpha/2}\hat{\sigma}\sqrt{C_{jj}} \leqslant \beta_j \leqslant \hat{\beta}_j + t_{\alpha/2}\hat{\sigma}\sqrt{C_{jj}} \tag{3.7.4}$$

其中，

$$C_{jj} = (\boldsymbol{X}'\boldsymbol{X})^{-1}_{jj} \tag{3.7.5}$$

3.7.2　回归系数的t检验

多元回归方程的回归系数的显著性检验的步骤如下：

(1) 对总体回归系数提出如下假设。

$$\begin{aligned} &H_0: \beta_j = 0 \quad j = 2, 3, \cdots, k \\ &H_1: \beta_j \neq 0 \end{aligned} \tag{3.7.6}$$

(2) 在 H_0 成立的前提下，根据容量为 n 的样本数据计算统计量的数值。

$$t = \frac{\hat{\beta}_j}{S(\hat{\beta}_j)} = \frac{\hat{\beta}_j}{\hat{\sigma}\sqrt{C_{jj}}} \tag{3.7.7}$$

(3) 给定显著水平 α(1$-\alpha$ 为置信度，因此 α 值越小，置信度越高)，查自由度为 $n-k$ 的 t 分布表，得置信区间临界值 $t_{\alpha/2}(n-k)$。

(4) 若$|t| > t_{\alpha/2}(n-k)$，拒绝原假设 H_0，接受其对立假设 $H_1: \beta_j \neq 0$，意味着 β_j 与 0 有显著区别，其所对应的解释变量 X_j 对因变量 Y 的线性影响不容忽视；反之，若$|t| < t_{\alpha/2}(n-k)$，则接受 H_0，意味着 β_j 与 0 没有显著区别，其所对应的解释变量 X_j 对因变量 Y 的线性影响不显著。

在例 3-1 中，由于查表得：$t_{0.025}(2)=4.303$，而$\hat{\beta}_1,\hat{\beta}_2,\hat{\beta}_3$ 的 t 统计计算值分别为：0.893 9，2.886 8，−1.095 4（见表 3-2），所以，根据对样本数据的分析，我们认为，回归模型（3.5.4）中的所有回归系数均不显著，解释变量 X_2 和 X_3 对 Y 的线性作用不明显。

3.7.3 回归系数的F检验

上述检验方法（简称 t 检验）是对回归系数逐个进行显著性检验，计算工作量大，特别是像例 3-1 这种特殊情况，实际只需要进行一次检验即可。所以，在对多元回归系数逐个进行显著性检验之前，我们一般先进行一揽子的整体性的显著性检验（简称为 F 检验）。具体方法如下：

（1）对回归系数提出一揽子的整体假设。

$$\begin{aligned}&H_0: \beta_1=\beta_2=\cdots=\beta_k=0\\&H_1: \beta_j \text{ 不全为 } 0\end{aligned} \tag{3.7.8}$$

（2）在 H_0 成立的前提下，根据容量为 n 的样本数据计算统计量的数值。

$$F=\frac{ESS/(k-1)}{RSS/(n-k)}=\frac{(\hat{\boldsymbol{\beta}}'\boldsymbol{X}'\boldsymbol{Y}-n\bar{Y}^2)/(k-1)}{(\boldsymbol{Y}'\boldsymbol{Y}-\hat{\boldsymbol{\beta}}'\boldsymbol{X}'\boldsymbol{Y})/(n-k)}\sim F(k-1,n-k) \tag{3.7.9}$$

（3）给定显著水平 α，查第一自由度为 k、第二自由度为 $n-k$ 的 F 分布表，得置信区间临界值 $F_\alpha(k-1,n-k)$。

（4）若 $F>F_\alpha(k-1,n-k)$，拒绝原假设 H_0，接受其对立假设 H_1：β_j 不全为 0。这意味着某些个 β_j 不为零。因此，接下来，还需要对 β_j 逐个进行显著性检验；反之，若 $F<F_\alpha(k-1,n-k)$，则接受 H_0，意味着所有的 β_j 与 0 没有显著区别，其所对应的解释变量 X_j 对因变量 Y 的线性影响不显著，也意味着不需要再对 β_j 逐个进行显著性检验了。

在例 3-1 中，由于查表得：$F_{0.05}(2,2)=19.00$，而 $F=17.666\ 7$（见表 3-2），所以，同样可以得出结论：回归模型（3.5.4）中的所有回归系数均不显著，解释变量 X_2 和 X_3 对 Y 的线性作用不明显。

§3.8 利用模型进行预测

利用已求得的样本回归方程 $\hat{\boldsymbol{Y}}=\boldsymbol{X}\hat{\boldsymbol{\beta}}$ 进行预测，就是给定解释变量 X 在样本以外的某一特定值向量

$$\boldsymbol{X}_0=(1\quad X_{20}\quad X_{30}\quad \cdots\quad X_{k0}) \tag{3.8.1}$$

对因变量 Y_0 的值进行点估计或区间估计。

点预测的计算公式为：

$$Y_0 = \boldsymbol{X}_0 \hat{\boldsymbol{\beta}} \tag{3.8.2}$$

至于区间预测公式，因为：

$$Y_0 - \hat{Y}_0 \sim N(0, \sigma^2(1+\boldsymbol{X}_0(\boldsymbol{X}'\boldsymbol{X})^{-1}\boldsymbol{X}_0')) \tag{3.8.3}$$

所以：

$$\frac{Y_0 - \hat{Y}_0}{\hat{\sigma}\sqrt{1+\boldsymbol{X}_0(\boldsymbol{X}'\boldsymbol{X})^{-1}\boldsymbol{X}_0'}} \sim t(n-k) \tag{3.8.4}$$

故多元线性回归模型的区间预测公式为：

$$\hat{Y}_0 - t_{\alpha/2}\hat{\sigma}\sqrt{1+\boldsymbol{X}_0(\boldsymbol{X}'\boldsymbol{X})^{-1}\boldsymbol{X}_0'} \leqslant Y_0 \leqslant \hat{Y} + t_{\alpha/2}\hat{\sigma}\sqrt{1+\boldsymbol{X}_0(\boldsymbol{X}'\boldsymbol{X})^{-1}\boldsymbol{X}_0'} \tag{3.8.5}$$

§3.9 非线性回归模型的估计

线性模型属于最简单的计量经济模型，现实经济的许多问题需要用非线性模型来解决。非线性模型的形式千变万化，很难找到一种统一的估计方法。幸好，对于一些特定的非线性模型而言，通过对模型进行特定的模型转换或变量代换，我们已经知道的线性估计方法还是可以派上用场的。实际上，多元线性回归方法的重要用途之一就是间接地用于估计非线性模型。

现在，我们需要进一步明确线性模型的含义。在一个单方程的数理模型中，Y 为被解释变量，X_j 为解释变量，β_j 为模型的常参数。我们可以在两种含义上界定"线性"一词：

如果 $\dfrac{\partial Y}{\partial X_j} = \beta_j \qquad \dfrac{\partial^2 Y}{\partial X_j^2} = 0$

则我们认为该数理模型的被解释变量与解释变量之间存在线性关系，即该模型在变量意义上是线性的。这也是我们在此之前所一直使用的线性含义。

如果 $\dfrac{\partial Y}{\partial \beta_j} = f(X_j) \qquad \dfrac{\partial^2 Y}{\partial \beta_j^2} = 0$

则我们认为该数理模型的被解释变量与参数之间存在线性关系，即该模型在参数意义上是线性的。比如，模型 $Y = \beta_1 + \beta_2 \ln X_2 + \beta_3 e^{X_3} + \beta_4 X_4$ 就属于这样的线性模型。

多元线性回归方法一般可应用于参数意义上的线性模型的参数估计。今后我们一般也是在参数意义上使用"线性"一词。

3.9.1 直接代换法

对于那些在参数意义上是线性的模型，可以先对变量进行某种直接代换，然后再利用前面所讲的线性回归方法进行参数估计。常见的有：

1. 多项式函数模型

模型形式如下：

$$Y_i=\beta_1+\beta_2 X_i+\beta_3 X_i^2+\cdots+\beta_k X_i^{k-1}+u_i \tag{3.9.1}$$

这是一个二元非线性模型。若直接引入新的解释变量，即令：

$$X_i^j=X_{j+1i} \qquad j=1,2,\cdots,k-1 \tag{3.9.2}$$

则式(3.9.1)可转换为：

$$Y_i=\beta_1+\beta_2 X_{2i}+\beta_3 X_{3i}+\cdots+\beta_h X_{ki}+u_i \tag{3.9.3}$$

式(3.9.3)是一个标准的多元线性模型。在生成新的样本数据之后，可以直接使用线性回归方法。

2. 双曲函数模型

模型形式如下：

$$\frac{1}{Y}=\beta_1+\frac{\beta_2}{X}+u \tag{3.9.4}$$

直接代换：

$$Y^*=\frac{1}{Y} \qquad X^*=\frac{1}{X} \tag{3.9.5}$$

原模型转换为：

$$Y^*=\beta_1+\beta_2 X^*+u \tag{3.9.6}$$

式(3.9.6)是一个标准的二元线性回归模型。

3. 半对数函数模型

模型形式如下：

$$Y=\beta_1+\beta_2 \ln X+u \tag{3.9.7}$$

直接代换：

$$X^*=\ln X \tag{3.9.8}$$

原模型转换为：

$$Y=\beta_1+\beta_2 X^*+u \tag{3.9.9}$$

4. 双对数函数模型

模型形式如下：

$$\ln Y=\beta_1+\beta_2 \ln X+u \tag{3.9.10}$$

直接代换：

$$Y^*=\ln Y \quad X^*=\ln X \tag{3.9.11}$$

原模型转换为式(3.9.6)。

5. S 型成长曲线模型

模型形式如下：

$$Y=\frac{1}{\beta_1+\beta_2 e^{-X}+u} \tag{3.9.12}$$

直接代换：

$$Y^*=\frac{1}{Y} \qquad X^*=e^{-X} \tag{3.9.13}$$

原模型转换为式(3.9.6)。

3.9.2 间接代换法

如果某些非线性模型必须先对模型进行某种数学变换后方可使用直接变换法，这种方法就称为间接代换法。比如著名的 C-D 生产函数模型：

$$Y=AL^{\alpha}K^{\beta}e^{u} \tag{3.9.14}$$

即使使用直接代换法也无法将其线性化。但如果对式(3.9.14)两边同取对数，则得：

$$\ln Y=\ln A+\alpha\ln L+\beta\ln K+u \tag{3.9.15}$$

对式(3.9.15)进行直接代换：

$$Y^*=\ln Y \quad A^*=\ln A \quad L^*=\ln L \quad K^*=\ln K \tag{3.9.16}$$

原模型变为：

$$Y^*=A^*+\alpha L^*+\beta K^*+u \tag{3.9.17}$$

利用生成后的新样本数据，可以直接使用线性回归方法估计原模型的参数。但必须强调的是，在间接代换法中，具体应如何变换原模型，视模型具体数学形式而定；也不是所有的非线性模型都能成功地实施间接代换的。

可线性化的非线性模型虽然数学形式比较复杂，但由于其参数有较好的经济意义而得到普遍应用。

3.9.3 泰勒级数展开法

当建立的非线性模型无法利用直接或间接代换法进行线性化时，模型参数的估计可以借助泰勒级数展开式进行逐次的线性近似估计。

给定一般的非线性模型：

$$Y=f(X_1,X_2,\cdots,X_k;\beta_1,\beta_2,\cdots,\beta_m)+u \tag{3.9.18}$$

k 为解释变量个数，m 为参数的个数，f 为特定的非线性函数。利用泰勒级数展开式作线性近似估计的步骤如下：

(1) 根据经济理论和掌握的资料，选定一组参数的初始值 $\hat{\beta}_{10},\hat{\beta}_{20},\cdots,\hat{\beta}_{m0}$，把

函数在初始值处按泰勒级数展开后得：

$$Y=f(X_1,X_2,\cdots,X_k;\hat{\beta}_{10},\hat{\beta}_{20},\cdots,\hat{\beta}_{m0})+\frac{\partial f}{\partial \hat{\beta}_{10}}(\beta_1-\hat{\beta}_{10})+\cdots+\frac{\partial f}{\partial \hat{\beta}_{k0}}(\beta_k-\hat{\beta}_{k0})+\varepsilon \tag{3.9.19}$$

其中，ε 是级数展开式的高阶项与随机项 u 的和。式(3.9.19)可重新写为：

$$Y-f(X_1,X_2,\cdots,X_k;\hat{\beta}_{10},\hat{\beta}_{20},\cdots,\hat{\beta}_{m0})+\sum_{j=1}^{m}\frac{\partial f}{\partial \hat{\beta}_{j0}}\hat{\beta}_{j0}=\sum_{j=1}^{m}\frac{\partial f}{\partial \hat{\beta}_{j0}}\beta_j+\varepsilon \tag{3.9.20}$$

作变量代换：

$$Y^*=Y-f(X_1,X_2,\cdots,X_k;\hat{\beta}_{10},\hat{\beta}_{20},\cdots,\hat{\beta}_{m0})+\sum_{j=1}^{m}\frac{\partial f}{\partial \hat{\beta}_{j0}}\hat{\beta}_{j0} \tag{3.9.21}$$

$$Z_j=\frac{\partial f}{\partial \hat{\beta}_{j0}} \qquad j=1,2,\cdots,m$$

则式(3.9.20)可以写为：

$$Y^*=\beta_1 Z_1+\beta_2 Z_2+\cdots+\beta_m Z_m+\varepsilon \tag{3.9.22}$$

(2) 式(3.9.22)是一个多元线性回归模型，可以用 OLS 法估计出一组新的估计值$\hat{\beta}_{11},\hat{\beta}_{21},\cdots,\hat{\beta}_{m1}$。

(3) 重复步骤(1)～(2)，对$\hat{\beta}_{11},\hat{\beta}_{21},\cdots,\hat{\beta}_{m1}$作另一次泰勒级数展开，得一新的线性近似；利用 OLS 法估计出新的一组估计值：$\hat{\beta}_{12},\hat{\beta}_{22},\cdots,\hat{\beta}_{m2}$。

(4) 如此反复，得到参数的估计系列$\hat{\beta}_{1i},\hat{\beta}_{2i}\cdots,\hat{\beta}_{mi}$ $(i=1,2,\cdots)$，使其收敛为止，即满足下述条件：

$$\left|\frac{\hat{\beta}_{ji+1}-\hat{\beta}_{ji}}{\hat{\beta}_{ji}}\right|<\delta \qquad j=1,2,\cdots,m \tag{3.9.23}$$

其中，δ 由计算精度要求而定。这种方法计算量较大，而且估计是否收敛也是一个问题。这同初始值的选取有一定的关系。

3.9.4 非线性最小二乘法(NLS)

对于不能线性化的非线性模型，也可以利用计算机进行数值计算，逐步尝试和选优，所依据的原则仍然是残差平方和最小。计量经济软件通常提供这类方法。其所遵循的基本步骤如下：

(1) 先给出各参数的初始估计值(合理猜测值)。

(2) 用这些参数值和解释变量 X 的观测值数据计算因变量 Y 的拟合值 $\hat{Y}$。

(3) 计算各期残差,然后计算残差平方和 $\sum e_i^2$。

(4) 对于一个或多个参数的估计值作微小变动。

(5) 计算新的拟合值 $\hat{Y}$、残差平方和 $\sum e_i^2$。

(6) 若新的 $\sum e_i^2$ 小于原来的 $\sum e_i^2$,说明新参数估计值优于原估计值,则以它们作为新起点。

(7) 重复步骤(4)、(5)、(6),直至无法减小 $\sum e_i^2$ 为止。

(8) 最后的参数估计值即为最小二乘估计值。

§3.10 综合案例分析

根据生产函数理论,生产函数的基本形式为 $Y=f(L,K)$,其中,L、K 分别为生产中投入的劳动和资本量,Y 为经济的产出量。现估计我国国有独立核算工业企业的生产函数。表 3-3 列出了我国 1978～1994 年间国有独立核算工业企业的有关统计资料。其中,产出 Y 为工业总产值(按可比价计算),L、K 分别为年末职工人数和固定资产净值(按可比价计算)。

表 3-3　　中国国有独立核算工业企业统计数据

年份	工业总产值 Y(亿元)	职工人数 L(万人)	固定资产净值 K(亿元)
1978	3 289.18	3 139	2 225.70
1979	3 581.26	3 208	2 376.34
1980	3 782.17	3 334	2 522.81
1981	3 877.86	3 488	2 700.90
1982	4 151.25	3 582	2 902.19
1983	4 541.05	3 632	3 141.76
1984	4 946.11	3 669	3 350.95
1985	5 586.14	3 815	3 835.79
1986	5 931.36	3 955	4 302.25
1987	6 601.60	4 086	4 786.05
1988	7 434.06	4 229	5 251.90
1989	7 721.01	4 273	5 808.71
1990	7 949.55	4 364	6 365.79
1991	8 634.80	4 472	7 071.35
1992	9 705.52	4 521	7 757.25
1993	10 261.65	4 498	8 628.77
1994	10 928.66	4 545	9 374.34

资料来源:《中国统计年鉴(1995)》,《中国工业经济年鉴(1995)》。

我们先尝试建立线性生产函数模型：

$$Y_t=\beta_1+\beta_2 L_t+\beta_3 K_t+u_t \tag{3.10.1}$$

以表 3-3 的数据为样本，利用 TSP 软件，输出结果见表 3-4，即建立的样本回归方程为：

$$\hat{Y}_t=-2\,387.27+1.208\,5L_t+0.834\,5K_t$$
$$t=\qquad (4.43)^{***}\qquad (14.53)^{***} \tag{3.10.2}$$
$$\bar{R}^2=0.995\,0\qquad F=1\,590\qquad S.E=176$$

表 3-4

Date：9－08－2003/Time：8:28

SMPL range：1978－1994

Number of observations：17

VARIABLE	COEFFICIENT	STD. ERROR	T-STAT.	2-TAIL SIG.
C	－2387.2680	816.88968	－2.9223873	0.011
L	1.2085311	0.2730203	4.4265246	0.001
K	0.8344957	0.0574213	14.532870	0.000

R-squared	0.995617	Mean of dependent var	6407.249
Adjusted R-squared	0.994990	S.D. of dependent var	2486.742
S.E. of regression	176.0069	Sum of squared resid	433698.0
Durbin-Watson stat	1.481993	F-statistic	1589.953
Log likelihood	－110.3705		

但模型(3.10.1)并不是必然成立的。如果尝试建立线性生产函数模型：

$$Y_t=\beta_1+\beta_2 L_t+u_t \tag{3.10.3}$$

则估计结果为：

$$\hat{Y}_t=-13\,046.92+4.95L_t$$
$$t=\qquad (14.06)^{***}$$
$$\bar{R}^2=0.924\,8\qquad F=197.73\qquad S.E=681.98 \tag{3.10.4}$$

显然，式(3.10.4)的拟合优度不如式(3.10.2)，模型(3.10.3)的解释力和精确性($\bar{R}^2$ 值应尽可能地大，$S.E$ 值应尽可能地小)不如模型(3.10.1)。

如果尝试建立线性生产函数模型：

$$Y_t=\beta_1+\beta_3 K_t+u_t \tag{3.10.5}$$

则估计结果为：

$$\hat{Y}_t=1\,200.42+1.074\,2K_t$$
$$t=\qquad (37.56)^{***}$$
$$\bar{R}^2=0.988\,8\qquad F=1\,411\qquad S.E=263.40 \tag{3.10.6}$$

显然，式(3.10.6)的拟合优度不如式(3.10.2)但强于式(3.10.4)，模型(3.10.5)的解释力和精确性不如模型(3.10.1)但强于模型(3.10.3)。

现在尝试建立非线性模型：

$$Y_t = AL_t^{\alpha} K_t^{\beta} e^{u_t} \tag{3.10.7}$$

使用间接代换法，先将模型变换为

$$\ln Y_t = \ln A + \alpha \ln L_t + \beta \ln K_t + u_t \tag{3.10.8}$$

则估计结果为：

$$\ln \hat{Y}_t = -1.95 + 0.6045 \ln L_t + 0.6737 \ln K_t$$

$$t = \qquad (2.22)^{**} \qquad (9.31)^{***}$$

$$\bar{R}^2 = 0.9951 \qquad F = 1641.39 \qquad S.E = 0.0275 \tag{3.10.9}$$

虽然从 $\bar{R}^2$ 的值来看，样本回归方程(3.10.9)的拟合优度只比(3.10.2)好一点点，但比较 $S.E$ 的值可以看出，模型(3.10.8)比模型(3.10.1)的解释力和精确性要强很多。这就是通常我们将生产函数设定为 $Y_t = AL_t^{\alpha} K_t^{\beta}$ 的重要原因。

如果不用间接代换法估计模型(3.10.7)，而使用 NLS 法，在 TSP 软件中，键入命令：param 1 1 2 1 3 1 和 NLS Y=C(1)＊L^C(2)＊K^C(3)后，输出结果见表 3-5，与使用间接代换法的结果相差无几。

表 3-5

Date：9－08－2003/Time：8:40

SMPL range：1978－1994

Number of observations：17

Y=C(1)＊L^C(2)＊K^C(3)

Convergence not achieved after 20 iterations

	COEFFICIENT	STD. ERROR	T-STAT.	2-TAIL SIG.
C(1)	0.1248756	0.2145362	0.5820723	0.570
C(2)	0.6344977	0.2685500	2.3626805	0.033
C(3)	0.6595704	0.0633554	10.410641	0.000

R-squared	0.995753	Mean of dependent var	8.692837
Adjusted R-squared	0.995147	S.D. of dependent var	0.394921
S.E. of regression	0.027512	Sum of squared resid	0.010597
Durbin-Watson stat	1.338213	F-statistic	1641.386
Log likelihood	38.61151		

但无论是泰勒级数展开法还是 NLS 法，参数初始值的不同选取会对最终估计值的确定有明显的影响。下面是以不同的初始值来估计模型(3.10.7)TSP 的输出结果：

(1) 结果A：

param 1 1 2 0 3 1

C(1)=1.000000

C(2)=0.000000

C(3)=1.000000

NLS// Dependent Variable is Y

Date：9—09—2003/Time：6:46

SMPL range：1978—1994

Number of observations：17

Y=C(1) * L^C(2) * K^C(3)

Convergence not achieved after 20 iterations

	COEFFICIENT	STD. ERRO	T-STAT.	2-TAIL SIG.
C(1)	1.1273448	2.0263715	0.5563367	0.587
C(2)	0.2890967	0.2810985	1.0284533	0.321
C(3)	0.7379368	0.0662023	11.146702	0.000

R-squared	0.995190	Mean of dependent var	6407.249
Adjusted R-squared	0.994503	S. D. of dependent var	2486.742
S. E. of regression	184.3719	Sum of squared resid	475902.1
Durbin-Watson stat	1.343678	F-statistic	1448.331
Log likelihood	−111.1599		

(2) 结果B：

param 1 1 2 1 3 0

C(1)=1.000000

C(2)=1.000000

C(3)=0.000000

NLS// Dependent Variable is Y

Date：9—09—2003/Time：6:57

SMPL range：1978—1994

Number of observations：17

Y=C(1) * L^C(2) * K^C(3)

Convergence not achieved after 20 iterations

	COEFFICIENT	STD. ERROR	T-STAT.	2-TAIL SIG.
C(1)	0.0421879	0.0739904	0.5701816	0.578
C(2)	0.8047417	0.2739001	2.9380844	0.011
C(3)	0.6209149	0.0646062	9.6107696	0.000

R-squared	0.995490	Mean of dependent var	6407.249

Adjusted R−squared	0.994846	S.D. of dependent var	2486.742
S.E. of regression	178.5251	Sum of squared resid	446196.7
Durbin-Watson stat	1.399552	F-statistic	1545.219
Log likelihood	−110.6120		

(3) 结果C：

param 1 0.5 2 0.5 3 0.5

C(1)=0.500000

C(2)=0.500000

C(3)=0.500000

NLS// Dependent Variable is Y

Date：9−09−2003/Time：7:35

SMPL range：1978−1994

Number of observations：17

Y=C(1) * L^C(2) * K^C(3)

Convergence not achieved after 20 iterations

	COEFFICIENT	STD. ERROR	T-STAT.	2-TAIL SIG.
C(1)	0.2274624	0.3910839	0.5816206	0.570
C(2)	0.5403750	0.2688979	2.0095920	0.064
C(3)	0.6809589	0.0634492	10.732345	0.000

R-squared	0.995630	Mean of dependent var	6407.249
Adjusted R-squared	0.995005	S.D. of dependent var	2486.742
S.E. of regression	175.7453	Sum of squared resid	432409.8
Durbin-Watson stat	1.439183	F-statistic	1594.710
Log likelihood	−110.3452		

(4) 结果D：

param 1 0 2 0.6 3 0.4

C(1)=0.000000

C(2)=0.600000

C(3)=0.400000

NLS// Dependent Variable is Y

Date：9−09−2003/Time：7:00

SMPL range：1978−1994

Number of observations：17

Y=C(1) * L^C(2) * K^C(3)

Convergence not achieved after 20 iterations

	COEFFICIENT	STD. ERROR	T-STAT.	2-TAIL SIG.
C(1)	0.2195336	0.3776159	0.5813676	0.570
C(2)	0.5458882	0.2689576	2.0296440	0.062
C(3)	0.6797037	0.0633858	10.723273	0.000

R-squared	0.995631	Mean of dependent var	6407.249
Adjusted R-squared	0.995006	S.D. of dependent var	2486.742
S.E. of regression	175.7278	Sum of squared resid	432323.4
Durbin-Watson stat	1.439056	F-statistic	1595.030
Log likelihood	−110.3435		

(5) 结果 E：

param 1 0 2 0.4 3 0.6

C(1)=0.000000

C(2)=0.400000

C(3)=0.600000

NLS// Dependent Variable is Y

Date：9−09−2003/Time：7:02

SMPL range：1978−1994

Number of observations：17

Y=C(1) * L^C(2) * K^C(3)

Convergence not achieved after 20 iterations

	COEFFICIENT	STD. ERROR	T-STAT.	2-TAIL SIG.
C(1)	0.4046828	0.7023974	0.5761452	0.574
C(2)	0.4498707	0.2714871	1.6570614	0.120
C(3)	0.7015348	0.0639671	10.967113	0.000

R-squared	0.995538	Mean of dependent var	6407.249
Adjusted R-squared	0.994900	S.D. of dependent var	2486.742
S.E. of regression	177.5869	Sum of squared resid	441519.6
Durbin-Watson stat	1.418637	F-statistic	1561.663
Log likelihood	−110.5225		

(6) 结果 F：

param 1 0 2 1 3 1

C(1)=0.000000

C(2)=1.000000

C(3)=1.000000

NLS// Dependent Variable is Y

Date: 9－09－2003/Time: 8:34

SMPL range: 1978－1994

Number of observations: 17

Y=C(1) * L^C(2) * K^C(3)

Convergence not achieved after 20 iterations

	COEFFICIENT	STD. ERROR	T-STAT.	2-TAIL SIG.
C(1)	0.0162851	0.0299985	0.5428656	0.596
C(2)	0.9534932	0.2873664	3.3180401	0.005
C(3)	0.5872642	0.0678300	8.6578803	0.000

R-squared	0.995070	Mean of dependent var	6407.249
Adjusted R-squared	0.994366	S. D. of dependent var	2486.742
S. E. of regression	186.6612	Sum of squared resid	487793.6
Durbin-Watson stat	1.301696	F-statistic	1412.853
Log likelihood	－111.3696		

(7) 结果 G:

param 1 0 2 1.5 3 1.5

C(1)＝0.000000

C(2)＝1.500000

C(3)＝1.500000

NLS// Dependent Variable is Y

Date: 9－09－2003/Time: 8:37

SMPL range: 1978－1994

Number of observations: 17

Y=C(1) * L^C(2) * K^C(3)

Convergence achieved after 2 iterations

	COEFFICIENT	STD. ERROR	T-STAT.	2-TAIL SIG.
C(1)	5.040E-08	1.831E-06	0.0275197	0.978
C(2)	1.5000000	5.2860657	0.2837649	0.781
C(3)	1.5000000	1.0054270	1.4919035	0.158

R-squared	0.147684	Mean of dependent var	6407.249
Adjusted R-squared	0.025925	S. D. of dependent var	2486.742
S. E. of regression	2454.296	Sum of squared resid	84329982
Durbin-Watson stat	0.062330	F-statistic	1.212918
Log likelihood	－155.1667		

(8) 结果 H:

param 1 2 2 1 3 0

C(1)=2.000000

C(2)=1.000000

C(3)=0.000000

NLS// Dependent Variable is Y

Date: 9—09—2003/Time: 6:49

SMPL range: 1978—1994

Number of observations: 17

Y=C(1) * L^C(2) * K^C(3)

Convergence not achieved after 20 iterations

	COEFFICIENT	STD. ERROR	T-STAT.	2-TAIL SIG.
C(1)	0.0670407	0.1161406	0.5772371	0.573
C(2)	0.7321018	0.2706703	2.7047737	0.017
C(3)	0.6374037	0.0638688	9.9798955	0.000

R-squared	0.995588	Mean of dependent var	6407.249
Adjusted R-squared	0.994958	S. D. of dependent var	2486.742
S. E. of regression	176.5726	Sum of squared resid	436490.3
Durbin-Watson stat	1.424552	F-statistic	1579.737
Log likelihood	−110.4251		

(9) 结果 I:

param 1 3 2 2 3 2

C(1)=3.000000

C(2)=2.000000

C(3)=2.000000

NLS// Dependent Variable is Y

Date: 9—09—2003/Time: 7:38

SMPL range: 1978—1994

Number of observations: 17

Y=C(1) * L^C(2) * K^C(3)

Convergence achieved after 12 iterations

	COEFFICIENT	STD. ERROR	T-STAT.	2-TAIL SIG.
C(1)	4.054E-10	2.628E-08	0.0154260	0.988
C(2)	1.5034892	9.1855567	0.1636797	0.872
C(3)	2.0302739	1.5353670	1.3223378	0.207

R-squared	−0.504165	Mean of dependent var	6407.249
Adjusted R-squared	−0.719046	S. D. of dependent var	2486.742
S. E. of regression	3260.427	Sum of squared resid	1.49E+08

Durbin-Watson stat　　0.067983　　Log likelihood　　−159.9951

从上述结果中可以看出：(1) 不同初始值下的估计结果有明显的差异；(2) 所有的结果都不如初始值设定 param 1 1 2 1 3 1 下的结果；(3) α 和 β 的值都不应大于 1，否则，模型效果会很差(见结果 G、I)。

§3.11 要点与结论

(1) 多元线性(总体)回归模型的矩阵形式为：

$$\boldsymbol{Y}=\boldsymbol{X\beta}+\boldsymbol{u}$$

样本回归模型为：

$$\boldsymbol{Y}=\boldsymbol{X}\hat{\boldsymbol{\beta}}+\boldsymbol{e}$$

(2) 在满足以下 5 个假定的条件下：

$E(\boldsymbol{u})=0$

$E(\boldsymbol{uu}')=\sigma^2 I_n$

$E(\boldsymbol{X}'\boldsymbol{u})=0$

$rank(\boldsymbol{X})=k<n$

$u_i \sim N(0,\sigma^2), i=1,2,\cdots,n$

OLS 估计值(量)为：

$$\hat{\boldsymbol{\beta}}=(\boldsymbol{X}'\boldsymbol{X})^{-1}\boldsymbol{X}'\boldsymbol{Y}$$

而且是最优线性无偏估计量(BLUE)。其中：

$$\boldsymbol{Y}=\begin{bmatrix} Y_1 \\ Y_2 \\ \vdots \\ Y_n \end{bmatrix} \quad \boldsymbol{X}=\begin{bmatrix} 1 & X_{21} & \cdots & X_{k1} \\ 1 & X_{22} & \cdots & X_{k2} \\ \vdots & \vdots & \vdots & \vdots \\ 1 & X_{2n} & \cdots & X_{kn} \end{bmatrix} \quad \hat{\boldsymbol{\beta}}=\begin{bmatrix} \hat{\beta}_1 \\ \hat{\beta}_2 \\ \vdots \\ \hat{\beta}_k \end{bmatrix}$$

同时：

$$\mathrm{Var}(\hat{\beta}_j)=\sigma^2 C_{jj}$$

$$\hat{\beta}_j \sim N(\beta_j, \sigma^2 C_{jj})$$

$$C_{jj}=(\boldsymbol{X}'\boldsymbol{X})^{-1}_{jj}$$

$$\hat{\sigma}^2=\frac{\sum e_i^2}{n-k}=\frac{\boldsymbol{e}'\boldsymbol{e}}{n-k}=\frac{\boldsymbol{Y}'\boldsymbol{Y}-\hat{\boldsymbol{\beta}}'\boldsymbol{X}'\boldsymbol{Y}}{n-k}$$

(3) 可用校正决定系数：

$$\bar{R}^2 = 1-\frac{\boldsymbol{e}'\boldsymbol{e}/(n-k)}{(\boldsymbol{Y}'\boldsymbol{Y}-n\bar{Y}^2)/(n-1)}$$
$$=1-\frac{\boldsymbol{e}'\boldsymbol{e}}{\boldsymbol{Y}'\boldsymbol{Y}-n\bar{Y}^2}\frac{n-1}{n-k}$$
$$=1-(1-R^2)\frac{n-1}{n-k}$$

来测度解释变量个数和样本容量不同的(使用最小二乘法估计出的)回归方程之间的拟合优度。

(4) 多元回归系数$\hat{\beta}_j$ 的置信区间为:

$$\hat{\beta}_j - t_{\alpha/2}\hat{\sigma}\sqrt{C_{jj}} \leqslant \beta_j \leqslant \hat{\beta}_j + t_{\alpha/2}\hat{\sigma}\sqrt{C_{jj}}$$

对每个回归系数的显著性检验的统计量为:

$$t=\frac{\hat{\beta}_j}{S(\hat{\beta}_j)}=\frac{\hat{\beta}_j}{\hat{\sigma}\sqrt{C_{jj}}}\sim t(n-k)$$

对所有回归系数作一次性的、整体性的显著性检验的统计量为:

$$F=\frac{ESS/(k-1)}{RSS/(n-k)}=\frac{(\hat{\boldsymbol{\beta}}'\boldsymbol{X}'\boldsymbol{Y}-n\bar{Y}^2)/(k-1)}{(\boldsymbol{Y}'\boldsymbol{Y}-\hat{\boldsymbol{\beta}}'\boldsymbol{X}'\boldsymbol{Y})/(n-k)}\sim F(k-1,n-k)$$

(5) 多元线性回归方程的点预测公式为:

$$Y_0=\boldsymbol{X}_0\ \hat{\boldsymbol{\beta}}$$

区间预测公式为:

$$\hat{Y}-t_{\alpha/2}\hat{\sigma}\sqrt{1+\boldsymbol{X}_0(\boldsymbol{X}'\boldsymbol{X})^{-1}\boldsymbol{X}_0'} \leqslant Y_0 \leqslant \hat{Y}_0+t_{\alpha/2}\hat{\sigma}\sqrt{1+\boldsymbol{X}_0(\boldsymbol{X}'\boldsymbol{X})^{-1}\boldsymbol{X}_0'}$$

(6) 对变量而言的非线性模型的估计可以使用直接代换法、间接代换法、泰勒级数展开法和非线性最小二乘法(NLS)。

习题 3

1. 回答下列问题:

(1) 古典回归模型有哪些基本假定?违背基本假定的模型是否就不可以估计?

(2) 总体方差与参数估计误差的区别与联系。

(3) 随机误差项 u_i 与残差项 e_i 的区别与联系。

(4) 根据最小二乘原理所估计的回归方程已经使得拟合误差达到最小,为什么还要讨论回归方程的拟合优度?

(5) t 检验与 F 检验的区别和联系。

(6) 为什么要进行解释变量的显著性检验？

2. 对于多元(样本)回归模型，证明：

(1) $\sum e_i = 0$

(2) $\sum \hat{Y}_i e_i = 0$

3. 解释“可以按一定的置信度保证，OLS 估计量$\hat{\beta}_j$ 与总体回归系数 β_j 之间的绝对误差不会大于 $t_{\alpha/2} S(\hat{\beta}_j)$”这一结论。

4. 根据置信区间的概率含义证明：对于显著水平 α，当$|t_j| > t_{\alpha/2}$ 时，β_j 的 $100(1-\alpha)\%$的置信区间不包含 0。

5. 设某商品需求函数的估计结果为：

$$\hat{Y}=27.80+3.45P_1-2.48P_2$$
$$(0.35)\qquad(0.58)$$
$$(9.86)\qquad(4.28)$$
$$\bar{R}^2=0.99\qquad F=580$$

(1) 解释回归系数的经济含义；

(2) 解释模型中各个统计量的含义；

(3) 给出模型的检验结果。

6. 为建立某企业的生产函数，共估计了以下 3 个模型：

模型 1 $\hat{Y}=2\,545-0.366\,7L+1.206\,9K \qquad R^2=0.994\,5$

$t=\qquad(-2.77)\qquad(5.88)$

模型 2 $\ln\hat{Y}=16.99+1.087\,6\ln L+1.447\ln K \qquad R^2=0.985\,6$

$t=\qquad(0.86)\qquad(2.24)$

模型 3 $\ln\hat{Y}=5.295\,2+0.000\,62L+0.000\,36K \qquad R^2=0.994\,5$

$t=\qquad(3.26)\qquad(2.87)$

试从中选定一个最佳模型，并说明理由(已知 $t_{0.025}=2.21$)。

7. 表 1 列出了我国 1988～1998 年城镇居民人均全年耐用消费品支出、人均全年可支配收入和耐用消费品价格指数(1987=100)的统计资料。试利用表中数据：

(1) 建立城镇居民耐用消费品支出 Y 与可支配收入 X_1 和耐用消费品价格指数 X_2 的回归模型；

(2) 对所建立的模型进行检验，并根据检验结果重新估计模型；

(3) 将被解释变量改设成 Y/X_2，重新估计二元回归模型；

(4) 试分析检验统计量的变化情况，并说明原因；

(5) 对城镇居民耐用消费品需求函数的模型形式还可以作哪些调整，并给出调整的结果。

表 1　1988～1998 年城镇居民人均全年耐用消费品支出、人均全年可支配收入和耐用消费品价格指数资料

年份	消费支出 Y(元)	可支配收入 X_1(元)	价格指数 X_2(%)
1988	137.16	1 181.4	115.96
1989	124.56	1 375.7	133.35
1990	107.91	1 501.2	128.21
1991	102.96	1 700.6	124.85
1992	125.24	2 026.6	122.49
1993	162.45	2 577.4	129.86
1994	217.43	3 496.2	139.52
1995	253.42	4 283.0	140.44
1996	251.07	4 838.9	139.12
1997	285.85	5 160.3	133.35
1998	327.26	5 425.1	126.39

8. 某市 1980～1996 年的国内生产总值 Y、生产资金 K 和从业人数 L 的统计资料如表 2 所示。

(1) 分别利用线性化方法和 NLS 方法估计 C-D 生产函数：

$$\hat{Y}_t = A(1+\gamma)^t L_t^{\alpha} K_t^{\beta}$$

(2) 估计线性化后的 CES 生产函数：

$$\ln\hat{Y} = \ln A + t\ln(1+\gamma) + \lambda\delta\ln L + \lambda(1-\delta)\ln K - \frac{1}{2}\rho\lambda\delta(1-\delta)\ln\left(\frac{K}{L}\right)^2$$

表 2　1980～1996 年国内生产总值、生产资金、从业人数的统计资料

年份	时间变量 t	国内生产总值 Y(亿元)	资金 K(亿元)	从业人数 L(万人)
1980	1	103.52	461.67	394.79
1981	2	107.96	476.32	413.02
1982	3	114.10	499.13	420.50
1983	4	123.40	527.22	435.60
1984	5	147.47	561.02	447.50
1985	6	175.71	632.11	455.90
1986	7	194.67	710.51	466.94
1987	8	222.00	780.12	470.93
1988	9	259.64	895.66	465.15
1989	10	283.34	988.65	469.79
1990	11	310.95	1 075.37	470.07

续表

年份	时间变量 t	国内生产总值 Y(亿元)	资金 K(亿元)	从业人数 L(万人)
1991	12	342.75	1 184.58	479.67
1992	13	411.24	1 344.14	485.70
1993	14	536.10	1 688.02	503.10
1994	15	725.14	2 221.42	513.00
1995	16	920.11	2 843.48	515.30
1996	17	1 120.10	3 364.34	512.00

9. 为了研究美国每人对子鸡的消费量,我们给出了如下的数据(见表 3):

表 3　　美国人均子鸡消费量统计资料

年份	Y	X_2	X_3	X_4	X_5	X_6
1960	27.80	397.50	42.20	50.70	78.30	65.80
1961	29.90	423.30	38.10	52.00	79.20	66.90
1962	29.80	439.20	40.30	54.00	79.20	67.80
1963	30.80	459.70	39.50	55.30	79.20	69.60
1964	31.20	492.90	37.30	54.70	77.40	68.70
1965	33.30	528.60	38.10	63.70	80.20	73.60
1966	35.60	560.30	39.30	69.80	80.40	76.30
1967	36.40	624.60	37.80	65.90	83.90	77.20
1968	36.70	666.40	38.40	64.50	86.50	78.10
1969	38.40	717.80	40.10	70.00	93.70	84.70
1970	40.40	768.20	38.60	73.20	106.10	93.30
1971	40.30	843.30	39.80	67.80	104.80	89.70
1972	41.80	911.60	39.70	79.10	114.00	100.70
1973	40.40	931.10	52.10	95.40	124.10	113.50
1974	40.70	1021.50	48.90	94.20	127.60	115.30
1975	40.10	1165.90	58.30	123.50	142.90	136.70
1976	42.70	1349.60	57.90	129.90	143.60	139.20
1977	44.10	1449.40	56.50	117.60	139.20	132.00
1978	46.70	1575.50	63.70	130.90	165.50	132.10
1979	50.60	1759.10	61.60	129.80	203.30	154.40
1980	50.10	1994.20	58.90	128.00	219.60	174.90
1981	51.70	2258.10	66.40	141.00	221.60	180.80
1982	52.90	2478.70	70.40	168.20	232.60	189.40

资料来源:Y 来自城市数据库(Citibase);从 X_2 到 X_6 的数据来自美国农业部。转引自:古扎拉蒂,《计量经济学》(上册),P.215。

注:实际价格是用食品的消费者价格指数去除名义价格得到的。其中,Y=每人的子鸡消费量(磅);X_2=每人实际可支配收入(美元);X_3=子鸡每磅实际零售价格(美分);X_4=猪肉每磅实际零售价格(美分);X_5=牛肉每磅实际零售价格(美分);X_6=子鸡替代每磅综合实际价格(美分),这是猪肉和牛肉每磅实际零售价格的加权平均,其权数是在猪肉和牛肉的总消费量中二者各占的相对消费量。

现考虑如下消费函数：由微观经济学得知，对一种商品的需求通常依赖于消费者的实际收入、该商品的实际价格以及互替或互补商品的实际价格。按照这些思考，请回答以下问题。

(1) 从这里所举的需求函数中你会选择哪一个，为什么？

$$\ln Y_t=\alpha_1+\alpha_2\ln X_{2t}+\alpha_3\ln X_{3t}+u_t \quad ①$$

$$\ln Y_t=\gamma_1+\gamma_2\ln X_{2t}+\gamma_3\ln X_{3t}+\gamma_4\ln X_{4t}+u_t \quad ②$$

$$\ln Y_t=\lambda_1+\lambda_2\ln X_{2t}+\lambda_3\ln X_{3t}+\lambda_4\ln X_{5t}+u_t \quad ③$$

$$\ln Y_t=\theta_1+\theta_2\ln X_{2t}+\theta_3\ln X_{3t}+\theta_4\ln X_{4t}+\theta_5\ln X_{5t}+u_t \quad ④$$

$$\ln Y_t=\beta_1+\beta_2\ln X_{2t}+\beta_3\ln X_{3t}+\beta_4\ln X_{6t}+u_t \quad ⑤$$

(2) 你怎样解释这些模型中 $\ln X_2$ 和 $\ln X_3$ 的系数？

(3) 模型的设定②和④有什么不同？

(4) 如果你采用设定④，你会预见到什么问题？（提示：猪肉和牛肉价格都同子鸡价格一道引进）

(5) 因为设定⑤含有牛肉和猪肉的综合价格，你会认为需求函数⑤优于函数④吗？为什么？

(6) 猪肉和（或）牛肉是子鸡的竞争或替代产品吗？你怎样知道呢？

(7) 假定函数⑤是“正确”的需求函数，请估计该模型的参数及其标准误差，以及 R^2 和 $\bar{R}^2$ 的值，并检验和解释你的结果。

10. “野猫”是指为了在一个开发区发现和生产石油或天然气，或者为了在一个已发现的油田里寻找新的产油或产气池，或者为了提高一个已知的产油或产气池的最大产量而冒险钻打的井口。表 4 给出以下变量的数据：Y＝钻打（探）的井口（野猫）数，X_2＝前期井地（at the wellhead）价格（1972＝100 不变美元），X_3＝国内产量，X_4＝GNP，不变美元（1972＝100 不变美元），X_5＝趋势变量，1948＝1，1949＝2，…，1978＝31。

表 4　1948～1978 年美国“野猫”数及石油产量统计资料

以千计的野猫数 Y	每桶价格（不变美元）X_2	国内产量（每天百万桶）X_3	GNP（10 不变美元）X_4	时间 X_5
8.01	4.89	5.52	487.67	1948＝1
9.06	4.83	5.05	490.59	1949＝2
10.31	4.68	5.41	533.55	1950＝3
11.76	4.42	6.16	576.57	1951＝4
12.43	4.36	6.26	598.62	1952＝5
13.31	4.55	6.34	621.77	1953＝6

续表

以千计的野猫数 Y	每桶价格（不变美元） X_2	国内产量（每天百万桶） X_3	GNP（10 不变美元） X_4	时间 X_5
13.10	4.66	6.81	613.67	1954=7
14.94	4.54	7.15	654.80	1955=8
16.17	4.44	7.17	668.84	1956=9
14.71	4.75	6.71	681.02	1957=10
13.20	4.56	7.05	679.53	1958=11
13.19	4.29	7.04	720.53	1959=12
11.70	4.19	7.18	736.86	1960=13
10.99	4.17	7.33	755.34	1961=14
10.80	4.11	7.54	799.15	1962=15
10.66	4.04	7.61	830.70	1963=16
10.75	3.96	7.80	874.29	1964=17
9.47	3.85	8.30	925.86	1965=18
10.31	3.75	8.81	980.98	1966=19
8.88	3.69	8.66	1 007.72	1967=20
8.88	3.56	8.78	1 051.83	1968=21
9.70	3.56	9.18	1 078.76	1969=22
7.69	3.48	9.03	1 075.31	1970=23
6.92	3.53	9.00	1 107.48	1971=24
7.54	3.39	8.78	1 171.10	1972=25
7.47	3.68	8.38	1 234.97	1973=26
8.63	5.92	8.01	1 217.81	1974=27
9.21	6.03	7.78	1 202.36	1975=28
9.23	6.12	7.88	1 271.01	1976=29
9.96	6.05	7.88	1 332.67	1977=30
10.78	5.89	8.67	1 385.10	1978=31

给出以下模型：

$$Y_t = \beta_1 + \beta_2 X_{2t} + \beta_3 \ln X_{3t} + \beta_4 X_{4t} + \beta_5 X_{5t} + u_t$$

(1) 你能对此模型作些合理的先验性预期吗？

(2) 假定模型可以接受，估计模型的参数及其标准误差，并求 R^2 和 $\bar{R}^2$。

(3) 按照你的先验预期的观点评论你的结果。

(4) 为了解释“野猫”活动，你能提出其他的模型吗？理由是什么？

第4章　基本假定检验与模型估计方法的修正

对于一个一般线性回归模型而言，在满足基本假定的前提下，模型参数的普通最小二乘估计(OLS估计)，被证明具有良好的统计性质，是最佳线性无偏估计(BLUE)。由于进一步假定随机扰动项服从正态分布，故而使得估计量的分布为已知，这样我们才可能对其给出相应的置信区间，也可能对参数进行显著性假设检验。显然，如果基本假定不成立，那么这些相应的推论就不再必然成立，我们前面所使用的一系列方法的有效性就值得怀疑。因此，在实际计量经济问题的研究当中，我们不能先验地接受模型的基本假定，应该首先利用样本数据对这些假定进行检验，以便最终决定使用何种方法去估计模型。如果检验结果表明模型违背基本假定，将导致OLS方法失效，模型的参数估计方法就必须采用相应的修正补救措施。我们把模型是否满足基本假定的检验称为计量经济检验。显然，计量经济检验与前面所讲的模型的(显著性)假设检验是两种不同的检验，而且在实际计量经济研究中，计量经济检验应该在前，假设检验则在后。

在线性回归模型的基本假定中，最不容易成立的是同方差假定、无自相关假定和无多重共线性假定。因此，本章将着重分析这三个假定的违背问题，并且对每一个问题都依次按以下方式展开讨论：(1) 假定的含义及其违反的原因；(2) 假定违反时将会产生什么不利影响；(3) 如何检验假定是否成立；(4) 假定违反时的处理方法。

§4.1　异方差问题及解决方法

4.1.1　异方差性及其产生的原因

对于线性回归模型 $Y_i=\beta_1+\beta_2X_{2i}+\beta_3X_{3i}+\cdots+\beta_kX_{ki}+u_i$，同方差假定为：

$$Var(u_i)=\sigma^2 \quad i=1,2,\cdots,n$$

即给定不同的解释变量的值，相应的随机误差项的离散程度是相同的。如果出现：

$$Var(u_i)=\sigma_i^2\neq 常数\quad i=1,2,\cdots,n$$

则称模型出现了异方差性(Heteroskedasticity)。

例如，利用横截面资料建立居民储蓄函数时，对于低收入家庭，其满足基本消费支出之后的剩余收入已经不多，所以各个家庭之间的储蓄存款不会有太大差异；但对于高收入家庭，因受储蓄心理、消费习惯、家庭成员构成等因素的影响，各个家庭之间的储蓄存款可能会有很大差异，随机误差项的方差会明显地大于低收入家庭。

又如，以总产值作为解释变量建立企业的成本函数时，由于管理水平、生产技术条件等因素的影响，使得同一生产规模的企业有不同的生产成本；但生产规模较小的企业，其生产成本的差异不会很大(如相差几万元)，而生产规模较大的企业则可能会产生较大的差异(如相差几十万元)，随机误差项的方差有增大的趋势。

模型产生异方差性主要有以下原因：

(1) 模型遗漏了影响逐渐增大的因素。例如，储蓄函数中的证券投资、利息、消费者行为等因素；成本函数中的管理水平、生产技术条件和规模效益等因素；消费函数中的家庭财产、消费心理等因素。

(2) 模型函数形式的设定误差。如将指数曲线模型误设成了线性模型，则误差有增大的趋势。

(3) 随机因素的影响。如政策变动、自然灾害、金融危机等。

因此，经济分析中经常会遇到异方差性的问题。而且经验表明，利用横截面数据建立模型时，由于在不同样本点上(解释变量之外)其他因素影响的差异较大，所以比时间序列资料更容易产生异方差性。

4.1.2　异方差性的后果

模型一旦出现异方差性，将会产生以下不利影响：

1. 最小二乘估计不再是有效估计

因为在高斯—马尔可夫定理的证明过程中曾利用了同方差假定，随机误差项为异方差时，OLS 估计量仍然是无偏估计，但不再具有最小方差的特性，即存在其他的参数估计方法，其估计误差将小于 OLS 估计的误差。

2. 无法正确估计回归系数的标准误差

以二元线性回归模型为例，在高斯—马尔可夫定理的证明过程中曾经得到：

$$Var(\hat{\beta}_2)=Var(\beta_2+\sum k_i u_i)$$

$$= Var(\sum k_i u_i)$$

$$= \sum k_i^2 Var(u_i) \quad （在无自相关情况下）$$

$$= \sigma^2 \sum k_i^2 \quad （在同方差情况下）$$

$$= \frac{\sigma^2}{\sum x_i^2}$$

如果再以 σ^2 的无偏估计量 $\hat{\sigma}^2 = \sum e_i^2/(n-2)$ 替代其中的 σ^2，则 $\hat{\beta}_2$ 标准误差为：

$$S(\hat{\beta}_2) = \frac{\hat{\sigma}}{\sqrt{\sum x_i^2}}$$

但是，在异方差的情况下，σ_i^2 是一些不同的数，只有估计出每一个 σ_i^2 之后才能得到回归系数的标准误差，这在只有一组样本观察值的情况下是无法做到的。而且，如果设：

$$\sigma_i^2 = \lambda_i \hat{\sigma}^2 \quad (\lambda_i > 0, i = 1, 2, \cdots, n)$$

则在异方差情况下，回归系数的标准误差为：

$$S(\hat{\beta}_2) = \sqrt{\sum k_i^2 \sigma_i^2} = \sqrt{\sum k_i^2 \lambda_i \hat{\sigma}^2}$$

$$= \sqrt{\sum \left(\frac{x_i}{\sum x_i^2} \right)^2 \lambda_i \hat{\sigma}^2}$$

$$= \sqrt{\frac{\hat{\sigma}^2}{\sum x_i^2}} \sqrt{\frac{\sum \lambda_i x_i^2}{\sum x_i^2}}$$

因此，如果仍然用 $\sqrt{\hat{\sigma}^2 / \sum x_i^2}$ 计算回归系数 $\hat{\beta}_2$ 的标准误差，将会产生估计偏差。偏差的大小取决于第二个因子值的大小，当其大于 1 时，则会过低估计系数的误差；反之，则作出了过高的估计。

3. t 检验的可靠性降低

因为在异方差情况下，无法正确估计系数的标准误差 $S(\hat{\beta})$，这直接影响到 t 统计量值的正确确定。因为 $t = \frac{\hat{\beta}}{S(\hat{\beta})}$，所以用 t 检验来判断解释变量影响的显著性检验将失去意义。

4. 增大模型的预测误差

异方差性的存在一方面使模型失去了良好的统计性质，另一方面由于随机误差项的方差与模型的预测区间密切相关，在它逐渐增大的情况下，模型的预测误差也随之增大。

上述分析表明,实际经济问题中经常出现的异方差性,将直接影响回归模型的估计、检验和应用。因此,在建立计量经济模型的过程中,应该检验模型是否存在异方差性。如果不存在异方差性(当然要求其他假定也同时成立),则可以用 OLS 回归分析方法建立模型;否则,应该采用其他的参数估计方法建立模型。

4.1.3　异方差性的检验

为了检验模型是否存在异方差性,需要事先了解随机误差项取值的(概率)分布情况。但是,随机误差项的变化是由模型之外的其他因素的综合影响来决定的,其取值情况是无法观测的。实际研究中,一般是通过对残差分布情况的分析来推测随机误差项的分布特征,因为残差项 e_i 描述的也是解释变量之外的其他因素的综合影响,可以将其作为随机误差项 u_i 的估计量。

[例 4-1]　我国制造工业利润函数模型的异方差检验。表 4-1 列出了 1998 年我国主要制造工业销售收入与销售利润的统计资料。

表 4-1　　**我国制造工业 1998 年销售利润与销售收入情况**　　单位:亿元

行业名称	销售利润	销售收入	行业名称	销售利润	销售收入
食品加工业	187.25	3 180.44	医药制造业	238.71	1 264.10
食品制造业	111.42	1 119.88	化学纤维制造	81.57	779.46
饮料制造业	205.42	1 489.89	橡胶制品业	77.84	692.08
烟草加工业	183.87	1 328.59	塑料制品业	144.34	1 345.00
纺织业	316.79	3 862.90	非金属矿制品	339.26	2 866.14
服装制品业	157.70	1 779.10	黑色金属冶炼	367.47	3 868.28
皮革羽绒制品	81.70	1 081.77	有色金属冶炼	144.29	1 535.16
木材加工业	35.67	443.74	金属制品业	201.42	1 948.12
家具制造业	31.06	226.78	普通机械制造	354.69	2 351.68
造纸及纸制品	134.40	1 124.94	专用设备制造	238.16	1 714.73
印刷业	90.12	499.83	交通运输设备	511.94	4 011.53
文教体育用品	54.40	504.44	电子机械制造	409.83	3 286.15
石油加工业	194.45	2 363.80	电子通讯设备	508.12	4 499.19
化学原料制品	502.61	4 195.22	仪表仪器设备	72.46	663.68

现以表 4-1 中的数据为例,介绍检验异方差的一些常用方法。

1. 图示检验法

(1) 相关图分析。"方差"即为随机变量取值的离散程度。由于被解释变量 Y 与误差项 u 方差相同,因此通过观察 Y 与 X 的相关图,可以分析 Y 的离散程度与解释变量之间是否存在着相关关系;如果随着 X 值的增加,Y 的离散程度呈现逐渐增大(或减小)的趋势,则表明模型存在着递增型(或递减型)的异方差性。建立回归模型时,为了判断模型的函数形式,一般要观察被解释变量与解释变量的相关图,此时也可以大致判断模型是否存在异方差性。

在 TSP 软件中,可以利用"Scat"命令生成散点式相关图。在输入数据之后:

① 键入 Scat Y X;

② 菜单选择 Simple。

用表 4-1 中销售利润与销售收入的数据所作的相关图,可从图中明显看出,随着销售收入的增加,销售利润的平均水平不断提高,但其离散程度同时也在逐步扩大,即呈现出递增型的异方差性。

(2) 残差分布图分析。回归模型建立之后,即可以得到模型的残差分布图,如果残差分布的离散程度有明显扩大或减小的趋势,则表明存在着异方差性。

利用 TSP 软件,在输入数据之后:

① 键入 SORT X(对解释变量数据从小到大排序);

② 键入 LS Y C X(作二元线性回归)后,可选择残差分布图观察;

或 键入 GENR E1=RESID(调出残差序列);

③ 键入 GEN E2=ABS(E1)或 E1^2(生成残差绝对值或平方序列);

④ 键入 SCAT E2 X;

⑤ 菜单选择 Simple。

在例 4-1 中,可以明显地发现残差序列随 X 值的增大而增大。

图示检验法只能粗略地判断模型是否存在异方差性,当异方差性不太明显时,还需要采用一些较为精确的检验方法。

2. 戈德菲尔德—匡特(Goldfeld-Quandt)检验

戈德菲尔德检验,简称为 G-Q 检验,它的原理可以用图 4-1 直观地表示出来。

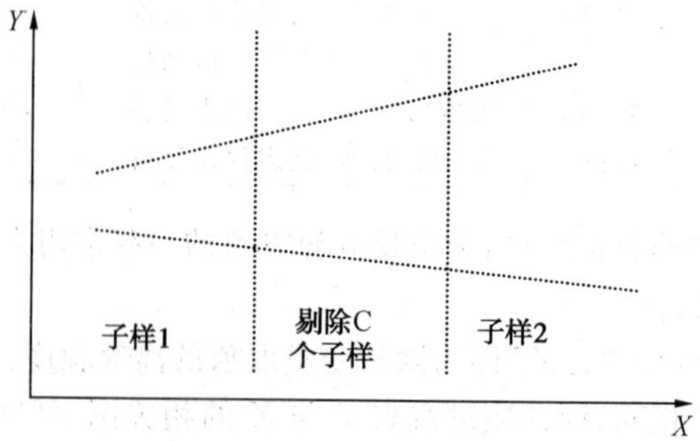

图 4-1 G-Q 检验原理图

为了检验异方差性，将样本按解释变量排序后分成两部分，再利用子样本 1 和子样本 2 分别建立回归模型，并求出各自的残差平方和 RSS_1 和 RSS_2。如果误差项的离散程度相同（即为同方差的），则 RSS_1 与 RSS_2 的值应该大致相同；若两者之间存在显著差异，则表明存在异方差性。检验过程中为了“夸大”残差的差异性，一般先在样本中部去掉 C 个数据（通常取 $C=n/4$），再利用 F 统计量判断差异的显著性：

$$F=\frac{RSS_2}{RSS_1}\sim F\left(\frac{n-c}{2}-k,\frac{n-c}{2}-k\right) \tag{4.1.1}$$

对于给定的显著水平 α，若 $F>F_\alpha$，则表明存在异方差性；反之，则不存在异方差性。

例如，在例 4-1 中，样本数据个数 $n=28$，$C=n/4=7$，为了使两个子样本的容量相同，从中间去掉 8 个数据（即取 $C=8$）。因此，利用 TSP 进行 G-Q 检验的具体步骤为：

(1) SORT　X（将样本数据关于 X 作升序排列）；

(2) SMPL　1　10（确定子样本 1）；

(3) LS　Y　C　X，求出 $RSS_1=2\,579.59$；

(4) SMPL　19　28（确定子样本 2）；

(5) LS　Y　C　X，求出 $RSS_2=63\,769.67$。

计算出 $F=63\,769.67/2\,579.59=24.72$，取 $\alpha=0.05$ 时，查 F 分布表得：

$$F_{0.05}=(10-2,10-2)=3.44$$

而 $F=24.72>F_{0.05}=3.44$，所以存在异方差性。

从检验过程可以看出，G-Q 检验适用于检验样本容量较大、异方差性呈递增或递减的情况，而且检验结果与数据剔除个数 C 的选取有关。

3. 怀特（White）检验

怀特检验是通过建立辅助回归模型的方式来判断异方差性的。不妨设回归模型为三元线性回归模型：

$$Y_i=\beta_1+\beta_2X_{2i}+\beta_3X_{3i}+u_i \tag{4.1.2}$$

则怀特检验的具体步骤为：

(1) 估计回归模型，并计算残差的平方 e_i^2。

(2) 估计辅助回归模型：

$$e_i^2=\alpha_1+\alpha_2X_{1i}+\alpha_3X_{2i}+\alpha_4X_{1i}^2+\alpha_5X_{2i}^2+\alpha_6X_{1i}X_{2i}+v_i \tag{4.1.3}$$

即将残差平方关于所有解释变量的一次项、二次项和交叉乘积项进行回归（其中，v_i 是满足古典回归模型基本假定的误差项）。实际上还可以引进解释变量的高次项，但这样会使样本的自由度大幅度下降，所以一般只引入二次项；而且在样本容量较小、解释变量个数相对较多的情况下，为了保证自由度，在辅助回归模型中可以省去交叉乘积项。

(3) 计算辅助回归模型的判定系数 R^2。可以证明，在同方差的假设下，即假设：

$$H_0: \alpha_2 = \alpha_3 = \alpha_4 = \alpha_5 = \alpha_6 = 0 \tag{4.1.4}$$

渐近地有：

$$nR^2 \sim \chi^2(q) \tag{4.1.5}$$

其中，自由度 q 为辅助回归模型中的自变量个数。

(4) 对于给定的显著水平，若 $nR^2 > \chi^2(q)$，则拒绝原假设 H_0，即认为 $\alpha_i(i \neq 0)$ 中至少有一个显著地不等于 0，模型存在异方差性；反之，则认为不存在异方差性。

利用 TSP 的视窗版软件 EViews 软件可以直接进行怀特检验。例如，对例 4-1 的制造工业利润函数，怀特检验的具体步骤为：

(1) 建立回归模型：LS　Y　C　X；

(2) 检验异方差性：在方程窗口中依次点击 View\Residual Test\White Heteroskedasticity。

此时可以选择在辅助回归模型中是否包含交叉乘积项(Crossterms)，本例为二元回归模型，辅助回归模型中只有 X 和 X^2 两项，不存在交叉乘积项。执行命令之后，屏幕将显示辅助回归模型的估计结果及以下信息：

White Heteroskedasticity Test:			
F-statistic	3.607090	Probability	0.042040
Obs * R-squared	6.270439	Probability	0.043490

其中，F 值为辅助回归模型的 F 统计量值。取显著水平 $\alpha = 0.05$，由于

$$nR^2 = 6.2704 > \chi^2_{(0.05)}(2) = 5.99$$

所以利润函数存在异方差性。实际上，由输出结果的概率值(p 值)可以看出，只要取显著水平 $\alpha > 0.043$，就可以认为利润函数存在异方差性。实际应用中，一般是直接观察 p 值的大小，若 p 值较小，则拒绝不存在异方差性的假设，认为模型存在异方差性。

4. 帕克(Park)检验和戈里瑟(Gleiser)检验

帕克检验和戈里瑟检验的基本原理都是通过建立残差序列对解释变量的(辅助)回归模型，判断随机误差项的方差与解释变量之间是否存在着较强的相关关系。其优点是可以近似地给出异方差 $\sigma_i^2 = f(X_i)$ 的具体形式。

帕克检验的模型形式为：

$$e_i^2=\alpha X_i^{\beta}e^{v_i} \tag{4.1.6}$$

或

$$\ln e_i^2=\ln\alpha+\beta\ln X_i+v_i \tag{4.1.7}$$

戈里瑟检验是利用多个模型形式进行检验：

$$|e_i|=\alpha+\beta X_i^h+v_i \quad h=\pm 1,\pm 2,\pm 1/2,\cdots$$

其中，v_i 是随机误差项。如果经检验某个方程是显著的，则表明随机误差项的方差(此时用 e_i^2 或$|e_i|$来近似估计)随着解释变量取值的不同而变化，即存在异方差性。

这两种检验的特点是：不仅能检验异方差性，而且通过“实验”可以探测异方差的具体形式，这有助于进一步研究如何消除异方差性的影响。

利用 TSP 或 EViews 软件进行帕克检验的步骤为：

(1) LS　Y　C　X;

(2) GENR　LNE2=log(RESID^2)；

(3) GENR　LNX=log(X)；

(4) LS　LNE2　C　LNX。

同样，进行戈里瑟检验的具体步骤为：

(1) LS　Y　C　X;

(2) GENR　E=abs(RESID)。　(生成$|e_i|$系列)

然后利用 GENR 命令依次生成 $1/X,X^2,1/X^2,\sqrt{X},1/\sqrt{X}$等序列，再分别建立$|e_i|$与这些序列的回归方程。如例 4-1 的我国制造工业利润函数中，利用帕克检验和戈里瑟检验可以得到以下结果：

(1) $\ln e_i^2=-5.5549+1.6743\ln X_i$

$R^2=0.4655 \quad F=22.64 \quad p=0.0001$

(2) $|e_i|=12.2394+0.0153X_i$

$R^2=0.2982 \quad F=11.05 \quad p=0.003$

(3) $|e_i|=-15.6768+1.3862\sqrt{X_i}$

$R^2=0.3279 \quad F=12.68 \quad p=0.001$

(4) $|e_i|=27.0584+2.74\times 10^{-6}X_i^2$

$R^2=0.2177 \quad F=7.24 \quad p=0.012$

上述四个回归方程都表明，利润函数模型存在着异方差性(只要取显著水平 $\alpha>0.012$)。

4.1.4　异方差性的解决方法

如果模型经检验存在异方差性，首先应该分析模型是否遗漏了影响逐渐增大的解释变量，或者模型的函数形式是否设置不当；然后再考虑采用以下一些方法来消除(或削弱)异方差性的不利影响。

1. 模型变换法

模型变换法即对存在异方差性的模型进行适当的变量变换,使之成为满足同方差假定的模型,这样仍然可以利用最小二乘法估计变换后的模型,得到的参数估计还是最佳线性无偏估计。模型变换法的前提是要合理确定异方差性的具体形式,这可以通过对具体经济问题的经验分析,或者帕克检验、戈里瑟检验所提供的信息加以确定。

例如,设模型为二元线性回归模型:

$$Y_i=\alpha+\beta X_i+u_i$$

如果 $Var(u_i)=\sigma_i^2=\lambda X_i^2$($\lambda>0$,且为常数),因为

$$Var\left(\frac{u_i}{X_i}\right)=\frac{1}{X_i^2}Var(u_i)=\lambda$$

所以,在原模型的两端同除以 X_i,将模型变换成:

$$\frac{Y_i}{X_i}=\beta+\alpha\frac{1}{X_i}+\frac{u_i}{X_i}$$

设

$$Y_i^*=Y_i/X_i \quad X_i^*=1/X_i \quad u_i^*=u_i/X_i$$

则有

$$Y_i^*=\beta+\alpha X_i^*+u_i^*$$

此时模型转化成同方差模型,可以利用最小二乘法估计 α 和 β。

如果 $Var(u_i)=\lambda X_i$,因为

$$Var\left(\frac{u_i}{\sqrt{X_i}}\right)=\frac{1}{X}Var(u_i)=\lambda$$

所以,在原模型的两端同除以$\sqrt{X_i}$,将模型变换成:

$$\frac{Y_i}{\sqrt{X_i}}=\alpha\frac{1}{\sqrt{X_i}}+\beta\sqrt{X_i}+\frac{u_i}{\sqrt{X_i}}$$

设

$$Y_i^*=Y_i/\sqrt{X_i} \quad X_{1i}=1/\sqrt{X_i} \quad X_{2i}=\sqrt{X_i} \quad u_i^*=u_i/\sqrt{X_i}$$

则有

$$Y_i^*=\alpha X_{1i}+\beta X_{2i}+u_i^*$$

原模型同样转化成同方差模型(为不含常数项的三元线性模型)。

一般情况下,若 $Var(u_i)=\lambda f(X_i)$,则在原模型的两端同时除以$\sqrt{f(X_i)}$,就可以将模型转化成同方差模型,因此,仍然可以使用 OLS 方法估计(变换后)模型中的参数。

2. 加权最小二乘法(WLS)

当模型存在异方差性时,OLS 估计不再具有最小方差的特性,这意味着存在其他的参数估计方法,其估计误差将小于 OLS 的估计误差。事实上,此时加权最小二乘法才是最佳线性无偏估计量(BLUE)。

设模型为二元线性回归模型:

$$Y_i=\alpha+\beta X_i+u_i$$

如果 $Var(u_i)=\sigma_i^2$,则用 σ_i 除原模型得:

$$Y_i/\sigma_i=\alpha/\sigma_i+\beta X_i/\sigma_i+u_i/\sigma_i$$

设

$$Y_i^*=Y_i/\sigma_i\quad X_{1i}=1/\sigma_i\quad X_{2i}=X_i/\sigma_i\quad u_i^*=u_i/\sigma_i$$

则有

$$Y_i^*=\alpha X_{1i}+\beta X_{2i}+u_i^*$$

此时

$$Var(u_i^*)=Var\left(\frac{u_i}{\sigma_i}\right)=\frac{1}{\sigma_i^2}Var(u_i)=1$$

模型变换成同方差模型后,可以利用最小二乘法估计模型,并且得到的是最佳线性无偏估计量。根据 OLS 估计的原理,估计过程中应该使:

$$\begin{aligned}\sum(e_i^*)^2 &= \sum(Y_i^*-\hat{Y}_i^*)^2=\sum(Y_i^*-\hat{\alpha}X_{1i}-\hat{\beta}X_{2i})^2\\ &= \sum\frac{1}{\sigma_i^2}(Y_i-\hat{\alpha}-\hat{\beta}X_i)^2=\min\end{aligned}$$

如果仍然记:

$$e_i=Y_i-\hat{Y}_i=Y_i-(\hat{\alpha}+\hat{\beta}X_i)$$

并设 $$w_i=\frac{1}{\sigma_i^2}\quad i=1,2,\cdots,n$$

则以上估计过程就是使得:

$$\sum w_ie_i^2=\min$$

由于在极小化过程中对通常意义的残差平方加上了权数 w_i,所以称该方法为加权最小二乘法(Weighted Least Square,简称 WLS),由此得到的参数估计量称为加权最小二乘估计。从以上推导过程可以看出,对于异方差模型,WLS 才是最佳线性无偏估计。

加权最小二乘估计的原理直观上也容易理解。因为最小二乘法的基本思想就是选择合适的样本回归方程,使拟合的总误差达到最小。拟合总误差的衡量,OLS 估计法选取 $\sum e_i^2$,即对每一个样本点的拟合误差 e_i 都同等看待,实际上都赋予了相同的权数 1。在同方差的假定下，由于每个 e_i 对总体回归直线的偏离程度大致相同，所以这样做是合理的。但在异方差情况下，对于不同的 X_i，u_i 的波动幅度相差很大，σ_i^2 越小，样本点 Y_i 对总体回归直线的偏离程度越低，残差 e_i 的可信度越高（或者说样本点的代表性越强）；而 σ_i^2 较大的样本点可能会偏离总体回归直线很远，e_i 的可信度较低（或样本点的代表性较弱）。因此，在考虑异方差模型的拟合总误差时，对不同的 e_i^2 应该区别对待，σ_i^2 较小的 e_i^2 赋予较大的权数，而 σ_i^2 较大的 e_i^2 赋予较小的权数，一个很自然的做法就是将权数 w_i 直接取成 $1/\sigma_i^2$，并且估计模型时使残差的加权平方和达到最小：

$$\sum w_i e_i^2 = \sum w_i (Y_i - \hat{Y}_i)^2 = \min$$

从形式上看，模型变换法和加权最小二乘法都可以消除模型中的异方差性，但模型变换法的实质就是加权最小二乘法。例如，对于二元回归模型，设异方差的形式为：

$$\sigma_i^2 = \lambda X_i^2$$

模型变换成：

$$\frac{Y_i}{X_i} = \alpha \frac{1}{X_i} + \beta + \frac{u_i}{X_i}$$

用 OLS 估计变换后的模型，是对残差平方和 RSS_1 求极小值：

$$RSS_1 = \sum \left(\frac{Y_i}{X_i} - \hat{\alpha} \frac{1}{X_i} - \hat{\beta} \right)^2 = \sum \frac{1}{X_i^2} (Y_i - \hat{\alpha} - \hat{\beta} X_i)^2 = \min$$

而利用 WLS 估计模型时，因为权数

$$w_i = \frac{1}{\sigma_i^2} = \frac{1}{\lambda X_i^2}$$

对加权残差平方和 RSS_2 求极小值：

$$RSS_2 = \sum w_i (Y_i - \hat{\alpha} - \hat{\beta} X_i)^2 = \sum \frac{1}{\lambda X_i^2} (Y_i - \hat{\alpha} - \hat{\beta} X_i)^2 = \min$$

比较 RSS_1 和 RSS_2，两者只相差一个常数因子 $1/\lambda$，这使得在求极值过程中两者的驻点相同，因此用两种方法求得的参数估计是完全相同的。

3. 加权最小二乘估计的 TSP 软件实现

在 TSP 软件中可以直接进行加权最小二乘法估计，但是需要事先确定权数变量，这可以通过帕克检验、戈里瑟检验等判断异方差的具体形式，也可以选取某个与异方差变动趋势反向变动的变量序列，如 $1/|e_i|$，$1/e_i^2$ 等。

TSP 软件的具体执行过程为：

（1）生成权数变量；

（2）使用加权最小二乘法估计模型：LS（W＝权数变量）　Y　C　X；

(3) 对估计后的模型,再使用怀特检验或戈德菲尔德检验判断是否消除了异方差性。

[例 4-2]　我国制造工业利润函数模型调整。前面我们已使用多种方法检验出该利润函数模型存在异方差性,现在设法利用 TSP 软件消除异方差性的影响。

(1) 先用最小二乘法估计模型,估计结果为:

$$\hat{Y}=12.0335+0.1044X \qquad R^2=0.8547$$
$$(19.5181)\ (0.0084)$$
$$t=(0.62)\quad(12.37)$$

(2) 生成权数变量。根据帕克检验,得到:

$$\ln e_i^2=-5.5549+1.6743\ln X_i \qquad R^2=0.4655$$

或
$$e_i^2=0.0039X_i^{1.6743}$$

而戈里瑟检验中,统计检验最为显著的是:

$$|e_i|=-15.6768+1.3862\sqrt{X_i} \qquad R^2=0.3279$$

所以,取权数变量为:

GENR　W1=1/X^1.6743　　($w_1=1/X^{1.6743}$)

GENR　W2=1/SQR(X)　　($w_2=1/\sqrt{X}$)

另外,还可以再取:

GENR　W3=1/ABS(RESID)　　($w_3=1/|e|$)

GENR　W4=1/RESID^2　　($w_1=1/e^2$)

(3) 利用加权最小二乘法估计模型。依次键入命令:

LS(W=Wi)　Y　C　X　i=1,2,3,4

可以得到以下估计结果:

① $\hat{Y}=5.9220+0.1086X \quad (W=W1)$

$(3.8823)\quad(0.0099)$

$R^2=0.8483 \quad nr^2=4.92 \quad p=0.085$

② $\hat{Y}=8.6349+0.1062X \quad (W=W2)$

$(11.1877)\quad(0.0077)$

$R^2=0.6115 \quad nr^2=3.16 \quad p=0.206$

③ $\hat{Y}=4.1689+0.1094X \quad (W=W3)$

$(3.7798)\quad(0.0035)$

$R^2=0.9754 \quad nr^2=6.64 \quad p=0.036$

④ $\hat{Y}=5.1689+0.1114X \quad (W=W4)$

$(1.6603) \ (0.0021)$

$t=(3.11) \ (54.16)$

$R^2=0.9969 \quad nr^2=3.10 \quad p=0.213$

其中,每个回归方程下面第一组括号里的数字为系数的标准误差。由于进行加权最小二乘估计时,权数变量取的是 $1/\sigma_i^2$ 的近似估计量,因此,为了分析异方差性的校正情况,利用 WLS 估计出每个模型之后,还需要利用怀特检验再次判断模型是否存在异方差性,上述模型中的 nr^2 和 p 值就是怀特检验的输出结果(为了区别起见,辅助回归模型的判定系数用 r^2 表示)。

(4) 结果分析。模型①的拟合优度下降不多,但 $p=0.085$,模型仍然存在着异方差性。模型②中 p 值为 0.206,可以认为已消除了异方差性,但判定系数 $R^2=0.6115$,模型的拟合优度相对较低。模型③的拟合优度有了大幅度提高,$R^2=0.9754$,但是怀特检验中 p 值为 0.036,仍然存在显著的异方差性。而模型④是一个比较理想的模型,因为 $p=0.213$,表明已不存在异方差性,同时模型又达到较高的拟合优度,$R^2=0.9969$。

将模型④与 OLS 的估计结果进行比较可以发现,在异方差性的影响下,OLS 估计过高地估计了系数的标准误差,而且系数估计值的偏差也比较大:截距项 α 估计得偏高,斜率系数 β 又估计得偏低。使用 WLS 估计之后,不仅合理地确定了系数的估计误差,而且截距项 α 的检验值也由 0.62 上升到 3.11,由不显著变成了显著。另外,从 Y 和 X 的相关图也可以看出,利用最小二乘法估计我国制造工业利润函数时,由于受几个离散程度较大的样本点的影响,利润函数略向下倾斜;采用 WLS 估计之后,将利润函数的斜率合理地向上作了调整,从而反映了大多数样本点的变化趋势。

§4.2 自相关问题及解决方法

4.2.1 自相关性及其产生的原因

对于模型 $Y_t=\beta_1+\beta_2X_{2t}+\beta_3X_{3t}+\cdots+\beta_kX_{kt}+u_t$ 来说,如果各期随机误差项之间存在着相关关系,即:

$$Cov(u_t,u_{t-i})=E(u_tu_{t-i})\neq 0$$

则称模型存在着自相关性(Autocorrelation)。由于自相关性主要表现在时间序列数据上,为明确起见,将变量和随机误差项的下标用符号 $t, t-1, t-2$ 等表示。

模型产生自相关性主要有以下原因:

1. 模型中遗漏了重要的解释变量

例如，以年度资料建立居民消费函数 $Y_t=\beta_1+\beta_2 X_t+u_t$ 时，居民消费 Y 除了受收入水平 X 的影响之外，还受消费习惯、家庭财产等因素的影响，这些因素的各期值之间一般是相关的，如果模型中未包含这些因素，它们对消费的影响就表现在随机误差项中，从而使随机误差项的各期值之间呈现出相关关系。再如，在商品需求函数中，如果解释变量只有收入和商品的价格，则随机误差项中将包含其他商品价格对该商品需求的影响，价格变量一般是逐期相关的，从而使模型产生自相关性。

2. 模型函数形式的设定误差

例如，平均成本函数应该是二次多项式模型，如果设成了直线形式，则随机误差项是自相关的，因为误差项中包括了产值的平方项 X^2，产值的各期相关性将会导致随机误差项的自相关性。

3. 经济惯性

由于经济发展的连续性所形成的惯性（或粘滞性），使得许多经济变量的前后期之间是相互关联的。例如，本期的投资规模往往与前一年甚至前几年的投资有关；受消费习惯的影响，居民的本期消费水平在很大程度上还受到原有（上期）消费水平的制约；在生产技术条件相对稳定时期，各期的产量也是密切相关的。因此，利用时间序列资料建立模型时，经济发展的惯性使得模型存在自相关性。

4. 随机因素的影响

诸如自然灾害、金融危机、世界经济环境的变化等随机因素的影响，往往要持续多个时期，使得随机误差项呈现出自相关性。

随机误差项的自相关性可以有多种形式，其中最常见的类型是一阶自回归形式，即随机误差项 u_t 只与它的前一期 u_{t-1} 相关：

$$u_t=\rho u_{t-1}+v_t \tag{4.2.1}$$

其中 ρ 是 u_t 与 u_{t-1} 的相关系数，v_t 是满足回归模型基本假定的随机误差项。

自相关性的一般形式可以表示为：

$$u_t=\rho_1 u_{t-1}+\rho_2 u_{t-2}+\cdots+\rho_s u_{t-s}+v_t \tag{4.2.2}$$

称之为 s 阶自回归形式，或模型存在 s 阶自相关。

4.2.2 自相关性的后果

古典回归模型中曾要求随机误差项是无自相关的，如果模型存在自相关性，将会产生以下不利影响。

1. 最小二乘估计不再是有效估计

根据高斯—马尔可夫定理的证明过程可以看出，只有在同方差和无自相关性的条件下，OLS 估计才具有最小方差的特性。当模型存在自相关性时，OLS 估计仍然是无偏估计，但不再具备有效性。这与异方差性的情况一样，说明存在其他的参数估计方法，其估计误差小于 OLS 估计的误差。也就是说，对于存在自相关性的模型，应该改用其他方法估计模型中的参数。

2. 一般会低估 OLS 估计的标准误差

例如，对于一元线性回归模型，如果模型存在一阶自相关性，可以证明：

$$Var(\hat{\beta}_2)=\frac{\sigma^2}{\sum x_i^2}+g(\rho,r_X)$$

上式中，等式右端第一项是不存在自相关性时$\hat{\beta}_2$的方差，第二项是一个关于ρ和r_X的乘积函数，其中ρ是随机误差项的自相关系数，r_X是X各期值之间的相关系数。由于大多数情况下，随机误差项以及X的各期值之间都是正相关的，即$\rho\geqslant 0$，$r_X\geqslant 0$，从而$g(\rho,r_X)\geqslant 0$。因此，当模型存在自相关性时，OLS 估计的方差将大于$\sigma^2/\sum x_i^2$。不仅如此，受自相关性的影响，σ^2的无偏估计$\sum e_i^2/(n-2)$也会低估真实的σ^2，所以，OLS 估计的标准误差为：

$$S(\hat{\beta}_2)=\sqrt{Var(\hat{\beta}_2)}\geqslant\sqrt{\frac{\sigma^2}{\sum x_i^2}}\geqslant\sqrt{\frac{\hat{\sigma}^2}{\sum x_i^2}}$$

因此，如果仍然按照原来的公式计算$S(\hat{\beta}_2)$，则会得到一个偏低的估计，真实的标准误差可能会比它大很多。

3. t 检验的可靠性降低

在自相关性的影响下，$S(\hat{\beta}_2)$的估计偏低将直接导致t统计量值的增大，这很可能使原来不显著的t值变为显著，即容易将不重要的因素误认为是有显著影响的变量而引入模型。

4. 降低模型的预测精度

模型的预测区间与参数估计量的方差密切相关，系数估计误差的增大，将直接降低模型的预测精度。

4.2.3 自相关性的检验

1. 残差图分析

如同异方差性的图示检验法一样，通过对残差分布图的分析，可以大致判断随机误差项的变化特征。如果随着时间的推移残差分布呈现出周期性的变化，说明很可能存在自相关性。在 TSP 软件中，使用 LS 命令后，就可以得到残差分布图。

2．德宾—沃森(Durbin—Walson)检验

德宾—沃森检验，简称 D-W 检验，是目前检验自相关性的最常用方法，但它只适用于检验一阶自相关性。

D-W 检验的基本原理和步骤为：

(1) 提出假设 H_0：$\rho=0$，即不存在(一阶)自相关性。

(2) 构造检验统计量 DW：

$$DW=\frac{\sum_{t=2}^{n}(e_t-e_{t-1})^2}{\sum_{t=1}^{n}e_t^2} \tag{4.2.3}$$

因为对于大样本，

$$\sum_{t=1}^{n}e_t^2\approx\sum_{t=2}^{n}e_t^2\approx\sum_{t=2}^{n}e_{t-1}^2$$

所以

$$\begin{aligned}DW&=\frac{\sum(e_t^2-2e_te_{t-1}+e_{t-1}^2)}{\sum e_t^2}\\&=\frac{\sum_2^n e_t^2+\sum_2^n e_{t-1}^2-2\sum_2^n e_te_{t-1}}{\sum_1^n e_t^2}\\&\approx\frac{2\sum_2^n e_t^2-2\sum_2^n e_te_{t-1}}{\sum_2^n e_t^2}\\&=2\left(1-\frac{\sum_2^n e_te_{t-1}}{\sum_2^n e_t^2}\right)\end{aligned}$$

而

$$\frac{\sum e_te_{t-1}}{\sum e_t^2}\approx\frac{\sum e_te_{t-1}}{\sqrt{\sum e_t^2}\sqrt{\sum e_{t-1}^2}}=\hat{\rho}$$

即为自相关系数 ρ 的估计，所以 DW 统计量与 ρ 之间的关系为：

$$DW\approx2(1-\hat{\rho}) \tag{4.2.4}$$

(3) 检验自相关性：

因为自相关系数的 ρ 值介于 -1 和 1 之间，所以，$0\leqslant DW\leqslant 4$，而且

$$DW=0\Leftrightarrow\rho=1 \quad \text{存在正自相关性}$$

$$DW=4\Leftrightarrow\rho=-1 \quad \text{存在负自相关性}$$

$$DW=2\Leftrightarrow\rho=0 \quad \text{不存在(一阶)自相关性}$$

因此，当 DW 的值显著地接近于 0 或 4 时，则存在自相关性；而接近于 2 时，则不存在(一阶)自相关性。这样，只要知道 DW 统计量的概率分布，在给定的显著水平下，根据临界值的位置就可以对原假设 H_0 进行检验。但是 DW 统计量的概率分布很难确定，作为一种变通的处理方法，德宾和沃森在 5% 和 1% 的显著水平下，找到了临界值的下限 d_L 和上限 d_U，并编制了 D-W 检验的上、下限表(见附表 4)。所以，D-W 检验的实际检验过程如图 4-2 所示。

① $0\leqslant DW\leqslant d_L$ 时，拒绝 H_0，即认为存在(正)自相关性。

② $4-d_L\leqslant DW\leqslant 4$ 时，拒绝 H_0，即认为存在(负)自相关性。

③ $d_U\leqslant DW\leqslant 4-d_U$ 时，接受 H_0，即认为不存在(一阶)自相关性。

④ $d_L<DW<d_U$ 或 $4-d_U<DW<4-d_L$ 时，因无法判断 DW 值是落于临界值的左端或右端，所以此时无法确定是否存在自相关性。

D-W 检验因其原理简单，检验方便，目前已成为最常用的自相关性检验方法。TSP 软件在回归分析的输出结果中也直接给出了 DW 统计量值。在报告回归分析的计算结果时，人们也习惯于将 DW 值作为常规的检验统计量，连同 R^2 和 t 值等一起标明。但是，使用 D-W 检验时应注意以下两个问题：

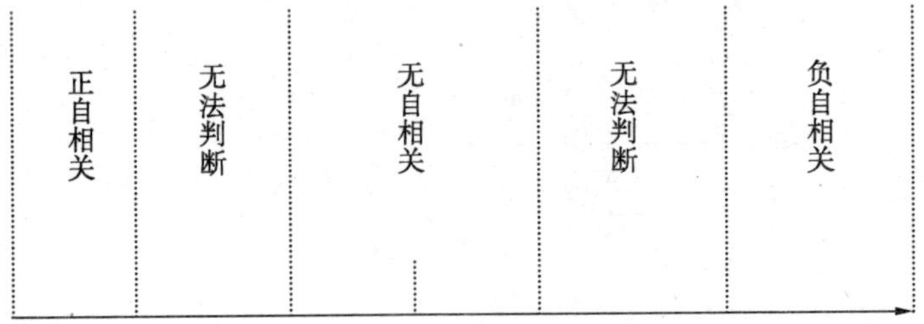

图 4-2 D-W 检验

首先，D-W 检验只能判断是否存在一阶自相关性。当 DW 值接近于 2 时，只能说明 u_t 与 u_{t-1} 不存在一阶自相关性，并不同时意味着模型不存在高阶自相关性，即不能得出“不存在自相关性”的结论。

其次，D-W 检验有两个无法判定的区域。虽然德宾和沃森对这两个区域的 D-W 检验又提出了修正方法，但因计算公式复杂，当 DW 统计值落入这两个区域时，人们还是宁愿改用其他的检验方法来判断自相关性。

3．偏相关系数检验

偏相关系数是衡量多个变量之间相关程度的重要指标，可以用它来判断自相关性的类型。利用 EViews 软件计算偏相关系数，具体有两种方式：

(1)［命令方式］IDENT　RESID

(2)［菜单方式］在方程窗口中点击 View\Residual Test\Correlogram-Q-statistics

屏幕将直接输出 e_t 与 $e_{t-1}, e_{t-2}, \cdots, e_{t-s}$（$s$ 是事先指定的滞后期长度）的相关系数和偏相关系数（见图 4-5），从中可以直观地看出残差序列的相关情况。分析过程中为了排除相关关系的相互影响，应该使用偏相关系数（Partialcorrelation，简称 PAC）判断自相关性。

4．布罗斯—戈弗雷检验（Breusch-Godfrey）

简称为 B-G 检验或拉格朗日乘数检验（Lagrange Multiphcator）。对于模型：

$$Y_t = \beta_1 + \beta_2 X_{2t} + \beta_3 X_{3t} + \cdots \beta_k X_{kt} + u_t$$

设自相关形式为：

$$u_t = \rho_1 u_{t-1} + \rho_2 u_{t-2} + \cdots + \rho_s u_{t-s} + v_t$$

假设 $H_0: \rho_1 = \rho_2 = \cdots = \rho_{t-s} = 0$，即不存在自相关性。对该假设的检验过程如下：

(1) 利用 OLS 法估计模型，得到残差序列 e_t；

(2) 将 e_t 关于所有解释变量和残差的滞后值 $e_{t-1}, e_{t-2}, \cdots, e_{t-s}$ 进行回归，并计算出辅助回归模型的判定系数 R^2；

(3) 布罗斯和戈弗雷证明，在大样本情况下，渐近地有：

$$nR^2 \sim \chi^2(s)$$

因此，对于显著水平 α，若 nR^2 大于临界值，则拒绝原假设 H_0，即认为至少有一个 ρ_i 的值显著地不等于零。

利用 EViews 软件可以直接进行 B-G 检验：在方程窗口中点击 View\Residual Test\Serial Correlation LM Test，屏幕将输出辅助回归模型的有关信息，包括 nR^2 及其临界概率值。但是 B-G 检验需要人为确定滞后期的长度。实际应用中，一般是从低阶的 $s(s=1)$ 开始，直到 $s=10$ 左右，如果检验结果均不显著，可以认为不存在自相关性。

［例 4-2］　中国城乡居民储蓄存款模型的自相关性检验。表 4-2 列出了我国城乡居民储蓄存款年底余额（单位：亿元）和国内生产总值指数（1978 年＝100）的历年统计资料，试建立居民储蓄存款模型，并检验模型的自相关性。

表 4-2　　我国城乡居民储蓄存款与 GDP 统计资料

年份	存款余额	GDP 指数	年份	存款余额	GDP 指数
1978	210.60	100.0	1989	5 146.90	271.3
1979	281.00	107.6	1990	7 034.20	281.7
1980	399.50	116.0	1991	9 107.00	307.6
1981	523.70	122.1	1992	11 545.40	351.4
1982	675.40	133.1	1993	14 762.39	398.8
1983	892.50	147.6	1994	21 518.80	449.3
1984	1 214.70	170.0	1995	29 662.25	496.5
1985	1 622.60	192.9	1996	38 520.80	544.1
1986	2 237.60	210.0	1997	46 279.80	592.0
1987	3 073.60	234.3	1998	53 407.47	638.2
1988	3 801.50	260.7			

(1) 绘制相关图，确定模型的函数形式。利用 SCAT 命令绘制居民存款与 GDP 的相关图。

图形显示两者存在着明显的曲线相关关系（见图 4-3），所以将居民储蓄存款模型的函数形式初步确定为：双对数模型、指数曲线模型和二次多项式模型。

(2) 利用 OLS 法估计模型，并选择统计检验结果较好的模型。经过比较分析，取居民储蓄存款模型为双对数模型，估计结果为：

$$\ln\hat{Y}_t = -8.0757 + 2.9589\ln X_t$$

$$(0.2556)\quad(0.0461)$$

$$R^2 = 0.9954\quad \overline{R^2} = 0.9952\quad DW = 0.7028$$

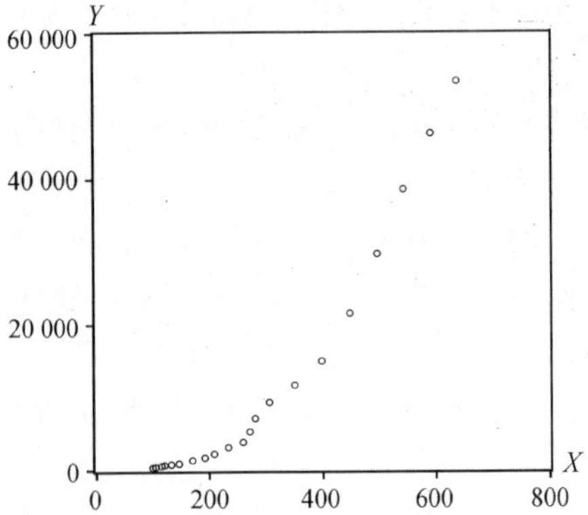

图 4-3　居民存款与 GDP 的相关图

(3) 检验自相关性：

① 残差图分析：在方程窗口中点击 Resids 按钮，所显示的残差图表明 e_t 呈现有规律的波动（见图 4-4），预示着可能存在自相关性。

② D-W 检验：因为 $n=21$，$k=1$，取显著水平 $\alpha=0.05$ 时，查表得 $d_L=1.22$，$d_U=1.42$，而 $0<0.7028=DW<d_L$，所以存在（正）自相关性。

③ 偏相关系数检验：在方程窗口中点击 View\Residual Test\Correlogram-Q-statistics，并输入滞后期为 10，屏幕将显示残差 e_t 与 $e_{t-1}, e_{t-2}, \cdots, e_{t-10}$ 的各期相关系数和偏相关系数，如图 4-5 所示。图中 AC 表示各期的自相关系数，PAC 表示各期的偏自相关系数，为了直观地反映相关系数值的大小，在图形左半部分别绘制了相关系数和偏相关系数的直方图，其中虚线表示 ± 0.5。当第 s 期偏相关系数的直方块超过虚线部分时，表明偏相关系数 $|\rho_{t-s}|>0.5$，即存在 s 阶自相关性。从图 4-5 可以明显地看出，我国城乡居民储蓄存款模型存在着一阶和二阶自相关性。

④ B-G 检验：在方程窗口中点击 View\Residual Test\Serial Correlation LM Test，并选择滞后期为 2，屏幕将显示出如表 4-3 所示的信息，其中，$nR^2=21\times 0.8584=18.0264$，临界概率 $p=0.0001$，所以只要取显著水平 $\alpha=0.0001$，就可以认为辅助回归模型是显著的。即存在自相关性。又因为的 e_{t-1}，e_{t-2} 的回归系数均显著地不为 0，表明居民存款模型存在一阶和二阶自相关性。

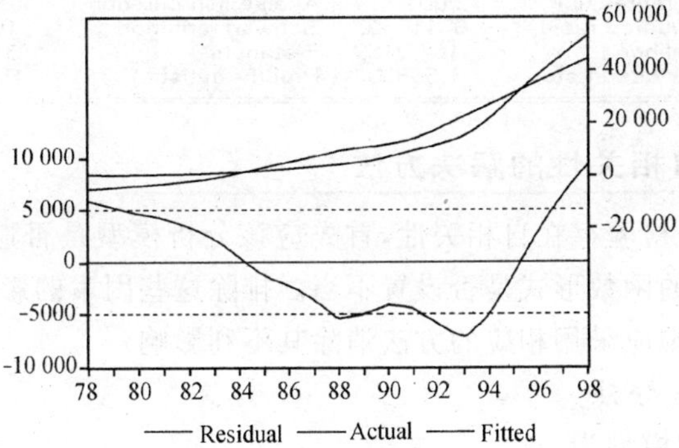

图 4-4

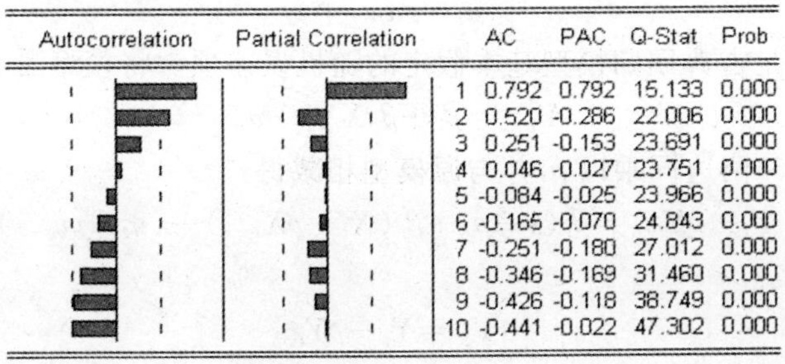

Date: 09/26/03　Time: 23:21
Sample: 1978～1998
Included observations: 21

Autocorrelation	Partial Correlation		AC	PAC	Q-Stat	Prob
		1	0.792	0.792	15.133	0.000
		2	0.520	-0.286	22.006	0.000
		3	0.251	-0.153	23.691	0.000
		4	0.046	-0.027	23.751	0.000
		5	-0.084	-0.025	23.966	0.000
		6	-0.165	-0.070	24.843	0.000
		7	-0.251	-0.180	27.012	0.000
		8	-0.346	-0.169	31.460	0.000
		9	-0.426	-0.118	38.749	0.000
		10	-0.441	-0.022	47.302	0.000

图 4-5

从本例的检验过程可以看出，利用 OLS 估计建立回归模型之后，一般是先根据残差图和 DW 值初步判断模型是否存在自相关性，然后再利用偏相关系数检验或 B-G 检验进一步确认自相关性。但最后还需要通过自相关性的调整过程确定自相关性的具体形式。

表 4-3

Breusch-Godfrey Serial Correlation LM Test:

F-statistic	51.53071	Probability	0.000000
Obs*R-squared	18.02652	Probability	0.000122

Test Equation:
Dependent Variable: RESID
Method: Least Squares
Date: 09/26/03 Time: 23:40

Variable	Coefficient	Std. Error	t-Statistic	Prob.
C	-862.6904	1041.859	-0.828030	0.4191
X	3.900968	3.510402	1.111260	0.2819
RESID(-1)	1.379774	0.222482	6.201728	0.0000
RESID(-2)	-0.449672	0.271785	-1.654510	0.1164

R-squared	0.858406	Mean dependent var	2.69E-12
Adjusted R-squared	0.833419	S.D. dependent var	4904.433
S.E. of regression	2001.714	Akaike info criterion	18.21104
Sum squared resid	68116603	Schwarz criterion	18.41000
Log likelihood	-187.2159	F-statistic	34.35380
Durbin-Watson stat	1.563302	Prob(F-statistic)	0.000000

4.2.4 自相关性的解决方法

如果模型经检验存在自相关性，首先应该分析模型是否遗漏了重要的解释变量，或者模型的函数形式是否设置不当。排除这些因素的影响之后，如果仍然存在自相关性，则应采用相应的方法消除其不利影响。

1. *广义差分法*

设线性回归模型为：

$$Y_t = \beta_1 + \beta_2 X_t + u_t$$

存在一阶自相关性：

$$u_t = \rho u_{t-1} + v_t$$

其中，v_t 为满足古典回归模型基本假定的随机误差项。将模型滞后一期得：

$$Y_{t-1} = \beta_1 + \beta_2 X_{t-1} + u_{t-1} \tag{4.2.5}$$

在方程(4.2.5)两边同乘以 ρ，并与原模型相减得：

$$Y_t - \rho Y_{t-1} = \beta_1(1-\rho) + \beta_2(X_t - \rho X_{t-1}) + (u_t - \rho u_{t-1}) \tag{4.2.6}$$

定义变量变换：

$$\begin{cases} Y_t^* = Y_t - \rho Y_{t-1} \\ X_t^* = X_t - \rho X_{t-1} \end{cases} \tag{4.2.7}$$

则模型(4.2.6)可以表示成：

$$Y_t^* = \beta_1^* + \beta_2 X_t^* + v_t \tag{4.2.8}$$

其中，$\beta_1^* = \beta_1(1-\rho)$。变换后模型的随机误差项 v_t 满足回归模型的基本假定，所以可以利用 OLS 法估计参数 β_1^* 和 β_2，进而得到：

$$\hat{\beta}_1 = \hat{\beta}_1^* / (1-\rho) \tag{4.2.9}$$

在式(4.2.7)中，$\rho=1$，则

$$\begin{cases} Y_t^* = Y_t - Y_{t-1} = \Delta Y_t \\ X_t^* = X_t - X_{t-1} = \Delta X_t \end{cases} \tag{4.2.10}$$

为差分变换，而 ρ 的值介于 -1 与 1 之间，所以称式(4.2.7)为广义差分变换，经广义差分变换得到的模型称为广义差分模型。

如果模型为多元线性回归模型，同理可以进行类似的广义差分变换：

$$\begin{cases} Y_t^* = Y_t - \rho Y_{t-1} \\ X_{2t}^* = X_{2t} - \rho X_{2t-1} \\ X_{3t}^* = X_{3t} - \rho X_{3t-1} \\ \quad\vdots \\ X_{kt}^* = X_{kt} - \rho X_{kt-1} \end{cases} \tag{4.2.11}$$

仍然可以得到满足基本假定的广义差分模型：

$$Y_t^* = \beta_1^* + \beta_2 X_2^* + \beta_3 X_3^* + \cdots + \beta_k X_k^* + v_t \tag{4.2.12}$$

如果自相关类型为高阶自回归形式：

$$u_t = \rho_1 u_{t-1} + \rho_2 u_{t-2} + \cdots + \rho_s u_{t-s} + v_t \tag{4.2.13}$$

则广义差分变换为(以一元线性回归模型为例)：

$$\begin{cases} Y_t^* = Y_t - \rho_1 Y_{t-1} - \rho_2 Y_{t-2} - \cdots - \rho_{t-s} Y_{t-s} \\ X_t^* = X_t - \rho_1 X_{t-1} - \rho_2 X_{t-2} - \cdots - \rho_{t-s} X_{t-s} \end{cases} \tag{4.2.13}$$

同理得到满足基本假定的模型(4.2.8)。

因此，只要对存在自相关性的模型进行广义差分变换，就可以消除原模型中的自相关性；然后再对变换后的模型进行 OLS 估计，得到的仍然是最佳估计量。由于估计过程中使用了广义差分变换，所以称这种参数估计方法为广义差分法。

进行广义差分变换的前提是已知 ρ 的值。但 ρ 是随机误差项的相关系数，u_t 值的不可观测性使得 ρ 值也是未知的。所以利用广义差分法处理自相关性时，需要事先估计出 ρ 的值。ρ 的常用估计方法有：

(1) 近似估计法。在大样本情况下，因为 $DW \approx 2(1-\rho)$，所以可以用 DW 值近似估计 ρ：

$$\hat{\rho} = 1 - DW/2$$

对于小样本，泰尔(Theil. H)建议使用下述近似公式：

$$\hat{\rho}=\frac{n^2(1-DW/2)+(k+1)^2}{n^2-(k+1)^2}$$

其中，k 为解释变量个数，当 $n\to\infty$ 时，$\hat{\rho}=1-DW/2$。

另外，因为 ρ 是 u_t 与 u_{t-1} 的相关系数，如果用 e_t 作为 u_t 的估计，则 e_t 与 e_{t-1} 的相关系数也可以作为 ρ 的近似估计：

$$\hat{\rho}=\frac{\sum e_t e_{t-1}}{\sum e_t^2}$$

(2) Durbin 估计法。根据广义差分变换模型(4.2.6)，得：

$$Y_t=\beta_1(1-\rho)+\rho Y_{t-1}+\beta_2 X_t-\rho\beta_2 X_{t-1}+v_t$$

这是一个满足基本假定的四元线性回归模型，其中解释变量 Y_{t-1} 的回归系数恰好为 ρ，因此，利用 OLS 估计：

LS Y C Y(−1) X X(−1)

可以得到 ρ 的估计值。

(3) 迭代估计。迭代估计法就是依据 ρ 的近似估计公式，通过一系列的迭代运算，逐步提高 ρ 的近似估计精度。迭代估计法的具体步骤为：

① 利用 OLS 法估计模型，计算第一轮残差 $e_t^{(1)}$；

② 根据残差 $e_t^{(1)}$ 计算 ρ 的(第一轮)估计值：

$$\hat{\rho}^{(1)}=\frac{\sum e_t^{(1)}e_{t-1}^{(1)}}{\sum(e_t^{(1)})^2}$$

③ 利用估计的 $\hat{\rho}^{(1)}$ 值进行广义差分变换：

$$\begin{cases}Y_t^*=Y_t-\hat{\rho}^{(1)}Y_{t-1}\\X_t^*=X_t-\hat{\rho}^{(1)}X_{t-1}\end{cases}$$

并估计广义差分模型：

$$Y_t^*=\beta_1^*+\beta_1 X_t^*+v_t$$

④ 计算(第二轮)残差 $e_t^{(2)}$ 和 ρ 的估计值：

$$\hat{\rho}^{(2)}=\frac{\sum e_t^{(2)}e_{t-1}^{(2)}}{\sum(e_t^{(2)})^2}$$

⑤ 重复执行③、④两步，直到 ρ 的前后两次估计值比较接近，即估计误差小于事先给定的精度 δ 时为止：

$$|\hat{\rho}^{(n+1)}-\hat{\rho}^{(n)}|<\delta$$

此时，以 $\hat{\rho}^{(n-1)}$ 作为 ρ 的近似估计值，并用其进行广义差分变换，得到回归系数的估计值。

迭代估计法又称为科克伦—奥克特(Cochrane-Orcutt)估计法，EViews 软件就是采用这种方法来估计自相关性模型的。

(4) 搜索估计法。搜索估计法又称为希尔德雷思—卢(Hidreth-Lu)估计法。因为 ρ 的值介于 -1 与 1 之间，为确定它的位置，可以采用一种系统的搜索或“扫描”程序：在区间 $[-1,1]$ 中按一定间隔选取 ρ 值，比如说取间隔为 0.1，ρ 值依次取成 $-1.0,-0.9,-0.8,\cdots,0.8,0.9,1.0$；然后用每一个 ρ 值进行广义差分变换，估计相应的广义差分模型并计算每一个模型的残差平方和；最后从这些模型中选取使残差平方和达到最小的模型作为最佳模型，该模型所对应的 ρ 值就作为 ρ 的估计值。如果需要更精细的结果，可以采用更小的单位间隔，如取成 0.01，而将 ρ 值依次取成 $-1.00,-0.99,-0.98,\cdots 0.91,0.92,\cdots,0.99,1.00$ 等。

希尔德雷思估计法的特点是可以保证在估计 ρ 的过程中使残差平方和“整体”达到最小，而迭代估计法得到的可能是“局部”最小值。而且随着间隔的不断细密，很可能会渐近地得到 ρ 的极大似然估计。

2. 广义差分法的 EViews 软件实现

在 EViews 软件中可以直接使用广义差分法估计自相关性模型，具体步骤为：

(1) 利用 OLS 法估计模型。输入 LS Y C X，系统将同时计算残差序列 RESID。

(2) 判断自相关性的类型。输入 IDENT RESID，根据 e_t 与 $e_{t-s}(s=1,2,\cdots,p)$ 的偏相关系数，初步确定自相关的类型。

(3) 利用广义差分法估计模型。在 OLS 命令中加上 AR 项，系统将自动使用广义差分法来估计模型。如自相关类型为一阶自回归形式，则命令格式为：

LS Y C X AR(1)

如果模型为高阶自相关形式，则再加上 AR(2)，AR(3)等。EViews 软件将使用迭代估计法估计模型，并输出 ρ 的估计值及其标准差、t 统计量值等，根据 AR 项的 t 检验值是否显著，可以进一步确定自相关性的具体形式。

(4) 迭代估计过程的控制。迭代估计过程中，EViews 软件按照默认的迭代次数(100 次)和误差精度(0.001)来控制迭代估计程序。如果需要提高估计精度，或者估计程序结束时得到的并不是一个收敛的估计值（即迭代估计过程没有收敛)，此时可以重新定义误差精度或迭代的最大次数。具体步骤为：

① 在方程窗口中点击 Estimate 按钮；

② 在弹出的方程说明对话框中点击 Options；

③ 在迭代程序(Iterativ procedures)对话栏中重新输入最大迭代次数(max iterations)或收敛精度(convegens);

④ 点击 OK 返回方程说明对话框,再点击 OK 重新估计模型。

(5) 中国城乡居民储蓄存款模型的自相关性调整。可以采用迭代估计法或广义差分变换法进行调整。

① 迭代估计法。根据例 4-2 的检验结果,模型存在一阶和二阶自相关性,即:

$$u_t=\rho_1 u_{t-1}+\rho_2 u_{t-2}+v_t$$

所以在 LS 命令中加上 AR(1)和 AR(2),使用迭代估计法估计模型。

键入命令:LS LNY LNX AR(1) AR(2)。估计结果见表 4-4:

表 4-4

Dependent Variable: LNY
Method: Least Squares
Date: 10/03/03 Time: 22:35
Sample(adjusted): 1980 1998
Included observations: 19 after adjusting endpoints
Convergence achieved after 5 iterations

Variable	Coefficient	Std. Error	t-Statistic	Prob.
C	-7.847488	0.309265	-25.37463	0.0000
LNX	2.919763	0.055201	52.89368	0.0000
AR(1)	0.952936	0.203000	4.694270	0.0003
AR(2)	-0.596457	0.193381	-3.084363	0.0076

R-squared	0.998181	Mean dependent var	8.525169
Adjusted R-squared	0.997817	S.D. dependent var	1.582172
S.E. of regression	0.073926	Akaike info criterion	-2.186834
Sum squared resid	0.081976	Schwarz criterion	-1.988005
Log likelihood	24.77492	F-statistic	2743.283
Durbin-Watson stat	1.635630	Prob(F-statistic)	0.000000
Inverted AR Roots	.48+.61i	.48 -.61i	

输出结果表明,估计过程经过 5 次迭代后收敛(此时收敛精度取成 0.000 1,最大迭代次数为 100 次);ρ_1 和 ρ_2 的估计值分别为 0.953 1 和 $-0.596\,6$,并且 t 检验显著,说明原模型确实存在一阶和二阶自相关性。调整后模型的 $DW=1.635\,6$,$k=1$,$n=19$,查表得 $d_L=1.18$,$d_U=1.40$,$d_U<DW=1.635\,6<2.6=4-d_U$,说明模型已不存在一阶自相关性;再进行偏相关系数检验和 B-G 检验,也表明不存在高阶自相关性,因此,模型已消除了自相关性的影响,中国城乡居民储蓄存款模型应该为:

$$\ln\hat{Y}_t=-7.847\,5+2.919\,8\ln X_t$$
$$(0.055\,2)$$
$$R^2=0.998\,2 \quad DW=1.635\,6$$

将估计结果与 OLS 估计相比,OLS 估计的常数项估计偏低,斜率系数又估计偏高,而且低估了系数估计值的标准误差。

② 广义差分变换法。为了便于理解迭代估计法的估计过程，再利用广义差分变换直接估计模型。取 $\rho_1=0.953\,1$，$\rho_2=-0.596\,6$，做广义差分变换（首先生成 Y、X 的对数变量）：

```
GENR   LNY=log(Y)
GENR   LNX=log(X)
GENR   NY=LNY-0.9531*LNY(-1)+0.5966*LNY(-2)
GENR   NX=LNX-0.9531*LNX(-1)+0.5966*LNX(-2)
```

再利用 OLS 法估计变换后的模型：

```
LS   NY   C   NX
```

估计结果为：

$$\hat{NY}_t=-5.049\,9+2.919\,8NX_t$$
$$(0.047\,1)$$
$$R^2=0.995\,6\quad DW=1.635\,4$$

$$\hat{\beta}_1=-5.049\,9/(1-0.953\,1+0.596\,6)=-7.847\,6$$

所以使用广义差分变换直接估计出的模型为：

$$\hat{NY}_t=-7.847\,6+2.919\,8NX_t$$
$$(0.047\,1)$$
$$R^2=0.995\,6\quad DW=1.635\,4$$

除了计算误差之外，两种方法的估计结果是一致的。

3. 广义最小二乘法

对于多元线性回归模型

$$\boldsymbol{Y}=\boldsymbol{X\beta}+\boldsymbol{u} \tag{4.2.14}$$

随机误差项向量 $\boldsymbol{u}$ 的方差—协方差矩阵为：

$$E(\boldsymbol{uu}')=E\begin{bmatrix} u_1^2 & u_1u_2 & \cdots & u_1u_n \\ u_2u_1 & u_2^2 & \cdots & u_2u_n \\ \vdots & \vdots & & \vdots \\ u_nu_1 & u_nu_2 & \cdots & u_n^2 \end{bmatrix}$$

$$=\begin{bmatrix} \sigma_1^2 & E(u_1u_2) & \cdots & E(u_1u_n) \\ E(u_2u_1) & \sigma_2^2 & \cdots & E(u_2u_n) \\ \vdots & \vdots & & \vdots \\ E(u_nu_1) & E(u_nu_2) & \cdots & \sigma_n^2 \end{bmatrix} \overset{\triangle}{=\!=} \sigma^2\boldsymbol{\Omega} \tag{4.2.15}$$

其中 $\boldsymbol{\Omega}$ 为 n 阶实对称矩阵，σ^2 为常数。

如果随机误差项的方差相同且等于 σ^2，并且无自相关，则 $\boldsymbol{\Omega}=\boldsymbol{I}$（$\boldsymbol{I}$ 为单位矩

阵)。古典回归模型中关于同方差和无自相关的假定可以统一表示为:

$$E(\boldsymbol{uu}')=\sigma^2\boldsymbol{I} \tag{4.2.16}$$

如果 $\boldsymbol{\Omega}\neq\boldsymbol{I}$,因为 $\boldsymbol{\Omega}$ 为 n 阶实对称矩阵,根据线性代数知识,存在 n 阶非奇异矩阵 P,使得:

$$\boldsymbol{P\Omega P}'=\boldsymbol{I} \tag{4.2.17}$$

由此可得:

$$\boldsymbol{\Omega}=\boldsymbol{P}^{-1}(\boldsymbol{P}')^{-1}=(\boldsymbol{P}'\boldsymbol{P})^{-1}$$

$$\boldsymbol{\Omega}^{-1}=\boldsymbol{P}'\boldsymbol{P} \tag{4.2.18}$$

用 P 左乘式(4.2.14),得:

$$\boldsymbol{PY}=\boldsymbol{PX\beta}+\boldsymbol{Pu}$$

令

$$\boldsymbol{Y}^*=\boldsymbol{PY}\quad \boldsymbol{X}^*=\boldsymbol{PX}\quad \boldsymbol{u}^*=\boldsymbol{Pu}$$

则模型(4.2.14)变换成:

$$\boldsymbol{Y}^*=\boldsymbol{X}^*\boldsymbol{\beta}+\boldsymbol{u}^* \tag{4.2.19}$$

随机误差项的方差—协方差矩阵为:

$$\begin{aligned}E(\boldsymbol{u}^*\boldsymbol{u}^{*\prime})&=E[\boldsymbol{Pu}(\boldsymbol{Pu})']\\&=E(\boldsymbol{Puu}'\boldsymbol{P}')=\boldsymbol{P}E(\boldsymbol{uu}')\boldsymbol{P}'\\&=\boldsymbol{P}\sigma^2\boldsymbol{\Omega P}'=\sigma^2\boldsymbol{P\Omega P}'=\sigma^2\boldsymbol{I}\end{aligned}$$

这表明变换后的模型满足同方差和无自相关的假定,由于是线性变换,其他假定也显然满足,因此可以应用 OLS 法估计模型(4.2.19),参数的 OLS 估计量为:

$$\begin{aligned}\hat{\boldsymbol{\beta}}&=(\boldsymbol{X}^{*\prime}\boldsymbol{X}^*)^{-1}(\boldsymbol{X}^{*\prime}\boldsymbol{Y}^*)\\&=[(\boldsymbol{PX})'\boldsymbol{PX}]^{-1}[(\boldsymbol{PX})'(\boldsymbol{PY})]\\&=(\boldsymbol{X}'\boldsymbol{P}'\boldsymbol{PX})^{-1}(\boldsymbol{X}'\boldsymbol{P}'\boldsymbol{PY})\\&=(\boldsymbol{X}'\boldsymbol{\Omega}^{-1}\boldsymbol{X})^{-1}(\boldsymbol{X}'\boldsymbol{\Omega}^{-1}\boldsymbol{Y})\end{aligned} \tag{4.2.20}$$

式(4.2.20)被称为广义最小二乘估计(简称 GLS)。从估计过程可以看出,GLS 估计的基本思想就是对违反基本假定的模型作适当的线性变换,使其转化成满足基本假定的模型,从而可以使用 OLS 方法估计模型。

对式(4.2.20)中的 Ω,可以分三种情况讨论:

(1) 当 $\boldsymbol{\Omega}=\boldsymbol{I}$,即满足基本假定时,

$$\hat{\boldsymbol{\beta}}=(\boldsymbol{X}'\boldsymbol{X})^{-1}(\boldsymbol{X}'\boldsymbol{Y})$$

为 OLS 估计,可见 OLS 估计是 GLS 估计的特例。

(2) 当 $\boldsymbol{\Omega}$ 为对角矩阵,即存在异方差性时,

$$\boldsymbol{\Omega}=\begin{bmatrix}\sigma_1^2 & & & \\ & \sigma_2^2 & & \\ & & \ddots & \\ & & & \sigma_n^2\end{bmatrix}$$

$$\boldsymbol{\Omega}^{-1}=\begin{bmatrix}1/\sigma_1^2 & & & \\ & 1/\sigma_2^2 & & \\ & & \ddots & \\ & & & 1/\sigma_n^2\end{bmatrix}$$

广义最小二乘估计就是使：

$$\begin{aligned}\sum e_i^{*2} &= \boldsymbol{e}^{*\prime}\boldsymbol{e}^{*} = (\boldsymbol{Y}^{*}-\boldsymbol{X}^{*}\hat{\boldsymbol{\beta}})'(\boldsymbol{Y}^{*}-\boldsymbol{X}^{*}\hat{\boldsymbol{\beta}})\\ &= (\boldsymbol{PY}-\boldsymbol{PX}\hat{\boldsymbol{\beta}})'(\boldsymbol{PY}-\boldsymbol{PX}\hat{\boldsymbol{\beta}})\\ &= (\boldsymbol{Y}-\boldsymbol{X}\hat{\boldsymbol{\beta}})'\boldsymbol{P}'\boldsymbol{P}(\boldsymbol{Y}-\boldsymbol{X}\hat{\boldsymbol{\beta}})\\ &= \sum\frac{1}{\sigma_i^2}e_i^2=\sum w_i e_i^2=\min\end{aligned}$$

其中，$w_i=1/\sigma_i^2$，即加权最小二乘估计。所以，在异方差性情况下，GLS 估计即为 WLS 估计，或者说，WLS 估计也是 GLS 估计的特例。

(3) 当 Ω 矩阵具有如下形式：

$$\boldsymbol{\Omega}=\begin{bmatrix}1 & \rho & \cdots & \rho^{n-1}\\ \rho & 1 & \cdots & \rho^{n-2}\\ \vdots & & & \\ \rho^{n-1} & \rho^{n-2} & \cdots & 1\end{bmatrix}$$

即存在一阶自相关性时，

$$(1-\rho^2)\boldsymbol{\Omega}^{-1}=\begin{bmatrix}1 & -\rho & & & & \\ -\rho & 1+\rho^2 & \rho & & & \\ & -\rho & 1+\rho^2 & -\rho & & \\ & & & \vdots & & \\ & & & -\rho & 1+\rho^2 & -\rho\\ & & & & -\rho & 1\end{bmatrix}$$

若取

$$P=\begin{bmatrix}\sqrt{1-\rho^2} & & & & \\ -\rho & 1 & & & \\ & -\rho & 1 & & \\ & & & \cdots & \\ & & & -\rho & 1\end{bmatrix}$$

则

$$P'P=(1-\rho^2)\Omega^{-1}$$

GLS 估计就是用 $P/\sqrt{1-\rho^2}$ 左乘原模型的两端，若再略去公因子 $1/\sqrt{1-\rho^2}$，得：

$$PY=PX\beta+Pu$$

这实际上是对原模型进行广义差分变换。所以对于存在自相关性的模型，广义差分法和广义最小二乘法是等价的。

由此可见，OLS、WLS 和广义差分法都是 GLS 法的特例，或者说当模型存在异方差性或自相关性时，GLS 估计才是最佳线性无偏估计。

§4.3 多重共线性问题及解决方法

4.3.1 多重共线性及产生的原因

对于多元线性回归模型

$$Y_i=\beta_1+\beta_2X_{2i}+\beta_3X_{3i}+\cdots+\beta_kX_{ki}+u_i$$

如果模型的解释变量之间存在较强的线性相关关系，或者说，存在一组不全为零的常数 $\lambda_2,\lambda_3,\cdots,\lambda_k$，使得：

$$\lambda_2X_{2i}+\lambda_3X_{3i}+\cdots+\lambda_kX_{ki}+v_i=0$$

其中，v_i 是一个随机误差项，则称模型存在着多重共线性。如果 $v_i=0$，则称存在完全的多重共线性。“共线性”表示存在着线性相关关系，“多重”意味着相关关系有多种组合。

模型产生多重共线性主要有以下原因：

1. 经济变量的内在联系，这是产生多重共线性的根本原因

例如，工业生产函数中劳动投入量与资金投入量、需求函数中商品的自价格与互价格、消费函数中收入与财产、农业生产函数中耕地面积与施肥量等，都存在着一定的相关关系。事实上，经济系统中各要素之间是相互依存、相互制约的，在数量关系上必然有一定的联系。因此，从这个意义上讲，多重共线性是计量经济模型中不可避免的问题，只是影响程度有所不同而已。

2. 经济变量变化趋势的“共向性”

有些经济变量并没有明显的内在联系，但由于在考察的样本期内，其变化方向的一致性（同时上升或者同时下降）使变量的样本数据高度相关。例如，在经济繁荣时期，各项基本经济指标（如收入、消费、投资、价格、就业人数等）都趋向增长，但在经济衰退时期，这些指标又同时放慢了增长速度。

3. 解释变量中含有滞后变量

目前在计量经济模型中，正越来越多地使用滞后变量作为解释变量。例如，在消费函数中引入本期和前几期的收入，在投资函数中引入上期收入和本期新增长的收入，等等。变量的各期值之间很可能是高度相关的，所以含有滞后变量的模型一般都存在多重共线性，本书第 5 章中将专门讨论这类模型的估计问题。

4.3.2 多重共线性的后果

古典回归模型要求模型不存在完全的多重共线性，所以，即使模型存在严重的多重共线性，OLS 估计仍然是最佳线性无偏估计（注意：在高斯—马尔可夫定理的证明过程中，并未涉及到多重共线性）。但多重共线性却会产生以下问题：

1. 增大 OLS 估计的方差

设模型为三元回归模型

$$Y_i = \beta_1 + \beta_2 X_{2i} + \beta_3 X_{3i} + u_i$$

可以证明，$\hat{\beta}_2$，$\hat{\beta}_3$ 的方差为：

$$Var(\hat{\beta}_2) = \frac{\sigma^2}{\sum x_{2i}^2} \cdot \frac{1}{1 - r_{23}^2}$$

$$Var(\hat{\beta}_3) = \frac{\sigma^2}{\sum x_{3i}^2} \cdot \frac{1}{1 - r_{23}^2}$$

其中，r_{23} 为 X_2 和 X_3 的相关系数。式中第二项因子称为方差膨胀因子（Variance Inflating Factor），简记为 VIF：

$$VIF = \frac{1}{1 - r_{23}^2}$$

VIF 表明，OLS 估计量的方差随着多重共线性的出现而“膨胀”起来。当 X_2 和 X_3 高度相关时（即 $r_{23} \to 1$），$VIF \to +\infty$。所以，随着多重共线性程度的增强，OLS 估计量的方差将成倍增长，直至趋于无穷大。

2. 难以区分每个解释变量的单独影响

计量经济研究中经常需要利用回归系数定量分析各个解释变量对被解释变量的单独影响程度。对于多元线性回归模型，回归系数为：

$$\beta_j=\frac{\partial E(Y)}{\partial X_j} \quad j=1,2,\cdots,k$$

根据偏导数的概念，β_j 的经济含义是：在其他变量保持不变的情况下，X_j 变化一个单位将使 $E(Y)$ 变化 β_j 个单位。但是在多重共线性的情况下，解释变量的相关性将无法"保持其他变量不变"，从而也难以分离出每个解释变量的单独影响。

例如，设农业生产函数为：

$$Y=\beta_1+\beta_2X_2+\beta_3X_3+\beta_4X_4+u$$

其中 Y 为农产量，X_2，X_3，X_4 分别为农业劳动力人数、耕地面积和化肥施用量。化肥施用量 X_4 与耕地面积 X_3 之间一般存在着一定的技术关系，设 $X_4=\lambda X_3$，又设 θ 为任一常数，则：

$$\begin{aligned}Y&=\beta_1+\beta_2X_2+\beta_3X_3-\theta X_3+\theta X_3+\beta_4X_4+u\\&=\beta_1+\beta_2X_2+(\beta_3-\theta)X_3+\left(\frac{\theta}{\lambda}+\beta_4\right)X_4+u\end{aligned}$$

模型中的回归系数应该是唯一确定的，但由于 θ 是任一常数，使得 X_3 和 X_4 的系数都不能唯一确定，而且当 $\theta>\beta_3$ 时，甚至会出现农产量与耕地面积负相关的情况。此例表明，在完全多重共线性情况下，回归系数无法唯一确定。如果存在较严重的多重共线性，由于系数估计量的方差较大，使得参数估计值失去了原有的经济含义，甚至会得到违反经济规律的结论。

3. 检验的可靠性降低

在多重共线性的影响下，系数估计误差 $S(\hat{\beta})$ 的增大将导致 t 统计量值的减小，这很可能使原来显著的 t 值变成不显著，即容易将有重要影响的变量误认为不显著的变量。

4. 回归模型缺乏稳定性

从同一总体中抽取不同的样本估计模型，得到的估计值不会完全相同，但不应该有显著差异，此时称模型是稳定的。但是当模型存在多重共线性时，样本数据即便有微小的变化（例如在年度数据中加入最近一年的资料），也可能导致系数估计值发生明显变化，参数估计对样本的变化比较敏感（这实际上也是 OLS 估计方差较大的另一个表现）。

4.3.3 多重共线性的检验

1. 相关系数检验

利用相关系数可以分析解释变量之间的两两相关情况。在 EViews 软件中可以直接计算（解释）变量的相关系数矩阵：

[命令方式] COR 解释变量名。

[菜单方式] 将所有解释变量设置成一个数组,并在数组窗口中点击 View\Correlations。

2. 辅助回归模型检验

相关系数只能判断解释变量之间的两两相关情况,当模型的解释变量个数多于两个,并且呈现出较为复杂的相关关系时,可以通过每个解释变量对其他解释变量的辅助回归模型来检验多重共线性,即依次建立 $k-1$ 个辅助回归模型:

$$X_j=\alpha_1+\alpha_2 X_2+\cdots+\alpha_{j-1}X_{j-1}+\alpha_{j+1}X_{j+1}+\cdots+\alpha_k X_k+u \qquad j=2,3,\cdots,k$$

如果其中某些方程显著,则表明存在多重共线性,所对应的变量可以近似地用其他解释变量线性表示。

辅助回归模型检验不仅能检验多元回归模型的多重共线性,而且可以得到多重共线性的具体形式;如果再结合偏相关系数检验,还能进一步判定是哪些解释变量引起了多重共线性,这有助于分析如何消除多重共线性的影响。

3. 方差膨胀因子检验

对于多元线性回归模型,$\hat{\beta}_j$ 的方差可以表示成:

$$Var(\hat{\beta}_j)=\frac{\sigma^2}{\sum(X_{ji}-\overline{X}_j)^2}\cdot\frac{1}{1-R_j^2}=\frac{\sigma^2}{\sum x_{ji}^2}\cdot VIF_j$$

其中,R_j^2 为 X_j 关于其他解释变量辅助回归模型的判定系数,VIF_j 为方差膨胀因子。随着多重共线性程度的增强,VIF 以及系数估计误差都在增大。因此,可以用 VIF 作为衡量多重共线性的一个指标;一般当 $VIF>10$ 时(此时 $R_j^2>0.9$),认为模型存在较严重的多重共线性。

另一个与 VIF 等价的指标是"容许度",其定义为:

$$TOL_j=1/VIF_j=1-R_j^2$$

显然,$0\leqslant TOL\leqslant 1$;当 X_j 与其他解释变量高度相关时,$TOL\to 0$。因此,一般当 $TOL<0.1$ 时,认为模型存在较严重的多重共线性。

4. 特征值检验

考察解释变量的样本数据矩阵:

$$\boldsymbol{X}=\begin{bmatrix}1 & X_{21} & \cdots & X_{k1}\\ 1 & X_{22} & \cdots & X_{k2}\\ \vdots & \vdots & \vdots & \vdots\\ 1 & X_{2n} & \cdots & X_{kn}\end{bmatrix}$$

当模型存在完全多重共线性时,$rank(\boldsymbol{X})<k$,$|\boldsymbol{X}'\boldsymbol{X}|=0$;而当模型存在严重的多重共线性时,$|\boldsymbol{X}'\boldsymbol{X}|\approx 0$。根据矩阵代数知识,若 $\lambda_1,\lambda_2,\cdots,\lambda_k$ 为矩阵 $\boldsymbol{X}'\boldsymbol{X}$ 的 k 个特征值,则有:

$$|X'X|=\lambda_1\lambda_2\cdots\lambda_k\approx 0$$

这表明特征值 $\lambda_j(j=1,2,\cdots,k)$ 中至少有一个近似地等于 0。因此，可以利用 $X'X$ 的特征值来检验模型的多重共线性。实际计算时，先对样本数据做标准化处理，这样矩阵 $X'X$ 转化成解释变量的相关系数矩阵，特征值也减少到 $k-1$ 个。

利用特征值还可以构造两个用于检验多重共线性的指标：病态数 κ 和病态指数 CI；其指标定义为：

$$\kappa=\text{最大特征值}/\text{最小特征值}$$

$$CI=\sqrt{\kappa}$$

这两个指标都反映了特征值的离散程度，数值越大，表明多重共线性越严重。一般当 $\kappa>1\,000$ 或 $CI>30$ 时，认为存在严重的多重共线性。

4.4.4 多重共线性的解决方法

设定计量经济模型的时候，为了全面反映各方面因素的影响，总是在理论和实践认识的基础上，尽量选取被解释变量的所有影响因素。这样在同时考虑多个影响因素的情况下，很可能产生多重共线性问题。在处理多重共线性之前，首先应该明确以下两点：

第一，多重共线性的主要后果是无法区分每个解释变量的单独影响，因此，如果建立模型的目的是进行预测，只要模型的拟合优度较高(即能正确反映所有解释变量的总影响)，并且解释变量的相关类型在预测期内保持不变，则可以忽略多重共线性的问题。但是，如果是应用模型进行结构分析或政策评价，即利用系数分析、比较各个解释变量的单独影响，则需要消除多重共线性的影响。

第二，引起多重共线性的原因是模型中存在相关的解释变量，所以消除多重共线性的根本方法只能是从模型中剔除这些变量。但直接剔除变量可能会产生新的问题：(1) 模型的经济意义不合理。例如，生产函数中资金与劳动者人数通常是高度相关的，但从中剔除任何一个要素都不太合适。(2) 如果剔除的是重要解释变量，则这些变量的影响将反映在随机误差项中，使模型产生异方差性或自相关性。(3) 若剔除不当还会产生设定误差的问题，造成参数估计严重有偏。因此，为了解决这一矛盾，剔除变量时应该全面、慎重考虑，根据解释变量的特点分别采用直接剔除和间接剔除两种方式。

1. 直接剔除次要或可替代的变量

根据经济理论和实际经验设定计量经济模型时容易考虑过多的解释变量，其中有些可能是无显著影响的次要变量，还有一些变量的影响可以用模型中的其他变量来代替。所以在估计模型之前，为避免多重共线性的影响，应该从模型中先剔除这些变量。次要变量可以通过被解释变量与解释变量的相关系数检验、相关图分析等统计分析加以鉴别；利用辅助回归模型和特征值检验多重共线性时，又可以提供解释变量之间相互替代性的信息。

2. 间接剔除重要的解释变量

对于有重要影响的解释变量，可以通过以下方式将其间接剔除：

(1) 利用附加信息。例如，著名的 Cobb—Douglass 生产函数 $Y=AL^{\alpha}K^{\beta}$ 中，劳动投入量 L 与资金投入量 K 之间通常是高度相关的，如果已知附加信息：

$$\alpha+\beta=1 \quad （规模报酬不变）$$

则

$$Y=AL^{1-\beta}K^{\beta}=AL\left(\frac{K}{L}\right)^{\beta}$$

由此得

$$\frac{Y}{L}=A\left(\frac{K}{L}\right)^{\beta}$$

记：

$$y=Y/L, k=K/L$$

则 C-D 生产函数可以表示为：

$$y=Ak^{\beta}$$

此时，原三元模型转化为二元模型，当然就不存在多重共线的问题，可以利用 OLS 法估计 $\hat{A}$ 和 $\hat{\beta}$，进而得到 $\hat{\alpha}=1-\hat{\beta}$。

又如，工业能源需求函数 $Y=\beta_1+\beta_2X_2+\beta_3X_3+u$ 中，X_2、X_3 分别为重工业、轻工业总产值。利用此模型不仅能反映工业经济增长对能源的需求情况，而且可以反映工业结构变化对能源需求的影响。但是重工业、轻工业发展的共向性，很可能使模型产生多重共线性。由于 β_2、β_3 分别是重工业、轻工业的单位能耗，如果根据历史统计资料测得重工业的单位能耗（平均来说）是轻工业单位能耗的 λ 倍（$\lambda>0$），即获得以下附加信息：

$$\beta_2=\lambda\beta_3$$

则工业能源需求函数可以表示成：

$$\begin{aligned}Y&=\beta_1+\lambda\beta_3X_2+\beta_3X_3+u\\&=\beta_1+\beta_3(\lambda X_2+X_3)+u\\&=\beta_1+\beta_3X^*+u\end{aligned}$$

其中，$X^*=\lambda X_2+X_3$，模型转化成二元模型，估计出 β_1、β_3 之后，又得到 $\hat{\beta}_2=\lambda\hat{\beta}_3$，从而在消除多重共线性影响的情况下得到工业能源需求函数：

$$\hat{Y}=\hat{\beta}_1+\hat{\beta}_2X_2+\hat{\beta}_3X_3$$

(2) 变换模型的形式。对原设定的模型进行适当的变换，也可以消除或削弱原模型中释变量之间的相关关系。具体有三种变换方式，一是变换模型的函数形式，如将线性模型转换成双对数模型、半对数模型、多项式模型等；二是变换模型的变量形式，如引入差分变量、相对数变量等；三是改变变量的统计指标，如将生产过程中的资金投入量取成固定资金或流动资金（或两者之和），劳动投入量取成职工人数或工资总额，经济增长指标取成 GDP、GNP、国民收入等。

例如，若将需求函数取成 $Q=\beta_1+\beta_2Y+\beta_3P_0+\beta_4P_1+u$，则商品的自价格 P_0 与互价格 P_1 之间往往是高度相关的，此时可以用相对价格 P_0/P_1 综合反映价格因素的影响，而将需求函数设成：

$$Q=\alpha_1+\alpha_1Y+\alpha_2(P_0/P_1)+u$$

再如，投资函数

$$I_t=\beta_1+\beta_2Y_t+\beta_3Y_{t-1}+u_t$$

也可以变换成

$$I_t=\alpha_1+\alpha_2Y_{t-1}+\alpha_3\Delta Y_t+u_t$$

即以收入和收入增长来解释投资的增长情况。

(3) 综合使用时序数据与横截面数据。如果能同时获得变量的时序数据和横截面数据，则先利用某类数据估计出模型中的部分参数，再利用另一类数据估计模型的其余参数。例如，设某类商品的需求函数为 $\ln Q=\beta_1+\beta_2\ln Y+\beta_3\ln P+u$，其中 Q 为商品需求量，Y、P 分别为居民收入和该商品价格，并且已知在时序样本数据中 Y 与 P 高度相关。为此：

① 收集最近一年该商品的销售量和居民收入的统计资料（横截面数据），由于商品价格在一年中的变化幅度不大，所以将需求函数取成：

$$\ln Q=\alpha_1+\alpha_2\ln Y+u$$

利用横截面资料估计该模型，得到需求的收入弹性$\hat{\alpha}_2$。

② 原需求函数中的 β_2 也是需求的收入弹性，所以$\hat{\beta}_2\approx\hat{\alpha}_2$（此时实际上假设历年的平均收入弹性与近期的收入弹性近似相等），将原模型变换成：

$$Q^*=\beta_1+\beta_2\ln P+u$$

其中，$Q^*=\ln Y-\hat{\alpha}_2\ln Y$。再利用历年商品销售量、居民收入和价格的统计资料（时序数据）估计模型，得到$\hat{\beta}_1$、$\hat{\beta}_3$，从而在消除多重共线性影响的情况下，估计出需求函数：

$$\ln\hat{Q}=\hat{\beta}_1+\hat{\beta}_2\ln Y+\hat{\beta}_3\ln P$$

从上述三种方法的处理过程可以看出，最终还是通过减少模型中解释变量个数的方式（即剔除引起多重共线性的变量）来消除多重共线性的影响，但并不是直接剔除有重要影响的解释变量，模型中还是保留了这些变量的影响，所以称之为“间接剔除”。

(4) 主成分回归。主成分回归(PCR)是根据多元统计分析中的主成分分析原理、用于处理多重共线性模型的一种新的参数估计方法。其基本原理是：利用主成分分析将解释变量转换成若干个主成分，这些主成分从不同侧面反映了解释变量的综合影响，并且互不相关。因此，可以将被解释变量关于这些主成分进行回归，再根据主成分与解释变量之间的对应关系，求得原回归模型的估计方程。主成分回归的具体步骤为：

① 对原始样本数据作标准化处理，这样矩阵 $\boldsymbol{X}'\boldsymbol{X}$ 即为解释变量的相关系数矩阵 $\boldsymbol{R}$。

② 计算 $\boldsymbol{R}$ 的 k 个特征值 $\lambda_1>\lambda_2>\cdots>\lambda_k$，以及相应的标准化特征向量 $\boldsymbol{\mu}_1$，$\boldsymbol{\mu}_2,\cdots,\boldsymbol{\mu}_k$。

③ 利用特征值检验多重共线性。模型存在多重共线性时，至少有一个特征值近似地等于零，不妨设 $\lambda_{m+1},\lambda_{m+2},\cdots,\lambda_k$ 近似为零，这表明解释变量之间存在着 $k-m$ 个线性相关关系。

④ 设解释变量（已标准化）$x_1,x_2,\cdots,x_k$ 的 k 个主成分为：

$$\begin{cases} Z_1=\mu_{11}x_1+\mu_{12}x_2+\cdots+\mu_{1k}x_k \\ Z_2=\mu_{21}x_1+\mu_{22}x_2+\cdots+\mu_{2k}x_k \\ \vdots \\ Z_k=\mu_{k1}x_1+\mu_{k2}x_2+\cdots+\mu_{kk}x_k \end{cases} \tag{4.3.1}$$

其中，Z_j 互不相关，并且 $Z_{m+1},Z_{m+2},\cdots,Z_k$ 近似为零。将（标准化的）被解释变量 Y 关于 m 个主成分 $Z_1,Z_2,\cdots,Z_m$ 进行回归，得：

$$\hat{Y}=\hat{\alpha}_1Z_1+\hat{\alpha}_2Z_2+\cdots+\hat{\alpha}_mZ_m \tag{4.3.2}$$

⑤ 根据主成分与解释变量之间的关系式(4.3.1)，将其代入主成分回归方程(4.3.2)，求得用标准化数据表示的 $x_1,x_2,\cdots,x_k$ 的回归方程：

$$\hat{Y}=\hat{\gamma}_1x_1+\hat{\gamma}_2x_2+\cdots+\hat{\gamma}_kx_k \tag{4.3.3}$$

其中，系数 $\gamma_j=\sum\limits_{i=1}^{m}\alpha_i\mu_{ij}$，$\gamma_j$ 与原模型中参数 β_j 之间的关系为：

$$\begin{cases} \hat{\beta}_0=\overline{Y}-\sum\limits_{j=1}^{k}\gamma_j\overline{X}_j \\ \hat{\beta}_j=\dfrac{S_Y}{S_j}\cdot\gamma_j \quad j=1,2,\cdots,k \end{cases} \tag{4.3.4}$$

其中，S_Y、S_j 分别为 Y 和 X_j 的标准差；由此可以计算出原回归模型中的参数，进而得到：

$$\hat{Y}=\hat{\beta}_0+\hat{\beta}_1X_1+\hat{\beta}_2X_2+\cdots+\hat{\beta}_kX_k$$

［例 4-3］ 中国民航客运量预测模型。为了研究我国民航客运量的变化趋势及其成因，经分析选择了以下解释变量：居民消费额 X_1（亿元）、政府消费额 X_2（亿元）、铁路客运量 X_3（万人）、来华旅游入境人数 X_4（万人）、民航航线里程 X_5（万公里），并取中国民航客运量 Y（万人）作为被解释变量。有关统计资料列入表 4-5。

表 4-5　　民航客运量及其影响因素的统计资料

年份	民航客运量 Y	居民消费额 X_1	政府消费额 X_2	铁路客运量 X_3	来华旅游人数 X_4	民航航线里程 X_5
1978	231	1 759.1	480	81 491	180.92	14.89
1979	298	2 005.4	614	86 389	420.39	16.00
1980	343	2 317.1	659	92 204	570.25	19.53
1981	401	2 604.1	705	95 300	776.71	21.82
1982	445	2 867.9	770	99 922	792.43	23.27
1983	391	3 182.5	838	106 044	947.70	22.91
1984	554	3 647.5	1 020	113 530	1 285.22	26.02
1985	747	4 589.0	1 184	112 110	1 783.30	27.72
1986	997	5 175.0	1 367	108 579	2 281.59	32.43
1987	1 310	5 961.2	1 490	112 479	2 690.23	38.91
1988	1 442	7 633.1	1 727	122 645	3 169.48	37.38
1989	1 283	8 523.5	2 033	113 807	2 450.14	47.19
1990	1 660	9 113.2	2 252	95 712	2 746.20	50.68
1991	2 178	10 315.9	2 830	95 080	3 335.65	55.91
1992	2 886	12 459.8	3 492	99 693	3 311.50	83.66
1993	3 383	15 682.4	4 500	105 458	4 152.70	96.08
1994	4 038	20 809.8	5 986	108 738	4 368.45	104.56
1995	5 117	26 944.5	6 690	102 745	4 638.65	112.90
1996	5 555	32 152.3	7 852	94 162	5 112.75	116.65
1997	5 630	34 854.6	8 725	92 578	5 758.79	142.50
1998	5 755	36 921.1	9 485	93 620	6 347.84	150.58

(1) 多重共线性检验。由于可选择的影响因素较多，所以估计模型之前，应该先分析各个因素与被解释变量之间的关系，以及因素之间的相关程度。利用 SCAT 命令观察了 Y 与各个解释变量 X_i 的相关图之后，再用 COR 命令进行相关系数检验，输出的相关系数矩阵为：

	Y	X_1	X_2	X_3	X_4
X_1	0.986 2				
X_2	0.989 6	0.996 9			
X_3	−0.119 9	−0.157 6	−0.156 9		
X_4	0.955 3	0.937 7	0.942 0	0.077 9	
X_5	0.987 8	0.977 8	0.987 7	−0.114 0	−0.956 9

计算结果表明，除铁路客运量 X_3 之外，其他因素与民航客运量高度相关，而且解释变量之间也是两两高度相关的。

为了进一步检验解释变量之间的相关关系，利用 SPSS 软件计算出解释变量相关系数矩阵的特征值为：$\lambda_1=3.911$，$\lambda_2=1.082$，$\lambda_3=0.041$，$\lambda_4=0.019$，$\lambda_5=0.001\,33$。

此时，$|\boldsymbol{X}'\boldsymbol{X}|=\Pi\lambda_i=4.17\times10^{-6}\approx0$，即（标准化后的）样本数据矩阵 $\boldsymbol{X}'\boldsymbol{X}$ 是一个病态矩阵，而且病态（条件）数和病态指数分别为：

$$\kappa=\lambda_1/\lambda_5=3.911\div0.001\,33=2\,941>10\,000$$

$$CI=\sqrt{2\,941}=54.23>30$$

因此，模型存在严重的多重共线性。如果此时用 OLS 法估计模型，将得到以下估计结果：

$$\hat{Y}=-48.39+0.076\,6X_1-0.002\,7X_2-0.002\,5X_3+0.147\,7X_4+19.057\,2X_5$$

$$t=\quad(0.92)\quad(-0.01)\quad(-0.31)\quad(0.95)\quad(1.48)$$

$$R^2=9\,862\qquad DW=0.92$$

模型中所有解释变量的 t 检验均不显著，并且 X_2 的系数符号不合理。

(2) 主成分回归。现采用主成分回归解决多重共线性问题。根据 SPSS 软件的计算结果，λ_1 和 λ_2 所对应主成分的累计贡献率已达到 98.77%，λ_1 和 λ_2 对应的标准化特征向量为：

$$\boldsymbol{\mu}_1=(0.992,0.996,-0.120,0.965,0.993)$$

$$\boldsymbol{\mu}_2=(-0.041,-0.040,0.992,0.202,0.005\,23)$$

所以两个主成分为：

$$Z_1=0.992x_1+0.996x_2-0.120x_3+0.965x_4+0.993x_5$$

$$Z_2=-0.041x_1-0.040x_2+0.992x_3+0.202x_4+0.005\,23x_5$$

其中，x_i 均为标准化后的解释变量。从主成分中各变量的系数值可以看出，第一主成分 Z_1 主要反映了 X_1，X_2，X_4，X_5 的变化，即综合反映了与民航客运量正相关因素的影响；第二主成分 Z_2 主要反映了铁路客运量 X_3 的变化，即综合反映了与民航客运量负相关因素的影响。

在 SPSS 软件中可以自动生成主成分 Z_1 和 Z_2 的样本值(又称为样本得分值),将其转入 EWiews 软件之后,先对变量 Y 进行标准化处理:

GENR YZ=(Y−2125.91)/1982.43

再将标准化后的 Y 关于 Z_1、Z_2 回归:

LS YZ Z_1 Z_2

估计之后,经检验模型还存在一阶和二阶自相关性,所以再加上 $AR(1)$、$AR(2)$项重新估计模型,得到以下估计结果:

$$\hat{YZ}=0.261\,920Z_1-0.015\,772Z_2$$
$$t=(43.71)\qquad(-0.71)\tag{4.3.5}$$
$$R^2=0.993\,6\qquad DW=1.77$$

值得注意的是,主要反映铁路客运量及变化的第二主成分 Z_2 的 t 检验不显著。结合前面的相关系数检验结果,Y 与 X_3 的相关系数只有−0.119 9,似乎应该将 X_3(以及 Z_2)从模型中剔除。对此需要作进一步分析,目前我国乘坐火车、飞机外出旅行人员基本上属于两个相对独立的群体,几乎不存在此涨彼落的现象。但是,随着我国经济水平的不断提高,两者之间肯定会相互影响,所以分析民航客运量未来变化趋势时,应该考虑铁路运输的影响。而且从表 4-4 的资料中也可以看出,由于受提价、铁路运输紧张等因素的影响,铁路客运量的发展过程是波动起伏的,这样在数据上就与一直稳步上升的民航客运量呈现出弱相关关系。另外,如果在主成分回归中只保留了 Z_1,则其贡献率只有 78.21%,不能充分反映各因素变化的影响。综合以上分析,模型中还是应该保留 Z_2(以及 X_3)。

(3) 最终模型。将主成分 Z_1 和 Z_2 与 x_i 之间的关系代入主成分回归模型(4.3.5),得:

$$\hat{YZ}=0.260\,471x_1+0.261\,503x_2-0.047\,076x_3+0.249\,567x_4+0.260\,004x_5$$

此时模型中各变量为标准化变量。在 EWiews 软件的数组窗口中利用描述统计命令可以得到各个变量的均值和标准差(见表 4-6),再利用公式(4.3.4)可以求得中国民航客运量的预测模型为:

$$\hat{Y}=539.43+0.044\,8X_1+0.177\,3X_2-0.009\,0X_3+0.268\,9X_4+11.698\,6X_5$$

将拟合预测值与实际值比较后得知,模型有很高的拟合优度,并且模型中各变量系数符号的经济意义合理。

表 4-6　　变量的均值与标准差

变量	均值	标准差	$\hat{\gamma}_j$	$\hat{\beta}_j$
Y	2 125.91	1 982.43		539.43
X_1	11 883.14	11 525.83	0.260 471	0.044 762
X_2	3 080.90	2 924.06	0.261 503	0.177 291
X_3	101 537.40	10 359.13	−0.047 076	−0.009 009
X_4	2 720.06	1 839.77	0.249 567	0.268 918
X_5	59.20	44.06	0.260 004	11.698 560

§4.4　要点与结论

（1）OLS 估计方法是否是参数估计的正确有效估计方法，取决于线性模型是否满足经典假定。所以，在计量经济方法的实际应用当中，经济计量检验是必不可少的一环。

（2）异方差性虽并不破坏 OLS 估计量的无偏性和一致性的特性，但却不再具有最小方差(有效性)的特性。当存在异方差性时，OLS 估计量的方差并不由常用的 OLS 公式给出，以这些公式为依据的 t 和 F 检验可能会发生严重误导，并得出错误的结论。

（3）同样，自相关性出现时 OLS 估计量仍是无偏和一致性的，但不再是有效的。常用的显著性 t 和 F 检验都不能有效地应用。因此需要有补救措施。如何补救与 u_t 的相依性质有关。由于 u_t 是不可观测的，通常都要假定它们有某种生成机制。

（4）如果诸 X 之间有完全的共线性，则它们的回归系数是不确定的，并且它们的标准误差没有定义。如果共线性是高度的而不是完全的，则回归系数的估计是可能的，但趋向于有大的标准误差。如果模型估计的唯一目的是进行预测，则某种程度的多重共线性并不是特别严重的事情。

习题 4

1. 用简明的理由说明以下的陈述是正确的、错误的或者不确定的：

（1）当异方差出现时，OLS 估计量是有偏误的和非有效的。

（2）如果异方差出现，则惯用的 t 检验和 F 检验无效。

（3）在异方差的情况下，常用的 OLS 法必定高估了估计量的标准误差。

（4）如果 OLS 回归的残差表现出系统性样式，这就说明数据中有异方差性。

(5) 没有任何一般性的异方差性检验能独立于误差项与某一变量相关的假定。

(6) 如果一个回归模型误设(比如说,漏掉一个重要的解释变量),则 OLS 残差必定表现出明显的样式。

2. 检验异方差性的 G-Q 检验与怀特检验的原理是否相同?试述怀特检验、帕克检验和戈里瑟检验的异同之处。

3. 利用 WLS 估计消除异方差的不利影响时,为什么要构造多个权数变量进行调试?

4. 在对一个含有 30 个厂商的随机样本做的平均薪金(W)对职工人数(N)的回归中,得到如下的回归结果:

$$\hat{W}=7.5+0.009N \qquad ①$$
$$t= \quad (16.10) \quad R^2=0.90$$

$$\hat{W}/N=0.008+7.8(1/N) \qquad ②$$
$$t= \quad (14.43)\ (76.58) \quad R^2=0.99$$

(1) 你怎样解释这两个回归?

(2) 从方程①到方程②作了什么假定?是否担心过异方差?你怎样知道?

(3) 怎样把这两个模型的截距和斜率联系起来?

(4) 你能比较两个模型的 R^2 值吗?为什么?

5. 你能用 OLS 方法估计模型

$$|\hat{u}_i|=\sqrt{\beta_1+\beta_2 X_i}+v_i$$

$$|\hat{u}_i|=\sqrt{\beta_1+\beta_2 X_i^2}+v_i$$

的参数吗?为什么?如果不能,你能提出一个估计这些模型参数的方法吗(正式的或非正式的)?

6. 虽然对数模型常能降低模型的异方差,但须对这种模型的误差项的性质给予细心的关注。例如,模型

$$Y_i=\beta_1 X_i^{\beta_2} u_i$$

可以写为

$$\ln Y_i=\ln\beta_1+\beta_2\ln X_i+\ln u_i$$

(1) 如果 $\ln u_i$ 要有零期望值,u_i 的分布必须是什么?

(2) 如果 $E(u_i)=1$,会不会 $E(\ln u_i)=0$?为什么?

(3) 如果 $E(\ln u_i)\neq 0$,怎样才能使它等于零?

7. 为了教学的目的,有人估计了如下的模型:

$$C_t=\beta_1+\beta_2\text{GNP}_t+\beta_3D_t+u_t$$

其中，C_t＝年度 t 的私人总消费支出，GNP_t＝年度 t 的国民总产值，D_t＝年度 t 的国防支出。分析的目的在于研究国防开支对经济中其他开支的影响。并且还假定：

$$\sigma_t^2=\sigma^2(\text{GNP}_t)^2$$

从而将原模型变换如下，并加以估计：

$$C_t/\text{GNP}_t=\beta_1(1/\text{GNP}_t)+\beta_2+\beta_3(D_t/\text{GNP}_t)+u_t/\text{GNP}_t$$

根据美国 1964～1975 年的数据得到的经验，结果如下：

$$\hat{C}_t=26.19+0.6248\text{GNP}_t-0.4398D_t$$
$$(2.73)\quad(0.0060)\quad(0.0736)\qquad R^2=0.999$$

$$\hat{C}_t/\text{GNP}_t=25.92(1/\text{GNP}_t)+0.6248+0.4315(D_t/\text{GNP}_t)$$
$$(2.22)\qquad(0.0068)\ (0.0597)\qquad R^2=0.857$$

(1) 作者对异方差的性质作了什么假定？你能说明其中的理由吗？

(2) 比较两个回归的结果。你认为对原始模型的变换是否使估计结果有所改进？

(3) 两个模型的 R^2 的值能比较吗？

8. 判明以下陈述的真伪，简单地陈述你的理由。

(1) 当自相关出现时，OLS 估计量是偏误的和非有效的。

(2) 德宾—沃森 d 检验假定误差项 u_i 的方差有同方差性。

(3) 用一阶差分变换消除自相关是假定自相关系数 ρ 为－1。

(4) 一个显著的德宾—沃森 d 不一定意味着一阶自相关。

(5) 当自相关出现时，通常计算的预报值的方差和标准误差就不是有效的。

(6) 把一个（或多个）重要的变量从回归模型中排除出去可能导致一个显著的 d 值。

(7) 如果在 Y 的一阶差分对 X 的一阶差分的回归中有一常数项和一线性趋势项，就意味着在原始模型中有一线性和一个二次趋势项。

9. 如何利用 DW 统计量检验自相关？D-W 检验有哪些局限性？

10. 给定一个含有 50 项观察的样本和 4 个解释变量，如果：

(1) $d=1.05$

(2) $d=1.40$

(3) $d=2.50$

(4) $d=3.97$

你能对自相关的问题说些什么？

11. 利用广义差分法消除自相关的不利影响时，为什么采用了迭代估计？

12. 在研究生产中的劳动增加值所占份额的变动时，有人考虑了如下的模型：

$$\text{模型 A} \quad Y_t=\beta_0+\beta_1 t+u_t$$

$$\text{模型 B} \quad Y_t=\alpha_0+\alpha_1 t+\alpha_2 t^2+u_t$$

其中，Y=劳动份额，t=时间。根据美国1949～1964年的数据，对初级金属工业得到如下结果：

模型 A

$$\hat{Y}_t=0.4529-0.0041t$$
$$(-3.9608)$$
$$R^2=0.5284 \qquad d=0.8252$$

模型 B

$$\hat{Y}_t=0.4786-0.0127t+0.0005t^2$$
$$(-3.2724) \quad (2.777)$$
$$R^2=0.6629 \quad d=1.82$$

(1) 模型A中有没有序列相关？模型B呢？

(2) 怎样说明序列相关？

(3) 你怎样区分“纯粹”自相关和设定偏误？

13. 以下的陈述是正确的、谬误的还是不肯定的？说出理由。

(1) 尽管有完全的多重共线性，OLS估计量仍然是BLUE。

(2) 在高度多重共线性的情形下，要评价一个或多个偏回归系数的个别显著性是不可能的。

(3) 如果有某一辅助回归显示出高的 R_i^2 值，则高度共线性的存在是肯定无疑的了。

(4) 变量的两两高度相关并不表示高度多重共线性。

(5) 如果分析的目的仅仅是预测，则多重共线性是无害的。

(6) 其他条件不变，VIF 越高，OLS估计量的方差越大。

(7) 和 VIF 相比，容许度（TOL）是多重共线性的更好度量。

(8) 如果在复回归中，根据通常的 t 检验，全部偏斜率系数个别而论都是统计上不显著的，你就不会得到一个高的 R^2 值。

(9) 在 Y 对 X_2 和 X_3 的回归中，假如 X_3 的值很少变化，这就会使 $Var(\hat{\beta}_3)$ 增大，在极端的情形下，如果全部 X_3 值都相同，$Var(\hat{\beta}_3)$ 将是无穷大。

14. 表1中列出了1995年北京市规模最大的20家百货零售商店的商品销售收入 X 和销售利润 Y 的统计资料。

(1) 根据 Y、X 的相关图分析异方差性；

(2) 利用怀特检验、帕克检验、戈里瑟检验进行异方差性检验；

(3) 利用 WLS 法估计利润函数。

表 1　1995 年北京市 20 家百货零售商店商品销售收入与利润的统计资料

单位：千万元

商店名称	销售收入	销售利润	商店名称	销售收入	销售利润
百货大楼	160.0	2.8	贵友大厦	49.3	4.1
城乡贸易中心	151.8	8.9	金伦商场	43.0	2.0
西单商场	108.1	4.1	隆福大厦	42.9	1.3
蓝岛大厦	102.8	2.8	友谊商业集团	37.6	1.8
燕莎友谊商场	89.3	8.4	天桥百货商场	29.0	1.8
东安商场	68.7	4.3	百盛轻工公司	27.4	1.4
双安商场	66.8	4.0	菜市口百货商场	26.2	2.0
赛特购物中心	56.2	4.5	地安门商场	22.4	0.9
西单购物中心	55.7	3.1	新街口百货商场	22.2	1.0
复兴商业城	53.0	2.3	星座商厦	20.7	0.5

15. 根据某年全国各地区的统计资料建立城乡居民储蓄函数 $S_i=\alpha+\beta X_i+\varepsilon_i$ 时(其中，S 为城乡居民储蓄存款余额，X 为人均收入)，如果经检验得知：$e_i^2=1.8X_i^2$，试：

(1) 说明该检验结果的经济含义；

(2) 写出利用加权最小二乘法估计储蓄函数的具体步骤；

(3) 写出使用 EViews 软件估计模型时的有关命令。

16. 表 2 中的数据是美国 1988 年工业部门研究与开发(R&D)支出费用 Y 与销售量 S、销售利润 P 的统计资料。试根据表中数据：

(1) 分别利用线性模型和双对数模型建立研发费用模型，模型的统计检验结果和异方差性的变化情况；

(2) 检验模型的异方差性；

(3) 对于双对数模型，分别取权数变量为 $W1=1/P$、$W2=1/\text{RESID}^{\wedge}2$，利用 WLS 方法重新估计模型，分析模型中异方差性的校正情况。

表 2　美国 1988 年工业部门研究与开发支出费用、销售额、销售利润的统计资料

单位：百万美元

部门	R&D 费用	销售额	销售利润
容器与包装	62.5	6 375.3	185.1
非银行金融	92.5	11 626.4	1 569.5
服务行业	178.4	14 655.1	276.8
金属与采矿	258.4	21 869.2	2 828.1
住房与建筑	494.7	26 408.3	225.9
一般制造业	1 083.0	32 405.6	3 751.9
休闲娱乐	1 620.6	35 107.7	2 884.1
纸张与林木产品	421.7	40 295.4	4 645.7
食品	509.2	70 761.6	5 036.4
卫生保健	6 620.1	80 552.8	13 869.9
宇航	3 918.6	95 294.0	4 487.8
消费者用品	1 595.3	101 314.1	10 278.9
电器与电子产品	6 107.5	116 141.3	8 787.3
化工产品	4 454.1	122 315.7	16 438.8
五金	3 163.8	141 649.9	9 761.4
办公设备与计算机	13 210.7	175 025.8	19 774.5
燃料	1 703.8	230 614.5	22 626.6
汽车	9 528.2	293 543.0	18 415.4

17. 表 3 是我国 1978～1997 年财政收入 Y 与国民生产总值 X 的统计资料。

表 3　我国 1978～1997 年财政收入与国民生产总值的统计资料

单位：亿元

年份	财政收入	GNP	年份	财政收入	GNP
1978	1 132.26	3 624.1	1988	2 357.24	14 922.3
1979	1 146.38	4 038.2	1989	2 664.90	16 917.8
1980	1 159.93	4 517.8	1990	2 937.10	18 598.4
1981	1 175.79	4 860.3	1991	3 149.48	21 662.5
1982	1 212.33	5 301.8	1992	3 483.37	26 651.9
1983	1 366.95	5 957.4	1993	4 348.95	34 560.5
1984	1 642.86	7 206.7	1994	5 218.10	46 670.0
1985	2 004.82	8 989.1	1995	6 242.20	57 494.9
1986	2 122.01	10 201.4	1996	7 404.99	66 850.5
1987	2 199.35	11 954.5	1997	8 651.14	73 452.5

(1) 利用 DW 统计量、偏相关系数和 B-G 检验，检验模型 $Y_t=\alpha+\beta X_t+\varepsilon_t$ 的自相关性；

(2) 通过在 LS 命令中直接加上 AR(1)、AR(2)项来检验模型的自相关性，并与(1)中的检验结果进行比较；

(3) 分析调整自相关之后，模型估计结果的变化情况；

(4) 利用残差信息修正预测值，并分析预测误差的变化情况。

18. 建立生产函数 $Y=AL^{\alpha}K^{\beta}$ 时：

(1) 若 K、L 高度相关，用 OLS 方法估计模型时会出现什么问题?

(2) 若已知该生产过程的规模报酬不变(即 $\alpha+\beta=1$)，应该如何估计模型?写出具体步骤；

(3) 写出上述估计过程的有关 EViews 命令序列。

第5章 虚拟变量及滞后变量模型

§5.1 虚拟变量模型

5.1.1 虚拟变量模型的概念

到目前为止，我们引入模型的解释变量都属于“实”变量，其数据直接来源于经济观测的数据，取值在理论上是连续的。但这种限制会影响到模型的精确性(甚至是正确性)。事实上，“实”因变量的取值不仅与“实”解释变量有关，还与某些我们无法用连续的、可测度的整体性因素有关，如自然灾害、经济危机、战争、地区或季节变化等。如果我们把这类属性因素考虑进去，那么，我们所建立的模型可能就比不这样做更精确。由于属性因素各不相同，所以，不同的属性要用不同的变量来代表，且当这种属性出现时，变量取值为1，不出现时，变量取值为0。与“实”变量相区别，我们把这类变量称为虚拟变量，把含有虚拟变量的模型称为虚拟变量模型。需要特别指出的是，任何虚拟变量模型，至少应含有一个“实”解释变量，所以，任何虚拟变量模型都属于多元模型。

5.1.2 虚拟变量模型的意义和形式

仍以消费函数模型为例，如果我们以新中国建国以来的各年数据为样本去估计模型

$$\hat{C}_t = \hat{\beta}_1 + \hat{\beta}_2 Y_t \tag{5.1.1}$$

则式(5.1.1)对像大跃进、三年自然灾害、文革时期的解释力度可能就很差，尽管此时我们输入的仍是这一时期的收入数据。因为，在这些特殊时期，人们的消费行为与正常的消费行为有所不同。所以，如果我们想用一个统一的模型更好地去解释建国以来人们的消费行为，就应该在式(5.1.1)中引入虚拟变量。例如，

可以用 D_{1t}、D_{2t} 和 D_{3t} 这 3 个虚拟变量来分别代表这 3 个特殊时期，其具体取值分别定义为：

$$D_{1t}=\begin{cases}1 & t=\text{大跃进年份}\\0 & t=\text{其他年份}\end{cases} \tag{5.1.2}$$

$$D_{2t}=\begin{cases}1 & t=\text{三年自然灾害年份}\\0 & t=\text{其他年份}\end{cases} \tag{5.1.3}$$

$$D_{3t}=\begin{cases}1 & t=\text{十年文革年份}\\0 & t=\text{其他年份}\end{cases} \tag{5.1.4}$$

如果我们认为这 3 个特殊时期，都使得模型(5.1.1)中的参数 β_1 和 β_2 发生了某种变化，则以模型(5.1.1)为基础，我们建立起的虚拟变量模型可以表达为：

$$\begin{aligned}\hat{C}_t=&(\hat{\beta}_1+\hat{\beta}_{11}D_{1t}+\hat{\beta}_{12}D_{2t}+\hat{\beta}_{13}D_{3t})\\&+(\hat{\beta}_2+\hat{\beta}_{21}D_{1t}+\hat{\beta}_{22}D_{2t}+\hat{\beta}_{23}D_{3t})Y_t\end{aligned} \tag{5.1.5}$$

模型(5.1.5)中含 8 个待估计参数和 7 个解释变量。

模型(5.1.5)之所以比模型(5.1.1)更能统一解释建国以来的情况，那是因为它实际上隐含着 4 个更具体的子模型。在经济正常年份，因为 $D_{1t}=D_{2t}=D_{3t}=0$，模型(5.1.5)蜕变为模型(5.1.1)；在大跃进时期，模型(5.1.5)蜕变为：

$$\hat{C}_t=(\hat{\beta}_1+\hat{\beta}_{11})+(\hat{\beta}_2+\hat{\beta}_{21})Y_t \tag{5.1.6}$$

在三年自然灾害时期，模型(5.1.5)蜕变为：

$$\hat{C}_t=(\hat{\beta}_1+\hat{\beta}_{12})+(\hat{\beta}_2+\hat{\beta}_{22})Y_t \tag{5.1.7}$$

在文革时期，模型(5.1.5)蜕变为：

$$\hat{C}_t=(\hat{\beta}_1+\hat{\beta}_{13})+(\hat{\beta}_2+\hat{\beta}_{23})Y_t \tag{5.1.8}$$

显然，在这 3 个特殊时期，回归直线的斜率和截距都与正常年份不同。当然，模型(5.1.5)比模型(5.1.1)解释力度到底提高了多少(甚至可能会降低)，还需要具体利用样本数据分析后才能知道。

5.1.3 拟变量引入的原则

一般地，将 n 个互斥的属性因素纳入模型，我们只需要在模型中引入 $n-1$ 个虚拟变量。如在上例中，大跃进、三年自然灾害、文革时期和经济正常时期是 4 个互斥的属性因素，而我们只引入了 3 个虚拟变量。这是因为，当这 $n-1$ 个互斥因素不出现即虚拟变量取值均为 0 时，“实”变量模型也对应一种属性情况。

如何将虚拟变量引入模型，方式很多，要根据实际情况。我们以在一个二元线性模型中引入一个虚拟变量为例作具体说明，更复杂的情况可以此类推。

如果认为虚拟变量只影响原模型的截距项，则虚拟变量模型可设置为：

$$Y=\beta_1+\beta_{11}D+\beta_2X+u \tag{5.1.9}$$

这种引入方法称为加法方式。

如果认为虚拟变量只影响原模型的斜率项，则虚拟变量模型可设置为：

$$Y=\beta_1+(\beta_2+\beta_{21}D)X+u \tag{5.1.10}$$

这种引入方法称为乘法方式。

如果认为虚拟变量对原模型的截距项和斜率项都有影响，则虚拟变量模型可设置为：

$$Y=(\beta_1+\beta_{11}D)+(\beta_2+\beta_{21}D)X+u \tag{5.1.11}$$

这种引入方法称为加乘法混合方式。

对于时间序列模型而言，虚拟变量还可以特定的时间分界点 t^* 来定义：

$$D_t=\begin{cases}1 & t\geqslant t^* \\ 0 & t<t^*\end{cases} \tag{5.1.12}$$

t^* 是模型的转折点，模型设置形式可以是：

$$Y_t=\beta_1+\beta_2X_t+\beta_3(X_t-X_{t^*})D_t+u_t \tag{5.1.13}$$

模型(5.1.13)的回归曲线如图 5-1：

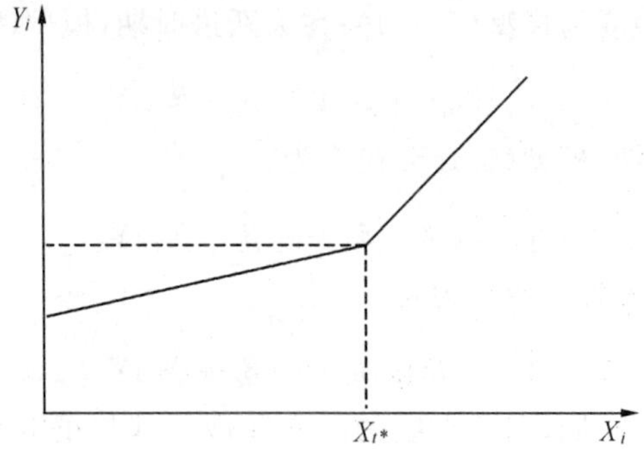

图 5-1

5.1.4 虚拟变量模型的估计

线性虚拟变量模型可以直接使用多元线性回归方法来估计，只要将虚拟变量的具体取值列入样本数据矩阵即可。

[**例 5-1**] 表 5-1 列出了 1988 年我国城镇居民人均收入与彩电每百户拥有量的统计资料。

表 5-1　　1988 年我国城镇居民人均收入与彩电拥有量统计资料

收入等级	彩电拥有量 Y(台/百户)	人均收入 X(元/年)	D_i	XD_i
困难户	83.64	2 198.88	0	0
最低收入户	87.01	2 476.75	0	0
低收入户	96.75	3 303.17	0	0
中等偏下户	100.90	4 107.26	1	4 107.26
中等收入户	105.89	5 118.99	1	5 118.99
中等偏上户	109.64	6 370.59	1	6 370.59
高收入户	115.13	7 877.69	1	7 877.69
最高收入户	122.54	10 962.16	1	10 962.16

从表中资料绘制的相关图可以看出，前 3 个样本点(即低收入家庭)与后 5 个样本点的拥有量存在较大的差异，因此，为了反映“收入层次”这一定性因素的影响，设置虚拟变量：

$$D=\begin{cases}1 & \text{中高收入家庭}\\0 & \text{低收入家庭}\end{cases}$$

将我国的城镇居民家庭的彩电需求函数设为：

$$Y_i=\beta_1+\beta_2 X_2+\beta_3 D_i+\beta_4 D_i X_i+\varepsilon_i$$

在 EViews 软件的命令窗口依次键入以下命令：

CREATE	U　8	建立工作文件
DATA	Y　X	输入需求量、收入数据
SCAT	X　Y	绘制相关图
DATA	D1	输入虚拟变量的值(由于 D 是 EViews 软件的保留字母，所以将虚拟变量取名为 D1)
GENR	XD＝X＊D1	生成变量 XD
LS　Y　C　X　D1　XD		估计需求函数

我国的城镇居民家庭的彩电需求函数的估计结果为：

$$\hat{Y}_i=57.61+0.019X_i+31.873\,1D_i-0.008\,8XD_i$$

$$t=\qquad (9.30)\qquad (8.32)\qquad (-6.59)$$

$$R^2=0.996\,3\qquad \bar{R}^2=0.993\,7\qquad SE=1.066$$

β_3、β_4 的 t 检验都是显著的，表明我国城镇居民低收入家庭与中高收入家庭对彩电的消费需求，在截距和斜率上都存在明显的差异，各自的需求函数分别为：

低收入家庭　$\hat{Y}_i=57.61+0.011\,9X_i$

中高收入家庭　　$\hat{Y}_i = 89.47 + 0.003X_i$

由此可以看出我国城镇居民家庭在 20 世纪 80 年代末彩电消费需求的特点：对于年均收入在3 300元以下的低收入家庭，需求量随着收入水平的提高而迅速上升，人均年收入每增加1 000元，百户拥有量将平均增加 12 台；而对于年均收入在4 100元以上的中高收入家庭，虽然需求量随着收入水平的提高也在增加，但增速趋缓，人均年收入每增加1 000元，百户拥有量只增加 3 台。这说明当时中高收入家庭的彩电普及率已很高。

此例说明了以下三个问题：(1) 如何在模型中引入虚拟变量；(2) 如何测量定性因素的影响；(3) 如何区分不同类型的模型。

§5.2　滞后变量模型

5.2.1　滞后变量

现实经济生活中，许多经济变量不仅受同期因素的影响，而且还与某些因素甚至自身的前期值有关。例如，人们的消费支出不仅取决于当前收入水平，还在一定程度上与过去各期收入有关；通货膨胀与货币供给量的大幅度增加也不是同时发生的，往往要滞后若干时期；固定资产的形成也与本期和前几期的投资额有关；企业确定合理库存时，通常也是根据前几期的市场销售额和价格变动情况作出决定。将变量的前期值，即带有滞后作用的变量称为滞后变量，含有滞后变量的模型称为滞后变量模型。

5.2.2　产生滞后效应的原因

变量 Y 受其他因素前期值影响的现象称为滞后效应，即 Y 在其他因素变化之后，需要滞后若干时期才能作出响应。滞后效应是一个较为普遍的客观经济现象，其产生原因可以归结为以下三个方面：

(1) 心理因素：人们的观念和习惯是长期形成的，适应新的经济环境往往需要一段时间。例如，当收入水平提高或物价降低时，人们为了维持已经习惯的生活水准往往不会立即增加消费。

(2) 技术因素：生产过程中的投入和产出经常不是同步发生的。例如，农业生产中，从种植到收获存在着时间间隔；工业生产中，当年产出在一定程度上取决于过去若干年的投资；而科研成果的完成到形成新的生产力同样需要时间间隔。

(3) 制度因素：契约、管理等因素也会形成一定程度的滞后。例如，企业往往受到过去签订合同的制约，不能根据市场变化情况随时调整产品的生产和价格。在管理体制中，管理层次过多，管理效率低下，也会造成严重的滞后现象。

5.2.3 滞后变量模型的类型

1. 分布滞后模型

如果模型中的滞后变量只是解释变量 X 的过去各期值，即：

$$Y_t=\alpha+\beta_0 X_t+\beta_1 X_{t-1}+\cdots+\beta_k X_{t-k}+\varepsilon_t$$

则称其为分布滞后模型，表明 X 对 Y 的滞后影响分布在过去各个时期。例如：

消费函数 $C_t=\alpha+\beta_0 Y_t+\beta_1 Y_{t-1}+\beta_2 Y_{t-2}+\varepsilon_t$

投资函数 $I_t=\alpha+\beta_0 Y_t+\beta_1 Y_{t-1}+\varepsilon_t$

2. 自回归模型

如果模型中包含解释变量 X 的本期值和被解释变量 Y 的若干期滞后值，即：

$$Y_t=\alpha+\beta_0 X_t+\beta_1 Y_{t-1}+\cdots+\beta_k Y_{t-k}+\varepsilon_t$$

则称其为(k 阶)自回归模型。例如：

消费函数 $C_t=\alpha+\beta_0 Y_t+\beta_1 C_{t-1}+\varepsilon_t$

税收函数 $T_t=\alpha+\beta_0 \mathrm{GDP}_t+\beta_1 T_{t-1}+\varepsilon_t$

另外，根据滞后期的选取，又可以将滞后变量模型分成有限滞后模型(若滞后期有限)和无限滞后模型(若滞后期无限)。

5.2.4 滞后变量模型的特点

在模型中引入滞后变量有以下作用：

第一，由于社会经济的发展、经济行为的形成与演变，在很大程度上都与前期的经济活动密切相关，所以滞后变量模型可以更加全面、客观地描述经济现象。实践经验表明，引入滞后变量经常能有效地提高模型的拟合优度。

第二，我们以前讨论的计量经济模型，只分析经济变量在同一时期的影响，而不考虑经济系统的运动变化过程，本质上都是静态模型。但是滞后变量模型可以反映过去的经济活动对现期经济行为的影响(或者说现期经济行为对将来的影响)，从而描述了经济系统的运动过程，使模型成为动态模型。事实上，随着时间序列分析技术的发展，动态模型(或称时间序列计量经济模型)已成为现代计量经济学的重要内容。

第三，由于滞后变量模型定量地描述了经济变量的滞后效应，因此，可以用它来模拟分析经济系统的变化和调整过程。例如，投资者对利率调整的反应有多快，增加货币供给量与通货膨胀之间的平均间隔是多长时间，企业对产品质量、价格、款式、广告等营销策略的调整需要滞后多少时间才能对销售收入产生影响？诸如此类的问题都可以利用滞后变量模型进行分析。

滞后变量模型虽然具有一些良好的性质，但估计模型时也存在以下问题：

(1) 经济变量的各期值之间经常是高度相关的，所以直接利用 OLS 方法估计模型会受到多重共线性的影响，尤其是利用滞后变量的系数进行滞后效应分析时，系数的估计值往往不可靠。

(2) 滞后变量个数的增加将会降低样本的自由度，从而影响参数的估计精度。

(3) 难以客观地确定滞后期的长度。

因此，对于滞后变量模型需要采用一些新的参数估计方法。

5.2.5 分布滞后模型的估计方法

1. 经验加权法

经验加权法就是针对所研究经济问题的特点，根据实际经验指定各期滞后变量的权数，将各期滞后变量加权组合成新的解释变量 W_t，然后估计变换后的模型 $Y_t = f(W_t) + \varepsilon_t$，得到原模型中各参数的估计值。根据滞后结构的特点，经常使用的权数类型有：

(1) 递减型：即各期权值是递减的，此时假定随着时间的推移，解释变量的影响将逐期降低。例如，消费函数中近期收入对消费的影响较大，而远期收入的影响将越来越小；如果设滞后期为 2，各期权数取成 1/2，1/4，1/6，则组合成的新解释变量为：

$$W_t = \frac{1}{2}X_t + \frac{1}{4}X_{t-1} + \frac{1}{6}X_{t-2}$$

待估计模型 $Y_t = \alpha + \beta_0 X_t + \beta_1 X_{t-1} + \beta_2 X_{t-2} + \varepsilon_t$ 变为：

$$Y_t = \alpha + \beta W_t + \varepsilon_t$$

此时模型已无多重共线性，利用 OLS 得到估计值 $\hat{\alpha}$ 和 $\hat{\beta}$，原模型中各参数的估计值为：

$$\hat{\beta}_0 = \frac{\hat{\beta}}{2} \qquad \hat{\beta}_1 = \frac{\hat{\beta}}{4} \qquad \hat{\beta}_2 = \frac{\hat{\beta}}{6}$$

(2) 常数型：即各期权数值相等，此时认为滞后变量的各期影响是相同的。设滞后期为 2，各期权数均为 1/3，则：

$$W_t = \frac{1}{3}(X_t + X_{t-1} + X_{t-2})$$

估计模型变为：

$$Y_t=\alpha+\beta W_t+\varepsilon_t$$

同理得到原模型各参数的估计值为：

$$\hat{\beta}_i=\frac{\hat{\beta}}{3}\quad i=0,1,2$$

(3) 倒 V 型：即各期权数先递增后递减呈倒 V 型，其适用于近、远期影响较小，中间影响较大的滞后变量模型。例如，历年投资对产出的影响一般为倒 V 型结构。设滞后期为 4，各期权数取成 1/6，1/4，1/2，1/4，1/6，则组合成新的解释变量：

$$W_t=\frac{1}{6}X_t+\frac{1}{4}X_{t-1}+\frac{1}{2}X_{t-2}+\frac{1}{4}X_{t-3}+\frac{1}{6}X_{t-4}$$

估计模型变为 $Y_t=\alpha+\beta W_t+\varepsilon_t$ 之后，就可以得到原模型中各参数的估计值。

经验加权法的特点是简单易行，但权数设置的主观随意性较大。通常是多选几组权数分别估计模型，再通过各种检验从中选出一个较为合适的模型。

2. 阿尔蒙估计法

(1) 阿尔蒙(Almon)估计法的原理。设有限分布滞后模型为：

$$Y_t=\alpha+\beta_0X_t+\beta_1X_{t-1}+\cdots+\beta_kX_{t-k}+\varepsilon_t \tag{5.2.1}$$

如果回归系数 $\beta_i(i=0,1,\cdots,k)$ 的分布情况如图 5-2(a)所示，则 β_i 可以近似地表示成滞后期 i 的二次多项式函数；若 β_i 的分布类似于图 5-2(b)，则 β_i 可以用 i 的三次多项式函数近似表示。

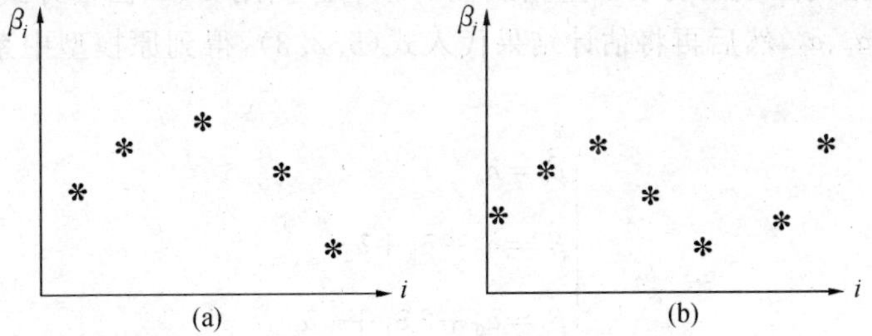

图 5-2　β_i 的两种分布情况

一般地，根据韦尔斯特拉斯定理，阿尔蒙认为连续函数 $\beta_i=f(i)$ 可以用滞后期 i 的适当次多项式来逼近：

$$\beta_i=f(i)=\alpha_0+\alpha_1 i+\alpha_2 i^2+\cdots+\alpha_m i^m\quad (m<k)$$

将这一关系式代入原来的分布滞后模型，并经过适当的变量变换，就可以减少模型中的变量个数，从而在削弱多重共线性影响的情况下，估计模型中的参数。

(2) 阿尔蒙估计法的步骤。下面以图 5-2(a)中的分布滞后类型为例，说明阿尔蒙估计的具体步骤。分布滞后模型(5.2.1)可以表示成：

$$Y_t = \alpha + \sum_{i=0}^{k} \beta_i X_{t-i} + \varepsilon_t \tag{5.2.2}$$

设 β_i 可以用二次多项式近似表示，即：

$$\beta_i = f(i) = \alpha_0 + \alpha_1 i + \alpha_2 i^2 \tag{5.2.3}$$

将式(5.2.3)代入式(5.2.2)得：

$$\begin{aligned} Y_t &= \alpha + \sum_{i=0}^{k} (\alpha_0 + \alpha_1 i + \alpha_2 i^2) X_{t-i} + \varepsilon_t \\ &= \alpha + \alpha_0 \sum_{0}^{k} X_{t-i} + \alpha_1 \sum_{0}^{k} i X_{t-i} + \alpha_2 \sum_{0}^{k} i^2 X_{t-i} + \varepsilon_t \end{aligned}$$

定义：

$$\begin{cases} Z_{0t} = \sum_{0}^{k} X_{t-i} = X_t + X_{t-1} + \cdots + X_{t-k} \\ Z_{1t} = \sum_{0}^{k} i X_{t-i} = X_{t-1} + 2X_{t-2} + \cdots + kX_{t-k} \\ Z_{2t} = \sum_{0}^{k} i^2 X_{t-i} = X_{t-1} + 4X_{t-2} + \cdots + k^2 X_{t-k} \end{cases}$$

称该变量变换为阿尔蒙变换，则原分布滞后模型可以表示成：

$$Y = \alpha + \alpha_0 Z_{0t} + \alpha_1 Z_{1t} + \alpha_2 Z_{2t} + \varepsilon_t \tag{5.2.4}$$

经阿尔蒙变换之后，模型中解释变量个数明显减少，而且 Z_{it} 之间的相关程度要小得多，从而消除或削弱了多重共线性的影响。利用 OLS 法估计式(5.2.4)中系数 α、α_0、α_1、α_2，然后再将估计结果代入式(5.2.3)，得到原模型中系数 β_i 的估计值：

$$\begin{cases} \hat{\beta}_0 = \hat{\alpha}_0 \\ \hat{\beta}_1 = \hat{\alpha}_0 + \hat{\alpha}_1 + \hat{\alpha}_2 \\ \hat{\beta}_2 = \hat{\alpha}_0 + 2\hat{\alpha}_1 + 4\hat{\alpha}_2 \\ \qquad \vdots \\ \hat{\beta}_k = \hat{\alpha}_0 + k\hat{\alpha}_1 + k^2\hat{\alpha}_2 \end{cases}$$

(3) 阿尔蒙估计法的特点。阿尔蒙估计法的原理巧妙、简单，估计参数时有效地消除了多重共线性的影响，并且适用于多种形式的分布滞后结构。但使用阿尔蒙估计时需要事先确定两个问题：滞后期长度和多项式的次数。

滞后期长度可以根据经济理论或实际经验加以确定，也可以通过一些统计检验获取信息。常用的统计检验有：

① 相关系数。利用被解释变量 Y 与解释变量 X 各期滞后值之间的相关系

数，可以大致判断滞后期长度。

② 调整的判定系数 $\bar{R}^2$。其检验思想是：在模型中逐期添加滞后变量、扩大滞后期的长度，直到模型的拟合优度不再明显提高时为止；或者先取一个较长的滞后期，再逐期剔除滞后变量、缩短滞后期长度，直到模型的拟合优度明显下降时为止。但在比较不同滞后期长度模型的拟合优度时，为了消除模型中（滞后）变量个数不同的影响，应该使用调整的判定系数 $\bar{R}^2$，因为增添解释能力不强的解释变量反而会使 $\bar{R}^2$ 的值降低。

③ 施瓦兹准则 SC(Schwarz Criterion)。其检验思想也是通过比较不同分布滞后模型的拟合优度来确定合适的滞后期长度。施瓦兹准则的计算公式为：

$$SC=\ln\left(\frac{RSS}{n}\right)+\frac{k+2}{n}\ln(n)$$

其中，RSS 是残差平方和，k 为滞后期长度，n 为样本容量。检验过程是：在模型中逐期添加滞后变量，直到 SC 值不再降低时为止，即选择使 SC 值达到最小的滞后期长度 k。SC 比 $\bar{R}^2$ 更加“严厉地处罚”在模型中额外添加不重要的解释变量。

利用 EViews 软件可以直接得到上述各项检验结果。

多项式次数可以依据经济理论和实际经验加以确定。例如，滞后结构为递减型和常数型时选择一次多项式；倒 V 型时选择二次多项式；有两个转向点时选择三次多项式，等等。如果主观判断不易确定时，可以先初步确定一个 m 次多项式：

$$\beta_i=\alpha_0+\alpha_1 i+\alpha_2 i^2+\cdots+\alpha_m i^m \quad (m<k)$$

相应的变换模型为

$$Y_t=\alpha+\alpha_0 Z_{0t}+\alpha_1 Z_{1t}+\cdots+\alpha_m Z_{mt}+\varepsilon_t$$

估计模型后，如果 α_m 的 t 检验不显著，则降低多项式次数；反之，则增加多项式次数。但值得注意的是，如果 m 值取得过大，一方面不能有效地减少模型中解释变量的个数，另一方面 Z_i 之间也可能会出现多重共线性，使得 α_i 的估计和 t 检验不可靠。所以，m 的取值一般为 1～3。

(4) 阿尔蒙估计的 EViews 软件实现。在 EViews 软件的 LS 命令中使用 PDL 项，系统将自动使用阿尔蒙估计法估计分布滞后模型。其命令格式为：

LS　Y　C　PDL(X,k,m,d)

其中 k 为滞后期长度，m 为多项式次数，d 是对分布滞后特征进行控制的参数，可供选择的参数值有：

1—强制在分布的近期（即 β_0）趋近于 0；

2—强制在分布的远期（即 β_k）趋近于 0；

3—强制在分布的两端(即 β_0 和 β_k)趋近于 0;

0—对参数分布不作任何限制。

在 LS 命令中使用 PDL 项,应注意以下几点:

① 在解释变量 X 之后必须指定 k 和 m 的值,d 为可选项,不指定时取默认值 0。

② 如果模型中有多个具有滞后效应的解释变量,则分别用几个 PDL 项表示。例如:

LS Y C PDL(X1,4,2) PDL(X2,3,2,2)

③ 在估计分布滞后模型之前,最好使用互相关分析命令 CROSS,初步判断滞后期的长度 k。命令格式为:

CROSS Y X

输入滞后期 p 之后,系统将输出 Y_t 与 $X_t, X_{t-1}, \cdots, X_{t-p}$ 的各期相关系数。也可以在 PDL 项中逐步加大 k 的值,再利用 $\bar{R}^2$ 和 SC 值判断较为合适的滞后期长度 k。

[例 5-2] 表 5-2 列出了某地区制造行业历年库存 Y 与销售额 X 的统计资料,现利用分布滞后模型建立库存函数。

表 5-2 某地区制造行业统计资料 单位:亿元

年份	库存 Y	销售额 X	年份	库存 Y	销售额 X
1981	50 070	27 280	1990	84 655	46 449
1982	52 707	30 219	1991	90 875	50 282
1983	53 814	30 796	1992	97 074	53 555
1984	54 939	30 896	1993	101 645	52 859
1985	58 213	33 113	1994	102 445	55 917
1986	60 043	35 032	1995	107 719	62 017
1987	63 383	37 335	1996	120 870	71 398
1988	68 221	41 003	1997	147 135	82 078
1989	77 965	44 869			

(1) 键入:CROSS Y X,输出结果见图 5-3。

从图 5-3 中 Y 与各期滞后值的相关系数可知,库存额与当年和前三年的销售额相关,所以设:

$$Y_t = \alpha + \beta_0 X_t + \beta_1 X_{t-1} + \beta_2 X_{t-2} + \beta_3 X_{t-3} + \varepsilon_t$$

并假定 β_i 可以用一个二次多项式逼近。

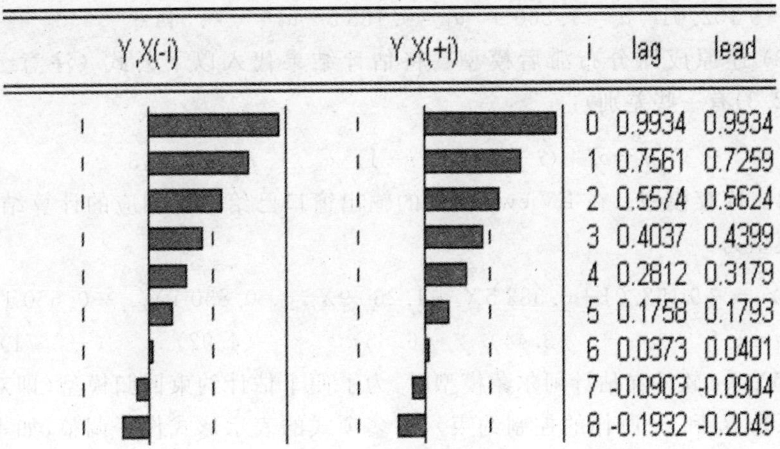

图 5-3　互相关分析图

(2) 利用阿尔蒙法估计模型。键入：LS　Y　C　PDL(X,3,2)，输出结果见表 5-3。

表 5-3

Variable	Coefficient	Std. Error	t-Statistic	Prob.
C	-9152.012	2240.155	-4.085438	0.0022
PDL01	1.260943	0.189682	6.647677	0.0001
PDL02	0.133777	0.168532	0.793782	0.4457
PDL03	-0.544646	0.174874	-3.114502	0.0110
R-squared	0.996897	Mean dependent var	88227.29	
Adjusted R-squared	0.995967	S.D. dependent var	26778.20	
S.E. of regression	1700.676	Akaike info criterion	17.95040	
Sum squared resid	28923003	Schwarz criterion	18.13298	
Log likelihood	-121.6528	F-statistic	1071.006	
Durbin-Watson stat	2.172088	Prob(F-statistic)	0.000000	

Lag Distribution of X	i	Coefficient	Std. Error	T-Statistic
	0	0.58252	0.16919	3.44306
	1	1.26094	0.18968	6.64768
	2	0.85007	0.17271	4.92209
	3	-0.65009	0.23967	-2.71244
Sum of Lags		2.04345	0.06462	31.6214

经阿尔蒙变换之后的估计结果为（其中 Z_i 用 PDL 表示）：

$$\hat{Y}_t = -9\,152.01 + 1.260\,9 Z_{0t} + 0.133\,8 Z_{1t} - 0.544\,6 Z_{2t}$$

$$t = \qquad (6.64) \qquad (0.79) \qquad (-3.11)$$

$$R^2 = 0.996\,8 \qquad \bar{R}^2 = 0.995\,9 \qquad DW = 2.17$$

即$\hat{\alpha}=-9\,152.01\quad \hat{\alpha}_0=1.260\,9\quad \hat{\alpha}_1=0.133\,8\quad \hat{\alpha}_2=-0.544\,6$

（3）还原成原分布滞后模型。将估计结果代入以下公式（注意公式与式(5.2.3)有一些差别）：

$$\hat{\beta}_i=\hat{\alpha}_0+(i-1)\hat{\alpha}_1+(i-1)^2\hat{\alpha}_2\qquad i=0,1,2,3$$

即可得出库存模型。在EViews软件的输出窗口已给出了相应的计算结果，即库存模型为：

$$\hat{Y}_t=-9\,152.01+0.582\,5X_t+1.260\,9X_{t-1}+0.850\,1X_{t-2}-0.650\,1X_{t-3}$$
$$t=\qquad(3.44)\qquad(6.65)\qquad(4.92)\qquad(-2.71)$$

EViews软件在估计阿尔蒙模型时，为了便于估计约束回归模型（即对模型两端系数β_0和β_k所作的控制约束），对多项式的表示形式作了调整，如本例中就表示成：

$$\hat{\beta}_i=\hat{\alpha}_0+(i-1)\hat{\alpha}_1+(i-1)^2\hat{\alpha}_2\qquad i=0,1,2,3$$

这样，阿尔蒙变换也相应有了变化，如本例中：

$$Z_0=\text{PDL1}=\sum_0^3 X_{t-i}=X_t+X_{t-1}+X_{t-2}+X_{t-3}$$

$$Z_1=\text{PDL2}=\sum_0^3(i-1)X_{t-i}=-X_t+X_{t-2}+2X_{t-3}$$

$$Z_2=\text{PDL3}=\sum_0^3(i-1)^2X_{t-i}=X_t+X_{t-2}+4X_{t-3}$$

这并不影响β_i的最终估计结果。根据EViews输出结果中$\hat{\alpha}_0$的值（PDL1的系数），可以判断估计过程中对多项式的设定形式。如果：

$$\hat{\beta}_S=\hat{\alpha}_0\quad(S\geqslant 1)$$

则多项式的设定形式为：

$$\beta_i=\alpha_0+\alpha_1(i-s)+\alpha_2(i-s)^2+\cdots+\alpha_m(i-s)^m\quad(m<k)$$

3. 考耶克(L. M. Koyck)估计方法

利用阿尔蒙法估计分布滞后模型，需要事先确定滞后期长度k和多项式次数m，这容易受人为主观因素的影响。考耶克于1954年提出了一种新的估计方法：将分布滞后模型转化成形式较为简单的自回归模型进行估计。

（1）考耶克方法的原理。设模型为无限分布滞后模型：

$$Y_t=\alpha+\beta_0X_t+\beta_1X_{t-1}+\cdots+\varepsilon_t\tag{5.2.5}$$

在许多情况下，滞后变量的影响随着时间的推移将越来越小，即系数β_i的值呈递减趋势。因此，考耶克假定β_i具有相同的符号，并且按几何级数递减：

$$\beta_i=\beta_0\lambda^i \tag{5.2.6}$$

其中，λ 是一个介于0和1之间的常数，λ 值的大小决定了递减速度的快慢，λ 值越小则递减速度越快，所以称 λ 为衰退率或下降率。将式(5.2.6)代入模型(5.2.5)，得：

$$Y_t=\alpha+\beta_0X_t+\lambda\beta_0X_{t-1}+\lambda^2\beta_0X_{t-2}+\cdots+\varepsilon_t$$

将上式滞后一期，并在方程两端同乘以 λ 得：

$$\lambda Y_{t-1}=\lambda\alpha+\lambda\beta_0X_{t-1}+\lambda^2\beta_0X_{t-2}+\lambda^3\beta_0X_{t-3}+\cdots+\lambda\varepsilon_{t-1}$$

所以：

$$Y_t-\lambda Y_{t-1}=\alpha(1-\lambda)+\beta_0X_t+\varepsilon_t-\lambda\varepsilon_{t-1}$$

故原分布滞后模型可以变换成一个自回归模型：

$$Y_t=\alpha(1-\lambda)+\beta_0X_t+\lambda Y_{t-1}+\upsilon_t \tag{5.2.7}$$

其中，$\upsilon_t=\varepsilon_t-\lambda\varepsilon_{t-1}$。上述变换过程称为考耶克变换，经变换得到的自回归模型(5.2.7)称为考耶克模型。

(2) 考耶克模型的特点。将考耶克模型与原分布滞后模型比较后可以发现，考耶克变换相当成功地简化了模型，用一个变量 Y_{t-1} 综合反映了 X_{t-1}，X_{t-2}，…对 Y_t 的影响；原先需要估计无数多个参数 β_i，而现在只需估计三个参数 α、β_0 和 λ。模型中解释变量个数的大幅度减少，也有效地解决了多重共线性和样本自由度减少的问题。

考耶克变换虽然简化了分布滞后模型，但如果用OLS法估计考耶克模型却又产生了新的问题：

① 模型存在一阶自相关性。因为：

$$\begin{aligned}Cov(\upsilon_t,\upsilon_{t-1})&=E(\upsilon_t\upsilon_{t-1})\\&=E[(\varepsilon_t-\lambda\varepsilon_{t-1})(\varepsilon_{t-1}-\lambda\varepsilon_{t-2})]\\&=E(\varepsilon_t\varepsilon_{t-1}-\lambda\varepsilon_{t-1}^2-\lambda\varepsilon_t\varepsilon_{t-2}+\lambda^2\varepsilon_{t-1}\varepsilon_{t-2})\\&=-\lambda E(\varepsilon_{t-1}^2)=-\lambda\sigma^2\neq0\end{aligned}$$

② 模型中存在与随机误差项相关的随机解释变量 Y_{t-1}。古典回归模型有一个基本假定：解释变量为非随机变量，如果是随机变量，也必须与随机误差项互不相关。由于：

$$\begin{aligned}Cov(Y_{t-1},\upsilon_t)&=Cov(Y_{t-1},\varepsilon_t-\lambda\varepsilon_{t-1})\\&=Cov(Y_{t-1},\varepsilon_1)-Cov(Y_{t-1},\lambda\varepsilon_{t-1})\\&=-\lambda Cov(Y_{t-1},\varepsilon_{t-1})\neq0\end{aligned}$$

所以，此时OLS估计是一个有偏估计，并且偏差不会随着样本的增大而消失。

这些都是自回归模型普遍存在的问题，所以，我们将在估计自回归模型时作进一步的讨论。

阿尔蒙方法和考耶克方法都可以用于估计分布滞后模型，但各有特点。阿尔蒙估计适用于多种类型的分布滞后模型，变换后的模型中不存在与随机误差项相关的解释变量；但却需要人为确定滞后期长度和多项式次数。考耶克方法不需要事先确定滞后期长度，模型变换后形式比较简单，有效地解决了多重共线性和自由度减少的问题；但模型只适用于递减的几何分布滞后模型，而且还不能直接使用 OLS 法估计变换后的自回归模型。

分布滞后模型最主要的问题就是多重共线性，以上讨论的经验加权法、阿尔蒙估计法和考耶克方法，实际上都是对模型参数的分布特征作了一些约定：

经验加权法：递减型、常数型、倒 V 型；

阿尔蒙法：$\beta_i=\alpha_0+\alpha_1 i+\alpha_2 i^2+\cdots+\alpha_m i^m$；

考耶克方法：$\beta_i=\beta_0\lambda^i$。

正是利用了这些“附加信息”，才有效地消除了分布滞后模型中的多重共线性问题。因此，对于使用阿尔蒙变换或考耶克变换处理的分布滞后模型，为了强调其滞后分布的特征，一般称其为多项式分布滞后模型或几何分布滞后模型。

(3) 考耶克模型的经济理论基础。考耶克模型虽然是经过考耶克变换得到的数学模型，但是经济理论研究表明，许多经济行为都可以用考耶克模型(即几何分布滞后模型)来描述。其中，最著名的两个理论假设就是自适应预期模型和局部调整模型。

① 自适应预期模型。在一些实际问题中，被解释变量 Y_t 的变化并不取决于解释变量的实际值 X_t，而是 X 的未来“预期水平”或“长期均衡水平”X_{t+1}^e。例如，居民现期消费水平取决于未来的预期收入；投资取决于对未来利润的预期；企业生产计划取决于对未来市场销售状况的预期；通货膨胀严重时，商品需求量往往取决于对未来价格水平的预期，而不是现在的实际价格水平。将这一现象用模型表示即为：

$$Y_t=\alpha+\beta X_{t+1}^e+\varepsilon_t \tag{5.2.8}$$

由于预期变量 X_{t+1}^e 无法直接观测，我们对预期的形成作如下假设：

$$X_{t+1}^e-X_t^e=\gamma(X_t-X_t^e) \tag{5.2.9}$$

其中，γ 称为预期系数，$0<\gamma<1$；$X_t-X_t^e$ 为预期误差。式(5.2.9)称为自适应预期假设(简称 AE 假设)，曾被凯根(Cagan)和弗里德曼(Friedman)推广而得以普及。

式(5.2.9)的含义是：预期的形成是一种预期误差不断调整的过程，预期误差乘以系数 γ 就是两个时期预期的改变量。如果预期值偏高，即 $X_t-X_t^e<0$，下期预期就会自动调低；反之，则调高下期预期。例如，假设 $X_t=120$，$X_t^e=100$，则预期误差为 $120-100=20$，这样下期预期调整为 $X_{t+1}^e=100+20\gamma$，由于 $0<\gamma<$

1,所以 $100<X_{t+1}^{e}<120$;而且 γ 值越大,预期的调整幅度也越大。

自适应预期假设式(5.2.9)也可以表示成:

$$X_{t+1}^{e}=\gamma X_t+(1-\gamma)X_t^{e} \tag{5.2.10}$$

即新一期的预期是前期实际值与预期值的加权平均。

将式(5.2.10)代入方程(5.2.8),并整理得:

$$Y_t=\alpha+\gamma\beta X_t+(1-\gamma)\beta X_t^{e}+\varepsilon_t$$

将方程(5.2.8)滞后一期并在方程两端同乘以$(1-\gamma)$得:

$$(1-\gamma)Y_{t-1}=(1-\gamma)\alpha+(1-\gamma)\beta X_t^{e}+(1-\gamma)\varepsilon_{t-1}$$

所以,

$$Y_t-(1-\gamma)Y_{t-1}=\gamma\alpha+\gamma\beta X_t+\varepsilon_t-(1-\gamma)\varepsilon_{t-1}$$

整理后得到:

$$Y_t=\gamma\alpha+\gamma\beta X_t+(1-\gamma)Y_{t-1}+\upsilon_t \tag{5.2.11}$$

式中,$\upsilon_t=\varepsilon_t-(1-\gamma)\varepsilon_{t-1}$。模型(5.2.11)称为自适应预期模型,如果取 $\gamma=1-\lambda$,则与考耶克模型完全一致。上述推导过程说明了两个问题:

首先,如果被解释变量 Y 主要受某个预期变量 X^{e} 的影响,并且预期变量的变化满足自适应预期假设,则 Y 的变化可以用考耶克模型(即几何分布滞后模型)来描述。

其次,如果模型的解释变量中含有不可观测的预期变量,则在自适应预期假设下,可以将模型转化成只含变量实际值的自回归模型。从而可以利用实际观测数据估计模型。事实上,若将模型(5.2.11)记成:

$$Y_t=\beta_0+\beta_1X_t+\beta_2Y_{t-1}+\upsilon_t$$

只要估计其中参数$\hat{\beta}_0$,$\hat{\beta}_1$,$\hat{\beta}_2$,则能得到模型(5.2.11)中各参数的估计值:

$$\hat{\gamma}=1-\hat{\beta}_2 \qquad \hat{\alpha}=\frac{\hat{\beta}_0}{(1-\hat{\beta}_2)} \qquad \hat{\beta}=\frac{\hat{\beta}_1}{(1-\hat{\beta}_2)}$$

② 局部调整模型。局部调整模型最初是用来研究物质储备问题的,所以又称为储备调整或存量调整模型。例如,企业为了保证正常生产,必须保持一定的原材料储备 Y_t,并且存在着最佳库存量 $Y_t{}^{d}$,设最佳库存量 $Y_t{}^{d}$ 与产量 X_t 之间存在线性关系:

$$Y_t{}^{d}=\alpha+\beta X_t+\varepsilon_t \tag{5.2.12}$$

由于受生产技术条件、管理水平、原材料供应等因素的影响,在产量发生变化的情况下,所期望的最佳库存量很难一步调整到位,调整需要时间和调整进程,所以对 $Y_t{}^{d}$ 作局部调整。假设:

$$Y_t-Y_{t-1}=\delta(Y_t{}^{d}-Y_{t-1}) \tag{5.2.13}$$

其中，δ 称为调整系数，$0<\delta<1$。局部调整假设的含义是：库存储备的实际变化 (Y_t-Y_{t-1}) 只是所预期变化的一部分，只有经过逐步调整才能达到预期的最佳库存。δ 的数值反映了调整速度，δ 值越大表明调整速度越快。若 $\delta=1$，则 $Y_t=Y_t^d$，即实际值总是调整到预期的最佳水平，实现了完全调整。若 $\delta=0$，则 $Y_t=Y_{t-1}$，表示完全没有调整。大多数情况是 $0<\delta<1$，即本期实现了部分调整。

局部调整假设式(5.2.13)又可以写成：

$$Y_t=\delta Y_t^d+(1-\delta)Y_{t-1} \tag{5.2.14}$$

表明 Y 的本期实际值是本期预期值与上期实际值的加权平均。将式(5.2.12)代入模型(5.2.14)，并整理得到：

$$Y_t=\delta\alpha+\delta\beta X_t+(1-\delta)Y_{t-1}+\delta\varepsilon_t \tag{5.2.15}$$

模型(5.2.15)称为局部调整模型，除随机误差项之外，其模型形式与考耶克模型完全类似，估计出其中的参数，则可以计算出模型(5.2.12)中的参数 α 和 β 以及调整系数 δ。

由于许多经济现象都可以用自适应预期模型和局部调整模型进行描述，所以，考耶克模型是一类应用范围较广的自回归模型。也就是说，许多经济变量的滞后效应是递减的几何分布滞后模型。

5.2.6 自回归模型的估计

利用最小二乘法估计自回归模型：

$$Y_t=\alpha+\beta_0 X_t+\beta_1 Y_{t-1}+\cdots+\beta_k Y_{t-k}+\upsilon_t \tag{5.2.16}$$

主要会遇到两个问题：(1) 模型中含有随机的解释变量 $Y_{t-1},Y_{t-2},\cdots,Y_{t-k}$，它们很可能与随机误差项相关，使 OLS 估计成为有偏估计；(2) 模型很可能存在自相关性，这样 OLS 估计是非有效估计。下面分别讨论不同情况下的估计问题。

1. υ_t 不存在自相关性

例如，局部调整模型中，由于 $\upsilon_t=\delta\varepsilon_t$，这样若 ε_t 不存在自相关性，则 υ_t 也自然不存在自相关性。而且，因为 Y_{t-1} 依赖于 υ_{t-1}，由于 υ_{t-1} 与 υ_t 互不相关，得到 Y_{t-1} 与 υ_t 也是互不相关。更一般地，在自回归模型(5.2.16)中，如果随机误差项 υ_t 不存在自相关性，则随机解释变量 $Y_{t-1},Y_{t-2},\cdots,Y_{t-k}$ 与 υ_t 互不相关，模型满足基本假定。因此，仍然可以使用 OLS 法估计模型(5.2.16)。

2. υ_t 存在自相关性

例如，考耶克模型和自适应预期模型中，$\upsilon_t=\varepsilon_t-\lambda\varepsilon_{t-1}$，这使得 υ_t 存在一阶自相关性，而且 υ_t 还与随机解释变量 Y_{t-1} 相关。此时，一般是设法先消除模型中随机解释变量与随机误差项的相关问题，然后再利用广义差分法消除自相关性的影响。消除 Y_{t-1} 与 υ_t 的相关性，可以采用工具变量法和搜索估计法。

(1) 工具变量法。即设法寻找一个 Y_{t-1} 的替代变量 Z_t，要求 Z_t 与 Y_{t-1} 高度相关，但与误差项 υ_t 互不相关。实际应用中，一般取 $Z_t=\hat{Y}_{t-1}=\hat{\alpha}_0+\hat{\alpha}_1X_{t-1}+\cdots+\hat{\alpha}_sX_{t-s}$，即取 Y_{t-1} 关于 X 的 s 期分布滞后回归来代替 Y_{t-1}。因为自回归模型实际上就是无限分布滞后模型，适当选取滞后期长度 s，就可以将 Y_{t-1} 的变化近似地用 $X_{t-1},X_{t-2},\cdots,X_{t-s}$ 的线性模型来表示，即 Y_{t-1} 与 $\hat{Y}_{t-1}$ 高度相关；同时，因 $X_{t-1},X_{t-2},\cdots,X_{t-s}$ 不是随机变量，与 υ_t 不相关，这样它们的线性组合 $\hat{Y}_{t-1}$ 与 υ_t 也不相关。所以，$\hat{Y}_{t-1}$ 满足工具变量的要求，将其替代模型中的 Y_{t-1}，得：

$$Y_t=\alpha+\beta X_t+\gamma\hat{Y}_{t-1}+\upsilon_t$$

再用广义差分法消除 υ_t 的自相关性，估计出模型中的各个参数。

利用 EViews 软件的具体操作步骤为：

① 利用 CROSS 命令确定分布滞后模型的滞后期长度 s：

```
CROSS  Y  X
```

② 利用 OLS 法估计分布滞后模型(设滞后期长度为 3)：

```
LS  Y  C  X(0  TO  -3)
```

③ 计算 $Z_t=\hat{Y}_t=Y_t-e_t$：

```
GENR    Z=Y-RESID
```

④ 将 $Z_t=\hat{Y}_{t-1}$ 替代自回归模型中的 Y_{t-1}，并用广义差分法(设存在一阶自相关性)估计模型：

```
LS  Y  C  X  Y(-1)   AR(1)
```

上述命令过程也可以用命令统一写成：

```
TSLS  Y  C  X  Y(-1)    AR(1)  @  C  X(0  TO  -3)
```

(2) 搜索估计法。考耶克模型和自适应预期模型都可以表示成：

$$Y_t=\alpha+\beta X_t+\lambda Y_{t-1}+\varepsilon_t-\lambda\varepsilon_{t-1}$$

设：

$$W_t=Y_t-\varepsilon_t$$

则：

$$\begin{aligned}W_t-\lambda W_{t-1}&=(Y_t-\varepsilon_t)-\lambda(Y_{t-1}-\varepsilon_{t-1})\\&=(Y_t-\lambda Y_{t-1})-(\varepsilon_t-\lambda\varepsilon_{t-1})\\&=\alpha+\beta X_t\end{aligned}$$

所以：

$$W_t=\alpha+\beta X_t+\lambda W_{t-1}$$

将此方程逐次递推得到：

$$\begin{aligned}W_t &= \alpha+\beta X_t+\lambda(\alpha+\beta X_{t-1}+\lambda W_{t-2}) \\ &= \alpha(1+\lambda)+\beta(X_t+\lambda X_{t-1})+\lambda^2 W_{t-2} \\ &\vdots \\ &= \alpha(1+\lambda+\lambda^2+\cdots+\lambda^{t-1}) \\ &\quad +\beta(X_t+\lambda X_{t-1}+\lambda^2 X_{t-2}+\cdots+\lambda^{t-1}X_1)+\lambda^t W_0\end{aligned}$$

所以：

$$\begin{aligned}Y_t &= W_t+\varepsilon_t \\ &= \alpha(1+\lambda+\lambda^2+\cdots+\lambda^{t-1}) \\ &\quad +\beta(X_t+\lambda X_{t-1}+\lambda^2 X_{t-2}+\cdots+\lambda^{t-1}X_1)+\lambda^t W_0+\varepsilon_t\end{aligned}$$

由于 λ 是介于 0 和 1 之间的常数，所以根据上述模型用搜索法估计 λ 的值，直到使残差平方和达到最小的 λ 值作 $\hat{\lambda}$。

设：

$$Y_t^* = Y_t-\hat{\lambda}Y_{t-1}$$

则原模型转换成：

$$Y_t^* = \alpha+\beta X_t+\upsilon_t$$

此时模型已不存在与随机误差项相关的解释变量，所以可以用广义差分法估计出 $\hat{\alpha}$ 和 $\hat{\beta}$，进而得到原模型中各参数的估计值。

从以上分析过程可以看出，估计自回归模型之前需要先检验自相关性。但值得注意的是，对于包含滞后被解释变量的自回归模型：

$$Y_t=\alpha+\beta_0 X_t+\beta_1 Y_{t-1}+\upsilon_t$$

DW 统计量值总是接近于 2，所以要改用 h 统计量检验自相关性：

$$h=\left(1-\frac{DW}{2}\right)\sqrt{\frac{n}{1-nVar(\hat{\beta}_1)}}$$

对于大样本，在假设 $\rho=0$ 成立的情况下（ρ 是 υ_t 与 υ_{t-1} 的相关系数），$h\sim N(0,1)$。所以对于给定的显著水平 α，由正态分布表查得临界值 $h_{\alpha/2}$，若 $|h|>h_{\alpha/2}$，则拒绝原假设，表明存在自相关性；反之，则认为不存在一阶自相关性。

5.2.7 滞后效应分析

1. 滞后效应的乘数分析

对于分布滞后模型 $Y_t=\alpha+\beta_0 X_t+\beta_1 X_{t-1}+\cdots+\beta_k X_{t-k}+\varepsilon_t$，由于回归系数 β_i 反映了解释变量各期值 X_{t-i} 对 Y_t 的影响程度，所以根据乘数的概念可以定义：

β_0 为短期乘数，表示解释变量变化一个单位对同期被解释变量产生的影响，即短期影响。

β_i 为延期乘数或动态乘数，反映了解释变量在各滞后时期的单位变化对 Y_t 产生的影响，即 X 的滞后影响。

$\sum_{i=0}^{s}\beta_i$ 为（s 期）中期乘数，反映了解释变量对 Y_t 的 s 期累计影响。

$\sum_{i=0}^{\infty}\beta_i$ 为长期乘数，表明 X 变动一个单位对 Y 产生的累计总影响（假设 $\beta=\sum_{i=0}^{\infty}\beta_i$ 存在）。

利用乘数可以分析解释变量对被解释变量的滞后影响过程。例如，如果估计出的消费函数为：

$$\hat{Y}_t=135+0.4X_t+0.3X_{t-1}+0.2X_{t-2}$$

则短期乘数为 0.4，延期乘数为 0.3 和 0.2，长期乘数为 0.9。这意味着：当收入增加 1 元时，消费者将在当期增加 0.4 元的消费，下一期增加 0.3 元，再下一期增加 0.2 元；增加 1 元收入对消费的长期作用为 0.9 元。

2. *滞后效应的速度分析*

解释变量的各期乘数反映的是滞后效应的逐渐波及和扩散过程，有时我们需要分析滞后效应的速度，即滞后效应需要经历多长时间才能发挥一定的作用（或达到一定的效果）。常用的指标有：

（1）乘数效应比 D_s。D_s 的计算公式为：

$$D_s=\frac{s\text{ 期中期乘数}}{\text{长期乘数}}=\frac{\sum_{0}^{s}\beta_i}{\sum_{0}^{\infty}\beta_i}$$

称 D_s 为截至第 s 期为止的乘数效应比，它反映了 X_t 的变动在经历了 s 期之后，对 Y_t 的影响所达到（或完成）的程度。使 D_s 达到某个百分比（如 90%）的 s 值越小，则作用时间越快，滞后时间越短。

特别地，使 $D_s=50\%$ 的 s 值称为中位滞后，即经历 s 期后，X 对 Y 的影响已达到其总影响的一半。

（2）平均滞后时间 MLT。MLT 的计算公式为：

$$MLT=\frac{\sum_{0}^{\infty}i\beta_i}{\sum_{0}^{\infty}\beta_i}$$

称 MLT 为平均滞后时间（或平均滞后），实际上是以各期延期乘数为权数的、各滞后期的加权平均数，反映了滞后期的平均长度。其值越小，则平均滞后期越短，表明Y对X变化的反应速度越快。

(3) 自回归模型的滞后效应分析。前面讨论过三个常用自回归模型：

考耶克模型 $Y_t=\alpha(1-\lambda)+\beta_0 X_t+\lambda Y_{t-1}+\upsilon_t$

自适应预期模型 $Y_t=\gamma\alpha+\gamma\beta X_t+(1-\gamma)Y_{t-1}+\upsilon_t$

局部调整模型 $Y_t=\delta\alpha+\delta\beta X_t+(1-\delta)Y_{t-1}+\delta\varepsilon_t$

可以将它们统一表示成一阶自回归模型：

$$Y_t=c_0+c_1 X_t+c_2 Y_{t-1}+\upsilon_t$$

将其逐步递推可以转换成几何分布滞后模型：

$$Y_t=c_0/(1-c_2)+c_1 X_t+c_1 c_2 X_{t-1}+c_1 c_2^2 X_{t-2}+\cdots$$

所以，一阶自回归模型的各项滞后效应指标为：

短期乘数：c_1

动态乘数：$c_1 c_2^i \quad i=1,2,\cdots$

长期乘数：$c_1/(1-c_2)$

平均滞后：$c_2/(1-c_2)$

由此可以得到各个自回归模型的相应滞后效应分析指标，详见表5-4：

表5-4 自回归模型的滞后效应指标

模　　型	短期乘数	长期乘数	平均滞后
考耶克模型	β_0	$\beta_0/(1-\lambda)$	$\lambda/(1-\lambda)$
自适应预期模型	$\beta\gamma$	β	$1/\gamma-1$
局部调整模型	$\beta\delta$	β	$1/\delta-1$

5.2.8 因果关系检验

计量经济模型的一个基本特征就是：所描述的经济关系是因果关系。因此，建立计量经济模型时，第一项任务就是根据经济理论和实践经验确定有关影响因素，即寻找事物变化的原因；然后再利用判定系数、t检验等统计量判断所选因素是否有显著影响。但是，两个变量的高度相关，并不意味着它们之间就一定存在着因果关系。例如，GDP与货币供给量M通常是高度相关的，但究竟是GDP的增长导致了M的增加，还是M的增加促使了GDP的增长，或者两者之间互为因果关系？因此，确定两个经济变量X和Y之间是否存在因果关系，或者分析X是否为Y变化的原因，是经济研究中经常面临的问题。

1. 因果关系的葛兰杰(Granger)检验

(1) 葛兰杰检验的原理。葛兰杰检验的基本依据是：将来不能预测过去；如果Y的变化是由X引起的，则X的变化应该发生在Y的变化之前。因此，利用分布滞后的概念，C. W. J. Granger 于 1969 年对变量之间的因果关系作了如下定义：如果 X 是引起 Y 变化的原因，则 X 应该有助于预测 Y，即在 Y 关于 Y 过去值的回归中，添加 X 的过去值作为独立的解释变量，应该显著增加回归的解释能力。此时，称 X 为 Y 的原因，记为 $X \rightarrow Y$。如果添加 X 的滞后变量之后，没有显著增加回归模型的解释能力，则称 X 不是 Y 的原因，记为 $X \mapsto Y$。

根据葛兰杰的因果关系定义，Y 和 X 之间有以下四种关系：

$X \rightarrow Y, Y \mapsto X$ 单向因果关系，X 是 Y 变化的原因；

$Y \rightarrow X, X \mapsto Y$ 单向因果关系，Y 是 X 变化的原因；

$X \rightarrow Y, Y \rightarrow X$ 双向因果关系，表明存在一个或几个其他变量，它们既是引起 X 变化的原因，又是引起 Y 变化的原因；

$X \mapsto Y, Y \mapsto X$ Y 和 X 之间不存在因果关系。

(2) 葛兰杰检验的步骤。检验"X 是否为 Y 变化的原因"的具体步骤为：

① 利用 OLS 法，估计两个分布滞后模型：

$$\text{I} \qquad Y_t = \sum_{i=1}^{s} \alpha_i Y_{t-i} + \varepsilon_{1t}$$

$$\text{II} \qquad Y_t = \sum_{i=1}^{s} \alpha_{t-i} Y_{t-i} + \sum_{i=1}^{k} \beta_i X_{t-i} + \varepsilon_{1t}$$

并计算各自的残差平方和 RSS_{I} 和 RSS_{II}。

② 假设 $H_0: \beta_1 = \beta_1 = \cdots = \beta_k = 0 (X \mapsto Y)$，即假设在模型 I 中添加 X 的滞后值后并不能显著地增加模型的解释能力。为检验该假设，构造统计量：

$$F = \frac{(RSS_{\text{II}} - RSS_{\text{I}})/k}{RSS_{\text{I}}/(n-s-k)} \sim F(k, n-s-k)$$

③ 利用 F 统计量检验原假设 H_0，对于给定的显著水平 α，若 $F > F_\alpha$，则拒绝原假设，认为 β_i 中至少有一个显著地不为零，即 X 是引起 Y 变化的原因（$X \rightarrow Y$）；反之，则认为 X 不是 Y 变化的原因（$X \mapsto Y$）。

同理，可以检验"Y 是否为 X 变化的原因"，只是在模型 I、II 中将 Y 换成 X，X 换成 Y 即可。

(3) 葛兰杰检验的 EViews 软件实现。对于任意两个变量 Y 和 X，EViews 软件自动检验两个假设：

$$X \mapsto Y, Y \mapsto X$$

具体操作过程为：

① 以例 5-2 为例，在工作文件窗口选择需作分析的两个变量 Y 和 X，并将它们作为一个数组打开。

② 在数组窗口中点击 View\Granger Causality，并输入滞后期长度 m（注意

此时取 $s=k=m$)，屏幕将输出如表 5-5 所示的结果：

表 5-5　　Granger 检验的输出结果

Pairwise Granger Causality Tests
Date: 11/16/03 Time: 18:56
Sample: 1981 1997
Lags: 5

Null Hypothesis:	Obs	F-Statistic	Probability
X does not Granger Cause Y	12	20.3122	0.16682
Y does not Granger Cause X		682.640	0.02905

对于每一个假设，系统都给出了相应的 F 统计量值和大于此值的概率。如果 F 值较大、p 值较小，则拒绝原假设，认为一个变量是另一个变量变化的原因，即 $X\rightarrow Y$ 或($Y\rightarrow X$)成立；反之，则认为一个变量不是另一个变量变化的原因。

使用葛兰杰检验时应注意两个问题：

第一，检验结果对滞后期长度的变化比较敏感，即滞后期选择的不同可能会得到不一致的检验结果。实际应用中，最好是多选几个不同的滞后期进行检验，如果检验结果一致，则得出的结论是较为可信的。

第二，可能还有 X 以外的其他变量也是引起 Y 变化的原因，同时该变量也与 X 相关；解决的方法是在回归模型中也引入这些变量的滞后值。

2．辛姆斯(Sims)检验

根据"将来不能预测现在"这一思想，辛姆斯(C. A. Sims)于 1972 年又提出了另外一种因果关系检验方法。考虑模型：

$$\text{I}\quad Y_t=\sum_{i=0}^{s}\alpha_i X_{t-i}+\varepsilon_{1t}$$

$$\text{II}\quad Y_t=\sum_{i=0}^{s}\alpha_{t-i} X_{t-i}+\sum_{i=1}^{k}\beta_i X_{t+i}+\varepsilon_{1t}$$

模型Ⅱ中 X_{t+i} 项称为先导项。如果 X 是引起 Y 变化的原因，则先导项的系数在统计上应该显著地等于零，即在模型Ⅱ中添加先导项后并不能使回归模型的解释能力显著增加。因此，假设 $H_0:\beta_1=\beta_2=\cdots=\beta_k=0$，即 $X\rightarrow Y$，然后分别估计模型Ⅰ、Ⅱ，计算各自的残差平方和，再利用相应的 F 统计量进行检验，若 $F>F_\alpha$，则拒绝原假设，即 X 不是引起 Y 变化的原因($X\mapsto Y$)；反之，则认为 X 是 Y 变化的原因($X\rightarrow Y$)。

§5.3 要点与结论

(1) 取值 1 和 0 的虚拟变量是在回归分析中引入定性回归元的一种手段。虚拟变量也是一种数据分类的技巧：它根据事物的性质或属性把一个样本划分为若干个不同的子类，并默许对每个子类作个别回归。如果回归子对各个子类中的数量变化的响应有差异，则这些差异将反映到各子类回归的截距或斜率系数或二者上来。

(2) 虚拟变量是一种多功能工具，但应用中要谨慎处理。第一，如果回归含有常数项，则虚拟变量的个数必须小于每一定性变量的类别个数。其次，对虚拟变量的系数的解释，必须相对于基底或参考类(即 D 取零值的类别)而言。最后，如果模型有多种类别的多个定性变量，虚拟变量的引入就会消耗大量的自由度。因此，应在引进的虚拟变量个数和可用于分析的观测值总数之间作出权宜。

(3) 因为心理、技术和制度的原因，一个因变量(回归子)对一(多)个解释变量(回归元)的回应会带有一定的时滞。有两类回归模型：分布滞后模型和自回归模型。

(4) 一个纯粹的分布滞后模型可以用 OLS 去估计，但这时由于一个回归元的相继滞后值的相关趋向，因而会有多重共线性的问题。为此，人们设计了简洁的方法，包括考耶克方法、局部调整法和适应性预期等机制。

习题 5

1. 试在消费函数 $Y=\alpha+\beta X+\varepsilon$ 中以加法形式引入虚拟变量，用于反映季节因素(淡季、旺季)和收入层次差异(高、中、低)对消费需求的影响，并写出各类消费函数的具体形式。

2. 现有如下估计的利润函数：

$$\hat{Y}_i=221.37+0.4537X_i+78.63D_i+0.0037XD_i$$
$$(35.78)\qquad(8.86)\qquad(2.86)$$

其中，Y、X 分别为销售利润和销售收入，D 为虚拟变量，旺季时 $D=1$，淡季时 $D=0$，$XD=X\times D$。试分析：

(1) 季节因素的影响情况；

(2) 写出模型的等价形式。

3. 考虑以下模型：

$$Y_i = \alpha_0 + \alpha_1 X_{1i} + \alpha_2 X_{2i} + \varepsilon_i \quad \text{(在农村)}$$

$$Y_i = \beta_0 + \beta_1 X_{1i} + \beta_2 X_{2i} + \varepsilon_i \quad \text{(在城镇)}$$

若假设 $H_0: \alpha_2 = \beta_2$，即不论在农村或城镇，模型中第二个系数 α_2、β_2 是相同的，如何检验这个假设？

4. 假设利率 $R < 0.08$ 时，投资 I 取决于利润 X；而利率 $R \geqslant 0.08$ 时，投资 I 同时取决于利润 X 和利率 R；试用一个可以检验的模型来表达上述关系。

5. 滞后变量模型有哪几种类型？使用 OLS 方法估计模型时主要会遇到什么问题？

6. 试述阿尔蒙估计的原理和步骤。

7. 经验加权法、阿尔蒙方法和考耶克方法，各自采用什么方法解决模型中的多重共线性问题？它们在处理方式上有什么共同之处？

8. 如何确定有限分布滞后模型中的滞后期长度？

9. 对于下列估计的模型：

投资函数 $\hat{I}_t = 120 + 0.6Y_t + 0.8Y_{t-1} + 0.4Y_{t-2} + 0.2Y_{t-3}$

消费函数 $\hat{C}_t = 280 + 0.58Y_t + 0.12C_{t-1}$

分别计算投资、消费的短期乘数和长期乘数，并解释其经济含义。

第 6 章 联立方程模型方法

单一方程模型只用一个方程来描述某个经济变量与其他影响因素之间的关系，模型中解释变量 X 是被解释变量 Y 的变化原因，Y 是 X 变化的结果，它们之间的因果关系是单向的。但是经济现象的错综复杂性，使得经济系统中很可能包含多种经济关系，而且有些经济变量之间并不是简单的单向因果关系，而是相互依存、互为因果关系。例如，研究消费函数时，一般认为消费是由收入决定的；但从社会再生产的动态过程来看，消费水平的改变又会导致生产规模的变化，进而影响收入，所以消费又决定收入。利用单方程模型很难完整、准确地反映经济系统内的这种复杂关系，只有将多个方程有机地组合起来才能合理地进行描述。

联立方程模型就是由多个相互联系的单一方程组成的方程组。在该方程组中，存在这样一些特殊的变量，它在某个方程中是被解释变量，而在另一些方程中却又是解释变量。由于联立方程模型包含的变量和描述的经济关系更为复杂，所以能够较为全面地反映经济系统的运行规律。

其实，联立方程模型方法还为我们提供了正确估计某些单方程模型的有力工具，它也是为解决我们所拥有的样本数据与想估计的模型之间的某种不一致性而创造的一种方法。

比如，我们想建立一个关于某种商品的需求函数：

$$Q_t = b_0 + b_1 P_t + \varepsilon_t$$

按一般人的想法，只要收集到关于这种商品的一组样本值$(Q_t, P_t)\ t=1,2,\cdots,n$，我们就可以很容易地用 OLS 方法来估计模型了。但认真分析之后，我们就会发现，我们所估计的很可能并不是我们想估计的。因为，我们实际能获得的数据，并不是我们真正需要的数据。原因很简单，我们能获得的只是市场上的交易量和交易价格，而不是需求量和需求价格；交易量和交易价格实际上是同时被决定的，或者都是我们想解释的变量。

我们再以一个简单的线性、两部门的宏观经济模型为例来说明引入联立方程模型方法的必要性及重要性：

$$C_t = a + bY_t + \varepsilon_t \quad (\text{Ⅰ})$$
$$Y_t = C_t + I_t \quad (\text{Ⅱ})$$

在该模型中，收入 Y_t 和消费 C_t 都是联立方程模型的被解释变量(内生变量)，投资 I_t 是真正意义上的解释变量(外生变量)。该模型如此设定反映了这样的思想或传达出这样的信息：(1) Y_t 和 C_t 最初的变化都是由 I_t 的变化所引起的；(2) 收入和消费是相互影响的。这种相互影响机制可以从下面的分析中进一步地看出：

$$\Delta I_t \overset{(\text{Ⅱ})}{\Rightarrow} \Delta Y_t = \Delta I_t \overset{(\text{Ⅰ})}{\Rightarrow} \Delta C_t = b \times \Delta Y_t = b\Delta I_t \overset{(\text{Ⅱ})}{\Rightarrow}$$
$$\Delta Y_{t+1} = \Delta C_t = b\Delta I_t \overset{(\text{Ⅰ})}{\Rightarrow} \Delta C_{t+1} = b \times \Delta Y_{t+1} = b^2 \Delta I_t \overset{(\text{Ⅱ})}{\Rightarrow}$$
$$\Delta Y_{t+2} = \Delta C_{t+1} = b^2 \Delta I_t \overset{(\text{Ⅰ})}{\Rightarrow} \Delta C_{t+2} = b\Delta Y_{t+2} = b^3 \Delta I_t \overset{(\text{Ⅱ})}{\Rightarrow}$$
$$\cdots$$

显然，只要 $b<1$，则当 $n\to\infty$ 时，$b^n \to 0$，故投资的某一次增长带来的经济的增长是不会永远持续下去。令：

$$Y_{t-1} = C_{t-1} = I_{t-1} = 0，\text{则 } \Delta I_t = I_t - I_{t-1} = I_t$$

故投资增加的总效果应为：

$$\begin{aligned}\Delta Y &= \Delta Y_t + \Delta Y_{t+1} + \Delta Y_{t+2} + \cdots = (1 + b + b^2 + \cdots)\Delta I_t \\ &= \Delta I_t/(1-b)\end{aligned}$$
$$\begin{aligned}\Delta C &= \Delta C_t + \Delta C_{t+1} + \Delta C_{t+2} + \cdots = (b + b^2 + b^3 + \cdots)\Delta I_t \\ &= b\Delta I_t/(1-b)\end{aligned}$$

这种动态效果分析还可以通过求联立方程的均衡解来简要地说明：

$$Y_t = \frac{a}{1-b} + \frac{I_t}{1-b}$$

$$C_t = \frac{a}{1-b} + \frac{bI_t}{1-b}$$

$$\Delta Y = \frac{\Delta I}{1-b} \quad \Delta C = \frac{b\Delta I}{1-b}$$

所以，如果我们从市场上获得的样本数据是市场均衡后的数据的话，那么，利用 Y_t 和 C_t 的数据对方程(Ⅰ)进行回归，得到的参数估计值就很可能不是我们要求的那个值，或者说就是有偏的甚至也不是一致的。这一点还可以这样来说明：虽然我们可以合理假定下列条件满足：

$$E(\varepsilon_t) = 0$$

$$Cov(\varepsilon_t,\varepsilon_{t-s})=\begin{cases}0 & s\neq 0\\ \sigma_\varepsilon^2 & s=0\end{cases}\quad t=1,2,\cdots,n$$

$$Cov(I_t,\varepsilon_t)=0$$

但如果对方程(Ⅰ)直接或单独进行 OLS 估计的话,它应该满足:

$$Cov(Y_t,\varepsilon_t)=0$$

但如果我们使用的 Y_t 和 C_t 的数据是从市场上获得的(均衡)数据的话,那么这一要求是不能满足的。因为我们从联立方程中解出的均衡解具有以下特性:

$$Y_t=\frac{a}{1-b}+\frac{1}{1-b}I_t+\frac{\varepsilon_t}{1-b}$$

$$E(Y_t)=\frac{a}{1-b}+\frac{1}{1-b}I_t$$

$$\begin{aligned}Cov(Y_t,\varepsilon_t)&=E(Y_t-E(Y_t))(\varepsilon_t-E(\varepsilon_t))\\&=E\left[\left(\frac{\varepsilon_t}{1-b}\right)\times\varepsilon_t\right]\\&=\frac{1}{1-b}E(\varepsilon_t^2)=\frac{1}{1-b}\sigma_\varepsilon^2\neq 0\end{aligned}$$

这说明,利用市场均衡数据获得的参数 OLS 估计量是不能满足最佳无偏估计的基本假定的。

总结上述的分析可以得出:(1) 许多单方程模型的估计,我们所要求的数据实际上是从市场上无法观察得到的,因此也就无法直接进行估计,尽管我们已经掌握了强有力的方法。(2) 如果我们使用从市场上可观察的(均衡)数据直接进行估计的话,我们的估计又可能是有偏和不一致的。(3) 解决上述矛盾的一种途径就是利用联立方程模型方法。

§6.1 联立方程模型概述

6.1.1 联立方程模型的特点

[例 6-1] 宏观经济模型:

$$C_t=a_0+a_1Y_t+\varepsilon_{1t}$$

$$I_t=b_0+b_1Y_t+b_2Y_{t-1}+\varepsilon_{2t}$$

$$Y_t=C_t+I_t+G_t$$

式中,C 为居民消费总额,Y 为国内生产总值,I 为投资总额,G 为政府消费。这是一个简单的三部门宏观经济模型,反映了国内生产总值中各项指标之间的关系。其中,第一个方程为消费函数,第二个方程为投资函数,第三个方程为恒等方程，即假定在进出口平衡的情况下，国内生产总值等于消费总额（居民消费和政府消费）与投资总额之和。模型中共有4个经济变量，其中居民消费、投资、国内生产总值之间都是互为因果关系的，只有构造多个方程才能将它们作为一个完整的系统来进行描述和分析。

［例6-2］ 农产品市场局部均衡模型：

$$Q_d = a_0 + a_1 P + a_2 Y + \varepsilon_1$$

$$Q_s = b_0 + b_1 P + b_2 R + \varepsilon_2$$

$$Q_d = Q_s$$

式中，Q_d、Q_s 分别为某农产品的市场需求量和供给量，P 为该农产品的价格，Y 为消费者的收入，R 为影响农产品生产的天气条件指数。模型中第一个方程为需求函数，第二个方程为供给函数，第三个方程为平衡方程。由于商品价格的波动、市场均衡价格的形成是由供需双方共同决定的，只有用多个方程，同时从商品需求、供给和平衡三个方面考虑，才能正确反映农产品供需和价格之间的相互依存、相互制约关系，以及农产品市场的均衡变化情况。

［例6-3］ 国民经济增长预测模型：

$$C_t = b_{10} + b_{11} Y_t + b_{12} C_{t-1} + \varepsilon_{1t}$$

$$I_t = b_{20} + b_{21} Y_t + b_{22} Y_{t-1} + \varepsilon_{2t}$$

$$E_t = b_{30} + b_{31} Y_t + b_{32} E_{t-1} + \varepsilon_{3t}$$

$$Y_t = C_t + I_t + G_t + E_t$$

式中，E 为净出口额，其余变量与例6-1中的定义相同。该模型以需求为导向，分别从消费需求、投资需求、政府需求、进出口贸易等四个方面，反映了各方面需求对经济增长的影响情况，同时也描述了经济增长 Y 对需求的促进作用。

上述事例表明，联立方程模型具有如下特点：

(1) 联立方程模型便于研究经济变量之间的复杂关系。如例6-1中，投资对居民消费的影响、政府消费对投资的影响等经济关系，只有通过多个方程的“联立”才能反映出来。又如例6-3中，使用联立方程模型可以更加全面地分析各方面需求对经济增长的影响情况，即通过对各个子系统的细致研究达到了解整个复杂系统的目的，使预测更加准确。

(2) 联立方程模型由若干个单方程模型有机地组合而成。如例6-1中的宏观经济模型，就是由消费函数、投资函数和一个统计定义方程组成的。因此，如果每一个单方程都能正确描述相应的经济关系，则整个联立方程模型就能如实地反映系统内各个经济变量之间的关系。当然，还需要依据经济理论和计量经济方法，将各个经济关系合理地“联立”成科学的模型体系。

(3) 联立方程模型中可能同时包含随机方程和确定性方程。计量经济学主要研究经济变量之间的随机因果关系,所以单方程模型中讨论的都是随机模型。但在联立方程模型中,一方面有些经济关系本身就是确定性的恒等关系式(如例 6-1、例 6-3 中的统计定义公式、例 6-2 中的局部均衡条件等),另一方面需要人为地设定一些定义方程,使联立方程模型成为所谓的"完备模型"。

(4) 联立方程模型的各个方程中间可能含有随机解释变量,在单方程模型中,除了滞后被解释变量之外,解释变量都被认为是可控制的非随机变量。但是,在联立方程模型中,这样的假定很难成立。如例 6-1 的第一方程消费函数中,只有一个解释变量 Y_t,由模型中的第三个方程可以得到:

$$Y_t=(a_0+a_1Y_t+\varepsilon_{1t})+I_t+G_t$$

故:

$$Y_t=\frac{1}{1-a_1}(a_0+I_t+G_t)+\frac{1}{1-a_1}\varepsilon_{1t}$$

所以 Y_t 是一个随机变量,并且与方程中的随机误差项相关。

6.1.2 联立方程模型的变量类型

在单方程模型中,由于变量之间的因果关系十分明确,所以直接将方程等号左侧的变量称为被解释变量,右侧的变量称为解释变量。对于联立方程模型中的每一个方程,仍然可以采用这种方式定义变量;但是,就整个模型系统而言,这种定义方式已经无法正确区分模型中的变量。因为同一个变量,在某个方程中可能是被解释变量,但在另一个方程中又成为解释变量(如例 6-1 中的收入 Y)。因此,为了避免混淆,同时也为了说明每个变量的内在含义和作用,将联立方程模型中的变量划分成内生变量和外生变量两大类。

1. 内生变量

所谓内生变量,即其取值是由模型系统内部决定的变量。如例 6-1 中的消费、投资、收入等都是内生变量。内生变量一般有以下特点:

(1) 内生变量既受模型中其他变量的影响,同时又影响模型中的其他内生变量。如例 6-1 中的投资 I_t,既受 Y_t 和 Y_{t-1} 的影响,同时又影响 Y_t,I_t 的值就是在这种相互影响中确定的。

(2) 内生变量一般都直接或间接地受模型系统中随机误差项的影响,所以都是具有某种概率分布的随机变量。

(3) 内生变量的变化一般都用模型中的某一个方程来描述,所以模型中每个方程等号左侧的变量(即被解释变量)都是内生变量。但是有些内生变量未必就一定是模型中某个方程的被解释变量。如例 6-2 中的均衡价格 P 是由商品的供给量和需求量决定的,是一个内生变量,但在模型的每一个随机方程中它都作为解释变量出现在方程等号的右侧。

2. 外生变量

所谓外生变量，即其取值由模型系统之外其他因素决定的变量。例 6-1 中的政府消费 G，由于在所构造的宏观经济模型中，没有任何方程说明它是如何变化的，所以，政府消费 G 的变化是由模型系统外部的因素来控制和影响的，即为外生变量。又如例 6-2 中的消费者收入 Y、天气条件指数 R 等都是外生变量。外生变量的特点是：

(1) 外生变量的变化将对模型系统中的内生变量直接产生影响，但自身变化却由模型系统之外的其他因素来决定。

(2) 相对于所构造的联立方程模型，外生变量可以视为可控的非随机变量，从而与模型中的随机误差项不相关。

在单方程模型中，人们有时也习惯地将被解释变量称为内生变量，解释变量称为外生变量。

将联立方程模型中的变量划分成内生变量和外生变量之后，可以正确区分模型中每个变量的含义和作用。但是，应该强调的是，内、外生变量的划分是相对的。某一个变量究竟是内生变量，或是外生变量，完全取决于计量经济研究的目的，即由所设定的计量经济模型来决定。如例 6-1 的宏观经济模型中，如果在投资函数中再增加一个解释变量利率 R，此时因模型中并没有用某个方程来说明利率 R 的变化，即认为利率的调整完全由模型之外的因素来决定，所以 R 是外生变量。但是，如果在宏观经济模型中再相应增加一个利率方程：

$$R_t = c_0 + c_1(Y_t - Y_{t-1}) + c_2(M_t - M_{t-1}) + \varepsilon_{3t}$$

式中，M_t 为货币供应量，则利率 R 成为内生变量，同时又增添了一个外生变量 M_t。因此，在构造联立方程模型时，应该根据研究目的，事先确定模型中应该包含哪些内生变量，这些内生变量又由哪些经济关系来描述；在所涉及的经济关系中，哪些因素可以视为外生变量？一般情况下，外生变量都是一些可控制的政策变量、条件变量、经济参数变量、虚拟变量，等等。

3. 前定变量

相对于本期内生变量，滞后内生变量和外生变量的值都是已知的(即已事先决定的)，所以将它们统称为前定变量(又称为先决变量)。如例 6-1 的宏观经济模型中，前期国内生产总值 Y_{t-1} 为滞后内生变量，与政府消费 G 一起构成前定变量。

由于外生变量是非随机变量，与模型中的随机误差项不相关；如果随机误差项不存在自相关性，则滞后内生变量与随机误差项也不相关。因此，前定变量与方程中的随机误差项通常是互不相关的。

6.1.3　联立方程模型的类型

联立方程模型有两种基本形式：结构式和简化式。

1. 结构式模型

根据经济理论和行为规律建立的、用以描述经济变量之间所有结构关系的联立方程模型，称为结构式模型(Structural Form)。例 6-1、6-2、6-3 都是结构式模型。

结构式模型中的每一个方程都称为结构方程，结构方程中的系数称为结构参数(或结构式参数)。结构方程一般包括以下几种类型：

行为方程：即解释或描述居民、企业或政府经济行为的方程。例如，例 6-1 中的消费函数反映了消费者行为，投资函数反映了投资者行为；例 6-2 中的需求函数和供给函数分别描述了消费者行为和生产者行为。

技术方程：即根据客观经济技术关系建立的方程。例如，生产函数就是反映了一定的生产技术条件下，生产要素投入量与产出量之间技术关系的方程。

制度方程：即由法律、政策法令、规章制度决定的经济数量关系。例如，根据税收制度制定的税收方程就是制度方程。

统计方程：即根据经济变量之间统计相关关系建立的方程。例如，工业总产值与国有企业产值之间、居民消费与政府消费之间、重工业能源消耗与轻工业能源消耗之间，在数据上都存在较强的相关关系。但这些方程并没有反映经济变量之间的内在联系，所以在结构式模型中要尽量避免使用统计方程。

恒等方程：包括定义方程和平衡方程(或称为均衡条件)。如例 6-1、例 6-3 中的恒等方程，就是国民经济核算中按支出法定义的国内生产总值，为统计定义方程。平衡方程就是反映某种均衡关系的恒等式，如例 6-2 中的恒等式就表示该产品市场的供需均衡。在恒等方程中既不包含随机变量也不包含待估计的参数。

如果结构式模型中方程个数等于内生变量个数，则称结构式模型为完备的，或称其为完备模型。

结构式模型具有如下特点：

(1) 模型直观地描述了经济变量之间的关系结构，模型的经济意义明确。如例 6-1 中，第一个方程是依据绝对收入假说建立的消费函数；第二个方程是投资函数，表示投资额的变化主要取决于本期和上期的国内生产总值；第三个方程是定义方程，反映了进出口平衡情况下收入(GDP)、消费和

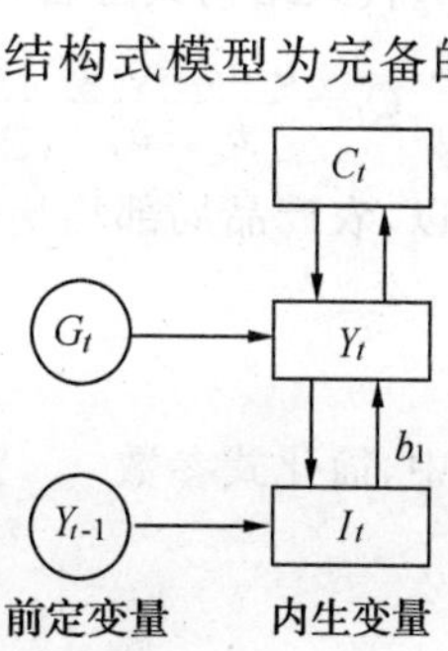

图 6-1　经济关系流向图

投资之间的统计定义关系。模型清晰地描述了各宏观经济变量之间的相互关系和现实结构，其关系结构可以用流向图(见图 6-1)直观地表示出来。

(2) 模型只反映了各变量之间的直接影响，却无法直观地反映各变量之间的间接影响和总影响。例如，政府消费 G_t 的增加将会引起 Y_t 的变化，进而引起居民消费 C_t 的变化，但这种间接影响却无法通过结构方程(或结构参数)直接反映出来。同样地，上期收入 Y_{t-1} 通过投资 I_t、收入 Y_t 等变量对居民消费 C_t 的间接影响也没有直观地反映出来。

(3) 无法直接运用结构式模型进行预测。联立方程模型预测就是根据(已知的)前定变量的值，预测模型中(未知的)内生变量。但是结构式方程中的解释变量中间，往往还包含着需要预测的内生变量，所以无法利用其进行预测。

2. 简化式模型

将联立方程模型中的每个内生变量都表示成前定变量和随机误差项的函数，即用所有前定变量作为每个内生变量的解释变量，这样形成的模型称为简化式模型(Reduced Form)。简化式模型中的每个方程都称为简化式方程，方程中的系数称为简化式参数(或简化式系数)，一般用符号 π 来表示。

例如，在例 6-2 的农产品局部均衡模型中，如果设 $Q_d=Q_s=Q$，则有两个内生变量 P 和 Q，收入 Y 和天气条件指数 R 为前定变量。由结构式模型：

$$Q_t=a_0+a_1P_t+a_2Y_t+\varepsilon_{1t}$$
$$Q_t=b_0+b_1P_t+b_2R_t+\varepsilon_{2t}$$

得出：

$$a_0+a_1P_t+a_2Y_t+\varepsilon_{1t}=b_0+b_1P_t+b_2R_t+\varepsilon_{2t}$$

解得：

$$P_t=\frac{a_0-b_0}{b_1-a_1}+\frac{a_2}{b_1-a_1}Y_t+\frac{-b_2}{b_1-a_1}R_t+\frac{\varepsilon_{1t}-\varepsilon_{2t}}{b_1-a_1}$$

将其代入结构式方程，整理得出：

$$Q_t=\frac{b_1a_0-b_0a_1}{b_1-a_1}+\frac{a_2b_1}{b_1-a_1}Y_t+\frac{-a_1b_2}{b_1-a_1}R_t+\frac{b_1\varepsilon_{1t}-a_1\varepsilon_{2t}}{b_1-a_1}$$

所以，农产品局部均衡模型的简化式模型为：

$$\begin{cases}P_t=\pi_{10}+\pi_{11}Y_t+\pi_{12}R_t+\upsilon_{1t}\\Q_t=\pi_{20}+\pi_{21}Y_t+\pi_{22}R_t+\upsilon_{2t}\end{cases}$$

其中，简化式参数

$$\begin{cases} \pi_{10}=\dfrac{a_0-b_0}{b_1-a_1} & \pi_{20}=\dfrac{b_1a_0-b_0a_1}{b_1-a_1} \\ \pi_{11}=\dfrac{a_2}{b_1-a_1} & \pi_{21}=\dfrac{a_2b_1}{b_1-a_1} \\ \pi_{12}=\dfrac{-b_2}{b_1-a_1} & \pi_{22}=\dfrac{-a_1b_2}{b_1-a_1} \end{cases}$$

随机误差项：

$$\upsilon_1=\frac{\varepsilon_1-\varepsilon_2}{b_1-a_1}\quad \upsilon_2=\frac{b_1\varepsilon_1-a_1\varepsilon_2}{b_1-a_1}$$

简化式模型具有以下特点：

(1) 简化式方程的解释变量都是与随机误差项不相关的前定变量。

(2) 简化式参数反映了前定变量对内生变量的总影响，包括直接影响和间接影响。例如，π_{21} 度量了外生变量 Y 对 Q 的影响，它可以分解成：

$$\begin{aligned}\pi_{21}&=\frac{a_2b_1}{b_1-a_1}=\frac{a_2b_1-a_2a_1+a_2a_1}{b_1-a_1}\\ &=a_2+\frac{a_2}{b_1-a_1}a_1=a_2-\pi_{11}a_1\end{aligned}$$

根据结构式模型中的需求函数得知，a_2 是 Y 对 Q 的直接影响，a_1 是 P 对 Q 的直接影响；而由简化式方程可知，π_{11} 为 Y 对 P 的总影响，所以第二项 $\pi_{11}a_1$ 反映了收入 Y 通过价格 P 的作用对 Q 的间接影响。两项之和正好是外生变量 Y 对 Q 的总影响。其影响过程可以用图 6-2 表示。

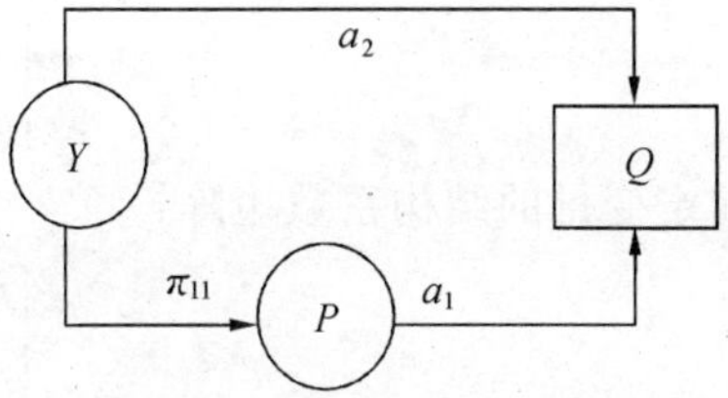

图 6-2　Y 对 Q 的直接影响和间接影响

(3) 利用简化式模型可以直接进行预测。在得到估计的简化式模型之后，根据前定变量的已知信息就可以直接预测模型中的所有内生变量。

(4) 简化式模型没有客观地描述经济系统内各个变量之间的内在联系，模型的经济含义不明确。

3. 结构式模型与简化式模型的关系

结构式模型直观地描述了经济变量之间的关系结构，模型有十分明确的经济含义，但却不便于进行经济预测、政策评价等定量分析。简化式模型完全是根据内生变量的含义，将经济系统内各变量之间的关系人为“简化”而得到的模型，所以没有明确的经济含义。但它却反映了前定变量对内生变量的总影响情况，所以便于直接进行经济预测等分析。此外，由于简化式方程中的解释变量与随机误差项不相关，所以可以直接使用 OLS 法估计简化式参数。针对结构式模型和简化式模型的不同特点，在实际应用中可以根据不同的研究目的合理地选择模型，同时也需要了解两类模型之间的转换过程，以及结构式与简化式参数之间的关系。

为了便于讨论，我们用矩阵来表示联立方程模型。设模型共有 g 个内生变量 $Y_1,Y_2,\cdots,Y_g$，k 个前定变量 $X_1,X_2,\cdots,X_k$；用 b_{ij} 表示内生变量的结构参数，用 r_{ij} 表示前定变量的结构参数，并设结构式模型为完备模型，则结构式模型的一般形式为：

$$\begin{cases} b_{11}Y_{1t}+b_{12}Y_{2t}+\cdots+b_{1g}Y_{gt}+r_{11}X_{1t}+r_{12}X_{2t}+\cdots+r_{1k}X_{kt}=\varepsilon_{1t} \\ b_{21}Y_{1t}+b_{22}Y_{2t}+\cdots+b_{2g}Y_{gt}+r_{21}X_{1t}+r_{22}X_{2t}+\cdots+r_{2k}X_{kt}=\varepsilon_{2t} \\ \vdots \\ b_{g1}Y_{1t}+b_{g2}Y_{2t}+\cdots+b_{gg}Y_{gt}+r_{g1}X_{1t}+r_{g2}X_{2t}+\cdots+r_{gk}X_{gk}=\varepsilon_{gt} \end{cases}$$

将其写成矩阵形式：

$$\boldsymbol{BY}+\boldsymbol{\Gamma X}=\boldsymbol{\varepsilon} \tag{6.1.1}$$

其中，内生变量的结构系数矩阵：

$$\boldsymbol{B}=\begin{bmatrix} b_{11} & b_{12} & \cdots & b_{1g} \\ b_{21} & b_{22} & \cdots & b_{2g} \\ & & \vdots & \\ b_{g1} & b_{g2} & \cdots & b_{gg} \end{bmatrix}$$

前定变量的结构系数矩阵：

$$\boldsymbol{\Gamma}=\begin{bmatrix} r_{11} & r_{12} & \cdots & r_{1k} \\ r_{21} & r_{22} & \cdots & r_{2k} \\ & & \vdots & \\ r_{g1} & r_{g2} & \cdots & r_{gk} \end{bmatrix}$$

内生变量向量、前定变量向量、随机误差项向量分别为：

$$\boldsymbol{Y}=\begin{bmatrix} Y_{1t} \\ Y_{2t} \\ \vdots \\ Y_{gt} \end{bmatrix} \quad \boldsymbol{X}=\begin{bmatrix} X_{1t} \\ X_{2t} \\ \vdots \\ X_{kt} \end{bmatrix} \quad \boldsymbol{\varepsilon}=\begin{bmatrix} \varepsilon_{1t} \\ \varepsilon_{2t} \\ \vdots \\ \varepsilon_{gt} \end{bmatrix}$$

简化式模型也可以用矩阵形式表示成：

$$\boldsymbol{Y}=\boldsymbol{\Pi X}+\boldsymbol{V} \tag{6.1.2}$$

其中，简化式参数矩阵：

$$\boldsymbol{\Pi}=\begin{bmatrix}\pi_{11} & \pi_{12} & \cdots & \pi_{1k}\\ \pi_{21} & \pi_{22} & \cdots & \pi_{2k}\\ & & \vdots & \\ \pi_{g1} & \pi_{g2} & \cdots & \pi_{gk}\end{bmatrix}$$

将结构式模型(6.1.1)变换成：

$$\boldsymbol{Y}=-\boldsymbol{B}^{-1}\boldsymbol{\Gamma}\boldsymbol{X}+\boldsymbol{B}^{-1}\boldsymbol{\varepsilon}$$

将其与式(6.1.2)比较，可以得到：

$$\boldsymbol{\Pi}=-\boldsymbol{B}^{-1}\boldsymbol{\Gamma} \tag{6.1.3}$$

式(6.1.3)描述了简化式参数与结构参数之间的关系，称其为参数关系体系。

[例 6-4] 求解例 6-1 中宏观经济模型的参数关系体系。

将宏观经济模型先表示成结构式模型的一般形式：

$$\begin{cases}Y_t-C_t-I_t+0+0Y_{t-1}-G_t=0\\ -a_1Y_t+C_t+0I_t-a_0+0Y_{t-1}+0G_t=\varepsilon_{1t}\\ -b_1Y_t+0C_t+I_t-b_0-b_2Y_{t-1}+0G_t=\varepsilon_{2t}\end{cases}$$

结构参数矩阵为：

$$\boldsymbol{B}=\begin{bmatrix}1 & -1 & -1\\ -a_1 & 1 & 0\\ -b_1 & 0 & 1\end{bmatrix} \quad \boldsymbol{\Gamma}=\begin{bmatrix}0 & 0 & -1\\ -a_0 & 0 & 0\\ -b_0 & -b_2 & 0\end{bmatrix}$$

内生变量向量、前定变量向量分别为：

$$\boldsymbol{Y}=\begin{bmatrix}Y_t\\ C_t\\ I_t\end{bmatrix} \quad \boldsymbol{X}=\begin{bmatrix}1\\ Y_{t-1}\\ G_t\end{bmatrix}$$

其中，将模型中的常数项视为一个外生变量 X_0，其观测值始终取 1。

由于：

$$\boldsymbol{B}^{-1}=\frac{1}{1-a_1-b_1}\begin{bmatrix}1 & 1 & 1\\ a_1 & 1-b_1 & a_1\\ b_1 & b_1 & 1-a_1\end{bmatrix}$$

$$-\boldsymbol{B}^{-1}\boldsymbol{\Gamma}=\frac{1}{1-a_1-b_1}\begin{bmatrix}a_0+b_0 & b_2 & 1\\ a_0-a_0b_1+a_1b_0 & a_1b_2 & a_1\\ b_0+a_0b_1-a_1b_0 & b_2-a_1b_2 & b_1\end{bmatrix}$$

宏观经济模型的简化式模型为：

$$\begin{cases}Y_t=\pi_{10}+\pi_{11}Y_{t-1}+\pi_{12}G_t+v_{1t}\\ C_t=\pi_{20}+\pi_{21}Y_{t-1}+\pi_{22}G_t+v_{2t}\\ I_t=\pi_{30}+\pi_{31}Y_{t-1}+\pi_{32}G_t+v_{3t}\end{cases}$$

所以，根据式 6.1.3，结构参数与简化式参数之间的关系体系为：

$$\begin{cases}\pi_{10}=\dfrac{a_0+b_0}{1-a_1-b_1} & \pi_{11}=\dfrac{b_2}{1-a_1-b_1} & \pi_{12}=\dfrac{1}{1-a_1-b_1}\\ \pi_{20}=\dfrac{a_0-a_0b_1+a_1b_0}{1-a_1-b_1} & \pi_{21}=\dfrac{a_1b_2}{1-a_1-b_1} & \pi_{22}=\dfrac{a_1}{1-a_1-b_1}\\ \pi_{30}=\dfrac{b_0+a_0b_1-a_1b_0}{1-a_1-b_1} & \pi_{31}=\dfrac{b_2-a_1b_2}{1-a_1-b_1} & \pi_{32}=\dfrac{b_1}{1-a_1-b_1}\end{cases}$$

§6.2 联立方程模型的识别

6.2.1 识别的概念

1. 识别问题的提出

假设某商品的供求关系如下：

$$\begin{cases}Q_d=a_0+a_1P+\varepsilon_1\\ Q_s=b_0+b_1P+\varepsilon_2\\ Q_d=Q_s\end{cases}$$

式中，Q_d、Q_s 分别为商品的需求量和供给量，P 是该商品价格。根据均衡条件，模型可以改写成：

需求函数 $Q=a_0+a_1P+\varepsilon_1$

供给函数 $Q=b_0+b_1P+\varepsilon_2$

观察模型中的两个方程可以发现：需求函数和供给函数具有完全相同的统计形式；两个方程的解释变量都是价格 P，被解释变量都是成交量 Q，函数形式均为线性函数，仅仅是各自方程中参数所用的字母不同而已。因此，利用 Q、P 的样本资料估计模型之后，无法区分（或者识别）所估计的方程是需求函数还是供给函数。

又如，设宏观经济模型的结构如下：

消费函数 $C_t=a_0+a_1Y_t+\varepsilon_{1t}$

投资函数 $I_t=b_0+b_1Y_t+\varepsilon_{2t}$

恒等式 $Y_t=C_t+I_t$

将模型中的第二、第三两个方程相加后，整理得到：

组合方程 $C_t=-b_0+(1-b_1)Y_t-\varepsilon_{2t}$

它和消费函数有完全相同的统计形式。因此，如果利用 C 和 Y 的统计资料估计模型 $C_t=c_0+c_1Y_t+\varepsilon_{1t}$ 之后，无法判断所估计的 $\hat{c}_0$、$\hat{c}_1$ 究竟是消费函数中的参数，还是组合方程中的参数。此时，只能认为消费函数中的参数是无法估计的。

因此，在构造联立方程模型时，如果模型结构设定不当，很可能使得其中某些方程无法正确估计，这就是模型的识别问题。

2. 识别的定义

关于识别的定义，有以下三种等价的表述形式：

(1) 如果联立方程模型中某个结构方程具有确定的统计形式，则称该方程是可识别的；否则，称该方程是不可识别的。

(2) 如果联立方程模型中某个结构方程无法用模型中的其他方程线性组合成相同的统计形式，则称该方程是可识别的；否则为不可识别的。

(3) 如果联立方程模型中某个结构方程中的结构参数，可以从参数关系体系的方程组中求解得到，则称该方程为可识别的，否则为不可识别的。

所谓统计形式，即方程中的变量和变量之间的函数关系式。"确定的统计形式"，即模型中其他方程或所有方程的任意线性组合所构成的新的方程，都不再具有这种统计形式。因此，上述第(1)、第(2)种定义的等价性很容易理解。第(3)种定义实际上是引出"识别性"概念的最初定义，即在分析"结构参数是否可以通过简化式参数求得"而产生的问题。如果某个结构方程不具有确定的统计形式，则根据参数关系体系也不可能用简化式参数将结构参数确定下来。例如，在商品供需模型中，有两个内生变量 Q、P，没有前定变量。其简化式模型为：

$$Q=\pi_0+\upsilon_1$$
$$P=\pi_1+\upsilon_2$$

参数关系体系为：

$$\pi_0=\frac{a_1b_0-a_0b_1}{a_1-b_1}\quad \pi_1=\frac{b_0-a_0}{a_1-b_1}$$

待求的结构参数共有4个：a_0,a_1,b_0,b_1，但参数关系体系的方程组中只有两个方程，所以方程无解，即结构参数无法通过 π_0、π_1 求解得到，需求函数和供给函数都是不可识别的。

在识别的三种定义中，应该以第(1)种定义(即是否存在确定的统计关系)作为基本定义，其他两种定义实际上是判断可否识别的方法。另外，上述识别的定义是针对某个结构方程而言的。联立方程模型中每一个随机结构方程都存在识别的问题。只有当其中所有随机方程都是可识别的，该模型才是可识别的；否则模型是不可识别的。模型中的恒等方程，因不含待确定的参数，所以不存在识别问题。但是，在判断随机结构方程的识别问题时，应该考虑模型中的恒等方程，事实上正是某些恒等方程(如宏观经济模型中的定义方程)使得随机方程成为不可识别的。

3. 恰好识别与过度识别

可识别的结构方程又分两种情况：如果根据参数关系体系只能求得结构参数的唯一解，则称该结构方程是恰好识别的；如果求解不唯一，则称其为过度识别。

现以农产品的供需模型为例，分析模型识别状态的变化过程。

(1) 模型1：

需求函数　$Q=a_0+a_1P+a_2Y+\varepsilon_1$

供给函数　$Q=b_0+b_1P+\varepsilon_2$

在需求函数中加入一个外生变量——消费者收入 Y，则简化式模型为：

$$P=\pi_{10}+\pi_{11}Y+\upsilon_1$$

$$Q=\pi_{20}+\pi_{21}Y+\upsilon_2$$

参数关系体系为：

$$\pi_{10}=\frac{b_0-a_0}{a_1-b_1}\quad \pi_{11}=\frac{-a_2}{a_1-b_1}$$

$$\pi_{20}=\frac{a_1b_0-a_0b_1}{a_1-b_1}\quad \pi_{21}=\frac{-a_2b_1}{a_1-b_1}$$

待求的结构参数有5个，而参数关系体系中只有4个方程，无法由简化式参数解出所有的结构参数，所以模型整体上是不可识别的，但其中的供给函数却是可识别的，因为：

$$\frac{\pi_{21}}{\pi_{11}}=\frac{-a_2b_1/(a_1-b_1)}{-a_2/(a_1-b_1)}=b_1$$

$$\pi_{20}-b_1\pi_{10}=\frac{a_1b_0-b_0b_1}{a_1-b_1}=b_0$$

所以供给函数中结构参数 b_0、b_1 可以用简化式参数唯一确定，是恰好识别的方程。

根据方程的统计形式也可以判断模型的识别性。将需求函数和供给函数分别乘以常数 λ、$1-\lambda$ 后相加，两个方程的线性组合为：

$$Q=c_0+c_1P+c_2Y+\upsilon$$

其中：

$$c_0=\lambda a_0+(1-\lambda)b_0$$

$$c_1=\lambda a_1+(1-\lambda)b_1$$

$$c_2=\lambda a_2$$

$$\upsilon=\lambda\varepsilon_1+(1-\lambda)\varepsilon_2$$

经线性组合后的方程与需求函数有相同的统计形式（变量相同，且均为线性函数），所以需求函数是不可识别的。但它与供给函数的统计形式不同，即供给函数的统计形式可以唯一确定，所以是可识别的，并且是恰好识别的（只有唯一一组解）。

在需求函数中增加一个变量之后，供给函数由不可识别变成可识别的，这给我们一个启示：一个方程能否识别取决于模型中其他方程所含变量的个数。所以，在供给函数中也加入一个外生变量——天气条件指数 R，则需求函数应该也变成可识别的。

(2) 模型 2：

需求函数 $Q=a_0+a_1P+a_2Y+\varepsilon_1$

供给函数 $Q=b_0+b_1P+b_2R+\varepsilon_2$

其简化式模型为：

$$P=\pi_{10}+\pi_{11}Y+\pi_{12}R+\upsilon_1$$

$$Q=\pi_{20}+\pi_{21}Y+\pi_{22}R+\upsilon_2$$

待求解的结构参数有 6 个，系数关系体系中的方程恰好也是 6 个，所以结构参数可以通过简化式参数唯一确定，需求函数变成恰好识别的，整个模型也是恰好识别的。

同理，两个方程的线性组合方程为：

$$Q=c_0+c_1P+c_2Y+c_3R+\upsilon$$

它在统计形式上既不同于需求函数，又不同于供给函数，从而说明需求函数和供给函数都是可识别的。

(3) 模型 3：

需求函数 $Q=a_0+a_1P+a_2Y+a_3P_0+\varepsilon_1$

供给函数 $Q=b_0+b_1P+b_2R+\varepsilon_2$

此时在需求函数中又加入一个外生变量——替代品价格 P_0，则模型的简化式为：

$$P=\pi_{10}+\pi_{11}Y+\pi_{12}R+\pi_{13}P_0+\upsilon_1$$

$$Q=\pi_{20}+\pi_{21}Y+\pi_{22}R+\pi_{23}P_0+\upsilon_2$$

模型中有 8 个简化式参数，而待确定的结构参数有 7 个。所以结构参数可以由简化式参数解出，但解不唯一。由系数关系体系可以推出，供给函数的结构参数可以得到两组解，所以，供给函数是过度识别的。

通过本例的讨论过程可以看出，结构方程的识别状态与模型中其他方程所含变量的个数密切相关。变量太少可能会使该方程不可识别，变量太多又会造成该方程过度识别。

6.2.2 识别的判别条件

以上是从识别的定义出发来判断结构方程的识别性，但是当模型包含较多的变量和方程时，这样判断就比较麻烦。为此，需要给出判断结构方程识别状态的两个判别规则——识别的阶条件和秩条件。

1. 识别的阶条件

如果结构方程中包含了模型中的所有变量，则该方程与模型中任何一个方程的线性组合都与该方程有相同的统计形式，因而该方程一定是不可识别的。这一事实表明，如果一个结构方程可以识别，则必然有若干个变量被排斥在该方程之外。由此，给出判别方程识别性的阶条件为：

在包含 G 个方程的结构式模型中，如果某个结构方程能被识别，则至少应有 $G-1$ 个变量不在该方程中。

记 G=模型中内生变量个数（即方程个数），K=模型中前定变量个数，g=某个特定结构方程中的内生变量个数，k=某个特定结构方程中的前定变量个数，因为模型中的变量个数为 $G+K$，某个特定方程中的变量个数为 $g+k$，所以不在该方程中的变量（又称为被斥变量）个数为 $(G+K)-(g+k)$，故阶条件要求：

$$(G+K)-(g+k)\geqslant G-1$$

即

$$K-k\geqslant g-1 \tag{6.2.1}$$

或

$$g+k\leqslant K+1 \tag{6.2.2}$$

这样可以将识别的阶条件完整地表述成：

若 $k+g>K+1$，该方程不可识别；若 $k+g=K+1$，该方程恰好识别；若 $k+g<K+1$，该方程过度识别。

需要指出的是，识别的阶条件只是一个必要条件，而非充分条件。如果某个方程不满足阶条件（即方程中的变量个数大于 $K+1$），则不可识别。但是满足阶条件的方程未必就是可识别的；也就是说，阶条件只能帮助我们判断方程的不可识别性。只有根据别的方法判断某个结构方程是可识别的之后，才能根据阶条件的后两条进一步确认该方程是恰好识别或过度识别。

[例 6-5] 设宏观经济模型为：

消费函数 $C_t=a_0+a_1Y_t+a_2C_{t-1}+\varepsilon_{1t}$

投资函数 $I_t=b_0+b_1Y_t+\varepsilon_{2t}$

恒等式 $Y_t=C_t+I_t$

消费函数中，$g=2,k=1$；而 $K=1,K-k=1-1=0<1=g-1$，所以，消费函数是不可识别的。

投资函数中，$g=2,k=0,K=1$，而 $K-k=1-0=1=g-1$，此时虽然满足阶条件，但由于阶条件只是“可识别”的必要条件，所以根据阶条件无法判定投资函数是否为可识别的。

2. 识别的秩条件

识别的阶条件实际上是要求某个特定方程排斥(即不包含)一定数目的变量，以达到其在统计形式上与模型中其他方程不同的目的。但它并不能保证模型中的另一个方程也排斥完全相同的变量，如果这样将与特定方程具有相同的统计形式。所以，阶条件只能作为识别的必要条件。

识别的秩条件是一个充分必要条件，其具体内容为：

在具有 G 个方程的结构式模型中，任何一个方程能够被识别的充分必要条件是：该方程被斥变量结构参数矩阵的秩为 $G-1$。或者说，该方程被斥变量的结构系数矩阵中，至少有一个 $G-1$ 阶的非零行列式。

识别的秩条件实际上是要求某个特定方程所排斥的变量，必须以不同的统计形式出现在其他 $G-1$ 个方程中，这样才能保证模型中的其他方程或这些方程的线性组合与特定方程具有不同的统计形式。

[例 6-6] 设宏观经济模型为：

消费函数 $C_t=a_0+a_1Y_t+a_2T_t+\varepsilon_{1t}$

投资方程 $I_t=b_0+b_1Y_t+b_2Y_{t-1}+\varepsilon_{2t}$

税收方程 $T_t=c_0+c_1Y_t+\varepsilon_{3t}$

定义方程 $Y_t=C_t+I_t+G_t$

式中，T 为税收，其余变量与例 6-1 中的定义相同。模型包含 4 个内生变量：C、I、T、Y；2 个前定变量：Y_{t-1}、G。由于 $K+1=2+1=3$，而消费函数、投资函数中都只有 3 个变量($g+k=3$)，税收函数中有 2 个变量，所以都满足阶条件：$g+k\leqslant K+1$。如果是可识别的，则分别是恰好识别和过度识别的方程。

现在利用秩条件判断每个方程的识别性，先判断消费函数的识别性。具体步骤为：

(1) 列出模型的结构参数矩阵：

$$\begin{array}{cccccc} C & I & T & Y & Y_{t-1} & G \end{array}$$
$$\begin{bmatrix} 1 & 0 & -a_2 & -a_1 & 0 & 0 \\ 0 & 1 & 0 & -b_1 & -b_2 & 0 \\ 0 & 0 & 1 & -c_1 & 0 & 0 \\ -1 & -1 & 0 & 1 & 0 & -1 \end{bmatrix}$$

(2) 在结构参数矩阵中先划去待判断方程的系数(即第 1 行)，再划去该方程中非零系数所在的列(即第 1、3、4 列)，得到该方程的被斥变量结构参数矩阵：

$$\begin{bmatrix} 1 & -b_2 & 0 \\ 0 & 0 & 0 \\ -1 & 0 & -1 \end{bmatrix}$$

(3) 观察被斥变量结构参数矩阵中是否存在 $G-1=4-1=3$ 阶的非零行列式。此时只有一个 3 阶行列式，并且等于零，所以根据秩条件，消费函数是不可识别的。

同理得到投资函数、税收函数的被斥变量结构参数矩阵为：

投资函数　　　　　　税收函数

$$\begin{bmatrix} 1 & -a_2 & 0 \\ 0 & 1 & 0 \\ -1 & 0 & -1 \end{bmatrix} \qquad \begin{bmatrix} 1 & 0 & 0 & 0 \\ 0 & 1 & -b_2 & 0 \\ -1 & -1 & 0 & -1 \end{bmatrix}$$

投资函数的被斥变量结构参数矩阵只有一个 3 阶行列式，并且等于 $-1\neq0$，所以投资函数是可识别的。而税收函数的被斥变量结构参数矩阵中也有一个非零的 3 阶行列式：

$$\begin{vmatrix} 1 & 0 & 0 \\ 0 & 1 & 0 \\ -1 & -1 & -1 \end{vmatrix} = -1\neq0$$

所以税收函数也是可识别的。

(4) 对可识别的投资函数和税收函数，再利用阶条件判别其识别状态。由于投资函数中，变量个数 $g+k=3=2+1=K+1$，所以投资函数是恰好识别的，即由简化式参数可以求得结构参数 b_0、b_1、b_2 的唯一一组解。而税收函数中，变量个数$=2<K+1$，所以税收函数是过度识别的，即由简化型参数可以求得结构参数的多组解。

模型中第 4 个方程为定义方程，不存在识别问题。由于模型中含有一个不可识别的方程，所以整个模型是不可识别的。

本例的讨论过程表明，综合运用识别的阶条件和秩条件，可以很方便地判断每个结构方程的识别性。判断过程可以具体归纳成图 6-3 所示（记特定方程的被斥变量结构参数矩阵为 $\boldsymbol{B}_0\boldsymbol{\Gamma}_0$）。

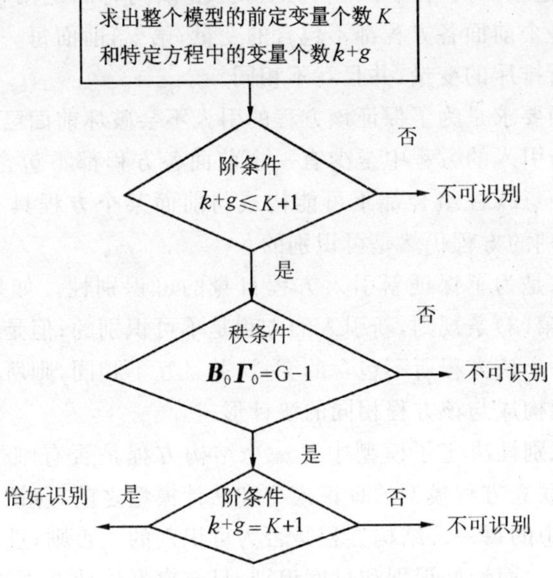

图 6-3　识别状态的判别过程

3. 其他判别规则

当模型中的方程数目较多时，利用识别的定义或识别的判别条件判断模型的识别性都相当麻烦，有时甚至是不可能的。以下是一些依据阶条件和秩条件得出的判断规则，在实践中常常是简便而实用的。

(1) 如果一个方程包含了模型中的所有变量（即所有内生变量和前定变量），则该方程一定是不可识别的，因为该方程不满足阶条件。

(2) 如果一个方程包含一个内生变量和全部前定变量，则该方程是恰好识别的。因为该结构方程实际上就是简化式方程；被解释变量是内生变量，解释变量为所有的前定变量，结构参数即简化式参数，所以是可识别的，又因为变量个数 $k+g=K+1$，由阶条件是恰好识别的。

(3) 如果第 i 个方程排斥的变量中没有一个在第 j 个方程中出现，则第 i 个方程是不可识别的。因为此时第 j 个方程中的变量一定也包含在第 i 个方程之中（即为第 i 个方程所包含变量的子集），所以第 i 个方程与第 j 个方程的线性组合与第 i 个方程有相同的统计形式。

(4) 如果模型中的两个方程具有相同的变量，则这两个方程都是不可识别的。

在实际应用中，并不是等建立联立方程模型的理论模型之后，再利用上述方法进行识别，而是在构造理论模型的过程中就设法保证模型的可识别性。具体来讲，就是在构造模型的每一个结构方程时，应该同时满足两项要求：第一，方程中至少含有一个前面各方程都不包含的变量；第二，前面每一个方程都至少包含一个该方程所排斥的变量，并且互不相同。

其中第一项要求是为了保证该方程的引入不会破坏前面已有方程的可识别性。因为只要新引入的方程中至少有一个前面各方程都不包含的变量，则其与前面各方程的任意线性组合都不可能构成与前面某个方程具有相同的统计形式，原来可以识别的方程仍然是可识别的。

第二项要求是为了保证新引入方程自身的可识别性。如果不满足此项要求，则根据上述第(3)条规则，新引入的方程是不可识别的；但是如果前面每个方程都至少含有一个该方程所不包含的变量，并且互不相同，则所有方程的任意线性组合都不可能构成与该方程相同的统计形式。

模型的可识别性决定了模型中每一个结构方程是否有唯一确定的统计形式，所以在构造联立方程模型的理论模型和估计模型之前，应该判断该模型的可识别性，即模型中的每一个结构方程是否为可识别的。否则，进一步的计量经济研究将失去意义。而恰好识别和过度识别，只与模型估计方法的选择有关，并不十分重要。

§6.3 联立方程模型的估计

对于可识别的联立方程模型，下一步就是设法估计模型中的参数。联立方程模型的估计方法分为两大类，单方程估计方法与系统估计方法。

单方程估计方法即对模型中的结构方程逐个进行估计，估计过程中主要考虑每一个方程所包含的信息，而不涉及模型系统中各方程之间的相互关系，所以也称为有限信息估计法。常用的单方程估计方法有：最小二乘法(OLS)、间接最小二乘法(ILS)、工具变量法(IV)、二段最小二乘法(2SLS)、有限信息极大似然法(LIML)、有限信息最小方差比法(LVR)等。

系统估计法是对整个模型中的所有结构方程同时进行估计，同时得到模型中所有结构参数的估计量。由于估计过程中要考虑模型的整体结构，以及施加在每个方程上的约束，利用了模型系统的全部信息，所以又称为完全信息法。常用的系统估计方法有：三段最小二乘法(3SLS)、完全信息极大似然法(FIML)等。

以下主要介绍联立方程模型的单方程估计方法。

6.3.1　联立方程偏误

单方程估计方法就是对联立方程模型中的每一个方程逐个进行估计，在前面各章中我们已经详细讨论了单方程模型的估计问题。如果对联立方程模型中的结构方程只是逐个进行估计，似乎就不需要再讨论如何估计的问题了。但是，联立方程模型与单方程模型的一个最大区别，就是解释变量中间可能包含随机变量，并且经常与随机误差项相关。此时如果用 OLS 法估计参数，将会得到一个有偏估计。

例如，设有以下模型：

$$C=a+bY+\varepsilon$$
$$Y=C+I$$

由于
$$Y=C+I=(a+bY+\varepsilon)+I$$

故
$$Y=\frac{a}{1-b}+\frac{1}{1-b}I+\frac{1}{1-b}\varepsilon$$

所以，消费函数中虽然只有一个解释变量 Y，但它却是随机变量，并且与误差项相关。根据一元线性回归模型的 OLS 估计公式，则有：

$$\hat{b}=\frac{\sum y_t c_t}{\sum y_t^2}=\frac{\sum y_t(by+\varepsilon_t)}{\sum y_t^2}=b+\frac{\sum y_t\varepsilon_t}{\sum y_t^2}$$

式中，各变量均为离差形式。由于 y_t 与 ε_t 相关，所以

$$E\left(\frac{\sum y_t\varepsilon_t}{\sum y_t^2}\right)\neq 0$$

这样，$E(b)\neq b$，即 OLS 估计为有偏估计，并且偏差不会随着样本的增大而消失。由于这个偏差是因方程的联立造成解释变量与随机误差项相关，所以称之为联立方程偏误。

因此，只要结构方程的解释变量中含有内生变量，通常不能直接使用 OLS 法估计结构参数，需要建立新的单方程模型估计方法。只有一类特殊结构的联立方程模型——递归系统模型，可以直接使用 OLS 法估计其中的每一个结构方程。

6.3.2　递归系统模型的估计

1. 递归系统模型的特点

递归系统模型是指联立方程模型的结构式模型具有如下形式：

$$
\begin{cases}
Y_1 = b_{10} & +r_{11}X_1+\cdots+r_{1k}X_k+\varepsilon_1 \\
Y_2 = b_{20}+b_{21}Y_1 & +r_{21}X_1+\cdots+r_{2k}X_k+\varepsilon_2 \\
Y_3 = b_{30}+b_{31}Y_1+b_{32}Y_2 & +r_{31}X_1+\cdots+r_{3k}X_k+\varepsilon_3 \\
\vdots \\
Y_g = b_{g0}+b_{g1}Y_1+\cdots+b_{gg-1}Y_{g-1} & +r_{g1}X_1+\cdots+r_{gk}X_k+\varepsilon_g
\end{cases}
$$

即第一个方程的被解释变量为内生变量 Y_1，解释变量全是前定变量；第二个方程的被解释变量为内生变量 Y_2，解释变量中除了第一个方程出现的内生变量 Y_1 之外，全部都是前定变量（当然，其中有些结构参数为 0，否则该方程是不可识别的）。依此类推，使得每个结构方程的解释变量中只包含前面方程出现的内生变量，其余均为前定变量。其内生变量的结构系数矩阵为：

$$
\boldsymbol{B}=\begin{bmatrix}
1 & 0 & 0 & \cdots & 0 \\
-b_{21} & 1 & 0 & \cdots & 0 \\
-b_{31} & -b_{32} & 1 & \cdots & 0 \\
\vdots \\
-b_{g1} & -b_{g2} & -b_{g3} & \cdots & 1
\end{bmatrix}
$$

可见递归系统模型的结构特点为：内生变量的结构参数矩阵为下三角阵，并且主对角线元素均为 1。

实际经济系统中确实存在着递归系统模型。例如，在供给导向的宏观经济系统中，总产值由前期资本存量和劳动力数量决定；国民收入由总产值决定；居民收入、财政收入由国民收入决定；消费和投资又由居民收人和财政收入决定……如果将这些关系用计量经济模型描述，就是一个典型的递归系统模型。

［例 6-7］ 设消费、工资、价格模型为：

消费函数 $C_t=b_{10}+b_{11}I_t+b_{12}W_t+\varepsilon_{1t}$

工资函数 $W_t=b_{20}+b_{21}I_t+\varepsilon_{2t}$

价格函数 $P_t=b_{30}+b_{31}I_t+b_{32}W_t+b_{33}C_t+\varepsilon_{3t}$

式中，I 为固定资产投资，W 为职工年平均工资，C 为居民消费水平，P 为价格指数。C、W 和 P 为内生变量，I 为外生变量。为了判断其是否为递归系统模型，将方程的前后顺序进行适当调整：因为工资函数的解释变量中只有前定变量，所以将其作为第 1 个方程；在解释变量中只出现内生变量 W 的是消费函数，所以将其作为第 2 个方程；剩下的价格函数中，解释变量中的内生变量恰好也只有 C 和 W。这样，模型的结构系数矩阵为：

$$\begin{array}{c} \begin{matrix} W & C & P & I \end{matrix} \\ \begin{bmatrix} 1 & & & -b_{21} \\ -b_{12} & 1 & & -b_{11} \\ -b_{32} & -b_{33} & 1 & -b_{31} \end{bmatrix} \end{array}$$

所以，该模型为递归系统模型。

递归系统模型的另一个特点是，模型的内生变量之间只存在单向因果关系，即只有 Y_i 影响 Y_j，但 Y_j 并不影响 $Y_i(i<j)$。如例 6-7 中，三个内生变量的因果关系为：

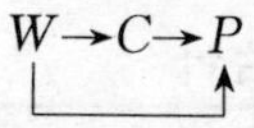

递归系统模型的这种单向因果关系，使得模型的内生变量之间呈现出递推(或递归)关系：利用前定变量的值从第一个方程确定 Y_1 之后，将其代人第二个方程则得到 Y_2；再将 Y_1、Y_2 代入第 3 个方程则得到 Y_3；依次下去，直到最后确定 Y_g。因此，递归系统模型中的每一个内生变量都可以看成是后继方程的前定变量，或者视为后继方程中内生变量变化的原因，所以递归系统模型又称为“原因模型”。

内生变量之间的这种单向因果关系，也可以作为递归系统模型的一个判别准则。

2. 递归系统模型的估计

考虑有 3 个结构方程的递归系统模型：

$$\begin{cases} Y_1 = b_{10} + r_{11}X_1 + \varepsilon_1 \\ Y_2 = b_{20} + b_{21}Y_1 + r_{21}X_2 + \varepsilon_2 \\ Y_3 = b_{30} + b_{31}Y_1 + b_{32}Y_2 + r_{31}X_3 + \varepsilon_3 \end{cases}$$

其中，第 1 个方程的解释变量全是前定变量，不存在与随机误差项 ε_1 相关的问题，所以可以用 OLS 法估计。第 2 个方程中只有一个内生变量 Y_1，其余全部是前定变量；由于 ε_1、ε_2 是两个不同方程中的随机误差项，ε_1 与 ε_2 应该互不相关，但 Y_1 与 ε_1 相关，这样 Y_1 与 ε_2 不相关。所以可以用 OLS 法估计第 2 个方程而不会出现联立方程偏误问题。同理，第 3 个方程中，内生变量 Y_1、Y_2 分别与 ε_1、ε_2 相关，但 ε_1、ε_2 与 ε_3 无关，所以 Y_1、Y_2 与 ε_3 也不相关，仍然可以用 OLS 法估计方程。

由此可见，递归系统模型的结构方程中虽然也包含着随机解释变量，但它们与随机误差项不相关，不会产生联立方程偏误的问题。因此，如果一个联立方程模型经判断是递归系统模型，则可以直接用 OLS 法估计模型。

实际估计模型时，从理论上讲，解释变量中内生变量的数据可以直接使用 Y

的实际观测值，但一般还是使用前面方程已估计出的$\hat{Y}_i$来代替方程中的解释变量Y_i。这样做主要有两个原因：

(1) 虽然ε_i与$\varepsilon_j(i<j)$从理论上讲是互不相关的，但处于同一模型系统中的随机误差项很难保证是互不相关的。这样内生变量Y_i很可能与ε_j相关；而估计出的$\hat{Y}_i$实际上是前定变量的函数，所以与ε_j不相关。

(2) 由于$\hat{Y}_i$是模型系统中其他变量的函数，所以$\hat{Y}_i$比Y_i更能充分地反映模型中其他变量的信息。

6.3.3 恰好识别模型的估计

1. 间接最小二乘法(ILS)的原理

联立方程模型的结构式方程不能直接使用最小二乘法进行估计的主要原因，就是方程的解释变量中间含有与误差项相关的内生变量。但是另外一类联立方程模型——简化式模型却不存在这个问题。由于简化式方程的解释变量全是前定变量，与方程中的随机误差项不相关，所以可以使用OLS法估计其中的参数。而简化式参数与结构参数之间又有一定的联系，这很自然地提出一种估计方法：先利用最小二乘法估计简化式方程，再通过参数关系体系，由简化式参数的估计值求解得到结构参数的估计值。由于这种估计方法是通过简化式模型间接求得结构参数的估计值，所以称之为间接最小二乘法(Indirect Least Square，简称ILS)。显然，使用间接最小二乘法估计结构方程。有两个前提条件：

(1) 结构式方程是恰好识别的，因为这样才能从参数关系体系中得到结构参数的唯一一组估计量。

(2) 简化式方程满足古典回归模型的基本假定，因为这样才能使用OLS法估计简化式方程，得到简化式参数的最佳估计量。

2. 间接最小二乘法的步骤

间接最小二乘法的具体步骤为：

(1) 判断结构方程的识别状态；

(2) 将结构式模型转化成简化式模型，得到参数关系体系，并解出结构参数与简化式参数之间的关系式；

(3) 利用OLS法估计简化式方程；

(4) 将简化式参数估计值代入参数关系体系，解出结构参数。

[例6-8] 设农产品市场均衡模型为：

$$Q_d = a_0 + a_1 P + a_2 Y + \varepsilon_1$$

$$Q_s = b_0 + b_1 P + b_2 R + \varepsilon_2$$
$$Q_d = Q_s$$

式中，R 为降雨量，其余变量与例 6-2 中的定义相同。试根据表 6-1 中的统计资料估计模型。

(1) 识别性。根据平衡方程，设 $Q=Q_d=Q_s$。这样模型中只有 2 个内生变量 Q、P 以及 2 个外生变量 Y 和 R。模型的结构参数矩阵为：

$$\begin{array}{cccc} Q & P & Y & R \end{array}$$
$$\begin{bmatrix} 1 & -a_1 & -a_2 & 0 \\ 1 & -b_1 & 0 & -b_2 \end{bmatrix}$$

显然需求函数、供给函数的被斥变量结构参数矩阵的秩都是 1($=2-1=G-1$)，所以根据秩条件，两个结构方程都是可识别的。另外，$K+1=2+1=3$，而每个方程中的变量个数 $g+k=2+1=k+1$，所以根据阶条件，每个方程又都是恰好识别的。

表 6-1 农产品市场的有关统计资料

年份	Q	P	Y	R
1988	50	10	15	100
1989	54	12	12	102
1990	65	9	11	105
1991	84	15	17	107
1992	75	14	19	110
1993	85	15	30	111
1994	90	16	28	111
1995	60	14	25	113
1996	40	17	23	117
1997	70	19	33	120

(2) 求解参数关系体系。简化式模型为：

$$\begin{bmatrix} Q \\ P \end{bmatrix} = \begin{bmatrix} \pi_{10} & \pi_{11} & \pi_{12} \\ \pi_{20} & \pi_{21} & \pi_{22} \end{bmatrix} \begin{bmatrix} 1 \\ Y \\ R \end{bmatrix} + \begin{bmatrix} \upsilon_1 \\ \upsilon_2 \end{bmatrix} = \boldsymbol{\Pi X} + \boldsymbol{V}$$

由于

$$\boldsymbol{B}^{-1} = \begin{bmatrix} 1 & -a_1 \\ 1 & -b_1 \end{bmatrix}^{-1} = \frac{1}{b_1 - a_1} \begin{bmatrix} b_1 & -a_1 \\ 1 & -1 \end{bmatrix}$$

$$\boldsymbol{\Gamma} = \begin{bmatrix} -a_0 & -a_2 & 0 \\ -b_0 & 0 & -b_2 \end{bmatrix}$$

(注意：在前定变量结构系数矩阵中加入了常数项向量)

$$-\boldsymbol{B}^{-1}\boldsymbol{\Gamma}=\begin{bmatrix}\dfrac{a_0b_1-a_1b_0}{b_1-a_1} & \dfrac{a_2b_1}{b_1-a_1} & \dfrac{-a_1b_2}{b_1-a_1}\\ \dfrac{a_0-b_0}{b_1-a_1} & \dfrac{a_2}{b_1-a_1} & \dfrac{-b_2}{b_1-a_1}\end{bmatrix}$$

所以，根据参数关系体系：

$$a_1=\pi_{12}/\pi_{22} \qquad b_1=\pi_{11}/\pi_{21}$$

$$a_2=\pi_{21}(b_1-a_1) \qquad b_2=\pi_{22}(a_1-b_1)$$

$$a_0=\pi_{10}-a_1\pi_{20} \qquad b_0=\pi_{10}-b_1\pi_{20}$$

(3) 利用 OLS 估计简化式模型。根据表 6-1 的统计资料，利用 OLS 法估计出简化式模型：

$$\hat{Q}=215.03+1.8683Y-1.7144R$$

$$\hat{P}=-19.65+0.1384Y+0.2808R$$

即

$$\hat{\pi}_{10}=215.03 \quad \hat{\pi}_{11}=1.8683 \quad \hat{\pi}_{12}=-1.7144$$

$$\hat{\pi}_{20}=-19.65 \quad \hat{\pi}_{21}=0.1384 \quad \hat{\pi}_{22}=0.2808$$

(4) 求结构参数估计值。将简化式参数估计值代入由参数关系体系解出的关系式，可以求得结构参数的估计值为：

$$\hat{a}_1=-6.1054 \qquad \hat{b}_1=13.4993$$

$$\hat{a}_2=2.7133 \qquad \hat{b}_2=-5.5050$$

$$\hat{a}_0=95.06 \qquad \hat{b}_0=480.29$$

因此，农产品的需求函数和供给函数为：

$$\hat{Q}_d=95.06-6.1054P+2.7133Y$$

$$\hat{Q}_s=480.29+13.4993P-5.5050R$$

为了比较，现利用 OLS 法直接估计需求函数和供给函数，得：

$$\hat{Q}_d=57.33-0.8621P+1.0289Y$$

$$\hat{Q}_s=163.53+3.9525P-1.4230R$$

与 ILS 的估计结果比较后可知，由于估计方法选择不当，使参数估计产生了严重的偏误。

3. 间接最小二乘法的估计性质

尽管简化式参数的 OLS 估计量是最佳线性无偏估计量，但是通过参数关系体系计算得到的结构参数估计量在小样本下是有偏的(因为结构参数与简化式参数之间是非线性关系)，但在大样本情况下是渐进无偏的。

6.3.4 过度识别模型的估计

间接最小二乘法只适用于恰好识别的结构方程，但是实际问题中可识别的结构方程大多数是过度识别的。因为对于方程数目较多的模型，所包含的前定变量数目相应也多，而结构方程中的变量一般只有 2～5 个，所以经常出现：

$$g+k<K+1$$

即方程为过度识别的，利用简化式参数无法唯一确定结构式参数。对于过度识别模型，最常用的参数估计方法是二阶段最小二乘法（Two Stage Least Squares，简称 2SLS）。

1. 二阶段最小二乘估计的原理

结构方程的解释变量中间含有内生变量，是造成 OLS 估计产生偏误的主要原因。2SLS 法的解决方法是，设法寻找一个变量 $\hat{Y}$ 来替代解释变量中的内生变量 Y。替代变量 $\hat{Y}$ 应该具备两个条件：一是与 Y 高度相关，即能反映 Y 的变化；二是与方程中的随机误差项无关。实际上，用 Y 的简化式方程表示的变量恰好满足这两个条件。设利用 OLS 法估计得到 Y 的简化式方程：

$$\hat{Y}=\hat{\pi}_0+\hat{\pi}_1X_1+\cdots+\hat{\pi}_kX_k$$

根据内生变量的定义，Y 的取值是由模型中的所有前定变量来决定，Y 与 $\hat{Y}$ 一般是高度相关的。另外，$\hat{Y}$ 是前定变量的函数，与随机误差项无关。因此，可以用 $\hat{Y}$ 代替结构方程中的随机解释变量 Y，并且可以采用 OLS 法估计变量替代后的结构方程。由于估计过程分成两个阶段，每个阶段都使用最小二乘法估计参数，所以称之为二阶段最小二乘法。

2. 二阶段最小二乘估计的步骤

(1) 利用 OLS 法估计结构方程中所有内生变量的简化式方程；

(2) 利用估计出的简化式方程计算内生变量的估计值；

(3) 用内生变量的估计值替代解释变量中的内生变量，再利用 OLS 法估计变量替换后的结构方程。

例如，设待估计的结构式模型为：

$$Y=b_0+b_1Y_1+b_2Y_2+b_3X_1+b_4X_2+\varepsilon$$

式中，Y_1、Y_2 为内生变量，X_1、X_2 为前定变量，则利用 2SLS 法估计该结构方程的命令序列为：

```
LS   Y1   C   X1   X2              估计Y1的简化式方程
GENR   EY1=Y1-RESID                计算Y1的估计值
```

(或 FORCST EY1)

LS Y2 C X1 X2　　估计 Y_2 的简化式方程

GENR EY2=Y2-RESID　　计算 Y_2 的估计值

LS Y C EY1 EY2 X1 X2　　估计替代后的结构方程

实际上在 EViews 软件中，可以利用 TSLS 命令直接进行二阶段最小二乘估计，命令格式为：

TSLS Y C 解释变量名 @ C 前定变量名

命令中，符号@前面是方程中的所有解释变量名，包括内生变量和前定变量；符号@之后列出的是模型中的所有前定变量。如上述估计的结构方程，可以用 TSLS 命令直接写成：

TSLS Y C Y1 Y2 X1 X2 @ C X1 X2

也可以在方程说明窗口中，选择估计方法为 TSLS，并在工具变量栏（Instrument list）中输入模型中的所有前定变量即可。

3. 二阶段最小二乘估计的统计性质

(1) 2SLS 估计量在小样本下是有偏的，在大样本下是渐近无偏的。

(2) 估计过程中需要较大的样本容量，尤其当模型中的前定变量个数较多时（即 K 值较大）。

(3) 对于恰好识别方程，2SLS 和 ILS 的估计结果是等价的。

例如，对例 6-8 的农产品市场均衡模型，用 2SLS 法重新估计需求函数和供给函数，即键入：

TSLS Q C P Y @ C Y R　　估计需求函数

TSLS Q C P R @ C Y R　　估计供给函数

得到以下估计结果：

$$\hat{Q}_d = 95.05 - 6.1061P + 2.7137Y$$

$$\hat{Q}_s = 480.20 + 13.4948P - 5.5034R$$

与 ILS 法的估计结果比较可知，除了计算误差之外，估计结果是相同的。

(4) 2SLS 的估计精度与第一阶段简化式方程的拟合优度密切相关。如果第一阶段的拟合优度较低，则简化式方程并不能如实反映内生变量 Y 的变化，这样在结构方程中也就无法完全替代 Y 对被解释变量的影响情况。

6.3.5 系统估计方法

前面介绍的单方程估计方法，在估计每一个结构方程时，并不考虑模型中其他结构方程的信息。系统估计方法正是针对单方程估计方法的局限性而提出来的，它将联立方程模型中的所有方程作为一个完整系统同时估计，从而利用了模型系统的全部信息，参数估计量的统计特性更加优良。但系统估计方法也有两个问题：一是计算过程十分复杂；二是估计误差具有传递性，如果某个方程的估计误差较大，将会影响到模型系统中的所有方程，而单方程估计方法不存在这个问题。本小节将讨论一种常用的系统估计方法——三阶段最小二乘法。

1. 三阶段最小二乘法

三阶段最小二乘法（Three Stage Least Squares，简称 3SLS）是 Zellner 和 Theil 于 1962 年提出的一种系统估计方法。

（1）三阶段最小二乘估计的原理。三阶段最小二乘估计的基本思路是：

$$3SLS = 2SLS + GLS$$

即首先利用二阶段最小二乘法估计模型中的每一个结构方程：然后再利用广义最小二乘法估计整个模型系统。

设联立方程模型中共有 G 个内生变量和 K 个前定变量，第 i 个结构方程可以写成：

$$\boldsymbol{Y}_i = \boldsymbol{Y}_i\boldsymbol{B}_i + \boldsymbol{X}_i\boldsymbol{\Gamma}_i + \boldsymbol{\varepsilon}_i = \boldsymbol{Z}_i\boldsymbol{A}_i + \varepsilon_i$$

其中，

$$\boldsymbol{Z}_i = [Y_i, X_i] \quad \boldsymbol{A}_i = \begin{bmatrix} B_i \\ \Gamma_i \end{bmatrix}$$

则联立方程模型可以表示成：

$$\begin{bmatrix} Y_1 \\ Y_2 \\ \vdots \\ Y_G \end{bmatrix} = \begin{bmatrix} Z_1 & 0 & \cdots & 0 \\ 0 & Z_2 & \cdots & 0 \\ \vdots & & & \\ 0 & 0 & \cdots & Z_G \end{bmatrix} \begin{bmatrix} A_1 \\ A_2 \\ \vdots \\ A_G \end{bmatrix} + \begin{bmatrix} \varepsilon_1 \\ \varepsilon_2 \\ \vdots \\ \varepsilon_G \end{bmatrix}$$

或

$$\boldsymbol{Y} = \boldsymbol{ZA} + \boldsymbol{\varepsilon} \qquad (6.3.1)$$

联立方程模型中随机误差项的方差——协方差矩阵为：

$$E(\boldsymbol{\varepsilon}'\boldsymbol{\varepsilon}) = \begin{bmatrix} \sigma_{11}\boldsymbol{I} & \sigma_{12}\boldsymbol{I} & \cdots & \sigma_{1G}\boldsymbol{I} \\ \sigma_{21}\boldsymbol{I} & \sigma_{22}\boldsymbol{I} & \cdots & \sigma_{2G}\boldsymbol{I} \\ \vdots & & & \\ \sigma_{G1}\boldsymbol{I} & \sigma_{G2}\boldsymbol{I} & \cdots & \sigma_{GG}\boldsymbol{I} \end{bmatrix} = \sum \otimes \boldsymbol{I} = \boldsymbol{\Omega}$$

其中，$\otimes$表示直积，即用符号后面的矩阵去乘符号前面矩阵中的每一个元素。

（2）三阶段最小二乘估计的步骤。其具体步骤为：

① 利用 OLS 法估计内生变量的简化式方程，并计算内生变量的估计值；

② 以内生变量的估计值替代每个结构方程解释变量中的内生变量，再利用

OLS 法估计变量替代后的结构方程，求得结构参数的 2SLS 估计；

③ 利用估计的结构式方程，计算每个方程的残差向量 $e_i(i=1,2,\cdots,G)$，进而得到误差项的方差——协方差矩阵的估计量：

$$\hat{\boldsymbol{\Omega}}=\hat{\Sigma}\otimes \boldsymbol{I}$$

式中，$\hat{\Sigma}=(\hat{\sigma}_{ij})_{G\times G}$；并且

$$\hat{\sigma}_{ij}=\frac{\boldsymbol{e}_i{}'\boldsymbol{e}_j}{\sqrt{(n-g_i+1-k_i)(n-g_i+1-k_j)}}$$

g_i、k_i 分别为第 i 个结构方程中的内生变量个数和前定变量个数。由于联立方程模型各个方程的随机误差项之间很可能是同期相关的，即 σ_{ij} 不全为零，所以在估计出误差项的方差——协方差矩阵之后，可以用 GLS 法估计式(6.3.1)：

$$\hat{\boldsymbol{A}}=(\hat{\boldsymbol{Z}}'\hat{\boldsymbol{\Omega}}^{-1}\hat{\boldsymbol{Z}})^{-1}\hat{\boldsymbol{Z}}'\hat{\boldsymbol{\Omega}}^{-1}\boldsymbol{Y}=[\hat{\boldsymbol{Z}}'(\hat{\Sigma}\otimes\boldsymbol{I})^{-1}\hat{\boldsymbol{Z}}]^{-1}\hat{\boldsymbol{Z}}'(\hat{\Sigma}\otimes\boldsymbol{I})^{-1}\boldsymbol{Y} \quad (6.3.2)$$

式(6.3.2)即为结构参数的 3SLS 估计。从估计过程可以看出，前面两个阶段进行的 2SLS 估计，主要是为了估计随机误差项的方差——协方差矩阵，在此基础上才能使用 GLS 法估计模型系统中的所有结构参数。

(3) 三阶段最小二乘估计的性质。3SLS 估计量的统计性质主要有：

① 如果联立方程模型是可识别的，并且非奇异，则 3SLS 估计量是一致性估计量，但也是有偏估计量。

② 3SLS 估计比 2SLS 估计更有效。

③ 如果 Σ 是对角阵，即模型系统中各个结构方程的随机误差项之间互不相关，则 3SLS 估计量与 2SLS 估计量等价。这也表明 3SLS 法的主要优点是估计参数时考虑了各个方程随机误差项之间的相关性。

2. EViews 软件中的系统估计方法

在 EViews 软件中可以用命令和菜单驱动两种方式执行系统估计方法。

(1) 命令方式。具体步骤为：

[命令方式] SYS（估计方法参数） 系统文件名

EViews(2.0)中提供的系统估计方法及相应参数为：

0——最小二乘法

W——加权最小二乘法

S——似乎不相关回归(Seemingly Unrelated Regression，简称 SUR)

2——二阶段最小二乘法

J——加权二阶段最小二乘法

3——三阶段最小二乘法

选择参数 0 或 2，则使用最小二乘法或二阶段最小二乘法估计模型中的每

一个结构方程，估计结果与 LS 命令或 TSLS 命令的运行结果完全相同。选择参数 W 或 J，则以每个结构方程的标准差的倒数为权数，用 WLS 法或加权 2SLS 法估计每一个结构方程。当各个结构方程存在异方差性时，可以得到更好的估计结果。选择参数 0,2,W 和 J，实际上还是用单方程方法估计模型，只是用同一种方法同时估计模型中的每一个方程。

选择参数 S 和 3 才是真正采用系统估计方法估计模型。似乎不相关回归(SUR)和三阶段最小二乘法是 OLS 法和 2SLS 法所对应的系统估计方法，估计过程中分别先用 OLS 法或 2SLS 法估计每一个结构方程，然后再根据估计的方差——协方差矩阵，用 GLS 法估计整个模型系统。

执行 SYS 命令时，要求将待估计的结构式模型率先写入某个系统文件(文件扩展名为 DBS)，然后再用 SYS 命令调用，估计结果将自动存入原系统文件。

(2) 菜单方式。具体步骤为：

① 创建系统。在主菜单上点击 Objects\New，并选择 System；然后在打开的系统窗口中输入待估计的结构式模型。例如，宏观经济模型可以表示成：

Cl=C(l)+C(2) * Y+[AR(l)=C(6),AR(2)=C(7)]

I=C(3)+ C(4) * Y+C(5) * Y(−1)

INST Y(−l)G

其中，第一行是消费函数，第二行是投资函数，第三行是前定变量(工具变量)的定义行，C(i)表示待估计的系数。在定义模型系统时，应注意以下几点：

第一，一般只写入待估计的随机方程，省略模型系统中的恒等式，如国民收入定义方程。

第二，可以在方程中加入 AR 项来调整自相关性。AR 项必须使用方括弧，并且标明相应的系数。如消费函数中就加入了一、二阶自相关性调整项。

第三，若使用 2SLS 法、3SLS 法和加权 2SLS 法估计模型，必须说明所使用的工具变量。一般用 INST 语句来定义，INST 语句中列出了估计每个结构方程时所使用的工具变量，通常是模型中的所有前定变量。如果估计每个结构方程时使用的工具变量不同，可以在相应结构方程的后边加上符号“@”，并在其后列出有关工具变量。

第四，结构方程可以是非线性形式，此时还需要用 PARAM 语句定义参数的初始值，其格式为：

PARAM C(i) 第 i 个参数初值……

② 估计结构模型。在系统窗口中点击 Estimate 按钮，将弹出选择估计方法的对话框，选择有关方法后点击 OK，则输出有关估计结果。

③ 系统的更改与存贮。如果估计过程中需要修改结构模型(如增加、删除、

更改变量，或调整自相关性等)，可以在系统窗口中点击 Spec 按钮重新定义。

存贮系统有两种方式：一是使用 Name 按钮，将系统以及相应的估计结果存贮在当前的工作文件中；二是点击 Object 按钮，用 Store（或 Store as）命令存贮，这样将在磁盘上形成一个系统文件，文件扩展名为 DBS，该文件可以用 SYS 命令或 FETCH 命令调用。

［**例 6-9**］ 根据表 6-2 中的统计资料，分别利用 2SLS 法和 3SLS 法估计宏观经济模型：

$$C_t = a_0 + a_1 Y_t + \varepsilon_{1t}$$
$$I_t = b_0 + b_1 Y_t + b_2 Y_{t-1} + \varepsilon_{2t}$$
$$Y_t = C_t + I_t + G_t + X_t$$

其中，X＝净出口额＝出口额－进口额。

表 6-2 **国民经济统计资料** 单位：亿元

年份	C	I	Y	G	X
1978	1 759	989	3 606	869	−11
1979	1 910	1 026	3 880	963	−19
1980	2 129	1 185	4 183	881	−12
1981	2 322	1 169	4 371	869	11
1982	2 478	1 279	4 742	906	79
1983	2 736	1 432	5 225	1 013	44
1984	3 037	1 711	5 985	1 204	0
1985	3 630	2 356	6 955	1 259	−290
1986	3 744	2 453	7 330	1 319	−186
1987	4 274	2 742	8 180	1 424	−260
1988	4 880	3 237	9 400	1 380	−97
1989	5 064	3 403	9 782	1 425	−110
1990	5 053	3 355	10 157	1 467	282
1991	5 376	3 719	11 091	1 673	323
1992	6 104	4 550	12 670	1 881	135
1993	6 536	6 049	14 379	2 077	−283
1994	7 300	6 441	16 200	2 241	218
1995	8 389	7 008	17 902	2 204	301
1996	9 335	7 516	19 620	2 353	416
1997	10 629	8 006	21 345	2 684	−34

(1) 建立工作文件并输入数据。在 EViews 的命令窗口键入命令：

```
CREATE   A   78   97
DATA   C1   I   Y   G   X
```

(2) 定义系统。在主菜单上点击 Objects\New，并选择 System；在弹出的系统窗口中输入宏观经济模型的结构式方程：

C1=C(1)+C(2) * Y

I=C(3)+C(4) * Y+C(5) * Y(-1)

INST Y(-1) G X

(3) 估计系统。在系统窗口中点击 Estimate，并在估计方法对话框中选择 2SLS 估计，得到以下输出结果：

$$C_t=306.75+0.4609Y_t$$
$$(0.0098)$$
$$R_2=0.9924, DW=0.68$$
$$I_t=-681.94+0.7572Y_t-0.3688Y_{t-1}$$
$$(0.2101)\quad(0.2321)$$
$$R^2=0.9934, DW=1.76$$

再点击 Estimate 按钮，选择 3SLS 法，得到模型的 3SLS 估计。估计结果如下：

$$C_t=306.75+0.4609Y_t$$
$$(0.0093)$$
$$R_2=0.9924, DW=0.68$$
$$I_t=-689.65+0.57812Y_t-0.1708Y_{t-1}$$
$$(0.1609)\quad(0.1776)$$
$$R^2=0.9929, DW=1.44$$

由于联立方程偏误，即 OLS 估计的有偏性，引出了上述单方程估计方法和系统估计方法。可以证明，在大样本情况下，这些估计方法的统计性质(无偏性、有效性)都优于 OLS 估计，但在小样本情况下，各种参数估计方法的统计性质无法给出严格的数学证明，利用 Monte Carlo 试验方法，可以得出 3SLS 估计、2SLS 估计优于 OLS 估计的一般性结论。但是在实际应用中，包括一些著名的得到很好应用的模型，仍然应用 OLS 法估计联立方程模型。这主要因为：

第一，许多实际模型属于递归系统模型。

第二，受样本数据的限制。系统估计方法和 2SLS 法都要损失样本的自由度，而且实际应用中大多数是小样本，这样也难以保证其他估计方法的统计性质就一定优于 OLS 估计。

第三，OLS 估计不会传递模型的确定性误差。确定性误差是指结构方程的设定误差和外生变量的观测误差。2SLS 估计需要使用所有外生变量(包括待估计结构方程以外的外生变量)的数据，3SLS 估计同时需要利用其他结构方程的信息，因此会将确定性误差传递到模型中的所有方程。而 OLS 估计只利用各个结构方程自身的信息进行估计，不会将某个方程的确定性误差传递到模型中的其他方程。因此，人们仍然相当多地使用 OLS 方法估计联立方程模型。

§6.4 联立方程模型的检验

对估计的联立方程模型主要有三项检验内容：单方程检验、模型系统检验和误差传递性检验。单方程检验是为了保证模型系统中每一个方程的可靠性，而模型系统检验和误差传递检验却是为了保证各个方程联立成一个系统之后，仍然保持良好的统计性质。凡是在单方程模型中进行的各项检验，对于联立方程模型中的结构方程，以及 2SLS 和 3SLS 估计过程使用的简化式方程，都是适用和必须的。以下主要讨论整个模型系统的检验问题。

6.4.1 模型系统检验

1. 模型系统检验的内容

如果联立方程模型中的每一个方程都通过了单方程检验，只能说明这些方程都较好地描述了各自的经济关系，但并不意味着将所有方程组成一个模型系统之后，也能很好地反映整个经济系统的变化情况。为了检验整个模型系统的可靠性，一般是将前定变量的观测值代入模型中的所有结构方程，然后求解方程组得到内生变量的估计值。由于内生变量的值是通过模型联立求解得到的，这样可以反映整个模型系统对内生变量的解释程度，或者说预测能力。

根据检测时期的不同，模型系统检验可以分成：

(1) 拟合优度检验：即检验时期取为样本期，所以又称这种检验为模拟预测检验或追溯预测检验。通过比较内生变量实际值与估计值之间的误差，可以判断模型的整体拟合优度。实际应用中，这是一种最常使用的模型系统检验。

(2) 预测性能检验：一般取(样本期以外)的近期资料进行检验。例如，利用 1978～1997 年的统计资料建立模型，再使用 1998～2000 年的统计资料检验模型。这种检验一方面可以考察模型的实际预测能力，另一方面也可以根据预测误差适当调整下一步的外推预测结果。

2. 模型系统检验的评价指标

(1) 均方误差。其计算公式为：

$$RMS=\sqrt{\frac{1}{m}\sum_{1}^{m}(Y_i-\hat{Y}_i)^2}$$

(2) 相对均方误差。其计算公式为：

$$RMSP=\sqrt{\frac{1}{m}\sum_{1}^{m}\left(\frac{Y_i-\hat{Y}_i}{Y_i}\right)^2}$$

式中，m 为预测期数。均方误差反映的是平均绝对误差，相对均方误差衡量的是平均相对误差。一般情况下，如果模型的内生变量中间，$RMSP<5\%$的变量数目占 70%以上，并且每个变量的 $RMSP<10\%$，则以为该模型系统有较好的拟合优度和预测能力。

(3) 平均绝对误差。其计算公式为：

$$MAE=\frac{1}{m}\sum|Y_i-\hat{Y}_i|$$

(4) 平均相对误差。其计算公式为：

$$MAPE=\frac{1}{m}\sum|1-\hat{Y}_i/Y_i|$$

(5) Theil 不等系数。其计算公式为：

$$U=\frac{\sqrt{\frac{1}{m}\sum(Y_i-\hat{Y}_i)^2}}{\sqrt{\frac{1}{m}\sum Y_i^2}+\sqrt{\frac{1}{m}\sum\hat{Y}_i^2}}$$

U 的值总是介于 0 和 1 之间，U 值越接近于 0，表明实际值与预测值之间的误差越小，模型的预测精度越高。

由于均方误差可以分解成：

$$RMS^2=(\bar{Y}-\bar{\hat{Y}})^2+(S_Y-S_{\hat{Y}})^2+2(1-r)S_YS_{\hat{Y}}$$

其中，$\bar{Y}$ 是实际值的均值，$\bar{\hat{Y}}$是预测值的均值，S_Y、$S_{\hat{Y}}$ 分别是实际值和预测值的标准差，r 是它们之间的相关系数。因此，可以定义以下三个相互关联的指标：

偏差率　$BP=(\bar{Y}-\bar{\hat{Y}})^2/RMS^2$

方差率　$VP=(S_Y-S_{\hat{Y}})^2/RMS^2$

协变率　$CP=2(1-r)S_YS_{\hat{Y}}/RMS^2$

这三项指标的取值范围都在 0～1 之间，并且三项之和等于 1。其中，偏差率 BP 反映了预测值与实际平均值之间的差异，即衡量了系统误差的大小；其值越接近于零，则预测的系统误差越小。方差率 VP 反映了两者标准差之间的差异，即模型对预测变量波动变化的解释能力；其值越大，则说明真实数据波动很大，而预测值波动很小，或者真实数据波动很小，但预测值波动很大，模型不能很好地描述预测变量的波动变化情况。协变率 CP 衡量了剩余的误差。对于比较理想的预测，均方误差应该主要集中在协变率上，而其余两项都很小。

利用 EViews 软件进行预测时，系统将在预测窗口中同时显示上述评价指标。

3. 模型系统检验的 EViews 软件实现

将每一期前定变量的观测值代入联立方程模型，都可以得到一个关于 G 个内生变量的线性或非线性方程组，求解方程组可以得到所有内生变量的一期估计值。对于整个检测时期，则需要连续求解若干次方程组，才能得到内生变量的各期估计值。所以，没有计算机软件的支持，模拟求解过程将难以进行。EViews 软件中使用 SOLVE 命令求解联立方程模型，并且有多种操作方式。求解过程中需要事先确定：前定变量的数据、估计的联立方程模型和内生变量求解（估计）结果的存贮形式。下面根据不同的求解目的，说明 SOLVE 命令的具体操作过程。

(1) 模型的拟合优度检验。此时求解期为样本期，已知前定变量和内生变量的实际观测值，求解内生变量在样本期的拟合预测值，分析模型对样本数据的整体拟合优度。

① 估计模型系统。在主菜单中点击 Objects\New，并选择 System；在弹出的系统窗口中输入结构式模型中的所有随机方程，然后点击 Estimate 按钮，并选择相应的估计方法。估计方法可以是 OLS、WLS、2SLS 等单方程估计方法，也可以是 3SLS、SUR 等系统估计方法。估计之后，可以用 Name 或 Store 命令存贮，系统只保存最新的估计结果。

② 构造求解模型。在系统窗口中点击 Procs\Make model，将生成一个模型（model）窗口，窗口中自动写入了结构式模型的估计结果（即刚估计的模型系统），并且自动加入第一条语句：

ASSIGN　@ALL　F

ASSIGN 语句的作用是用于指定存放内生变量求解结果的变量名，参数@ALL F 表示在所有内生变量名后边都加上字母“F”（注意，符号@与 ALL 之间没有空格），用这些新定义的变量存放相对应内生变量的求解结果。例如，设模型中有 3 个内生变量 Y、C1、I，则系统自动生成变量 YF、C1F 和 IF，用来存放 Y、C1 和 I 的求解结果。

在模型窗口中除了对 ASSIGN 语句作必要的调整之外，还需要输入结构式模型中的所有恒等式。因为在估计模型系统时，一般不包括这些恒等式。

③ 求解模型。在模型窗口中点击 Solve 按钮，并在弹出的对话框中，对求解方法、迭代次数、误差精度、样本期等作必要的调整之后，点击 OK，系统将迭代求解出内生变量的估计值，并将估计结果存放于指定的（或原有的）变量中。

④ 拟合优度检验。由于各内生变量的估计值是经过模型联立求解得到的，所以通过比较内生变量观测值与估计值之间的误差，可以检验模型的整体拟合优度。一般是计算各个内生变量的绝对误差和相对误差，并利用 PLOT 命令观察模型的拟合效果。例如，设内生变量 Y 的求解结果存入变量 YF，则拟合优度检验的命令序列为：

```
GENR  EFl=Y-YF                      计算绝对误差
GENR  EF2=1-YF/Y                    计算相对误差
SHOW  Y  EFI  EF2                   显示估计误差
PLOT  Y  YF                         显示拟合效果图
=SQR(@SUMSQ(EF2)/@OBS(Y))           计算 Y 的相对均方误差
```

(2) 模型的预测性能检验。此时求解期为样本期以外的某个时期，已知该时期前定变量和内生变量的实际观测值，求解内生变量在该时期的外推预测值，分析模型的外推预测能力。

检验的前两步与模型拟合优度检验相同，即：

① 估计模型系统；

② 构造求解模型；

③ 输入前定变量和内生变量在预测期的观测值。先利用 SMPL 命令将样本期调整到预测期，再使用 DATA 命令输入前定变量和内生变量的数据(模型求解过程中只需要前定变量的数据，输入内生变量的数据是为了与预测值进行比较，以便分析模型的预测误差)。

④ 求解模型。在模型窗口中点击 Solve 按钮，并在对话框中将样本期设置成预测期，确认后便得到各个内生变量的预测值。

⑤ 外推预测检验。通过比较内生变量实际值与(外推)预测值之间的误差，可以分析模型的外推预测能力。

建立计量经济模型时，通常是采用多种方法估计不同的模型，并从多个模型中间选择一个较为理想的模型。为了比较不同模型的拟合优度和预测性能，可以在系统窗口中点击 Estimate 按钮之后，分别选择不同的方法估计模型；也可以点击 Spce 按钮，重新定义待估计的结构式模型，如增加(或删除)变量、改变方程的函数形式、调整自相关性等。而且为了便于进行比较，可以对模型窗口中的 ASSIGN 语句作适当的调整，以便对不同模型的预测值分别赋予不同的变量名。

(3) 模拟分析。SOLVE 命令的实际功能是根据估计的联立方程模型联立求解内生变量的估计值，模型的系统检验只是 SOLVE 命令的一类特殊应用。利用 SOLVE 命令还可以分析前定变量取不同值时内生变量的变化情况，即利用计量经济模型仿真经济系统的运行，模拟政策执行的结果。模拟分析具体有三种操作方式：

方式 1：在系统窗口生成模拟求解模型。以上介绍的两种模型系统检验过程都是采用了这种方式，即按照“估计系统——构造模型——模型求解”的程序进行模拟分析，模拟分析的依据是当前估计的系统模型。

方式 2：在模型窗口中调用系统文件，再进行模拟求解分析。这种方式要求已经估计了模型系统，并且已将系统文件存贮在当前工作文件或磁盘上，这样就可以单独构造一个模型进行模拟分析。操作步骤为：

① 在主菜单上点击 Objects\New，并选择 model。

② 在模型窗口中建立用于进行模拟分析的模型，包括模型中的恒等式、ASSIGN语句，以及存贮模型系统的系统文件。系统文件的调用格式为：

：系统文件名

系统文件名前可以加盘符和路径；若不指定，则在当前工作文件和磁盘的当前子目录中查找要调用的系统文件。例如，设宏观经济模型的估计结果已存入命名为 GDP 的系统，则模拟求解模型可以写成：

```
ASSIGN  @ALL  F
Y=C1+I+G
:GDP
```

以这种方式调用模型系统有两个特点：第一，随着系统的每一次重新估计，该模型将会自动更新(即为链接关系)。第二，可以连续调用若干个系统。例如，设原系统由三个子系统 SYS1、SYS2、SYS3 组成，而且每个子系统都是用不同的方法估计，则调用方式为：

```
:SYS1
:SYS2
:SYS3
```

③ 在模型窗口中点击 Solve 按钮求解。

方式 3：直接使用 SOLVE 命令求解模型。命令格式为：

SOLVE 模型名

其中，调用的模型可以是当前工作文件中(以 Name 命令存贮)的模型，或者是磁盘上(以 STORE 命令存贮)的模型文件(扩展名为 DBL)。

关于 SOLVE 命令的几点说明：

第一，求解模型中可以包含线性或非线性方程；估计非线性方程时，需要用 PAPAM 语句说明参数的初始值。

第二，EViews 软件采用迭代法求解模型，可以设置精度和迭代次数来控制迭代过程。

第三，求解模型时，如果不使用 ASSIGN 语句，估计结果将自动覆盖原内生变量。ASSIGN 语句可以有多个，但必须置于模型文件的开始部分；ASSIGN 语句中也可以包含多对变量名，例如，

```
ASSIGN  Y  YF  C1  ClF  I  IF
```

则将内生变量 Y、C1、I 的求解结果分别存放于变量 YF、C1F 和 IF 之中。

6.4.2 误差传递性检验

1. *方程之间误差传递性检验*

联立方程模型中各变量之间的双向因果关系，使得模型的各个方程之间都存在着密切的联系，对其中某一个方程的估计误差也会或多或少地传递到模型的其他方程中去。

一个结构清晰的计量经济模型系统应该存在一些明显的关键路径，描述经济行为主体的主要经济活动过程。例如，宏观经济模型中，生产方程、收入方程、分配方程、投资方程、固定资产形成方程等，就构成一个关键路径，并且存在着递推关系。联立方程模型方程之间的误差传递性检验，主要就是分析模型关键路径上的误差传递情况。

如果关键路径上的方程数目为 T，e_i 为第 i 个方程的估计误差，则可以利用下述指标来衡量关键路径上的误差传递情况：

$$均方误差=\sqrt{\sum_{1}^{T} e_i^2/T}$$

$$冯诺曼比=\frac{\sum (e_i-e_{i-1})^2/(T-1)}{\sum e_i^2/T}$$

其中又以冯诺曼比的检验功能最强，如果其值接近于零，则表明(关键路径上的)方程之间几乎没有误差传递。

2. *样本点之间误差传递性检验*

由于联立方程模型中滞后内生变量的存在，使得估计误差不仅在模型的方程之间传递，而且在不同的时间截面之间(即样本点之间)传递。对此可以用滚动预测法进行检验。

设样本期为 n，当 $t=1$ 时，由所有前定变量值(包括外生变量和滞后内生变量)求解得到内生变量的预测值 Y_1；但 $t=2$ 时，将外生变量实际值和滞后内生变量的预测值 Y_1 代入模型，求解得到内生变量的预测值 Y_2；如此逐期滚动预测，直至得到第 n 期内生变量的预测值 Y_n；再求出该滚动预测值与实际观测值之间的误差。然后，将第 n 期所有前定变量的观测值(包括滞后内生变量的实际观测值)代入模型，求解得到内生变量的非滚动预测值 Y_n，并计算该非滚动预测值与实际观测值之间的误差。比较两个误差的差异情况，就可以判断估计误差在各期样本点之间的传递情况。

[例 6-10] 模型的拟合优度检验。设宏观经济模型为：

$$Y_t=C_t+I_t+G_t+X_t$$

$$C_t=a_0+a_1Y_t+a_2C_{t-1}+\varepsilon_{1t}$$

$$I_t = b_0 + b_1 Y_{t-1} + b_2 (Y_t - Y_{t-1}) + \varepsilon_{2t}$$

式中,X 为净出口额。试根据表 6-2 中的统计数据,分别用 OLS 法、2SLS 法和 3SLS 法估计模型,并检验不同模型的拟合优度。

(1) 建立模型系统。在主菜单中点击 Objects\ New,并选择 System;在弹出的系统窗口中输入待估计的模型(其中,变量 $DY_t = Y_t - Y_{t-1}$):

```
C1=C(1)+C(2)*Y+C(3)*C1(-1)
I=C(4)+C(5)*Y(-1)+C(6)*DY
INST  Y(-1)  C1(-1)  G  X
```

(2) 估计模型系统。在系统窗口中点击 Estimate 按钮,并选择估计方法为 OLS 法,得到以下估计结果:

$$\hat{C}_t = 79.47 + 0.229\,1 Y_t + 0.570\,8 C_{t-1} \quad R^2 = 0.995\,8$$
$$(0.064\,4) \quad (0.157\,8)$$

$$\hat{I}_t = -682.51 + 0.390\,7 Y_t + 0.734\,9 DY_t \quad R^2 = 0.993\,4$$
$$(0.018\,1) \quad (0.147\,7)$$

(3) 求解模型。在系统窗口中点击 Procs \ Make model,并在模型窗口中输入恒等式:

```
Y=C1+I+G+X
```

然后点击 Solve 按钮,系统将求解出内生变量 Y、C1、I 的估计值(即拟合值),并赋值到变量 YF、C1F 和 IF 中。

(4) 拟合优度检验。键入以下命令:

```
GENR  EY1=1-YF/Y                    计算 Y 的相对误差
GENR  EC1=1-C1F/C1                  计算 C1 的相对误差
GENR  EI1=1-IF/I                    计算 I 的相对误差
=SQR(@SUMSQ(EY1)/@OBS(Y))           计算 Y 的相对均方误差
=SQR(@SUMSQ(EC1)/@OBS(C1))          计算 C1 的相对均方误差
=SQR(@SUMSQ(EI1)/@OBS(I))           计算 I 的相对均方误差
```

各内生变量的拟合相对误差如表 6-3 所示。

重复步骤(2)~(4),只是在第(2)步中,估计方法依次选取 2SLS 法、3SLS 法;第(4)步中,重新定义各相对误差序列的名称。得到以下估计结果:

2SLS 估计:

$$\hat{C}_t = 55.37 + 0.200\,6 Y_t + 0.640\,2 C_{t-1} \quad R^2 = 0.995\,8$$
$$(0.068\,8) \quad (0.168\,4)$$

$$\hat{I}_t=-678.68+0.3752Y_t+0.8840DY_t \quad R^2=0.9930$$
$$(0.0233) \quad (0.2036)$$

3SLS 估计：

$$\hat{C}_t=86.77+0.2327Y_t+0.5612C_{t-1} \quad R^2=0.9958$$
$$(0.0567) \quad (0.1386)$$

$$\hat{I}_t=-680.53+0.3795Y_t+0.8432DY_t \quad R^2=0.9932$$
$$(0.0193) \quad (0.1662)$$

表 6-3 各内生变量的拟合相对误差(%)

变 量	OLS	2SLS	3SLS
Y	4.07	4.42	4.03
C1	5.66	5.88	5.49
I	7.21	8.40	7.85

从总拟含误差可以看出，3SLS 法估计误差最小，2SLS 法估计误差最大。另外，模型对收入 Y 的解释能力最强，其次为消费额 C，对投资额 I 的解释能力相对较弱。

§ 6.5 要点与结论

(1) 与单方程模型对比，联立方程模型涉及多于一个因变量或内生变量，从而有多个内生变量就需要多个方程。

(2) 联立方程模型的一个特有性质是，一个方程中的内生变量(回归子)作为一个解释变量出现在方程组中的另一个方程中，结果是，这样的内生解释变量变成了随机的，而且常常和它作为解释变量的所在方程中的误差项有相关关系。在这种情况下，经典的 OLS 法不再适用。

(3) 联立方程模型的识别问题考虑应先于估计问题。识别问题是问我们能否从估计的简化式系数求出结构系数的唯一数值估计值。如果能做到，那么联立方程组中的某个方程是可识别的；反之，则是不可识别的。

(4) 一个可识别的方程可以是恰好可识别的或过度可识别的。存在几种估计它的方法。这些方法分为两大类：单一方程方法和系统方法。

(5) 三个常用的单一方程方法是：OLS 法、ILS 法和 2SLS 法。

习题 6

1. 解释外生变量、内生变量、前定变量、结构式模型、简化式模型和参数关系体系的概念。

2. 设联立方程模型为：

$$M_t = a_0 + a_1 Y_t + a_2 P_t + \varepsilon_{1t}$$

$$Y_t = b_0 + b_1 M_t + b_2 Y_{t-1} + \varepsilon_{2t}$$

其中，M 为货币供给量，Y 为国内生产总值，P 为价格指数。

(1) 指出模型中的内生变量、外生变量和前定变量；

(2) 写出简化式模型，并导出结构参数与简化式参数之间的关系；

(3) 根据识别的定义判断模型的识别性；

(4) 如果模型的第二个方程中不包括变量 Y_{t-1}，将会对模型的识别性产生什么影响？

3. 对于例 6-2 的农产品市场均衡模型，试根据参数关系体系证明，简化式参数 π_{22} 反映了外生变量 R 对内生变量 Q 的总影响。

4. 对于例 6-1 的宏观经济模型，试根据参数关系体系证明，投资函数中的简化式参数反映了各个前定变量对内生变量的总影响。

5. 试求解例 6-3 中国民经济增长预测模型的参数关系体系。

6. 回答下列问题。

(1) 为什么要讨论联立方程模型的识别问题？

(2) 模型的识别性有几种类型？试解释各自的含义。

(3) 如何对不可识别的方程进行简单的修改使之可以识别？

(4) 如何在构造联立方程模型的过程中就设法保证模型的可识别性？解释其理由。

7. 设联立方程模型为：

$$C_t = a_0 + a_1 (Y_t - T_t) + a_2 C + \varepsilon_{1t}$$

$$T_t = b_0 + b_1 (Y_t - Y_{t-1}) + b_2 Y_{t-1} + \varepsilon_{2t}$$

$$Y_t = C_t + I_t + G_t$$

$$K_t = K_{t-1} + I_t$$

其中，K 是资本存量，其余变量与宏观经济模型中的定义相同。

(1) 指出模型中的内生变量、外生变量和前定变量；

(2) 利用阶条件和秩条件判断模型的识别性。

8. 识别的阶条件也可以表述成以下两种形式，如果一个结构方程是可识别的，则：

(1) 方程不包含的前定变量个数必须大于或等于它所含有的前定变量个数加1；

(2) 方程中的变量个数必须小于等于整个模型所包含的前定变量个数加1。

试说明它们与“至少有 $G-1$ 个变量不在该方程中”的等价性。

9. 联立方程模型的估计方法有几种类型？试解释各自的含义。

10. 什么是联立方程偏误？解释其产生的原因。

11. 联立方程模型的单方程估计方法与单方程模型的估计方法有什么区别与联系？

12. 试说明间接最小二乘法和二阶段最小二乘法的原理及步骤。在什么条件下，两种方法的估计结构是等价的？

13. 证明下列模型为递归系统模型：

(1)
$$
\begin{aligned}
Y_3 &= a_0 + a_1 Y_1 + a_2 Y_2 + \varepsilon_1 \\
Y_2 &= b_0 + b_1 L_1 + b_2 K_1 + \varepsilon_2 \\
Y_2 &= c_0 + c_1 L_2 + c_2 K_2 + \varepsilon_3
\end{aligned}
$$

其中，Y_1、Y_2 和 Y_3 分别是第一、二、三产业的产值，$K_i(i=1,2)$分别是第 i 产业的劳动者人数和生产资金。

(2)
$$
\begin{aligned}
C_t &= b_{10} + b_{11} Y_t + b_{12} C_{t-1} + \varepsilon_{1t} \\
I_t &= b_{20} + b_{21} Y_{t-1} + b_{22} R_t + \varepsilon_{2t} \\
Y_t &= b_{30} + b_{31} Y_{t-1} + b_{32} I_{t-1} + b_{33} G_t + \varepsilon_{3t} \\
R_t &= b_{40} + b_{41} Y_t + b_{42} P_t + b_{43} M_t + \varepsilon_{4t} \\
L_t &= b_{50} + b_{51} P_t + b_{52} L_{t-1} + b_{53} W_{t-1} + \varepsilon_{5t} \\
U_t &= N_t - L_t \\
W_t &= b_{60} + b_{61} U_t + b_{62} P_{t-1} + \varepsilon_{6t} \\
P_t &= b_{70} + b_{71} W_{t-1} + b_{72} P_{t-1} + \varepsilon_{7t}
\end{aligned}
$$

其中，R 是利率，M 是货币发行量，P 是价格指数，W 是工资率，L 是劳动者人数，U 是失业人口，N 是社会劳动者人数，其余变量与宏观经济模型中的变量定义相同。

14. 回答下列问题：

(1) 联立方程模型的检验包括哪些内容？

(2) 联立方程模型的系统检验包括哪些内容？其与单方程模型的同类检验有何区别？

(3) 模型的系统检验有哪些评价指标？其中均方误差可以分解成哪三项指标？试解释各项指标的含义。

（4）如何利用 EViews 软件进行联立方程模型的拟合优度检验和预测性能检验？

15. 表 1 是我国 1978～1998 年国内生产总值 Y、货币供应量 M、政府支出 G 和投资支出 I 的统计资料；试用表中数据建立我国的收入—货币供应模型：

$$Y_t = a_0 + a_1 M_t + a_2 I_t + a_3 G_t + \varepsilon_{1t}$$

$$M_t = b_0 + b_1 Y_t + b_2 M_{t-1} + \varepsilon_{2t}$$

（1）判断模型的识别性；

（2）分别使用 OLS 法、2SLS 法和 3SLS 方法估计模型；

（3）检验模型的整体拟合优度，并分析各种估计方法的估计误差。

表 1　1978～1998 年我国国内生产总值、货币供应量、政府支出、投资支出统计资料　单位：亿元

年份	Y	M	I	G
1978	3 264	1 159	1 378	480
1979	4 038	1 458	1 474	614
1980	4 518	1 843	1 590	659
1981	4 862	2 235	1 581	705
1982	5 295	2 590	1 760	770
1983	5 935	3 075	2 005	838
1984	7 171	4 146	2 469	1 021
1985	8 964	5 199	3 386	1 184
1986	10 202	6 721	3 846	1 367
1987	11 963	8 331	4 322	1 490
1988	14 928	10 100	5 492	1 727
1989	16 909	11 950	6 095	2 033
1990	18 548	15 290	6 444	2 252
1991	21 618	19 350	7 517	2 830
1992	26 638	25 402	9 636	3 492
1993	34 634	34 880	14 998	4 500
1994	46 759	46 924	19 260	5 982
1995	58 478	60 751	23 877	6 691
1996	67 885	76 095	26 867	7 852
1997	74 463	90 995	28 458	8 725
1998	78 345	102 297	30 396	9 485

第 7 章
计量经济模型方法应用实例

§7.1　中国消费函数研究[9]

7.1.1　研究目的

利用表 7-1 中 1978～1992 年我国消费总额与国内生产总值的部分统计资料，建立适合我国实情的消费函数，进行消费行为分析。

表 7-1　　1978～1992 年我国消费总额与国内生产总值的统计资料　　单位：亿元

年　份	消费总额	GDP	年　份	消费总额	GDP
1978	2 239.10	3 605.60	1989	10 556.50	16 466.00
1979	2 619.40	4 073.90	1990	11 365.20	18 319.50
1980	2 976.10	4 551.30	1991	13 145.90	21 280.40
1981	3 309.10	4 901.40	1992	15 952.10	25 863.70
1982	3 637.90	5 489.20	1993	20 182.10	34 500.60
1983	4 020.50	6 076.30	1994	26 796.00	46 690.70
1984	4 694.50	7 164.40	1995	336 535.00	58 510.50
1985	5 773.00	8 792.10	1996	40 003.90	68 330.40
1986	6 542.00	1 032.80	1997	43 579.40	74 894.30
1987	7 451.20	11 784.70	1998	46 405.90	79 853.30
1988	9 360.10	14 704.00			

7.1.2　绝对收入假说的消费函数

根据表 7-1 中消费总额 Y 和国内生产总值 X 的统计资料，利用 SCAT 命令绘制相关图，发现样本点几乎分布在一条直线左右，即存在以下关系：

$$Y_t=\alpha+\beta X_t+\varepsilon_t$$

这似乎表明，我国消费函数符合凯恩斯绝对收入假说。所以，利用 1978～1998

年的统计资料得到以下估计结果：

$$\text{I}\quad \begin{aligned}&\hat{Y}_t=619.37+0.5727X_t\\&R^2=0.99945\quad \bar{R}^2=0.99952\quad DW=0.78\end{aligned}$$

可见，模型有很高的拟合优度，边际消费倾向$\hat{\beta}=0.5727$，介于0和1之间。统计资料显示，1992年以来，我国的消费率基本上都在58%左右。所以，模型的经济检验、统计检验都可以通过。下面进行计量经济检验。

1. 自相关性检验

因为$n=21,k=1$，查D-W检验表得：$d_L=1.22,d_U=1.42$；而$0<DW=0.78<d_L$，所以存在一阶自相关性。利用偏相关系数检验和B-G检验也进一步说明，模型只存在一阶自相关性，不存在高阶自相关性。

2. 异方差性检验

时间序列数据一般不会产生异方差性。但是，在方程窗口中点击：

View\Residual Test\White Heteroskedasticity

即使用怀特检验判断异方差性，得到辅助回归方程的$nR^2=6.94$，临界概率值$p=0.03$；所以，只要取显著水平$\alpha=0.03$，就可以认为模型存在异方差性。

绝对收入假设的消费函数（模型Ⅰ）同时存在自相关性和异方差性，无法通过计量经济检验。此时，虽然可以改用GLS估计消除自相关性和异方差性的影响，但考虑到模型的错误设定是产生自相关性和异方差性的重要原因，所以先分析是否存在模型设定问题。相关图表明，Y与X之间基本上是线性关系，说明模型的函数形式设置正确，看来模型中可能遗漏了重要的解释变量。根据各种消费函数理论，消费除了受本期收入影响之外，还受前期收入、财产、前期消费水平等因素的影响，并且可以将各种消费函数又归并成一种基本形式：

$$Y_t=\alpha+\beta_0X_t+\beta_1Y_{t-1}+\varepsilon_t$$

事实上，模型Ⅰ中存在一阶自相关性，也表明Y_t与Y_{t-1}是高度相关的。所以，在模型Ⅰ中再引入上期消费Y_{t-1}，以反映其他因素对本期消费的综合影响。

7.1.3 一般形式的消费函数

在方程窗口中点击Estimate按钮，并在方程说明窗口中增加Y(−1)项，得到以下估计结果：

$$\text{II}\quad \begin{aligned}&\hat{Y}_t=635.29+\underset{\substack{(0.0210)\\(24.65)}}{0.5175}X_t+\underset{\substack{(0.0415)\\(2.61)}}{0.1082}Y_{t-1}\\&R^2=0.99970\qquad \bar{R}^2=0.99966\qquad DW=0.99\end{aligned}$$

模利Ⅰ已有相当高的拟合优度，似乎已无法增添有显著影响的解释变量，但是模型Ⅱ的 t 检验结果表明，模型Ⅱ中两个解释变量都是显著的，并且使拟合优度有所提高（$\bar{R}^2$ 值由 0.999 52 上升到 0.999 66）。进一步检验：

1. 自相关性

由于模型中含有滞后被解释变量 Y_{t-1}，所以不能使用 D-W 检验，改用 h 统计量：

$$h=\left(1-\frac{DW}{2}\right)\sqrt{\frac{n}{1-nVar(\hat{\beta}_1)}}$$

$$=\left(1-\frac{0.99}{2}\right)\sqrt{\frac{20}{1-20\times0.041\,5^2}}=2.3$$

取 $\alpha=0.05$ 时，$h=2.30>1.96=Z_{0.025}$，所以拒绝 $\rho=0$ 的假设，模型存在一阶自相关性。另外，偏相关系数检验和 B-G 检验也表明存在一定程度的一阶自相关性。

2. 异方差性

怀特检验中，辅助回归模型的 $nR^2=2.83$，临界概率值 $p=0.37$，表明已不存在异方差性。这一检验结果也说明，模型中如果遗漏重要的解释变量，确实会产生异方差问题。

3. 多重共线性

在模型中引入随机解释变量 Y_{t-1} 之后，一般会出现两个问题：一是可能与随机误差项相关，二是可能出现多重共线性的问题。模型存在一阶自相关性，已表明 Y_{t-1} 与随机误差项 ε_t 相关；又因为 Y_{t-1} 与 X_t 的相关系数为 0.993 3，说明存在严重的多重共线性。

4. 模型的调整

从模型Ⅱ检验结果和异方差性的处理过程都可以说明，Y_{t-1} 是一个有显著影响的解释变量，即在我国消费函数研究中，上期消费水平是一个不可忽视的重要影响因素。但是，在消费函数中引入 Y_{t-1} 之后，却出现了两个问题：一是多重共线性，二是随机解释变量 Y_{t-1} 与误差项相关，这些都将影响到模型的估计结果。至于随机解释变量，可以用工具变量法来处理。但是，处理多重共线性时，我们既要在消费函数中反映上期消费水平的影响，同时也要削弱解释变量之间的相关关系，这样才能正确分析各个因素对消费的影响程度。

所估计的消费函数Ⅱ中，虽然存在着多重共线性问题，但是也能反映我国消费的大体特征：第一，决定我国消费水平增长的主要因素是收入（GDP），因为无论 t 统计量值还是系数估计，都是上期消费 Y_{t-1} 的几倍；第二，如果将模型Ⅱ看成是经考耶克变换得到的几何分布滞后模型，由于 λ（$=0.108\,2$）的值很小，表明前期收入对消费的影响程度逐期下降（X_{t-1}，X_{t-2}的动态乘数分别为 0.056 0 和 0.000 6），影响消费的主要是本期和上期收入，即本期收入的增长情况。基于上述分析，可以概括出我国总体消费的基本特征为：在上期消费水平的基础上，根据本期收入的提高情况，决定本期的消费水平。因此，消费函数可以设成：

$$Y_t=\alpha+\beta_0\Delta X_t+\beta_1 Y_{t-1}+\varepsilon_t$$

其中，$\Delta X_t=X_t-X_{t-1}$，根据表 7-1 的资料，计算出 Y_{t-1} 与 ΔX_i 的相关系数为 0.709 7，多重共线性程度明显降低；另外，再用工具变量 $Y_{t-1}^*=\alpha_0+\alpha_1 X_{t-1}+\alpha_2 X_{t-2}$替代模型中的随机解释变量 Y_{t-1}，重新估计模型。键入的命令序列为：

```
GENR  DX=D(X)              计算 ΔX_t
LS  Y  C  X  X(-1)         估计 Y 的分布滞后模型
FORCST  YF                 生成工具变量 YF
LS  Y  C  DX  YF(-1)       估计消费函数
```

因估计结果中常数项不显著，所以去掉常数项后重新估计，得到估计结果为：

$$\text{Ⅲ}\qquad \hat{Y}_t=\underset{(0.021\,4)}{0.554\,5}\Delta X_t+\underset{(0.006\,3)}{1.007\,1}Y_{t-1}$$

$$R^2=0.999\,68\qquad \bar{R}^2=0.999\,67\qquad DW=1.23$$

由于

$$h=\left(1-\frac{1.23}{2}\right)\sqrt{\frac{20}{1-20\times 0.006\,3^2}}=1.72<1.96$$

所以模型不存在一阶自相关性（这样 Y_{t-1}也自然与 ε_t 不相关），经偏相关系数检验和 B-G 检验，表明也不存在高阶自相关性。另外怀特检验结果也表明不存在异方差性。因此，模型Ⅲ较好地解决了模型Ⅱ中的问题，估计结果比较可靠。

5. 消费函数与消费行为分析

由于消费函数Ⅲ中，Y_{t-1} 的系数近似地等于 1，所以，$Y_t-Y_{t-1}=\Delta Y_t=0.554\,5\Delta X_t$，即边际消费倾向（MPC）为 0.554 5。模型Ⅰ中边际消费倾向的估计值为 0.572 7，这主要由于 1978～1991 年期间，我国的消费率都在 60%以上，使得对我国 MPC 的估计值偏高。

另外，在模型Ⅱ中以工具变量 Y_{t-1}^* 代表 Y_{t-1} 之后，重新估计模型（并加上 AR(1)项消除自相关性的影响），得到：

$$\hat{\beta}_1=\hat{\lambda}_1=0.110\,1$$

由于在一般形式的消费函数中，

$$\text{长期乘数}=\frac{\beta_0}{1-\beta_1}=MPC$$

所以得到短期乘数$\hat{\beta}_0$的估计值为：

$$\hat{\beta}_0 = MPC(1-\hat{\beta}_1) = 0.5545 \times (1-0.1101) = 0.4934$$

即我国消费函数的一般形式为：

$$\hat{Y}_t = 常数项 + 0.4934X_t + 0.1101Y_{t-1}$$

由此可以分析我国消费的基本特征：收入(GDP)和上期消费水平是决定本期消费的主要因素，其中收入水平是最主要的影响因素。在新增加的收入中，有55.45%用于消费，其中本期消费为49.34%，占新增消费的89%；延期消费为6.11%，而且延期消费基本上滞后三期，分别为5.34%、0.60%和0.07%，即主要用于下一期消费。

根据消费函数理论可以对消费行为作更深入、全面的分析，另外，这里是以名义收入和名义消费建立的消费函数，而消费函数研究中应该扣除价格因素的影响，考察实际收入与实际消费之间的关系。这些都留给读者作一步的研究。

§7.2　国有企业的经营者：是能力不足还是努力不足

——关于钢铁工业的实证研究[10]

在计划经济的时代，国有企业的生产和经营活动完全按照政府的指令进行，经营者个人对生产和经营结果的影响是非常有限的。但是，随着经济市场化的深入和企业经营自主权的不断扩大，企业的生产、销售、投资和产品开发等经营决策权，已经基本上从政府行政部门转到了经营者手中。这使经营者决策的作用有了很大提高。从某种意义上讲，一个企业的生死存亡取决于经营者决策的成功与失败。因此，如何将真正有经营能力的人才选拔到经营者的岗位上，并使他们最大限度地将自己的经营能力发挥出来，是企业在激烈的市场竞争中生存和发展的关键所在，也是国有企业改革的最终目标。

随着国有企业改革的不断深入，经营者问题的重要性已经引起了不少人的关注(郑海航，1998；贺阳，1999；迟福林等，2000；李由，2000)，也出现了许多关于这一问题的理论研究和实际调查(张维迎，1995，1999；周其仁，2000；李新春，2000；中国企业家调查系统，2000)。[1]这些研究和调查，对于理解经营者问题的重要性和中国经营者群体的现状提供了重要的理论依据和现实依据。但是，由于资料的限制，到目前为止，关于经营者问题的实证研究还不多见。因此，现实中的国有企业经营者问题的实质究竟是什么，经营者的特征和企业的生产效率之间又是一种什么样的关系，还没有从实证的角度给予回答。本文的主要目的是使用独自调查的资料，对国有企业经营者的特征及其对生产效率的影响作一个实证分析，为了更清楚地揭示国有企业经营者问题的实质，我们在调查样本中还包括了乡镇企业等非国有企业。分析比较的结果表明，国有企业的经营者不仅努力不足，而且能力也似乎不足。

本项研究由以下内容构成：第一部分，通过对样本中各类企业的比较，展示国有企业经营者的特征。第二部分讨论国有企业的公司治理结构，提出本项研究的假说。第三部分使用固定效果模型对生产函数进行分析，验证假说。第四部分是结论。

7.2.1 样本企业经营者的特征

在本项研究中，所要讨论的经营者的特征主要包括两个方面：一个是经营者的能力，另一个是经营者的努力。著名组织学家巴纳德认为，经营者的个人能力包括"一般的敏锐、广泛的兴趣、灵活性、适应能力、冷静、勇气等一般能力"和"以特殊的素质、学来的技术为基础的专门能力"。前者可以理解为一种天性，而后者则是可以通过教育和培训得来的(Barnard，1938：pp. 22－222)。[2] 在其他条件不变的情况下，经营者的能力越强、努力越大，企业的生产和经营效率就越高。但是，由于这两者都是难以直接观察到的，我们不得不使用与经营者的能力和努力有关的间接指标来进行分析。此外，严格地说来，经营者是指对企业的生产和经营拥有决策权的人员，这类人员往往不止一人。但是，出于调查和分析的需要，本研究将经营者限定为企业的厂长或总经理。不过，与企业的其他上层经营管理人员相比，厂长或总经理的活动对企业的影响最直接，效果也最显著。因此，以厂长或经理为对象来研究经营者问题，不失为一种简便、可行的方法。

1. 样本概要

为了了解经营者的特征和企业生产效率的关系，我们在 1999 年夏秋之际访问了我国钢铁企业比较集中的辽宁、河北、四川和江苏四省的 20 余家不同所有制类型的企业，并根据座谈了解到的情况设计了调查表，委托有关机构实施了问卷调查。调查期间是 1995～1999 年的 5 年，调查对象包括国有企业、城市集体企业、乡镇集体企业(以下简称乡镇企业)、股份制企业、三资企业和私营企业。出于分析的需要，这里只就其中的国有企业、乡镇企业以及主要由这两类企业转换而来的股份制企业和三资企业共 110 个样本进行分析。不同所有制类型的样本分布如表 7-2 所示。由于在调查期间内企业的所有制形态发生了变化，我们以 1995 年的所有制形态为基准对样本企业进行了分类。[3]

表 7-2 样本分布、经营者的年龄和在职年数

	样本分布	平均年龄	在职年数(年)
全部			
1995	110	48.5	4.7
1999		46.7	5.2
国有企业			
1995	42	51.4	5.1
1999		48.2	4.4
股份企业			
1995	14	51.9	6.5
1999		48.1	5.4
三资企业			
1995	12	44.5	3.4
1999		45.8	5.9
乡镇企业			
1995	42	45.5	3.9
1999		45.0	5.6

资料来源：根据调查资料算出，下同。

2. 经营者的年龄和在职年数

针对我国目前的国有企业，有两个理由使我们可以把年龄看做是与经营者的努力有关的指标。[4]一方面，国有企业的经营者是国家干部，按规定必须在60岁前退休。这就使年龄高的经营者享受自己努力的成果的期间缩短，自己的努力带来的将来的收益现值降低。这种收益不仅是物质的和金钱的，还包括各种荣誉和晋升机会等。另一方面，由于存在论资排辈的思想，年轻人在刚走上经营岗位的时候，不一定能得到周围的承认。为此，他必须努力工作，拿出令人信服的成绩来。从这里我们可以看出，经营者越年轻，努力工作的动机就越强。[5] 表7-2展示了样本企业经营者的平均年龄。1995年，全部经营者的平均年龄是48.5岁，并且有逐渐降低的倾向。这一倾向在国有企业表现得更为明显，而三资企业却略有上升。与先进国家相比，我国的企业经营者是非常年轻的。[6]

从人力资本的理论来看，在职年数可以看做是和经营者的能力有关的一个指标。这是因为，经营者的在职年限越长，对企业的情况越熟悉，积累的管理经验也越丰富，这有利于企业生产效率的提高。从表7-2可以看出，经营者的在职年数有延长的趋势。但是，不同的企业形态差异较大。国有企业和股份制企业经营者的在职年数缩短，而乡镇企业和三资企业却有较大幅度的延长。

3. 教育水平和专业知识

教育水平通常被认为是与能力有关的重要指标。特别是在我国，高等教育尚不发达，能考上大专或大学意味着一个人具有较高的个人素质。而大学的几年学习，也可以培养一个人较高的知识水平和理解能力。与没有受过高等教育的人相比，他们更容易作出合理的经营判断。由于农村的教育水平更低，能考上高中、中专或大专也意味着一个人具有较好的个人素质。另一方面，经营者的专业知识也有可能对企业的生产效率产生影响。例如，具有冶金专业知识的经营者更容易精通企业的生产技术和工艺，而具有经济学知识的经营者则可能对经济环境的变化和市场动向更为敏感。

表 7-3 经营者的教育水平和专业领域(%)

	教育水平				专业领域		
	大学或硕士	大专	高中或中专	初中及以下	理工科	经济类	其他
全部							
1995	34	25	29	13	38	33	29
1999	38	29	24	9	33	46	21
国有企业							
1995	57	21	21	0	50	26	24
1999	64	29	7	0	50	42	8
股份企业							
1995	50	36	7	7	72	28	0
1999	79	14	7	0	35	58	7
三资企业							
1995	41	33	25	0	58	25	17
1999	25	50	25	0	58	25	17
乡镇企业							
1995	2	21	45	31	7	42	51
1999	2	29	45	24	7	50	43

注：由于四舍五入的缘故，分项之和不一定等于 100。

表 7-3 展示了不同类型企业经营者的教育水平。从中可以看到，样本企业的经营者的学历主要集中在高中或中专、大专和大学，并且在三者之间的分布也比较均匀。同时，还可以看到，经营者的学历在这 5 年间略有提高。和其他类型的企业相比，国有企业经营者的学历很高，并且提高的程度也比较大。1995 年，股份企业经营者的学历和国有企业相仿，并且后来又有大幅度的提高。三资企业经营者的学历略低于国有企业和股份企业，近年反而有所降低。经营者学历

最低的是乡镇企业，大专及大专以上只占不到 1/3，并且，这期间也没有大的改变。出现这种情况，一个可能是乡镇企业选拔人才不拘一格；另一个可能是乡镇企业很难得到受过高等教育的人才。事实上，即使是农村出身的大学生，毕业以后一般还是愿意留在城市。

在此期间，经营者的专业领域也发生了一定的变化。从表 7-3 可以看出，总的趋势上理工科略有下降，经济类专业则有所上升。国有企业、股份企业和三资企业经营者的专业领域多集中在理工科，特别是冶金专业，而乡镇企业则多集中在经济类专业方面，这一特点可能反映出前者更注重生产技术，而后者则更注重市场。此外，由于受经营者的教育水平的影响，乡镇企业经营者中一半左右没有特定的专业领域。

4. 经营者的报酬及其支付方式

经营者努力工作的理由虽然各不相同，但是，追求自身的利益依然是最普遍的理由之一。因此，观察经营者的报酬总额和报酬支付方式，有助于理解对经营者的激励问题。不过，在我国要确切地了解经营者的实际报酬是一件不可能的事情。由于名义工资受到制度和习惯的限制，很多经营者的报酬采用了实物补贴、在职消费以及所谓隐性收入的形式。这里列出的数据只是经营者的名义报酬。从表 7-4 可以看出，国有企业经营者的报酬总额在 1995 年只有 1.48 万元，1999 年虽然增加到 1.65 万元，依然是最低的。[7] 这一报酬水平只相当于一般职工的 2 倍多。股份企业经营者的报酬总额高于国有企业，但是，也只有 2 万多一点。三资企业经营者的报酬总额和国有企业相差无几。这个结果超出我们的预想，恐怕与这类企业的中方母体主要是国有企业有关。而经营者报酬最高的是乡镇企业：1995 年将近 3 万元，1999 年略有下降，依然高于其他类型的企业。这意味着乡镇企业经营者的报酬水平更能反映经营者的努力程度。

表 7-4　　经营者的报酬总额和支付方式

	报酬总额（万元）	报酬支付方式(%)		
		基本工资加奖金	效率工资	年薪制
全部				
1995	1.69	64	27	9
1999	1.75	48	36	15
国有企业				
1995	1.48	64	28	7
1999	1.65	54	28	17
股份企业				
1995	2.12	64	21	14

续表

	报酬总额（万元）	报酬支付方式(%)		
		基本工资加奖金	效率工资	年薪制
1999	2.26	57	21	21
三资企业				
1995	1.49	83	8	8
1999	1.87	67	16	17
乡镇企业				
1995	2.95	57	33	10
1999	2.66	33	54	12

从报酬支付方式来看，1995 年，样本企业经营者报酬的支付方式主要还是传统的基本工资加奖金，与企业经营成果有关的效率工资（包括岗位工资加效益奖、工资与利润挂钩、租赁、承包等方式）只占 27%，实行年薪制的企业只有 9%。[8]特别引人瞩目的是，三资企业实行基本工资加奖金的居然超过 80%。这可能是该类企业经营者报酬低的一个原因。不过，5 年间报酬支付方式也发生了较大的变化。效率工资和年薪制有所增加，而传统的支付方式有了明显的下降，特别是三资企业和乡镇企业的下降更为明显。[9]

5. 经营者的任命方式、兼职和前任职务

在我国，由于所有制改革的滞后，政企不分的情况依然存在，这一点特别在经营者的人事问题上表现得更为明显。从表 7-5 可以看到，虽然经历了 20 年的改革，国有企业的经营者基本上还是由上级党政部门来任命。股份企业的经营者虽然有不少是董事会任命的，但是，由于控股股东大多是有关的政府部门，因此，任命方式并没有发生实质性的变化。三资企业的经营者中，由上级部门任命的比重很小。但是，和股份企业一样，这类企业的任命方式也只是改为由董事会任命而已。由上级党政部门任命经营者真正比较少的是乡镇企业，1995 年只有 45%，随着所有制改革的进展，1999 年的这一比例进一步下降到 33%。

表 7-5　　经营者的任命方式、兼职和内部晋升(%)

	上级党政部门任命	兼任党组织书记	内部晋升
全部			
1995	61	29	50
1999	49	23	49
国有企业			
1995	88	43	74
1999	74	33	70

续表

	上级党政部门任命	兼任党组织书记	内部晋升
股份企业			
1995	71	29	64
1999	64	21	57
三资企业			
1995	8	42	8
1999	8	25	17
乡镇企业			
1995	45	12	33
1999	31	12	36

影响经营者能力和努力的另一个重要因素是经营者在企业内部权力的大小。在我国，这种影响主要来自企业党组织。虽然早在 20 世纪 80 年代后期就确立了厂长（经理）在企业经营管理方面的主导地位，但是，党组织在企业的一些重大问题上依然拥有很大的发言权。如果一个总经理兼任企业党组织书记的话，他在企业内部就会处于绝对权威的地位，他本身的能力和努力也会对企业的经营绩效产生更为直接的影响。

从表 7-5 可以看出，1995 年，有 43％的国有企业经营者兼任党组织书记，这种情形在股份企业中也占相当的比重。令人意外的是，三资企业的经营者兼任党组织书记的比例仅次于国有企业。这个结果可以解释为是为了加强党对三资企业的管理，但是，更为合理的一种解释可能是为了防止企业内部可能出现的总经理和党组织书记的对立，为经营者创造一个良好的经营环境。乡镇企业经营者兼任党组织书记的情形最少，只有 12％。这从一个侧面反映出乡镇企业的经营环境更为自由，经营者的权力更大。不过，随着企业制度的改革，其他所有制形态的企业经营者兼任党组织书记的情况都有不同程度的减少。

还有一个因素是经营者的前任职务。一般来说，企业内部晋升上来的经营者对企业的情况更了解，在企业内部也会有良好的人际关系，这可以使经营者的能力和努力很好地与生产效率联系起来。如表 7-5 所示，国有企业和股份企业经营者的内部晋升比例很大，而乡镇企业和三资企业却很小。

以上的调查结果表明，国有企业和乡镇企业在经营者的个人素质、激励机制以及与政府的关系等方面都存在着明显的不同。乡镇企业的特征似乎更接近于自由经济的企业，而国有企业依然要受到政府的各种控制。由于股份企业和三资企业主要是由国有企业和乡镇企业改制而来的，因此，经营者的许多特征也介于两者之间。

7.2.2 假说的提出

经典的企业理论认为，企业是各种生产要素所有者之间的一组契约(Coase，1937；Grossman and Hart，1986)。由于契约是不完备的，因此，一方面必须有一方对契约中没有明确规定的各种事项作出决策；另一方面必须有一方接受对其他各方的固定支付以后的剩余利益。从前者产生了企业的剩余控制权，从后者产生了剩余索取权。为了降低交易成本，剩余控制权和剩余索取权必须一致(Milogrom and Roberts，1992)。在各种生产要素中，由于只有资本的所有者才有可能真正承担风险，因此，企业的剩余索取权和剩余控制权应该由资本所有者掌握(Dow，1993)。

在我国，因为国家作为所有者是虚拟的，无法真正行使所有者的权利，必须通过科层组织将管理国有资产的权利委托给政府部门。政府部门代表国家行使所有者的权利，拥有企业的剩余控制权。但是，他们不拥有企业的剩余索取权，因此，不需要也没有能力对企业的经营结果负责。真正对企业的经营结果负责、拥有剩余索取权的是国家。经过多年的改革，国有企业的经营自主权大幅度提高，这意味着企业的剩余控制权在很大程度上从政府部门转到了企业的经营者，而政府部门对国有企业则拥有最终控制权，也就是任命经营者。

在这样一种制度安排下，国有企业存在着双层代理关系。第一层是国家和政府部门之间的代理关系；第二层是政府部门和经营者之间的代理关系。由于在各个代理层次上都存在着严重的信息不对称和激励不相容，就出现了经营者的选拔问题和激励问题，而经营者的选拔问题更多地起因于第一个代理层次。

从前一节的调查结果可以看到，与乡镇企业相比，国有企业的经营者主要是由上级党政部门任命的。这一特征，有可能从三个方面影响了选拔上来的经营者的能力。第一，上级党政部门不一定以经营能力作为选拔经营者的唯一标准。长期以来，国有企业的经营者一直属于国家干部，其选拔标准也基本上沿用了选拔党政干部的"四化"标准，即"革命化、年轻化、知识化和专业化"。这就要求在选拔经营者的时候，要优先考虑一个人的政治素质和文化素质等，再加上国有企业一般都有一定的行政级别，在选拔经营者的时候，还要考虑候选人的行政地位。这些约束大大缩小了国有企业经营者的选择范围。第二，即使是以经营能力作为唯一的标准，现实中也不存在反映经营能力的客观指标。当然，通过相当频繁的接触，客观、综合地考察一个人过去的工作业绩、对现状的认识和今后打算采取的措施，可以在一定程度上了解到他的能力。但是，要做到这一点，就要求上级党政部门也必须具有一定的经营能力，并且需要做非常深入细致的工作。对于从事行政和党务工作的上级部门来说，其不一定具有这样的能力。同时，由于一个部门往往掌管众多的企业，因此，也不一定有足够的精力。在缺乏关于经营能力的客观指标的情况下，包含与能力有关的信息的学历往往成为选拔经营者的重要依据，并且，在干部“四化”方针的影响下，常常有过于偏重学历的倾向。[10]但是，问题在于经营能力在很大程度上是一种天性，一个学历高、专业知识强的人可以成为一个优秀的专家，不一定能成为一个出色的经营者。[11]第三，即使上级党政部门有能力也有精力对候选人进行认真细致的考察，在我国目前的体制下，上级党政部门也缺乏足够的动机选拔最优秀的人才做经营者。这是我国国有企业经营者问题的关键。正如许多研究所指出的那样，国有企业的代理问题主要是委托人的问题(樊纲，1995；张春霖，1997)。由于上级部门不拥有剩余索取权，企业经营的好坏与上级部门及其主要负责人并没有直接的利害关系，反而是任命一些和自己关系密切的人对自己或本部门更为有利，而这些人不一定有较强的经营能力。

通过以上的讨论，我们可以提出如下假说：国有企业经营者的能力不足(第一假说)。

从上一节的调查结果还可以看到，与乡镇企业相比，国有企业的规模更大，经营者的教育水平更高，但是，由于他(她)们是国家干部，其工资待遇远远低于乡镇企业，而且报酬的支付方式也难以形成对经营者的激励。当然，这里的报酬总额只是经营者的名义工资，除此以外的实物收入、在职消费以及各种隐性收入也会在一定程度上激励经营者努力工作。但是，对经营者来说，名义工资是最心安理得的部分，超出职工平均水平的实物收入和过度的在职消费会引来非议，隐性收入或灰色收入则有可能成为法律追究的对象，是一种“风险收入”。要获得这些收入，经营者就必须付出时间和心理上的代价。此外，和其他党政干部一样，经营者原则上也要在60岁退休，因此，即使是这类收入，也只是在退休以前才可以享受。[12]更为重要的是，在我国的国有企业，由于经营者不拥有企业的剩余索取权或只拥有很小的一部分，他们会倾向于以自身的利益而不是所有者的利益为行事的准则(朱天，1998)。而拥有剩余索取权的国家难以对经营者的行为进行直接的监督，代理国家行使剩余控制权的上级党政部门因为不拥有剩余索取权，也没有充分的动机进行严格的监督。这就为经营者降低努力程度提供了很大的空间。从这里，我们可以提出另一个假说：国有企业经营者的努力不足(第二假说)。

与国有企业不同，虽然乡镇企业也是一种产权模糊的企业(Weitzman and Xu，1994；Chang and Wang，1994；Chen and Qian，1998；Chen and Rozelle，1999)，但是，彼此的产权结构却完全不同(洪银兴和袁国良，1997)。第一，乡镇企业的所有权虽然也归全体社区居民，但是，由于地域和人口规模有限，社区居民更容易监督集体财产的使用(林毅夫、蔡昉和李周,1997)。第二,社区政府虽然也是受托行使所有权,但是,企业经营的好坏和社区政府的财政收入以及社区干部的个人利益有更为密切的关系。因此,社区政府及其干部更有动机去选拔优秀的人才担任经营者。个人间频繁的日常接触也为这种选择提供了良好的条件。第三,由于社区政府创办企业的目的主要是追求利益,国家对乡镇企业干部的选拔又没有明确的限制,因此,他们可以用市场经济的方式为经营者提供足够的激励。从这些特点来看,乡镇企业的产权虽然看起来模糊,但是,剩余控制权和剩余索取权却是相对一致的。[13]

7.2.3 假说的检验

1. 假说的检验方法

为了检验上述假说,分析经营者的特征对企业生产效率的影响,我们建立了一个柯布—道格拉斯生产函数模型。具体形式如下:

$$V = AK^{\alpha}L^{\beta}exp(\sum_i diXi) \quad i = 1,2,\cdots,m \tag{7.2.1}$$

方程式(1)的两侧同除以 L 并取对数,可以得到以下的方程:

$$\ln(V/L) = c + \alpha\ln(K/L) + (\alpha+\beta-1)\ln L + \sum diXi \tag{7.2.2}$$

在这里,L 为职工人数,代表企业规模,K 代表资本,V/L 是人均实际增加值,[14] c 为常数项 $\ln A$,K/L 代表资本劳动比率。α 和 β 分别表示资本和劳动的生产弹性。$\alpha+\beta-1$ 是表示规模效益的系数(大于零表示规模报酬递增,等于零表示规模报酬不变,小于零表示规模报酬递减)。Xi 代表影响企业生产效率的其他各种变量,具体包括:(1) 与经营者的特征有关的变量;(2) 与企业制度有关的变量;(3) 与企业特征有关的变量,包括企业的产品构成、所在地、建厂时间等。此外,为了控制价格因素对固定资产的影响,我们使用了固定资产净值比率(固定资产净值/固定资产原值)作为资本年龄的代替变量。[15]

本研究最为关注的是与经营者的特征有关的变量。按照各变量的特点,我们可以将它们划分为以下3类:[16]

(1) 和经营者能力有关的变量:

在职年数:经营者在该企业担任厂长(经理)的年数;

大学或硕士:经营者是大学或硕士毕业的企业为1,其他为0;

大专:经营者是大专毕业的企业为1,其他为0;

高中或中专:经营者是高中或中专毕业的企业为1,其他为0;

理工科:经营者的专业是冶金或其他理工科的企业为1,其他为0;

经济类:经营者的专业是经济类的企业为1,其他为0;

(2) 与经营者努力程度有关的变量:

年龄:经营者的年龄的对数;

报酬总额:经营者的名义报酬总额的对数;

效率工资:实行岗位工资加效益奖,工资与利润挂钩以及利润定额上交的企业为1,其他为0;

年薪制:实行年薪制的企业为1,其他为0;

(3) 与经营者环境有关的变量:

上级任命:经营者是由上级党政部门任命的企业为1,其他为0;

兼职:经营者兼任企业党组织书记的企业为1,其他为0;

内部晋升:经营者是从内部晋升的企业为1,其他为0。

本研究的目的是分析经营者的特征对企业生产效率的影响,但是,事实上,生产效率高的企业有可能已经建立起良好的机制来选拔优秀的人才做经营者,并且对经营者实行有效的激励。使用最小二乘法进行回归,将无法排除这种影响。为此,本研究使用固定效果模型估计生产函数,分析各变量的变化之间的关系。这样,对企业的生产效率有影响但在分析期间没有变化的产品构成、所在地、建厂时间等变量将被省略。

另外,从7.2.1的分析中可以看出,国有企业和乡镇企业无论是经营者素质还是企业机制都有很大不同,反映经营者特征的许多变量对这两种企业可能会有不同的意义。为此,我们将分别估计国有企业和乡镇企业的生产函数。为了确保必要的样本,我们将由国有企业转制而来的股份企业和三资企业划归国有企业,同样将由乡镇企业转制而来的股份企业和三资企业划归乡镇企业。这样得到各年的国有企业的样本数是59家,乡镇企业是49家。[17]以下的回归分析使用的是这108家企业5年的数据。

2. 关于乡镇企业的估计结果

为了更好地分析国有企业经营者问题的实质,让我们先对乡镇企业进行分析。由于乡镇企业是“自主经营,自负盈亏”的企业,并且企业的剩余索取权和剩余控制权相对一致,这就使乡村政府有动机选择优秀的经营者并对他们实行合理的监督和激励。从这个意义上来讲,关于乡镇企业的估计结果,为分析国有企业提供了一个重要的参照系。

表7-6中乡镇Ⅰ的估计结果显示,乡镇企业经营者在职年数的长短对企业的生产效率没有太大的影响。反映教育水平的大专和高中或中专的系数都为正,并且都在统计上显著。[18]它意味着对乡镇企业来说,经营者的学历越高,企业的生产效率越高。这一结果与人力资本的理论一致,与人们通常的预想也是吻合的。表示专业知识的两个变量在统计上都不显著,意味着经营者有没有特定

的专业领域对生产效率没有明显的影响。

经营者年龄的系数在统计上不显著。对于乡镇企业来说，由于乡村政府为经营者提供了合理的激励和监督，经营者努力工作的动机不会明显地随年龄的增长而减弱。报酬总额的系数为正，并且在统计上显著表明，经营者的报酬和企业生产效率的关系更密切。这反映了在乡镇企业已经建立起了合理的激励机制。上级任命的系数为正，但是在统计上不显著。

由于经营者的报酬总额有可能是一个内生变量，在乡镇Ⅱ，我们使用外生性较强的报酬支付方式对生产函数重新进行了回归。但是，代表报酬支付方式的两个虚拟变量的系数在统计上都不显著，反映经营者特征的其他变量的估计结果也没有明显的变化。

3. 关于国有企业的估计结果

从表 7-6 的国有Ⅰ可以看到，经营者在职年数的系数为正，并且在 5%的水平上显著。对国有企业的经营者来说，经验的积累会提高企业的生产效率。这个结果与乡镇企业不同，一个原因可能是国有企业的规模一般都比较大，经营者需要一个积累经验的过程。反映经营者教育水平的两个虚拟变量的系数与预想相反，都是负的，并且，大学或硕士的系数在统计上显著。这意味着经营者的学历越高，企业的生产效率越低。这个结果不仅与关于乡镇企业的估计结果相反，而且与人力资本的理论相悖。假定教育不会降低一个人的能力，那么，出现这种结果可能有以下两个原因：第一，由于政府过分地注重学历，不少人为了达到政府的选拔标准，通过各种方式获取高学历。有的甚至不惜用自己的特权或金钱换取学历。为了获得或保住自身的地位，不能排除越是经营能力低的人越有动机取得高学历的可能性。第二，由于上级党政部门不是企业真正的所有者，因此，从自身的利益出发，上级党政部门有可能将那些有经营能力、但是与自己关系较差的经营者换成与自己关系好、但是经营能力差的人。并且，越是效益好、油水大的企业，上级部门安插亲信的动机可能会越强。这时最容易使用的借口往往就是学历（张维迎，1999）。反映经营者的专业知识的两个变量在统计上都不显著。与乡镇企业一样，国有企业经营者的专业知识对企业的生产效率似乎也没有显著的影响。以上的分析结果，特别是经营者学历的系数为负这一点，支持了本研究的第一假说，即国有企业经营者的能力不足。[19]

另一个重要的分析结果是，经营者年龄的系数为负，并且在统计上显著。这意味着经营者的年龄越大，企业的生产效率越低。这个结果也与乡镇企业有明显的不同。一个合理的解释是，由于对国有企业经营者的监督和奖励机制不完善，经营者的努力程度主要取决于努力给个人带来的将来收益的现值。而这个现值又会随着年龄的增高而减少。事实上，不少经营者年轻时大有作为，年老了便碌碌无为，更有甚者，利用退休前的时间努力追求个人利益，以至于出现所谓的"59岁现象"。

报酬总额的系数为正，但是，在统计上不显著。这意味着国有企业经营者的名义工资总额的变化对生产效率没有直接的影响。出现这个结果的一个原因，可能是国有企业经营者的名义报酬没有严格地与企业的生产经营结果挂起钩来。[20]

表 7-6　　生产函数的估计结果

	乡镇Ⅰ	乡镇Ⅱ	国有Ⅰ	国有Ⅱ
资本劳动比率	0.407**	0.435**	0.540**	0.575**
	(2.874)	(3.025)	(3.316)	(3.574)
职工人数	−0.107	−0.081	0.214	0.274
	(−0.699)	(−0.522)	(0.766)	(0.996)
在职年数	−0.023	−0.020	0.029**	0.033**
	(−1.392)	(−1.199)	(2.046)	(2.300)
大学或硕士			−0.594**	−0.596**
			(−2.702)	(−2.706)
大专	0.745**	0.842**	−0.345	−0.366
	(2.966)	(3.318)	(−1.501)	(−1.587)
高中或中专	0.387*	0.466**		
	(2.101)	(2.523)		
理工科	−0.104	−0.107	0.028	0.052
	(−0.201)	(−0.203)	(0.098)	(0.183)
经济或管理类	−0.104	0.066	−0.259	−0.268
	(−0.082)	(0.382)	(−0.984)	(−1.013)
年龄	0.010	0.012	−0.032**	−0.036**
	(1.215)	(1.415)	(−2.827)	(−3.047)
效率工资		−0.158		−0.219
		(−1.088)		(−0.952)
年薪制		0.165		0.146
		(0.765)		(0.531)
报酬总额	0.224*		0.198	
	(2.134)		(1.390)	
上级任命	0.260	0.105	0.039	0.049
	(1.239)	(0.492)	(0.114)	(0.141)
兼职			0.169	0.170
			(1.051)	(1.057)
内部晋升	−0.094	0.028	−0.161	−0.170
	(−0.493)	(0.135)	(−1.122)	(−1.177)

续表

	乡镇Ⅰ	乡镇Ⅱ	国有Ⅰ	国有Ⅱ
股份企业	−0.179	−0.192	−0.074	−0.075
	(−1.244)	(−1.262)	(−0.383)	(−0.377)
三资企业			0.265	0.243
			(0.530)	(0.461)
私营企业	−0.022	−0.096		
	(−0.126)	(−0.571)		
净资本比率	−1.018**	−1.194**	−0.647	−0.759
	(−2.686)	(−3.050)	(−1.057)	(−1.244)
决定系数	0.778	0.774	0.792	0.791

注：** 和 * 分别表示单尾检验结果在 1%和 5%的水平上显著。

国有Ⅱ的估计结果表明，报酬支付方式对生产效率也没有显著的影响。近年来，年薪制一直被认为是一种激励经营者努力工作的报酬制度，但是，本研究的分析结果并没有在统计上对这种观点予以支持。事实上，由于实行年薪制并没有对国有企业的产权安排和治理结构发生任何影响，这一制度的效果是值得怀疑的(李由，2000；党国英、梁积江，2000)。与经营者的努力有关的变量，特别是关于经营者年龄的估计结果支持本研究的第二假说，即国有企业经营者的努力不足。[21]

与经营者的经营环境有关的 3 个变量在统计上都不显著，出现这种结果的一个可能是，对国有企业来说，董事会任命经营者和上级党政部门任命经营者只是形式上的不同，并没有实质性的区别。因为在国有股占优势的情况下，政府依然控制股份企业的人事权。另外，经营者是否兼任党组织书记以及是否是企业内部出身，对企业的生产经营来说也没有实质性的影响。

7.2.4 结束语

本研究以中国钢铁企业为对象，通过独自调查的微观资料就经营者的特征对企业生产效率的影响进行了分析，得出了以下结论。

第一，国有企业经营者的能力不足。与乡镇企业相比，国有企业经营者的学历很高。在先天素质一定的情况下，经营者的学历越高，他的经营能力应该越强。但是，由于任命国有企业经营者的上级部门不是真正的所有者，又很少受到真正的所有者(全民或国家)的有效监督，因此，它们既没有能力更缺乏动机选拔最有经营能力的人做经营者。相反，上级部门为了追求自身的利益，更有动机去任命与自己关系良好的人做经营者。特别是，越是效益好的企业，上级部门安插亲信的动机会越强。在缺乏评价经营者能力的客观指标的情况下，学历这一与个人能力有关的客观指标就容易成为更换经营者的依据和借口。同样，越是那些能力差而又想做经营者的人，越有动机取得更高的学历。在党和政府过于强调经营者的教育水平的情况下，一些学历高却没有足够经营能力的人走上了经营者的岗位。

第二，国有企业经营者的努力不足。由于国有企业的经营者不是所有者，拥有任命权的机构或个人也不能像真正的所有者那样对其进行严格的监督。又由于国有企业的经营者是国家干部，其报酬和企业的经营效率没有严格地联系起来，这样，国有企业的经营者就有很大的动机去降低努力的程度。在现实中，国有企业的经营者往往为了保住职位和进一步晋升，以及为了将来获得各种工资外收入而努力工作，但是，由于退休年龄的存在，年龄越大，通过努力工作获得这些利益的机会也就越少。这使得国有企业经营者的工作热情随着年龄的增大而降低。

第三，与国有企业不同，虽然乡镇企业也同样存在产权模糊的缺陷，但是，由于剩余控制权和剩余索取权相对一致，乡镇企业无论是在经营者的选拔方面还是在对经营者的激励方面都是比较合理的。经营者的学历对企业的生产效率有显著的影响表明，在乡镇企业不存在过度偏重学历的倾向，每个企业都会在可能的范围内不拘一格地将最优秀的人才选拔到经营者的岗位上。同时，由于乡镇企业的经营者多数不是国家干部，对他们的报酬支付和年龄限制也不像国有企业那么严格，因此，相对而言，建立起了比较合理的激励机制。

不可否认，国有企业的经营者中的确有不少优秀人才，他们为了国家、企业和职工的利益勤勤恳恳地工作。同样，也有不少主管企业的党政部门为了国家的利益与企业的发展付出了很大的努力。国有企业能够发展到今天，与他们的无私奉献是分不开的。但是，问题在于，在现有的产权安排和公司治理结构下，不能保证所有的上级党政部门都能像真正的所有者那样把最有经营能力的人才选拔到经营者的岗位上；同时，也不能保证所有的经营者都能最大限度地努力工作。要彻底改变国有企业经营者的选拔机制和激励机制，必须改变国有企业的产权制度，并在此基础上建立行之有效的公司治理结构。

注释：

1. 国务院发展研究中心中国企业家调查系统每年对企业经营者进行的调查，对于了解我国企业经营者的概况及其变化提供了宝贵的第一手资料。但是，这些调查的一个重大缺陷在于没有对富有企业家精神的乡镇企业经营者予以足够的重视。因此，作为反映中国企业经营者的调查是不全面的。

2. 巴纳德同时认为，经营者最重要的素质是“忠诚、责任心和组织价格的能力”。这一素质其实与经营者的努力程度关系密切，是促使经营者努力工作的一个重要因素。

3. 1999年4种所有制企业的样本数如下：国有企业35家，股份企业33家，三资企业10家，乡镇企业27家，另有一些乡镇企业改制为私营企业。

4. 当然，年龄也可能与经营者的能力有关。一个年轻人被提拔到经营者的岗位上可能是因为他特别优秀。但是，现有的调查结果似乎并不支持这种观点。根据中国企业家调查系统(1998)的调查结果，经营者的各项能力，除公关能力以外，似乎和年龄没有明显的关系。

5. 政府积极推进干部年轻化也许和这一点有关。

6. 例如，日本和美国大型企业经营者的平均年龄分别是65.1岁(规模最大的119家)和58.3岁(规模最大的146家)(深尾和森田，1997)。另外，1999年，日本全部上市企业的董事的平均年龄是58.9岁，不难想像总经理的年龄应该更高(东洋经济新报社，2000)。

7. 1995～1999年国有企业经营者平均报酬总额的变化不大，这并不意味着各个企业的变化不大。事实上，1999年各企业经营者的报酬水平相当于1995年的0.28倍至3.5倍。变化幅度和乡镇企业几乎一致。

8. 年薪制是近些年比较受推崇的一种报酬支付方式，不少人认为它可以激励经营者努力工作(中国社会科学院国有企业改革课题组，1999)。

9. 关于乡镇企业经营者报酬的支付方式的变化趋势基本上与Chen和Rozelle(1999)以及大冢、刘、村上(2000)一致。当然，这种支付方式的变化，在一定程度上也可能反映了企业所有制的变化。

10. 关于这一点，可以从政府官员的发言中看到，“一般情况下，文凭和水平是一致的。……但是，也确有有文凭而无相应水平者。同时，也有些人没文凭而确有水平。因此，不能把文凭与水平完全等同起来(陈俊生，1983)”。但是，在后来的政府有关规定中，学历依然是选拔经营者的重要指标之一。1992年政府有关部门提出的意见书中要求对现任经营者进行短期进修，并根据进修结果决定任用。同时提出，要为将来“培养和准备大量的企业管理人才创造条件，从企业选拔有实践经验的优秀中青年干部，接受大专、大学、硕士以及第二学位的教育，培养跨世纪的中高级企业管理人才(全国企业管理干部培训工作领导小组，1992)”。1996年和1999年发出的经营者进修计划中也都直接或间接地提出了对经营者学历的要求(国家经贸委，1996，1999)。

11. 贝纳德认为，越是处于组织的上层的管理者，基于生来的天性的一般能力越重要(Barnard，1938)

12. 近年来，对个别有突出贡献的经营者的退休年龄有所放宽。

13. 目前在我国乡镇企业实行的产权改革可以理解为将事实上的私有产权改为合法的私有财产。

14. 从理论上讲，计算实际增加值应该对产出和投入都进行缩减。但是，由于缺乏各企业投入的价格指数，在此，只能简单地用冶金工业品的出厂价格指数对增加值进行缩减(国家统计局，2000：第305页)。不过，由于1995～1999年的价格相对稳定，5年间价格的变动幅度只有 15%,因此,估计这种处理方式和理想的方式之间不会有太大的差距。

15. 由于缺乏各企业历年固定资产投资的数据,我们无法对名义固定资产进行缩减。但是,如果假定企业每年的固定资产折旧率不变,固定资产净值比率高就意味着企业的固定资产比较新,在改革后投资品价格基本呈上升趋势的情况下,可以认为这个变量在一定程度上反映了固定资产中包含的价格因素。当然,这个变量同时又与企业的技术进步有关。设备较新,其包含的技术水平较高,这对生产效率有正的影响。

16. 这种划分并不是绝对的,因为这个可能会反映经营者素质的几个方面。例如,在职年数也可能是经营者努力工作的结果,年龄大对企业的劳务管理也可能更有利。兼职不仅会影响努力和能力的发挥,它本身也可能意味着经营者更有能力。不过,这种划分至少反映了经营者特征的主要侧面。

17. 国有企业和乡镇企业中各有一家因某些年份的个别数据欠缺而被剔除。

18. 乡镇企业经营者中,具有大学文凭的只有一人,并且在同一个企业,因此,使用固定效果模型估计生产函数时,大学学历的效果就包涵在该企业的固定效果里了。

19. 这一分析结果和经营者对自己能力的评价也是一样的。中国企业家调查系统 1997 年对经营者的素质和能力的调查结果表明,经营者的学历越高,与企业生产经营效率关系密切的市场营销、管理、公关、知人善任、决策方面的能力越低。特别是对于前四项,初中学历的经营者高出硕士学历(本研究中样本企业经营者的最高学历是硕士)的经营者 10 个百分点以上。同样,当问及经营者对自己经营成功与否的判断时,回答"非常成功"和"比较成功"的比例也与学历成反比(中国企业家调查系统,1998)。由于该调查的大部分样本是国有企业,并且总样本的结果和国有企业的结果基本一致,因此,我们可以认为总样本中的经营者学历和能力的关系,也适用于国有企业。

20. 考虑到消费者物价的变动对经营者名义报酬的影响,我们用消费者物价指数对经营者的名义报酬修正后,重新进行了估计,结果没有实质性的变化。

21. 原有的调查结果也支持本文的假说。国务院发展研究中心企业家调查系统的调查结果显示,30%的国有企业经营者走上经营者岗位的理由是,"党组织任命,自己勉为其难"。这个数值远远高于集体企业的 16%和三资企业的 19%。不难想像,这些经营者的工作态度会是非常消极的(中国企业家调查系统,1996)。

§7.3　不透明性的经济成本:外国投资损失以及额外经营成本[11]

7.3.1　导言

本研究提供了对世界上 35 个国家不透明性(opacity)的经济成本的估计。"不透明性"在这里指以下五个方面:(1) 宏观经济政策的不确定性;(2) 行业调节与管理的随意性;(3) 财会标准与信息披露的不全面性与不可靠性;(4) 司法执法的不规范性;(5) 公务员的腐败程度。对于不透明性成本的估算包括以下几个步骤：第一步，对样本国家的企业、银行、资产分析师及该国普华永道的员工进行2000年度问卷调查，以获取对这些国家在以上五个方面不透明性的原始信息，并按这五个方面进行评分。第二步，对每个国家在五个不同方面的不透明性评定等级，并运用等级平均数（在进行适当的转换后）得到每个样本国家的综合不透明性得分。第三步，将不透明性分数与OECD双边外国直接投资（FDI）数据相结合测定不透明性对流入的外国直接投资总量的影响（结合样本国家公司税率等其他影响FDI的因素）。最后，通过估计得到高度不透明性对样本国家所损失的外国直接投资数量的影响。对于外国直接投资损失的估计则是通过以下两个步骤实现的：一、我们首先确定以四个样本国家（新加坡、美国、智利及英国）透明性分数的平均值作为"基本透明"的标准。这四个国家在所选择的样本集合中所得的不透明性分数最低，并且恰巧分布在四个不同的大洲。二、对于样本集合中的其他国家，我们还进行了一项理想实验，度量它们在向低不透明性基准水平努力时，该国吸引的外国直接投资增加的数量。对不透明性经济成本进行估计有以下几个好处：首先，它使我们可以将基于问卷调查的不透明性分数（无单位）转化为有意义的经济解释。例如，源于不透明性的额外风险贴水就为投资于特定不透明性水平国家的投资者可能产生的贴水数量提供了具体概念（在基本观点方面）。其次，计算所得的税收等价、不透明性贴水及FDI损失在调查分数的线性转换中不变。税收等价的估计是基于FDI数据作出的。在作一些较弱的假设后，该估计也适用于国内投资，这些假设将在文中予以详述。

本研究的结构如下：7.3.2描述回归和统计分析的方法和结果；7.3.3则是根据外国直接投资的损失以及税率的相应提高来估计不透明性所造成的经济成本；7.3.4为结论。

7.3.2 对不透明性与吸引外国直接投资之间关系的回归分析

我们首先运用回归分析考察不透明性对吸引外国直接投资总量的影响。然后以得到的回归系数为基础，我们就可以对不透明性对资本成本的大小造成的影响进行估计，这一影响表现为由于不透明性的存在造成了FDI的流失，估计值以税收等价为单位。在这里我们要强调一点，那就是基于FDI的税收等价的计量方法同样也可以用于国内资本的计算（在弱假设条件下）。在此基础上，我们将描述一下投资者如何根据不透明性（以"不透明性贴水"为基点单位计量）来重新计算资本成本的估计值，这里所说的不透明性贴水是指对投资者承担不透明性的风险而进行补偿的风险贴水的一部分。

首先，我们解释一下回归分析设定。我们的分析设定的灵感来自于跨国企业解决一个简单的优化问题的方法。其中 $K(j)$ 是该跨国企业准备分配到东道

国 j 的投资存量，$t(j)$ 是东道国 j 的公司所得税率，$b(j)$ 为该企业以税收等价为单位计算的不透明性成本，r 是借贷资本利息率。$F[K(j)]$ 是企业在东道国 j 的产出，假定有 N 个该公司可能投资的国家。则该公司选择的投资水平为 $K(j)$，$j=1,2,\cdots,N$，这样，它可以最大化其税后及行贿后利润总额：

$$\pi=\sum_{j=1}^{N}\{[1-t(j)-b(j)]F[K(j)-rK(j)]\}$$

这里必须注意，为了简单地表示税率及不透明性是扭曲的，我们用 $[1-t(j)-b(j)]$ 与产出而不是与利润相乘。在东道国 j 最优 FDI 存量 $K(j)$ 理所当然地应当与税率及东道国不透明性相关，即 $K=K[t(j),b(j)]$，其中 $dK/dt<0$ 并且 $dK/db<0$。我们将 FDI(k,j) 作为投资来源国 k 及东道国 j 之间双边外国直接投资存量。我们的经验性工作从以下基准性设定开始：

$$\mathrm{FDI}(k,j)=\sum_{i}^{N}\alpha(i)D(i)+\beta_1 tax(j)+\beta_2 Opacity(j)+X(j)\delta+Z(k,j)+e(k,j)$$

其中，$D(i)$ 是投资来源国虚拟变量。如果投资来源国为 i（即如果 $k=i$），其值为 1，否则其值为零；$X(j)$ 是东道国 j 除了税率和不透明性水平之外的特征向量；$Z(k,j)$ 是特指投资来源国与东道国双方的特征向量；$e(k,j)$ 是独立同分布的误差项，服从正态分布；而 $\alpha(i)$，β_1，β_2，δ 和 r 是将要估计的参数。

表 7-7a　统计汇总

变　量	观察数量	中间值	标准差	最低	最高
问卷调查—不透明性分数	35	59.59	13.02	29.47	87.16
公务员腐败	35	1.91	0.31	1.26	2.56
司法执法不透明性	35	2.24	0.32	1.63	3
宏观政策不透明性	35	2.39	0.25	1.84	2.81
财务会计不透明性	35	2.23	0.35	1.5	2.81
行业管理不透明性	35	2.19	0.29	1.46	3
公司税率	56	32.39	6.86	0	42
FDI 限制措施	49	1.69	1.18	0	4
FDI 鼓励政策	49	1.65	0.69	0	3

表 7-7b　两两相关系数

	不透明性要素	腐败	司法	宏观	行业财务会计	管理	公司税率	FDI 限制
调查问卷								
不透明性要素	1							
公务员腐败	0.85	1						

续表

	不透明性要素	腐败	司法	宏观	行业财务会计	管理	公司税率	FDI限制
司法执法不透明性	0.88	0.67	1					
宏观政策不透明性	0.85	0.69	0.66	1				
财务会计不透明性	0.80	0.53	0.67	0.57	1			
行业管理不透明性	0.91	0.77	0.75	0.82	0.60	1		
公司税率	0.14	0.12	0.04	0.28	0.02	0.19	1	
FDI限制措施	0.51	0.47	0.41	0.48	0.34	0.53	0.09	1
FDI鼓励政策	0.19	0.18	0.10	0.33	−0.05	0.34	0.22	0.28

资料来源：前面六个变量来源于普华永道不透明性调查，公司税率及对FDI的限制及鼓励来源于作者在普华永道的《纵横全球经商投资指南》基础上所作的计算，详见文中内容。公司税率数据的更新来源于哈佛大学"全球竞争力报告"及世界经济论坛。

这是一个包括虚拟变量的拟固定影响的回归模型。虚拟变量是用来表示包括经济规模及发展水平在内的所有可能影响投资来源国对外直接投资的特征。此外，假设根据各国各自对FDI的定义，任意两个国家之间的直接投资数量除了一个正的误差项(与解释变量不相关)外，互成一定比例，则投资来源国对FDI定义的差异可以通过固定影响加以控制。我们不加入东道国的固定影响因素，以免无法对所有包括不透明性的影响在内的参数进行评估。

表7-8中列出了两个回归分析的结果。第一个运用了Wei(2000a)的回归解释变量序列。不透明性与税率的系数均为负值，并且显著性水平是5%。这意味着，较高的不透明性程度及高税率将会减少所吸引的外国直接投资。其他回归解释变量的系数符号也很明显。例如，经济规模更大的东道国(按GDP取对数的计算值)会吸引更多的FDI。劳动力成本相对较低(以人均GDP的对数表示)的国家也会有较平均水平更多的FDI流入。我们还运用另外两个变量来确定特定的一对来源国—东道国之间可能的特别关系。东道国倾向于从同一语言(或历史上存在共同群体关系)的来源国吸引更多的FDI，也倾向于从地缘关系密切的国家获取更多的FDI。

在迄今为止的文献中，对FDI决定因素的考察从未将东道国政府对FDI政策的影响考虑进去。这是因为还没有度量外国直接投资限制因素和激励因素的系统方法产生。但如果不透明性与政府政策相关的话，这一缺陷可能使不透明性对外国直接投资影响的估计出现偏差。下面我们将就这一点展开论述。

不少东道国都存在各种各样对外国企业在本国经营的限制条件。例如，一国可能禁止外国企业进入某些部门，不允许外国投资者完全控制该部门的企业，或者对企业外汇交易进行限制用以控制外国企业进口半成品的能力或汇出利润。当然，很多国家也都有以吸引外资为目的的特殊政策，从税收减免、贷款补贴政策到对与出口相关的外国投资的鼓励政策，等等。在现有研究的相关回归分析中，很明显缺乏对限制（或鼓励）政策的经验考察。这些遗漏的因素可能意义重大。例如，如果不透明性和对 FDI 的限制是正相关的（也就是说，如果存在腐败，国家更有可能对外国投资进行限制），则不透明性（腐败）对引进外国直接投资的影响就有可能是夸大的（因为它没有将对 FDI 的限制条件产生的负面影响考虑进去）。

于是，我们顺理成章地就要考虑这样一个问题：不透明性与 FDI 限制条件之间的关系是否相关。Shleifer 和 Vishny（1993）提供了一个理论框架，在该框架中，官僚干扰（如许可证制度）是因为收取贿赂而内生决定的。在这样一个设定下，官僚干扰与受贿是正相关的。我们使用公司层面的调查数据发现（Kaufmann and Wei，1999），在均衡状态下，付出更多贿赂的企业会面临更多而不是更少的官僚争斗（这是因为腐败及受贿的水平是内生决定的，其大小则反映了部门或者我们所讨论的企业的特征）。

相反，如果东道国政府系统地推出鼓励外国投资的政策以补偿该国内部存在的不透明性问题，而这些鼓励措施没有在回归分析中得到很好控制的话，则前面对不透明性影响的估计就可能偏低。本文说明了这种可能性，即如果忽略了东道国政府的 FDI 政策，就会大大改变不透明性对外国投资造成影响的估计结果。

因此，这里我们运用了一种新的方法对各国引进外国直接投资的限制和鼓励政策进行度量。这一方法是基于普华永道公司汇编的以国别为主题的一系列详细报告资料，如《在中国经商和投资》等。《在……经商和投资》系列报告的对象是准备在某一个国家开展经营活动的跨国企业。普华永道公司还制作了一个光盘“在全世界经商及投资指南”（PWC，2000 年）。对于每一个潜在地东道国来说，普华永道的相关国家报告涵盖了各种各样外国投资者感兴趣的立法和法规问题，包括“对外国投资及投资者的限制”、“投资鼓励政策”和“外国企业税收”等。

为了将文字性说明转化为数字表达，我们通读了普华永道各国报告的相关章节。在“FDI 限制”问题上，我们引入了一个变量，变量值在 0 到 4 之间，取决于政府在下面四个方面是否存在限制：

（1）外汇管制是否存在（这一点可能会影响外国企业进口半成品的能力以及利润汇出）。

（2）在某些战略性领域禁止外国企业进入（尤其是在国防和大众传媒方面）。

（3）在大部分发达国家认为是有害的行业部门中，禁止外国企业进入。

（4）在金融、通讯、零售行业禁止外国企业进入。

这四个方面都可以用一个虚拟变量代表，其值为 1（存在特定限制）或 0（不存在该项限制)。我们创建了一个总体"FDI限制"变量,它等于这四个虚拟变量的和。当在四个方面都没有限制的时候,"FDI限制"为0,在都有限制时该变量值为4。

同样地,我们还创建了基于以下几个方面的"FDI鼓励"指标:

(1) 存在对投资于某一特定行业或地域的特别鼓励。

(2) 对外国企业的特别税收减免(包括减税和免税,但不包括专为鼓励出口所采取的税收减让,因为这一措施是针对某一特定类别产品实施的)。

(3) 现金补贴、有补贴的贷款、土地租金减免,以及其他对外国企业实施的非税收减免措施。

(4) 促进出口的鼓励措施(包括出口保税区、经济特区等)。

"FDI鼓励"总体变量是上面几个虚拟变量的总和。所以,如果在四个方面都不存在鼓励措施的话,其值为0;如果四个方面的鼓励措施都存在,其值为4。

表 7-8　　不透明性与外国直接投资

因变量:ln(从投资来源国 j 到东道国 k 的 FDI)

不透明性分数	−0.056××	−0.054××
(普华永道公司调查不透明性要素)	(0.006)	(0.007)
税率	−0.064××	−0.067××
	(0.012)	(0.013)
FDI鼓励措施		0.277××
		(0.110)
FDI限制措施		−0.105×
		(0.072)
ln(GDP)	0.916××	0.952×
	(0.062)	(0.063)
ln(人均GDP)	−0.243××	−0.223××
	(0.083)	(0.085)
ln(距离)	−0.584××	−0.560××
	(0.078)	(0.081)
语言联系	0.613××	0.654××
	(0.286)	(0.287)
来源国虚拟变量	Yes	Yes
调整后的 R^2	0.76	0.77
观察数量	360	346

注:1. 回归设定:lnFDI(j,k)=来源国虚拟值$+bX(k,j)+e(k,j)$;其中 FDI(k,j)是从来源国 j 到东道国 k 的FDI。来源国虚拟值系数在本表中没有列出。

2. ××和×分别表示5%和10%的显著水平。标准差见括号中数字。

3. 为将年度波动影响最小化,ln(FDI),ln(GDP)和ln(人均GDP)是1994~1996年的平均数。

表7-8的第二个回归分析中,回归变量中包含了这两个新的变量。正如人们所期望的,一国如果提供更多的吸引外资的鼓励措施,一般就会吸引到更多的FDI。一国如果对外资进行更多的限制,则其流入的外资必然就会减少。对于本研究的中心任务来说,最重要的是,不透明性变量的系数仍然是负值,且显著性水平还是5%。

我们运用了包括ln(GDP)的平方,ln(人均GDP)和ln(距离)作为附加的解释变量。这些变化不会影响不透明性变量系数的正负及显著性水平,而仅会略微影响点估计值和拟合优度值(调整后的R^2)。

7.3.3 评估不透明性成本:FDI损失及税收等价

为从数量角度描述不透明性影响的经济含义,我们在本部分进行一些说明性的计算,并且将用回归分析中的点估计值来计算外国直接投资损失、相应的税收等价成本以及风险贴水。

1. 外国直接投资损失

外国直接投资(FDI)被认为是维持经济增长的非常重要的因素,尤其是对发展中国家及转型国家来说更是如此。外国直接投资不仅能提供东道国所需要的资金,更重要的还在于它能提供这些国家所需要的技术、管理及营销技能。因此,每损失一单位的FDI都相当于丧失了获得更高增长速度的一次机会。

我们在前一部分的回归分析中指出了不透明性对外国直接投资的消极影响(及其对经济增长的间接影响)。为了对不透明性的量化的重要性有一个概念,我们可以在表7-8第二个回归中的估计系数的基础上来计算不透明性造成的FDI损失。

为了更精确起见,我们采用了两步骤计算程序。第一步,运用新加坡、美国、英国和智利四个国家的不透明性平均分数建立一个"低不透明性"基准。在我们的样本集合中这四个国家的不透明性分数最低,并且正好分处于四个不同的大洲。第二步,我们对除此而外的其他国家提出这样一个问题:如果该国采取措施以降低其不透明性至基准国家平均数的话,流入该国的FDI会增加多少?

任选东道国k来说明。我们用lnFDI(k,实际不透明性)和lnFDI(k,基准不透明性)来分别表示当该国不透明性为实际水平和处于基准水平时流入k国的(对数)FDI数量。根据回归分析的设定,东道国k由于以基准指标为目的来降低其不透明性而导致的lnFDI的变动可以通过下面的等式表达:

$$\ln\text{FDI}(k,\text{基准不透明性})-\ln\text{FDI}(k,\text{实际不透明性})=\beta_2[\text{不透明性(基准)}-\text{不透明性}(k)]$$

等式左边的lnFDI差可以大致表示k国在向基准不透明性调整的努力失败后,

FDI损失的百分比。

接下来我们引入两个不同的值。第一个值是点估计值加上1.96倍标准差(即$-0.054+(1.96\times0.007)=-0.041$)，对应的FDI损失值是一个下限估计(准确地说，是置信度为95%的置信区间的下限)。第二个值就是点估计值，也就是-0.054。在某种程度上，相应的FDI损失估计值会更大，并且是代表这一损失的点估计值。

我们对样本集合中所有国家不透明性造成FDI损失的两种估计值都列在了表7-9中，见表中第三栏及第四栏。比如，墨西哥可以采取措施使其不透明性程度降低至基准国家的水平，那么它就会吸引53%～70%的FDI，这一估计数值的大小取决于所利用的是下限估计值还是点估计值。同样，俄罗斯则可以使其FDI的流入提高199%～263%。

2. 中国是明显的反例吗?

在本研究中，由于中国的不透明性得分最高，其损失的FDI量也最大，其预测FDI的下限(95%的置信度)估计值及点估计值分别为213%和282%(更确切地说就是，如果中国可以将其不透明性指标降到基准水平的话，中国从世界主要投资来源国吸引的外资总量将会增加213%和282%)。这一估计值看起来大得令人难以置信。首先，中国已经被认定为发展中国家中最大的外资吸收国，而且是世界上对海外投资最有吸引力的国家。流入中国的FDI数量真的会增加得像本研究估计得那么多吗?

在这里我们需要做几点说明。首先，不能总是轻信他人，人云亦云。流入中国的FDI数量来源于中国自己的报告(通过报给国际货币基金组织或其他国际组织的国际收支平衡统计数字)。我们有理由认为中国所报告的其吸引的FDI总量是偏高的。其一，外国投资者有积极性多报投入到中国的FDI以获得此后的优惠。其二，由于中央政府将吸引外资数量作为对地方政府官员政绩考核的重要指标，于是地方政府有积极性向中央政府多报FDI数量。

我们可以将中国所报告的FDI与投资来源国家报告的FDI流出数量加以对比。例如，1997年中国报告的从美国流入的FDI达到了32亿美元。而另一方面，美国公司向美国商务部汇总的该年度投入中国的资金总额只有12亿美元，少于中国报告的投资数量的一半。这种情况已经延续了若干年，而这种情况也发生在其他主要投资来源国家。仍以1997年为例，中国报告其吸引了来自德国的9.9亿美元的FDI，而同年德国政府汇总该国企业流出到中国的FDI数字为12.3亿德国马克，约合6.8亿美元，比中国报告的统计数据约少1/3。

表 7-9　不透明性成本——FDI 损失(如果不透明性降低将会带来多少 FDI 的增加)

国家和地区	调查不透明性要素	FDI 损失(%)下限	FDI 损失(%)点估计值	税收等价
基准国家				
新加坡	29.47	0	0	0
美国	35.53	0	0	0
智利	35.65	0	0	0
英国	38.03	0	0	0
其他国家和地区				
香港地区	44.68	41	54	8
墨西哥	47.64	53	70	10
意大利	47.79	53	71	10
匈牙利	50.07	63	83	12
以色列	52.71	73	97	14
乌拉圭	53.27	75	100	15
希腊	57.38	92	122	18
秘鲁	57.63	93	123	18
埃及	57.97	95	125	19
立陶宛	58.45	97	128	19
南非	59.54	101	134	20
日本	60.19	104	137	20
哥伦比亚	60.34	104	138	20
阿根廷	60.60	105	139	21
台湾地区	60.64	105	140	21
巴西	60.85	106	141	21
巴基斯坦	61.96	111	147	22
委内瑞拉	63.45	117	155	23
印度	63.74	118	156	23
波兰	63.93	119	157	23
瓜地马拉	64.91	123	162	24
泰国	66.95	131	173	26
厄瓜多尔	67.94	135	179	26
肯尼亚	68.79	139	183	27
捷克	70.81	147	194	29
罗马尼亚	71.42	149	197	29
韩国	73.46	157	208	31
土耳其	74.07	160	212	31
印度尼西亚	75.16	164	218	32
俄罗斯	83.59	199	263	39
中国	87.16	213	282	42

注：表中不透明性带来的 FDI 损失及相应的税率提高的计算是以表 7-8 中回归分析点估计值为基础的，并且运用了新加坡、美国、智利和英国的平均分数作为基准。FDI 损失之下限的计算是从同样的回归中点估计值置信区间上限的 95%得到的。计算的方法在文中进行了说明。

其次,中国占世界主要投资来源国家流出的FDI的份额实际上并非真如一些流行话语像"中国热"、"世界上海外投资最有吸引力的国家"等所描述的那样。世界上主要的FDI流出国是美国、英国、日本、德国、法国、加拿大、意大利以及其他的欧盟国家。这些国家的投资总额占世界国际性(跨国)直接投资的3/4强。然而它们在中国的投资汇总起来并不是很大。尽管中国是一个巨大的、增长迅速的、并且拥有大量廉价劳动力的国家,但1997年美国在其他14个国家的直接投资都超过其在中国的投资。即使采用中国官方对美国在华投资的统计数字,也就是说采用可能偏高的数字,该年度也仍然有9个国家吸收来自美国的投资数量超过中国。例如,1997年美国在巴西、墨西哥及爱尔兰的投资分别为65、59和45亿美元,都高出中国(不论是美国报告的12亿美元还是中国报告的32亿美元)很多。

第三,本研究关于中国在降低不透明性之后吸引FDI的潜力的论述是关于中国吸引来自世界主要投资国的FDI的增加,香港地区并不在世界主要投资来源国的名单之上,我们大致将其每年FDI流出总量的一半作为投入中国的FDI。由于香港从未提供过双边的FDI数字,所以,我们没有将它作为投资来源国进行统计。因而,严格地说,我们对中国吸引FDI潜力的估计并不适用于从香港流入中国的投资。但无论如何,我们都应该讨论一下与之相关的几个问题。人们可以理所当然地问,从香港到大陆的投资是否应当算做"外国直接投资"(就像是问纽约在美国或孟买在印度其他地方的投资是否应计为外国直接投资一样)。尽管来源于香港的投资被看做是"外国投资",我们仍然需要知道,香港对大陆的投资总量中有多少实际上是来自于大陆的资金(这些资金为获得政府对外资的税收优惠条件而伪装成香港资金)。

此外,毫无疑问,香港对大陆的投资量很大。Wei在2000年进行了一项假设性计算,内容是如果只将香港作为欧盟国家中的一个投资来源国来看待的话,香港对大陆的投资数量到底是多少。给定中国的经济规模、增长率及工资水平,给定中国与香港之间的共同语言及文化联系,人们不一定会得出香港在中国的投资是超出常规的、或令人吃惊的这样的结论。

第四,我们也可以进行另一个更加严格的分析,即分析中国是否是本文关于不透明性阻碍外国直接投资这个一般论点的一个例外。我们在回归分析框架中对表7-8的最后一栏进行了分析。我们先创造一个"中国虚拟量",如果东道国是中国,则取值为1,否则为0。然后,我们在回归分析中加入这个变量。如果不透明性在中国不会导致像样本中其他国家那样的对FDI造成的损失,那么我们就应当看到中国虚拟量有一个正的并且统计意义上显著的系数。加入这一回归量的结果见表7-10的第一栏。我们看到,该系数并不是在统计意义上显著不为

0,其点估计值实际上是负的。换句话说,关于中国会比其他国家受不透明性影响小,以及中国对 FDI 具有不同寻常吸引力的说法都是站不住脚的。相反,中国所吸引的外资相对于其潜力来说是太低了。

当然,中国是世界上人口最多的国家。有人可能认为我们的回归分析设定没有很好地将人口众多的国家与其他人口更少的国家区分开来。在表 7-10 的第二栏,我们列出了一个增加了人口平方变量的回归分析结果。换个说法,也就是我们允许把吸引 FDI 的潜力作为人口变量的一个函数,定量地将人口特别众多的国家区分开来。然而,统计的结果并不支持这一例外说法。在加入了这一新的回归量之后,仍然没有证据表明不透明性的同等增加在中国会带来比其他国家更少的 FDI 损失。

总而言之,只要中国能够解决其不透明性问题,它从世界主要投资来源国吸引外资的能力还有很大的潜力可挖。

还有这样一种可能性,香港减轻了中国的不透明性对 FDI 造成损失的程度。也就是说,美国公司可能会因为不透明性而减少它们在中国的直接投资,但同时会运用其在香港的投资作为一个不完全的"跳板"来组织其在中国大陆的生产。所以,也许部分美国在中国的投资是真实的。我们无法直接度量这种可能性,但我们可以得到对这种可能性的一个"感觉"。如果我们假设美国及其他主要投资来源国家在香港的投资中有 1/3 是投向大陆的,我们就可以看到中国虚拟量的系数从负变为正。而且实际上,这正说明了香港是主要投资来源国的"跳板"的事实。当然 1/3 的假设完全是主观臆断出来的,并且很可能是对香港本身作为一个重要的投资吸引地区的过度调整。无论如何,这一检验表明,相对于其他国家来说,中国由于有了香港而使它由不透明性带来的 FDI 损失的程度得到了减轻。但这一减轻作用仍然是非常有限的。

表 7-10　　中国是一个例外吗?

因变量:ln(双边 FDI)	(1)	(2)
中国虚拟量	−0.116	−0.309
	(0.467)	(0.629)
不透明性分数	−0.053**	−0.052**
(普华永道调查不透明性要素)	(0.007)	(0.007)
税率	−0.069**	−0.070**
	(0.015)	(0.015)
FDI 鼓励措施	0.290**	0.314**
	(0.124)	(0.134)
FDI 限制措施	−0.104	−0.108

续表

因变量：ln(双边 FDI)	(1)	(2)
	(0.072)	(0.073)
ln(人口的平方)		0.016
		(0.053)
ln(GDP)	0.960**	0.393
	(0.072)	(1.236)
ln(人均 GDP)	−0.231**	0.350
	(0.090)	(1.266)
ln(距离)	−0.599**	−0.560**
	(0.081)	(0.081)
语言联系	0.651**	0.624**
	(0.287)	(0.294)
投资来源国虚拟量	Yes	Yes
调整后的 R^2	0.77	0.77
考察数量	346	346

3. 税收的等价提高

说明不透明性成本的第二种方法就是从边际公司所得税(最高)的相应增加数量来看。更精确地说，就其对 FDI 的消极影响而言，不透明性高于基准水平等于将公司所得税率提高 X 个百分点。我们称 X 的值为不透明性成本的税收等价量。

从前面的回归设定中我们可以看到，公司所得税率增加 $1/\beta_1$ 单位以及不透明性增加 $1/\beta_2$ 单位对流入 FDI 有同样的影响。因此，东道国 k 的税收等价量为：

$$\text{东道国 } k \text{ 的税收等价量} = (\beta_2/\beta_1)[\text{不透明性}(k) - \text{不透明性(基准)}]$$

样本集合中所有国家的不透明性税收等价量见表 7-9 第五栏。

税收等价量的计算是以对外国直接投资的考察为基础的。表面来看，这一结果不能一般化到国内投资上去，尤其是，有人会认为国内投资可能不如国际投资对不透明性及税率变动那样敏感。例如，我们说俄罗斯比波兰的不透明性程度更高，对于一家美国公司来说，跳过俄罗斯而投资于波兰比俄罗斯本国公司这样做要更容易一些。无论如何，在相对弱的假设条件下，税收等价量对国内投资同样适用。

这样，我们设 e(国际资本，税率)和 e(国内资本，税率)分别为国际和国内资本对税率的弹性，同样设 e(国际资本，不透明性)和 e(国内资本，不透明性)为两种资本对不透明性的弹性。可以允许国际投资比国内投资对不透明性和税率都更敏感。也就是：

$$e(\text{国际资本,税率}) > e(\text{国内资本,税率})$$

并且

$$e(\text{国际资本,不透明性}) > e(\text{国内资本,不透明性})$$

如果国际性投资对国内投资敏感性的比率是彼此成比例的，即

e(国际资本，税率)/e(国内资本，税率)＝e(国际资本，不透明性)/e(国内资本，不透明性)

那么，基于一项对FDI的研究的结果所得到的不透明性成本的税收等价量与适用于国内投资的税收等价量是同样的。

为什么对FDI的研究要比国内投资的研究更为可信呢？有这样两个理由：首先，对于给定的投资来源国家，我们的东道国集合的FDI数据是基于该特定的投资来源国的报告，这也就保证了相对于跨部门国内投资的全国性数据来说，有更好的国际可比性。其次，我们的FDI数据只来源于数据比较可靠的主要欧盟国家的报告。

根据表7-9中第五栏的计算结果，不透明性从基准水平提高到哥伦比亚的水平，对投资产生的消极影响与公司所得税率提高20个百分点对投资（包括国内投资和国际投资）有相同的负面影响，不透明性水平从基准国家水平提高到中国现有的水平，对投资产生的消极影响与税率提高42个百分点对投资有相同的负面影响。当然，这些国家的公司所面临的税率增加并不会带来政府税收收入的增加。

7.3.4　结论

根据FDI损失和税收等价提高对不透明性成本的计算涉及一些假定，这已经在前面几个部分详细阐述过了。尽管确切的数值估计会随着假设的不同而变化，但我们所估计的FDI损失和额外经营成本在方向上是正确的。

不少发展中国家急于通过降低税率来刺激投资，或者提供优惠的税收减免以吸引外国投资者。本项研究认为，高度的不透明性会很容易地抵消减税的好处。或者说，旨在降低不透明性的国内改革会在刺激国内投资和吸引外资方面更加有效，同时又不会导致政府税收的损失。

§7.4 经济转型中的企业退出机制

——关于北京市中关村科技园区的一项经验研究[12]

7.4.1 导言

企业的进入和退出是市场经济的重要特征之一。市场效率的提高,一方面来自企业内部配置效率的改进,另一方面也来自对低效企业的淘汰。正如熊彼特(1934)所指出的那样,经济发展是一种“创造性的毁灭”过程。企业之间的创造竞争不断淘汰落后的企业,留下成功的企业,而这种持续的企业进入和退出,构成经济增长的源泉和动力。从这个意义上说,低效和缺乏竞争力的企业在何种程度上被市场竞争所淘汰,或者说企业的生存在何种程度上由效率因素决定,成为我们判断市场运行的效率状态的一个重要指标。

中国经济从20世纪70年代末开始逐渐从计划经济向市场经济转型。众所周知,在传统的计划体制下,企业的进入和退出完全是由行政指令决定的。在历经二十多年的经济改革之后,人们非常关心的一个基本问题是:我国目前的市场运行机制距离理想的效率状态究竟有多远?在传统的行政力量和新兴的市场力量相互交织的经济转型过程中,究竟是什么因素决定着我国企业的生存与死亡?特别是,随着时间的推移,行政与市场力量对企业生与死的影响是否存在着此消彼长的趋势?

本研究运用来自北京市中关村科技园区的一套独特数据,试图对上述问题做一些深入的实证研究。其独创性在于,我们从企业退出这个角度探讨决定中关村高科技企业退出的重要因素,尤其是企业的效率因素和所有制性质对退出风险的影响。关于中国经济转型中的企业和市场的实证研究目前主要侧重于企业内部的效率性质,而较少从企业退出的角度进行研究。国内从20世纪60年代开始就有经济学家对企业的进入和退出问题进行理论和实证研究。其中研究的重点之一是关于企业规模(以资产或雇佣人数衡量)如何影响企业的生存和成长。小企业会相对增长得更快但更容易退出,便是这些研究发现中的一个重要结论(Mansfield,1962)。经济学家也对所有权结构对于企业生存或退出的影响进行了研究,但这些研究基本上仅限于对单个企业(single-plant)和集团企业(multi-plant)的考察(Dunne et al.,1989;Audretsch and Mahmood,1994,1995;Mata et al.,1995);另外还有一些文献考察了企业所处产业的特征(如产业增长率、最低有效规模)(minimum efficient scale)和宏观经济状况(利率、失业率)对企业退出风险的影响(Audretsch and Mahmood,1994,1995;Audretsch et al.,1997)。

我们选择中关村科技园区的高科技企业作为我们的研究对象出于两个基本考虑：首先，中关村科技园区的企业在我国高科技行业中占据着举足轻重的地位，研究决定这些企业的生死存亡的因素本身就具有重要的理论和政策意义；其次，中关村科技园区的企业所经历的市场和政策环境的演变是我国整体经济转型的一部分，因而理解中关村科技园区企业的退出机制对于理解我国经济转型的一些基本特征也有一定的帮助和启发。

本项研究所用的企业数据非常独特。在已有的企业层面上关于进入和退出问题的经验研究中，绝大多数的研究对象均集中于美国和其他一些发达国家，而对东亚各国，尤其是对中国大陆的经验研究比较稀少，这在很大程度上是因为美国等国家在企业层面上的数据统计工作开展得比较好，研究者较容易获得满足要求的企业数据。而在中国，获得类似数据的难度比较大。本文采用的数据涵盖北京市中关村科技园区 1995～2002 年所有获得“高新技术企业认证”并呈报有效年度报表的企业。由于具有普查性质，该数据不同于一般的企业抽样数据，因而满足研究企业退出的基本条件。与国外同类研究所采用的数据相比，本数据的优点在于所涉及的企业信息非常丰富，包括企业的基本状况、财务报表、人力资源等诸多方面。另外，我们的数据是年度数据，有 8 年的连续观察，非常适合研究相关因素对企业退出风险的影响。

本研究的基本发现是效率因素日益成为决定中关村高科技企业生存的重要因素，这表明经过二十多年的经济改革开放，市场力量的重要性已日渐上升。另一方面，银行信贷多少及可得性也成为制约企业生存与成长的重要因素。但是，企业的净资产负债率对企业退出的影响不尽相同，它对国有企业不构成影响，而对非国有企业则形成显著的压力，这说明传统计划体制下的预算软约束问题仍然没有消失。研究还表明，随着时间的推移，行政隶属关系和所有制性质本身对企业生存提供的保护作用正在递减。

本研究内容的结构安排如下：7.4.2 首先说明数据来源，对这里所提到的企业退出等概念作出定义，并通过统计数据描述中关村高新技术企业退出的基本特征；7.4.3 简要讨论所采用的计量模型；7.4.4 汇报和讨论回归分析的初步结果；7.4.5 进一步分析行政和市场力量对企业退出的影响；7.4.6 为结论。

7.4.2　数据及其描述

本研究所使用的数据由北京市人民政府中关村科技园区管理委员会（下简称“中关村管委会”）提供，涵盖北京市中关村科技园区 1995～2002 年所有获得“高新技术企业认证”并呈报有效年度报表的企业。该数据不仅覆盖的企业众多（年平均4 000多家），而且涉及的企业信息非常丰富，包括企业的基本状况（如所有制、成立时间和获得认证时间)、财务报表和人力资源等诸方面的详细数据。

中关村科技园区,其前身为1988年成立的北京市新技术产业开发实验区,是中国第一个国家级高新技术园区。中关村地区有包括北京大学、清华大学和中国科学院在内的大学及研究机构200多家,是全国智力资源最密集的地区。作为中国高新技术产业发展的龙头,中关村诞生过中国最大的IT企业,也是中国最早产生高科技民营企业的地方。1999年6月国务院批复准予建立中关村科技园区,希望在10年内把中关村建设成为世界一流的科技园区,此后北京市政府又通过了一系列的相关配套法规和政策,这大大促进了中关村科技园区高新技术产业的发展。到2002年,中关村科技园区已发展到下属5个科技园,共有企业9 500多家,雇员人数超过40万人,当年工业总产值为1 485亿元(当年价格)。

在园区迅速发展的过程中,一部分企业由于各种原因相继停止了营业或者退出了市场,而与此同时,新企业又不断地进入高新技术行业。这里需要简要说明一下中关村管委会对高新技术企业的定义和认证。根据国家科委指定的高新技术目录和中关村的具体情况,高新技术主要包括电子信息技术(包括计算机软件)、激光技术、光机电一体化、生物工程、新药物和生物医学工程、新材料、新能源技术等。而高新技术企业则是主要从事这些高新技术及其产品的研发、生产和经营业务,但不包括单纯的商业经营。根据北京市高新技术企业的核定办法,要获得"高新技术企业认证"主要需要满足以下两个条件:(1) 企业从事高新技术及产品的研发、生产和经营业务,且这些业务的收入在总收入中要求占到一定的比例,进行生产高新技术产品的企业要求高新技术产品产值占总产值的50%以上;(2) 研发费用占当年总收入的3%以上。具有大专以上的科技人员占职工总数的30%,或20%以上(适用于从事新技术产品生产的劳动密集型企业)。以上标准对于一个真正从事高新技术产业的企业来说,是相对容易达到的。下面我们根据文献中通行的做法对企业的进入和退出进行定义(参见Bartelsmna et al.,2003)。

进入:企业取得"高新技术企业认证"的时间为进入时间。我们不采用企业在工商局登记注册时间的原因是,有相当一部分的企业可能在注册登记时并没有涉足高新技术产业,而是后来才转而进入高新技术产业的。因此只有在企业获得"高新技术企业认证"之后,才算是真正进入高新技术产业。

退出:如果某企业在数据中第$n-1$年存在而第n年消失,那么我们定义这个企业在第n年退出。根据这一定义,我们能够得到1996~2002年企业退出的信息。

中关村科技园区内的企业每年必须向中关村管委会提供企业数据,通过中关村管委会的年检之后,才能继续获得各项政策优惠,如从税务部门获得减免所得税部分的返税。因此如果一个企业还没有退出，它会有激励向中关村管委会提交数据，维持它高新技术企业的认证资格。以下，我们首先以一些统计数据来从整体上展示中关村高新技术企业进入和退出的数量统计。

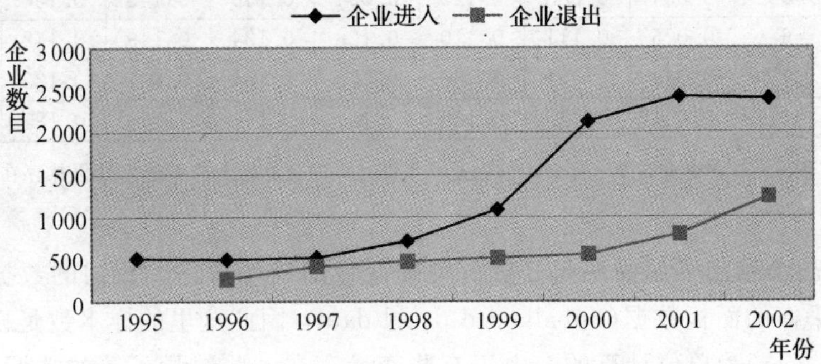

图 7-1　1995～2002 年中关村科技园区科技企业的进入和退出

从图 7-1 中可以发现，1995～1997 年每年进入的企业平均只有 500 家左右，1998 年有小幅的上升。而从 1999 年起，进入企业的数量出现了大幅度增长，这显然是由于北京市开始大力推进中关村科技园区的建设所导致的。2000～2002 年每年平均有2 000多家企业进入。而在企业退出的数量方面，2001～2002 年的退出数量也相应地出现了较大幅度的提高，这是因为，随着企业的大量涌入，市场竞争逐渐激烈，导致企业退出数量增加。我们计算出 1996～2002 年期间各年企业所面临的死亡率(hazard rate)(见表 7-11)。从表中我们可以发现一些有趣的结果。首先，从园区企业整体来说，企业的死亡率随时间推移呈明显的上升趋势，从 1996 年的 6%上升到 2002 年的 14.4%，增幅有一倍多。尤其是到了 2001 年和 2002 年，企业所面临的退出风险有较大幅度的增加，这与上面提及的大量企业涌入和市场竞争加剧有很大的关系。其次，随着企业进入年龄的增加，企业死亡率平均来说也呈现增加的趋势，企业进入 1 年之后的死亡率为 8%，而进入 8 年之后则增长至 13.7%。

表 7-11　　1996 年～2002 年不同进入年份的企业的死亡率

按企业进入年份分类	1996 年	1997 年	1998 年	1999 年	2000 年	2001 年	2002 年	各年加权平均
整体	0.060	0.095	0.105	0.115	0.110	0.126	0.144	0.113
年份＝1	0.032	0.060	0.022	0.060	0.044	0.092	0.119	0.080
年份＝2	0.054	0.078	0.085	0.091	0.074	0.111	0.152	0.108
年份＝3	0.061	0.102	0.131	0.112	0.124	0.104	0.140	0.105
年份＝4	0.080	0.119	0.106	0.150	0.108	0.127	0.136	0.114

续表

按企业进入年份分类	1996 年	1997 年	1998 年	1999 年	2000 年	2001 年	2002 年	各年加权平均
年份＝5	0.084	0.083	0.125	0.094	0.140	0.148	0.160	0.116
年份＝6	0.075	0.111	0.110	0.128	0.134	0.149	0.142	0.125
年份＝7	0.048	0.051	0.168	0.136	0.151	0.191	0.125	0.141
年份＝8	0.051	0.125	0.106	0.137	0.142	0.158	0.181	0.137

注："年份＝1"的企业指上一年进入的企业，"年份＝2"的企业指上两年进入且仍然存在的企业，以此类推。

表 7-12 给出了后面回归分析所用的变量的统计描述。我们的数据结构是一个非平衡的面板数据(unbalanced panel data)，因此这里的样本数是以企业—年(firm-year)为单位计算的。由于有些变量存在一些数量不等的遗漏，各个变量的样本数并不完全一致。另外，我们只保留了净资产负债率、资产利润率和销售利润率取值在－100％～100％之间的企业样本，以避免某些非正常值对我们估计结果的影响。首先我们注意到，"企业退出"这个虚拟变量的均值为 0.123，说明平均说来有 12.3％的企业退出了中关村科技园区。样本企业的年龄平均为 4.15 年，但最老的企业已成立 20 年。科技园区有 20.6％的国有企业，7.6％的纯外资企业，近 5％的港澳台企业和 3.5％的出口企业。企业的净资产负债率平均高达 44.4％。

表 7-12　　各回归变量的统计描述

变　量	样本数	均值	标准差	最小值	最大值
企业退出(虚拟变量)	30 351	0.123	0.329	0	1
资产(取对数)	30 351	8.053	1.778	－4.605	17.509
企业年龄	30 351	4.517	3.028	1	20
净资产负债率	30 351	0.444	0.303	－1	1
国有企业(虚拟变量)	30 351	0.206	0.404	0	1
纯外资企业(虚拟变量)	30 351	0.076	0.265	0	1
港澳台企业(虚拟变量)	30 351	0.047	0.211	0	1
劳动生产率(取对数)	30 351	3.604	2.478	－5.617	11.478
资产利润率	30 307	0.0008	0.139	－1	1
销售利润率	26 130	0.005	0.190	－1	1
出口企业(虚拟变量)	30 351	0.035	0.185	0	1
集团隶属企业(虚拟变量)	30 351	0.074	0.261	0	1
研发人员比例	30 351	0.152	0.228	0	1

在进行回归分析之前，为了更进一步理解退出企业的基本特征，我们将所有

企业分成两类——退出企业和生存企业(后者为 2002 年尚未退出的企业),然后对这两类企业的各个相关变量的均值进行了比较,结果见表 7-13。我们发现,退出企业相对生存企业来说,其资产规模小,成立时间早,净资产负债率高,研发人员比例、劳动生产率、资产利润率和销售利润率均较低,纯外资企业、出口企业和集团隶属企业所占比例小,而且所有这些差异均在 1%DE 水平显著。在退出企业中,国有企业和港澳台企业所占比例与生存企业相比略高一些,但统计上不显著。这些粗略的统计分析表明,市场淘汰的企业是那些经营业绩较差和净资产负债率高的企业。

表 7-13 退出企业与生存企业的各变量的均值比较

	生存企业	退出企业	两类企业均值比较	P-值
资产(取对数)	8.158(0.023)	7.397(0.023)	0.761	0.000
企业年龄	3.008(0.030)	4.579(0.040)	−1.571	0.000
净资产负债率	0.358(0.004)	0.421(0.004)	−0.063	0.000
研发人员比例	0.218(0.003)	0.121(0.003)	0.097	0.000
国有企业	0.110(0.004)	0.119(0.005)	−0.008	0.180
纯外资企业	0.088(0.003)	0.058(0.003)	0.030	0.000
港澳台企业	0.033(0.002)	0.035(0.003)	−0.002	0.143
劳动生产率(取对数)	3.431(0.024)	2.686(0.037)	0.746	0.000
资产利润率	−0.006(0.002)	−0.029(0.002)	0.023	0.000
销售利润率	0.008(0.003)	−0.018(0.002)	0.026	0.000
出口企业	0.034(0.002)	0.017(0.001)	0.017	0.000
集团隶属企业	0.071(0.003)	0.028(0.002)	0.043	0.000

注:所列变量的数值是每一类企业在其生存年份内该变量的平均值,括号内的数字为标准差。

7.4.3 计量模型与方法

在进行回归分析时所使用的方法上,早期的大多数经验研究采用的是 Logit 或 Probit 模型,但面板数据存在着数据截断(censored)的问题,也就是说,如果面板中有 n 个企业,假设面板数据的时间末端为 U_t,其中有 k 个企业在时间 U_t 或之前退出,那么对于另外的 $n-k$ 个企业,就只能知道它们在 U_t 时没有退出,他们(潜在的)退出时间没有被考察到。针对这一缺陷,Cox 比例死亡模型(Cox Proportional Hazard Rate Model,也称 duration model)以求条件概率的方法解决了这一问题。由于本文所采用的是中关村高新技术企业的年度数据,能够比较准确地确定企业的退出时间,因此将主要使用 Cox 模型进行回归。令在时间 t 企业 i 退出的瞬时死亡率为 $\lambda i(t)$。被估计的 Cox 比例函数具有如下形式:

$$\lambda(t,xi,\beta)=\lambda 0(t)exp[x'i\beta]$$

其中，$\lambda_0(t)$代表时间基准条件退出概率，可以是任意关于时间 t 的非负函数，它代表当 $X_i=0$ 时的风险，在估计 β 是无须知道它的具体函数形式的。X_i 为与企业 i 相关的各种解释变量的向量，这些解释变量允许在不同时间点上发生变化。β 是所要进行估计的系数的向量，注意 X_i 中第 k 个变量对相对死亡率的边际影响可以由 $exp(\beta_k)$来刻划。我们将在下面的回归结果中报告系数 $\beta_k(k=1,2,\cdots,K)$，它类似于线形回归模型里一个变量的边际影响，即 dInλi(t,xi,β)/dxik。估计的系数如果大于 0，则说明该解释变量的增加会相应地增大企业所面临的退出可能性或称风险；反之，如果小于 0，则解释变量的增加会减少企业所面临的退出可能性。系数 β 可以通过 Cox 所提出的“偏似然法”(Partial likelihood)的方法进行估计。

前面已经提到，在我们的数据中缺少 1996 年之前就已经退出的企业的信息。这样，在进行回归时便可能存在着样本选择(Sample Selection)问题，因为在我们的数据中缺少 1995 年之前的市场竞争生存下来的企业。我们对两个不同的样本进行了回归，其中第一个样本包含所有的企业，而第二个样本只包含在 1995 年以后进入的企业。通过比较两次回归得到的结果，我们发现以小样本回归得到的结果与大样本的结果非常接近，为节省篇幅，这里只列出大样本回归的结果。

7.4.4 初步的回归结果

本节将运用 Cox 比例死亡率模型对企业退出的决定因素进行分析。我们先汇报回归分析的一些初步结果，然后在 7.4.5 中再进一步考察行政隶属关系对企业退出风险的影响，以及这种影响在时间上的特征。

表 7-14 列出了初步的回归分析结果。下面我们对这些结果进行归纳和简要的讨论。

1. 企业的资产规模越大，退出的可能性越小

资产规模与退出的负向关系在表 7-14 的所有回归方程中均呈现出来，与已有的研究结果方向一致。但是，通过对不同规模企业的数据统计，我们发现企业规模与企业的盈利能力和增长速度，基本上遵循同方向变动的规律，其中，收入在 100 万以下的企业，实现盈利的比例最低。值得注意的是，这一点与很多研究的结论不一致。这些研究发现，小企业具有更高的利润率或者更高的增长率(同时具有更大的差异性，即标准差更大)。究其原因，我们认为最重要的一点是我国小企业的融资能力较差，尤其是在当前创业投资机制尚未发展健全的情况下，这一点非常明显。在我们的样本企业中，新增贷款占资产的比例对于总收入在 10 万～100 万之间的企业平均仅为 0.005，而对于总收入在 1 亿～10 亿的企业，

这一比例高达 0.073,比前者高出 14 倍之多。这说明小企业贷不到款的情况非常普遍和严重。没有资金的支持,小企业靠自身资本的积累是很难快速达到高新技术产业所要求的最低有效规模的,在突然的市场风险面前也缺乏能够抵御的资本,因此小企业面临着比大企业更恶劣的市场环境。

表 7-14　　企业退出的决定因素:初步分析

	因变量:企业退出			
	(1)	(2)	(3)	(4)
资产(取对数)	−0.165*** (0.011)	−0.187*** (0.010)	−0.200 (0.121)	−0.160*** (0.011)
企业年龄	0.109*** (0.005)	0.109*** (0.005)	0.112*** (0.005)	0.117*** (0.005)
净资产负债率	0.369*** (0.055)	0.253*** (0.054)	0.222*** (0.064)	0.352*** (0.055)
劳动生产率(取对数)	−0.064*** (0.006)			−0.062*** (0.006)
资产利润率		−0.645*** (0.0084)		
销售利润率			−0.549*** (0.098)	
研发人员比例	−0.956*** (0.077)	−0.948*** (0.078)	−0.960*** (0.096)	−0.949*** (0.078)
出口企业	−0.268** (0.123)	−0.315** (0.124)	−0.208 (0.134)	−0.279** (0.130)
集团隶属企业	−0.556*** (0.090)	−0.0570*** (0.091)	−0.613*** (0.109)	−0.489*** (0.091)
国有企业				−0.303*** (0.052)
纯外资企业				−0.044 (0.065)
港澳台企业				0.092 (0.082)
样本数	30 351	30 307	26 043	30 351
ln-似然率	−32 510	−32 284	−23 184	−32 490

注:表中所有的回归均控制了 13 个行业的虚拟变量,因篇幅所限,没有列出其估计系数。括号内的数字为强力(robust)标准差。双尾 t 检验的显著水平 1%、5%和 10%分别用 ***、** 和 * 表示。

2. 企业的年龄越老，退出的可能性越大

这一点在前面的基本统计中便已经发现了，即死亡率随时间推移有增大的趋势。已有的大多数研究都发现，年龄的增加对于企业的退出风险有着负的影响，即死亡率函数表现为一条向下倾斜的曲线。但也有研究得出的是一条倒U型的曲线，即年龄的增加对于企业的退出风险呈现先正后负的影响(Audretsch and Mahmood，1994；Honjo，2000)。为了验证我们的样本是否也存在一个倒U型的曲线，在回归方程(1)的基础上加上企业年龄的平方项进行回归，该项的系数显著地为负相关(未汇报)，说明企业年龄对死亡率的影响具有倒U型的特征。对于企业年龄增长(至少在前期)会增加企业退出的可能性这一点，我们认为可能可以从以下几个方面来解释。

首先，高新技术的技术创新速度比一般行业要快，因此相对来说，新企业所拥有的新的资本、技术等带来的优势，也即是 Jensen et al. (2000)所提到的"年轮效应"(vintage effect)，要比老企业从经营和市场竞争中边干边学的"生存效应"(survival effect)的优势大一些。因此，在高新技术行业中老企业与新企业竞争时处于比一般行业更不利的地位，这便增大了老企业退出的可能性。

其次，由于中关村科技园区在经济转型过程中的历史原因，较早进入的企业往往带有很多计划经济时代的特征，尤其是与模糊产权相联系的体制包袱；而随着 1999 年之后中关村的高速发展，大量新企业涌入市场，这些企业产权明晰，机制灵活，不存在历史遗留问题，具有体制上的"年轮效应"优势。在市场竞争逐渐激烈的情况下，老企业可能更难以适应这种市场环境的变化，导致老企业的死亡率居高不下。所以，老企业相对于新企业更容易死亡这一与西方文献相异的结果其实恰好反映了我国经济转型过程中新旧体制交替并存、相互竞争的特征。

再次，还有一个可能性，由于政府对于高新技术给予税收上的优惠政策，从企业成立之日算起，头三年免所得税，四到六年所得税减半。因此，随着企业年龄的增长，税收负担会加重，这有可能加大企业退出的风险。

3. 净资产负债率越高，企业越容易退出

引入净资产负债率通过这一变量是因为企业的资产负债状况显著地影响着一个企业的生存机率。Zingales(1998)通过美国公路运输业的数据发现，在市场竞争中生存下来的不仅是"最适者"(the fittest)，而且还是"最肥者"(the fattest)，前者指效率，后者指资金状况。企业净资产负债率越高，就越难筹到资金投资大的项目，竞争力下降，甚至直接面临破产和被清算的危险。表 7-14 的结果非常有力地支持了"高净资产负债率带来高退出风险"这一结论。

4. 企业的经济绩效越好，企业的退出概率越少

我们关心的一个核心问题是，企业的效率程度如何影响着企业的退出？为

了确保研究结果的可靠性，我们采取了一系列绩效指标来描述企业的效率状态，它们包括劳动生产率、资产利润率和销售利润率。表7-14的结果说明，企业的退出风险与各种绩效指标呈显著的负向关系。回归方程(1)～(3)清楚地表明了这一点。这三个回归方程模型的差异仅在于替换三个不同的经营业绩指标——劳动生产率、资产负债率和销售利润率。但不论使用什么指标，结果都是一样的：经营效率或绩效越高的企业，其退出风险也就越低。

5. 研发人员比例越高，企业越不容易退出

由于在本文所使用的数据中，1999年和以前企业的R&D活动费用的数据缺乏，于是以研发人员的比例作为替代指标来衡量企业R&D的投入(Mishel and Bernstein(1994)的研究中也采用了这一指标)。表7-14的结果表明，企业用于研发的投入越多，企业越有可能生存下来。高新技术企业比一般企业更依赖于技术和产品创新来谋求发展，因此，这个结果是合乎预期的。

6. 出口企业比非出口企业更不容易退出

出口企业在这里是一个虚拟变量，即只有企业当年有出口便赋值为1，反之为0。我们认为，出口企业比非出口企业更适合生存是因为前者的效率优势。这一判断主要是基于如下假设：具有较高生产率的企业更容易进入外国市场，而且出口企业比非出口企业面临更为激烈的市场竞争，因而更有动力提高生产效率。

7. 控股权的差异对企业的生存/退出有着十分显著的影响

在表7-14的所有回归方程中，我们都控制了"集团隶属企业"这一虚拟变量。引入它是因为集团隶属关系也许会赋予某个企业一个额外的保护层，因为在需要的时候，公司集团可以动用集团其他下属企业的资源来救助本企业的经济困境。因此，我们预期集团隶属关系对企业退出的影响为负。回归结果证实了我们的预期，而且非常显著。回归方程(4)和(5)加入了所有权因素，考察不同所有权类型的企业所面临的退出风险有无不同。我们设计了三个虚拟变量——国有企业、纯外资企业和港澳台企业。其结果是，国内民营企业(包括有限责任公司)被作为对比组。从回归模型(4)的结果可以看出，相对于国内民营企业来说，国有企业不容易退出，估计系数为−0.303，置信水平为99%以上；纯外资企业容易退出，但在统计上不显著；而港澳台企业更容易退出，只是估计系数在通常的置信水平上不显著。这说明国有所有制对企业生存起着一种明显的保护作用。

7.4.5 企业退出中的市场与行政力量：进一步的分析

在7.4.4中，我们初步的回归分析表明，在中国当前这种混合的所有制结构下，决定企业是否退出，一方面有市场选择的力量(如效率因素)，另一方面还取决于企业所有制是否为企业的生存提供了保护层。但上述分析并没有向我们揭

示出政府所有制是通过何种渠道为企业生存提供保护的。与此同时，我们也不甚清楚，市场与行政力量对企业生存/退出的影响力又如何随着时间变化而变化。本节就试图对这些问题进行更为深入的分析。

关于行政力量影响国有企业行为方式最为系统和最有影响的是科尔奈的预算软约束理论(Kornai,1979)。根据该理论，在国有企业效益不好，面临着生存风险时，政府便可能以财政补助和银行贷款的方式来扶持这个企业，使其得以维持经营。也就是说，软预算约束将对企业的生存/退出行为产生重要的影响。为了验证政府是否通过软预算约束的方式为企业生存提供保护作用，我们考虑把企业分为政府所有的企业和非政府所有企业两组，然后看净资产负债率对企业退出的影响是否因企业的所有制类型而变化。具体地说，我们待检验的一个假说是，在净资产负债率对退出风险的影响力方面，政府所有制企业的系数应该显著小于非政府所有的企业。

在运用预算软约束理论讨论中国经济转型问题时，Walder(1995)进一步拓展了预算软约束理论。他指出，在研究中国的转轨经济问题时，并不能如Kornai(1979)那样简单地把企业划分为软预算约束的国有企业和硬预算约束的私有企业，这是由中国的中央—地方政府体制所导致的，国有企业所隶属政府级别的不同会导致预算约束硬度的不同：政府级别越高，它对企业所愿意并且能够施加的行政力量就越强，会使得企业的预算约束越软。由此，我们可以引申出第二个待检验的假说：在政府所有的企业中，行政隶属关系越高，净资产负债率对企业退出的影响也就越不明显。

我们对上述两个假说进行验证的结果汇报于表7-15。净资产负债率对非政府所有的企业退出风险是正的，而且非常显著，而对政府所有的企业则不尽相同。对于中央直属和隶属市(县)级政府的企业来说，净资产负债率的系数甚至为负，也就是说，净资产负债率越高，企业越不容易退出，但估计系数的显著水平没有达到通常的10%以下。对于乡镇及村办企业而言，净资产负债率就成为了一个加大退出风险的因素。这个结果验证了转型经济文献中关于我国乡镇企业面临的预算约束相对较硬的理论判断(Che and Qian 1998；Walder 1995)。值得注意的是，就净资产负债率的影响力而言，乡镇及村办企业仍然弱于非政府所有的企业，说明政府的影响仍然存在。表7-15清楚地表明了行政隶属关系如何通过银行贷款影响着企业抵御各种市场风险的能力，而这与预算软约束理论的预测是一致的。因此，我们上面提出的两个假说得到了很好的验证。

表 7-15　　所有制和企业行政隶属层次对退出风险的影响

	因变量：企业退出			
	政府所有的企业			非政府所私有企业
	中央直属的国有企业	隶属市或县级政府的国有企业	乡镇及村办企业	
	(1)	(2)	(3)	(4)
资产规模(取对数)	−0.172*** (0.035)	−0.304*** (0.062)	−0.106*** (0.032)	−0.164*** (0.012)
企业年龄	087*** (0.014)	0.156*** (0.027)	0.015 (0.018)	0.143*** (0.007)
净资产负债率	−0.304 (0.194)	−0.142 (0.284)	0.287* (0.159)	0.438*** (0.061)
劳动生产率(取对数)	−0.095*** (0.022)	−0.058 (0.043)	−0.097*** (0.018)	−0.061*** (0.007)
研发人员比例	−0.146 (0.200)	−0.153 (0.357)	−0.230 (0.191)	−1.267*** (0.094)
出口企业	−0.025 (0.422)	−0.767 (0.632)	−0.242 (0.923)	−0.338** (0.133)
集团隶属企业	−0.445*** (0.168)	−0.174 (0.247)	−0.212 (0.923)	−0.671*** (0.145)
样本数	5 418	1 264	4 037	19 632
ln-似然值	−2 451	−671	−2 625	−23 726

注：表中所有的回归均控制了 13 个行业的虚拟变量，因篇幅所限，没有列出其估计系数。括号内的数字为强力(robust)标准差。双尾 t 检验的显著水平 1%、5%和 10%分别用 ***、** 和 * 表示。

表 7-15 还给出了其他一些有意思的结果。首先，我们在表 7-13 和表 7-14 得到的关于资产规模、企业年龄、劳动生产率对退出风险的影响仍然成立，只是显著水平因样本量的减少而有所变化。其次，劳动生产率的提高对政府所有的企业也具有降低退出风险的作用。最后，我们考察一下政府所有制和效率或者说行政与市场两种力量对企业退出的影响在时间上有何趋势。Cox 模型不便于考察时间因素对估计系数的影响，因此我们采用线性 Probit 模型进行分析。

表 7-16　所有制对企业退出的影响的时间趋势:线性 Probit 模型

变　量	估计系数
国有企业＊1996 年	−0.052*** (0.008)
国有企业＊1997 年	−0.105**** (0.008)
国有企业＊1998 年	−0.055*** (0.011)
国有企业＊1999 年	−0.022** (0.010)
国有企业＊2000 年	−0.019* (0.010)
国有企业＊2001 年	−0.008(0.011)
国有企业＊2002 年	−0.026** (0.012)
样本量	30 351
R-平方	0.092

注：本表回归控制了资产规模、企业年龄、净资产负债率、劳动生产率、研发人员比例、出口企业和集团隶属企业、外资企业与年虚拟变量的交互项所有的行业虚拟变量和年虚拟变量。因篇幅所限，没有列出这些变量的估计系数。括号内的数字为强力标准差。双尾 t 检验的显著水平 1%、5%和 10%分别用***、**和*表示。

表 7-16 给出了行政力量对企业退出风险影响的时间趋势。在表 7-16 中，我们使用国有企业虚拟变量乘以不同年份的虚拟变量的交互项来反映所有制性质对企业生存的保护作用随着时间的推移呈总体下降的趋势，虽然不是严格单调递减的。政府的保护作用 1996 年与 2002 年相比下降了 50%，这是一个相当显著的变化。当然，人们可能会怀疑这种变化并非是经济改革和体制变化引起的，有可能是其他因素(如市场竞争程度的时间变化)导致的。为此，我们控制了年虚拟变量，而且还引入外资企业与年份虚拟变量的交互项。在外资企业方面，其估计系数并没有出现类似于国有企业交互项的系数变化。因此，我们认为，国有企业交互项的系数变化确实反映了政府保护作用下降的趋势。

我们还考察了劳动生产率对企业退出影响的时间变化趋势(结果未汇报)。首先，在非国有企业方面，劳动生产率对退出的影响力基本上呈稳步上升趋势，也就是说，生产效率对维护企业生存越来越重要了。在国有企业方面，情况则有些不一样。在 1998 年之前，劳动生产率的影响或者不明显，或者呈现不利影响。从 1999 年开始，也就是在中关村科技园区新企业大量进入，市场竞争加剧之时，劳动生产率对国有企业的生存开始变得非常重要，而且重要性逐年上升。

上述讨论说明，在中关村科技园区，市场力量对企业生存的重要性在逐步提高，企业所面临的经营环境日益市场化，所有制性质对于企业生存的意义正逐步降低。

7.4.6 总结

经济转型国家面临的一个基本挑战就是如何使得企业生存和发展依赖于市场而非传统体制下的行政力量。虽然目前已有相当的文献研究经济转型中企业的行为与绩效，但很少有人从企业退出角度来考察决定企业生存的市场与非市场因素。本研究运用中关村科技园区企业 1996～2002 年的企业数据，对中关村高新技术企业的退出机制问题作了一些比较详尽的研究。

本文的基本发现是，效率高低日益成为决定中关村高科技企业生存的重要因素，这表明经过二十多年的经济改革开放，市场力量的重要性已日益上升。另一方面，企业负债也成为制约企业生存与成长的重要因素。但是，企业净资产负债率对不同所有制企业的退出的影响也不尽相同，国有企业总体上不受其影响，而且行政隶属关系越高，所受影响也越小；但净资产负债率对非国有企业则形成显著的压力。这说明传统计划体制下的预算软约束问题仍然没有消失。我们的研究还表明，随着时间的推移，行政隶属关系和所有制性质本身对企业生存提供的保护作用正在递减，而劳动生产率对企业生存的作用则正在递增。除了这些基本结果以外，我们还发现，企业的资产规模、年龄和集团隶属关系对退出也有着显著的影响，这些影响在相当程度上反映了我国经济转型的一些基本特征。

第 8 章 计量经济分析软件 EViews

§8.1 概述

EViews(Econometric Views)软件是美国 QMS 公司研制的 Micro TSP 软件的 Windows 版本。由于 TSP 软件简单实用,操作方便,现已成为我国计量经济学教学、科研中的主要分析软件,并为国内广大用户所熟悉。将 TSP 软件移植到 Windows 平台之后,软件的操作更加灵活,并且 EViews 软件体现了一种新的分析思想,即通过对不同对象的各种观察(View)来揭示经济现象的变化规律。

8.1.1 EViews软件的特点

除了 TSP 软件所具有的特点之外,EViews 软件还有以下特点:

1. 具有 Windows 软件的操作风格

允许用户通过鼠标在标准的 Windows 窗口、菜单、对话框上操作,处理结果直接显示在窗口之中,并且可以利用标准的 Windows 技术(如复制、粘贴等)去进一步处理这些结果。因此。只要熟悉 Windows 环境下的软件操作,将会很快掌握 EViews 软件的基本操作方法。

2. 采用了面向对象的软件设计思想

EViews 软件将计量经济分析的基本元素(如序列、数据、矩阵等)和分析结果(如方程、图形、系统等)都视为“对象”,每一个对象都用相应的窗口来表示。通过对每一个对象不同侧面的观察,分析对象的属性和特征,揭示不同对象之间的关系。

3. 具有灵活的操作方式

为了便于用户操作,EViews 软件提供了三种操作方式:一是菜单驱动方式,利用系统提供的命令菜单可以很方便地完成有关操作;二是命令输入方式,系统专门设置了命令输入窗口,以便用户在此窗口中直接键入有关命令,而且在命令字后边可以添加命令参数;三是程序运行方式,将有关命令序列编制成程序之后,运行该程序则以批处理方式完成一组命令的操作。这种方式适用于经常使用的重复操作。另外,EViews 软件还在各个对象窗口中设置了常用命令的命令按钮。这些方式使得 EViews 软件的操作非常方便灵活。

4. *反映了计量经济学的最新研究成果*

由于 EViews 软件是由计量经济学家研制,并且专门用于计量经济分析的专用软件,所以软件中反映了计量经济学理论、方法研究的发展情况。在 EViews 2.0 版中,检验方法包括异方差性的 White 检验、自相关性的 B-G 检验、因果关系的 Granger 检验、协整的单位根检验,等等;估计方法包括 ARCH 模型、GMM 模型、向量自回归模型的估计和三阶段最小二乘估计法等系统估计方法。随着版本的升级(最新版本为 4.0),软件中也在不断加入新的计量经济方法。

8.1.2 EViews软件的启动与退出

1. *启动*

正常安装 EViews 软件之后,在 Windows 开始菜单的程序组中将包括一项"Econometric Views",双击该项则启动 EViews 软件,显示 EViews 软件的工作窗口(如图 8-1 所示)。

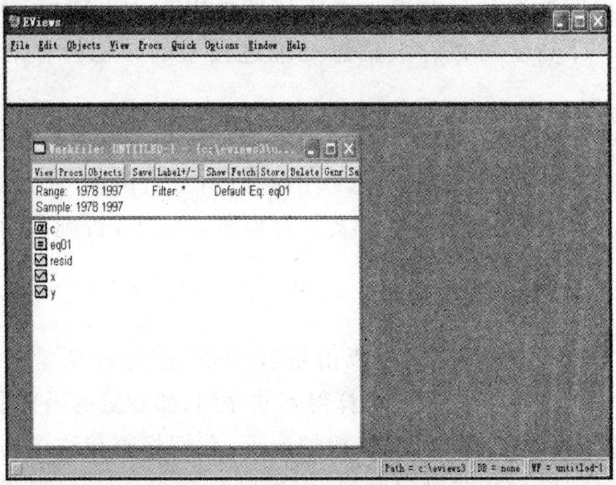

图 8-1 EViews 软件的工作窗口

2. *退出*

在 EViews 主菜单上点击 File\Exit,系统询问是否保存所修改的工作文件,确认之后将返回到 Windows 窗口。

8.1.3 EViews软件工作窗口的组成

如图 8-1 所示，窗口的顶部是标题栏，标题栏的右端有三个按钮：最小化、最大化（或复原）和关闭。标题栏左边是控制框，控制框也有上述三个按钮的功能，双击则关闭该窗口。

菜单栏：标题栏下是主菜单栏。主菜单栏上共有 9 个选项：File，Edit，Objects，View，Procs，Quick，Options，Window，Help；用鼠标点击打开下拉式菜单（或再下一级菜单），点击某个选项将执行对应的命令。

命令窗口：主菜单栏下是命令窗口，窗口最左端的竖线是提示符，允许用户在提示符后通过键盘输入 EViews（TSP 风格）的命令。如果熟悉 Micro TSP 的命令，可以在此直接键入。

主显示窗口：命令窗口之下是 EViews 的主显示窗口，以后操作产生的窗口（称为子窗口）均在此范围之内显示，不能移出主窗口之外。

状态栏：主窗口之下是状态栏，左端显示操作过程中的有关信息，中部显示当前路径，右端显示当前状态，例如有无工作文件。

8.1.4 EViews软件的基本操作对象

1. 工作文件（Workfile）

工作文件是用户使用 EViews 软件处理数据时存贮在内存中的信息，包括操作过程中建立的所有命名对象。工作文件可以视为 EViews 软件的基本"工作平台"，在这个平台上可以存放信息处理过程中的其他操作对象，如序列、数组、方程、图像等。

启动 EViews 软件之后，必须首先创建一个新的工作文件，或者从磁盘上加载一个工作文件到内存，这样 EViews 才允许用户进行下一步的数据处理工作。退出 EViews 之前，一般也要将工作文件存贮到磁盘上，否则包含在工作文件中的所有对象将丢失。

2. 序列（Series）

序列即通常所说的变量，它可以由解释变量、被解释变量的实际观察值组成，也可以是计量经济分析过程中计算得到的序列，如变量的函数形式、残差序列、系数估计值序列、预测值序列等。一般情况下，我们将直接称序列为变量。

序列包括时间序列和非时间序列（由横截面数据或排列顺序不规则的时间序列数据组成）。时间序列的频率可以分成年度、季度、月份和周数据。

创建新的工作文件时，系统将自动生成两个序列：C 和 RESID。C 序列用于存放模型的参数估计值，RESID 序列用于存放最新估计模型的残差。

3. 数组(Group)

数组由若干个序列组合而成,以便对组中的所有变量同时执行某项操作。EViews以电子表格的形式表示数组,所以在数组窗口中可以直接键入或编辑各个序列的数据。数组和所对应的各个序列之间是一种链接关系。修改序列的数据、更改序列名、删除序列等操作,都会在数组中产生相应变化。

4. 图形(Graph)

EViews软件的图形类型主要有:折线图(趋势图)、相关图、柱形图、圆饼图等图形。用户可以在图形窗口中直接定义图例、比例尺度、刻度线、标题等图形参数。

5. 方程(Equation)

方程是计量经济分析的主要对象之一,在方程窗口中可以直接确认样本区间、参数估计方法、方程中的变量及其函数形式等内容。根据估计的方程,还可以直接进行残差分析、稳定性分析、计量经济检验、预测模拟等分析。

§8.2 数据处理

现以表8-1中我国财政文教科学卫生事业费支出(Y)和国家财政收入(X)的历年统计资料为例,说明EViews软件的具体操作过程。

表8-1 我国文教卫财政支出与财政收入统计资料 单位:亿元

年份	文教卫财政支出	财政收入	年份	文教卫财政支出	财政收入
1978	113	1 132	1988	486	2 357
1979	132	1 146	1989	553	2 665
1980	156	1 160	1990	617	2 937
1981	171	1 176	1991	708	3 149
1982	197	1 212	1992	793	3 483
1983	224	1 367	1993	958	4 349
1984	263	1 643	1994	1 278	5 218
1985	317	2 005	1995	1 467	6 242
1986	380	2 122	1996	1 704	7 408
1987	403	2 199	1997	1 904	8 651

8.2.1 建立工作文件

1. 菜单方式

在主菜单上依次点击 FiIe\New\Workfile,将弹出一个对话框(如图8-2所示),由用户选择数据的时间频率(frepuency)、起始期和终止期。其中:

Annual——年度　　Monthly——月度

Semi-annual——半年　　Weekly——周

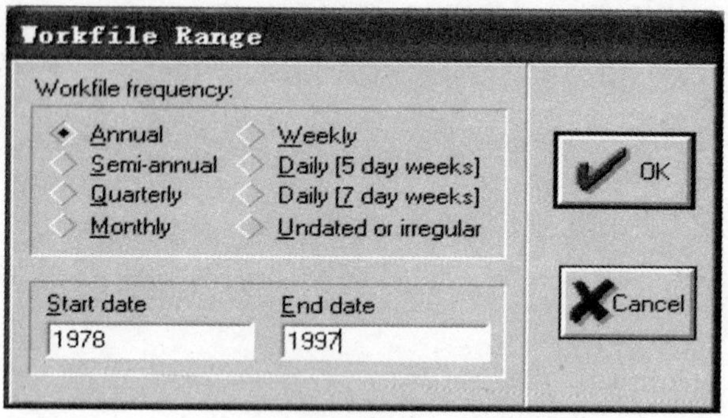

图 8-2　建立工作文件对话框

Quarterly——季度　　Daily——日

Undated or irregular——非时序数据

选定时间频率之后，再分别点击起始期栏和终止期栏，输入相应的日期 1978 和 1997。输入季度和月份日期时用符号":"或"."进行分隔。如果是非时序数据，则只需输入观察数据的组数(即样本容量)。输入完毕点击 OK，将在 EViews 的主显示窗口显示相应的工作文件窗口(如图 8-1 所示)。

工作文件窗口是 EViews 的子窗口。它也有标题栏、控制框、控制按钮。标题栏指明窗口的类型是 Workfile 以及工作文件名和存储路径。标题栏下是工作文件窗口的工具条，工具条上是一些常用的命令按钮：

Views——观察　　Procs——过程

Save——保存工作文件　　Fetch——读取对象

Store——存储对象　　Delete——删除对象

Sample——设置样本区间　　Gener——生成新的序列

在工作文件窗口中选取并双击某个对象，将打开该对象窗口。

2. 命令方式

在命令窗口也可以直接输入建立工作文件的命令 CREATE，命令格式为：

CREATE　数据频率　起始期　终止期

其中，数据频率类型分别为 A (年)、Q (季)、M (月)，非时序数据(U)等。如果是非时序数据，则只需在数据频率类型之后标明数据的组数。例如：

```
CREATE  A  78  97
CREATE  U  20
```

说明：

(1) 输入 EViews 命令时,命令字与命令参数之间只能用空格分隔;

(2) 利用光标移动键可以依次调入以前输入的命令,以便用户编辑之后重新执行命令,或浏览历史命令的执行过程;

(3) 如果当前窗口不是命令窗口,有时无法输入命令,此时只需点击命令窗口使其成为当前窗口即可。

8.2.2 输入与编辑数据

1. *命令方式*

格式:DATA　变量名 1　变量名 2　…　变量名 k

功能:输入新变量的数据,或编辑工作文件中现有变量的数据。

例:DATA　Y　X

说明:

(1) 执行命令之后,将在主窗口显示数组窗口(如图 8-3 所示);数组窗口是一个二维表格,变量的值按列排列。如果是新变量,则在表格中显示缺省值 NA。此时可以通过键盘和方向移动键逐个输入数据;如果是工作文件中已经存在的变量,则在表格中显示有关变量的数值,此时可以用全屏幕编辑方式随意编辑修改数据。

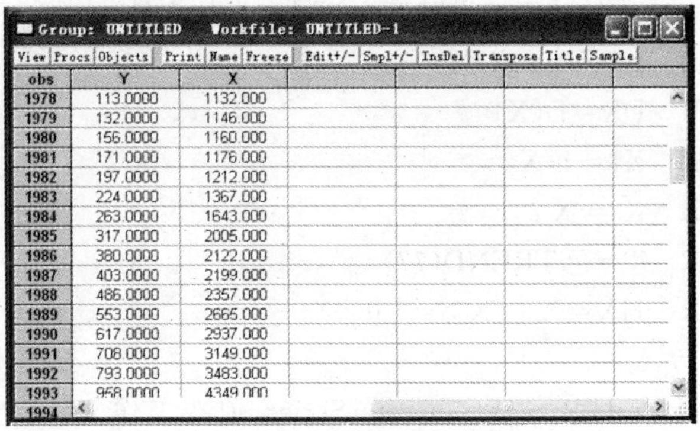

obs	Y	X
1978	113.0000	1132.000
1979	132.0000	1146.000
1980	156.0000	1160.000
1981	171.0000	1176.000
1982	197.0000	1212.000
1983	224.0000	1367.000
1984	263.0000	1643.000
1985	317.0000	2005.000
1986	380.0000	2122.000
1987	403.0000	2199.000
1988	486.0000	2357.000
1989	553.0000	2665.000
1990	617.0000	2937.000
1991	708.0000	3149.000
1992	793.0000	3483.000
1993	958.0000	4349.000
1994		

图 8-3　数组窗口

(2) 执行命令之后,工作文件(窗口)中将直接生成相应变量,变量的数值由数组窗口中的数据决定;在数组窗口中输入或修改数据。(工作文件中)变量的数值也将随之发生变化。

(3) 在数组窗口的变量名栏可以直接添加新的变量,或更改变量的名称。

(4) 输入或编辑完数据之后可以直接关闭数组窗口,此时系统询问是否删除数组,由于工作文件中已保留了有关变量的数据,所以一般选择 Yes,工作文件中变量的数据不会因此而丢失。

(5) 在工作文件窗口中双击变量名，将重新显示该变量的数据；也可以选择若干变量组成新的数组，具体做法是：

① 在工作文件窗口中点击组成新数组的第一个变量。

② 如果数组中的其余变量在工作文件窗口连续排列，则采用拖拉鼠标的方式直接选定；如果变量排列不连续，或想人为地确定变量的先后排列顺序，可以通过在变量名上依次点击鼠标右键的方式逐个选定变量。

③ 双击选取的变量，并在弹出的菜单中选择 Open Group，则打开新的数组窗口，以便浏览（显示）或编辑数据。

2. 菜单方式

在主菜单上依次点击 Quick\Empty Group，先建立一个空组，再用方向键将光标移到每一列的顶部（obs 栏）之后，输入各个变量名；如果变量名是工作文件中已有的变量，则回车之后显示相应的数据，否则显示缺省值 NA，等待用户输入数据。

8.2.3 生成序列

1. 命令方式

格式：GENR　变量名 = 表达式

功能：将表达式的计算结果赋值给等号左端的变量。

例：GENR　LNX=log(X)

GENR　DX=D(X)

GENR　X1=1/X

GENR　X2=X^2

GENR　T=@TREND(77)

GENR　HX=X*(X>=1 000)

2. 菜单方式

在主菜单上点击 Procs\Generate Series，或在工作文件窗口中直接点击 GENR 按钮，然后在弹出的对话框中输入新序列的名称及其计算公式。

说明：

(1) 表达式的书写规则与常用的高级语言相同；首字符一般是数字、正负号或括号；表达式中也可以使用关系运算符和逻辑运算符：

\>　如果 X 大于 Y，则 X>Y 取 1，否则取 0

<　如果 X 小于 Y，则 X<Y 取 1，否则取 0

=　如果 X 等于 Y，则 X=Y 取 1，否则取 0

<>　如果 X 不等于 Y，则 X<>Y 取 1，否则取 0

<= 如果 X 小于等于(不大于)Y,则 X<=Y 取 1,否则取 0

>= 如果 X 大于等于(不小于)Y,则 X >=Y 取 1,否则取 0

AND 如果 X 和 Y 的值均为 1,X AND Y 取 1,否则取 0

OR 如果 X 或 Y 的值为 1,则 X OR Y 取 1,否则取 0

(2) 简单函数：

D(X)	X 的一阶差分
D(X,n)	X 的 n 阶差分
LOG(X)	自然对数
DLOG(X)	自然对数增量 LOG(X)－LOG(X(－1))
EXP (X)	指数函数
ABS (X)	绝对值函数
SQR (X)	平方根函数
RND	生成 0 和 1 之间均匀分布的随机数
NRND	生成标准正态分布的随机数

(3) 描述统计函数。EViews 中有一类以@打头的特殊函数,用以计算序列的描述统计量,或者用以计算常用的回归估计量。大多数@函数的返回值是一个常数,即对于所有的观察值取同一数值。

@SUM (X)	序列 X 的和
@MEAN (X)	序列 X 的平均数
@VAR (X)	序列 X 的方差
@SUMSQ (X)	序列 X 的平方和
@OBS (X)	序列 X 的有效观察值个数
@COV (X,Y)	序列 X 和序列 Y 的协方差
@COR (X,Y)	序列 X 和序列 Y 的相关系数
@CROSS (X,Y)	序列 X 和序列 Y 的乘积和

当 X 是一个数时,下列统计函数返回一个数值;当 X 是一个序列时,下列统计函数返回的也是一个序列。

@PCH (X)	X 的增长率 (X－X(－1))/X(－1)
@INV (X)	X 的倒数 1/X
@LOGIT (X)	逻辑斯特函数
@FLOOR (X)	转换为不大于 X 的最大整数
@CEILING(X)	转换为不小于 X 的最小整数
@DNORM (X)	标准正态分布密度函数
@CNORM (X)	累计正态分布函数

@TDIST (X,n)	自由度为 n,取值大于 X 的 t 统计量的概率
@FDIST(X,n,m)	自由度为 (n,m),取值大于 X 的 F 分布的概率
@CHISQ(X,n)	自由度为 n,取值大于 X 的 χ^2 分布的概率

(4) 回归统计函数。回归统计函数是从一个指定的回归方程返回一个数。调用方法:方程名后接句号“.”再接@函数。例如:EQ1. @DW,则返回 EQ1 方程的 DW 统计量。如果在函数前不使用方程名,则返回当前估计方程的统计量。

@R2	判定系数
@RBAR2	调整后的判定系数
@SE	回归标准误
@SSR	回归平方和
@DW	DW 统计量
@F	F 统计量
@LOGL	极大似然估计函数的对数值
@REGOBS	回归方程中观察值的个数
@MEANDEP	被解释变量的均值
@SDDEP	被解释变量的标准差
@NCOEF	估计系数的总个数
@COVARIANCE (i,j)	回归系数 i 和回归系数 j 之间的协方差
@RESIDCOVA(i,j)	向量自回归(或系统)中第 i 个方程残差与第 j 个方程残差之间的协方差;此函数必须以已命名的对象名为前导。例如:VAR1. @RESIDCOVA(2,2)

(5) 其他功能的特殊函数。下列函数计算将产生一个序列:

@MOVAV(X,n)	序列 X 平滑期为 n 的移动平均数,其中 n 为正整数
@MOVSUM(X,n)	序列 X 平滑期为 n 的移动和,其中 n 为正整数
@TREND(t)	生成一个在时期 t 取值为 0,以后逐期加 1 的时间趋势变量
@SEAS(m)	生成一个在季度(或月度)m 时取值为 1,其他时期取值为 0 的虚拟变量

8.2.4 调整数据区间

建立或调入工作文件之后,数据区间和样本区间也随之确定。但是在计量经济分析过程中,有时需要扩展数据区间或调整样本区间。例如,在我国文教卫财政支出模型中,数据区间和样本区间都是 1978～1997 年,如果要增加 1998～

2000 年的统计资料，或者预测 1998～2000 年财政支出情况，则需要将数据区间扩展为 1978～2000 年；并且建立预测模型时，样本区间（即数据处理区间）应该设置成 1978～1997 年，而利用模型进行预测时，又需要将样本区间调整为 1998～2000 年。因此，在计量经济分析过程中，经常需要调整数据区间。

1. 命令方式

扩展数据区间：EXPAND　起始期　终止期

调整样本区间：SMPL　起始期　终止期

例如：EXPAND　78　2000

　　SMPL　78　97

　　SMPL　98　2000

说明：

(1) 扩展的数据区间不能小于原来的数据区间，即起始期应早于原来的起始期，终止期应晚于原来的终止期。

(2) 样本区间应在数据区间范围(Range)之内。

(3) 建立或调入工作文件时，样本区间一般与数据区间相同，数据处理命令是对整个区间内的数值进行操作。但是重新设置样本区间之后，数据处理命令只对样本区间以内的数值进行操作，而不涉及样本区间以外的数据。

2. 菜单方式

在主菜单上点击 Procs\Sample 或 Expand Range，也可以在工作文件窗口中双击数据区间(Range)或样本区间(Sample)，并在弹出的对话框中重新输入起始期和终止期，点击 OK 之后，可以观察到工作文件窗口中的数据区间（或样本区间）已作了相应调整。

§8.3　统计分析

8.3.1　图形分析

在估计计量经济模型之前，借助图形分析可以直观地观察经济变量的变动规律和相关关系，以便合理地确定模型的数学形式。图形分析中最常使用的是趋势图和相关图。

1. 趋势图分析

格式：PLOT　变量 1　变量 2　…　变量名 k

作用：① 分析经济变量的发展变化趋势；

② 观察是否存在异常值。

趋势图如图 8-4 所示。

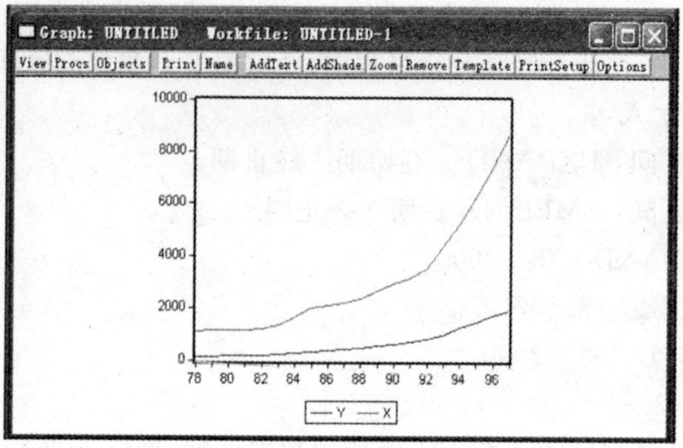

图 8-4 趋势图

例：PLOT Y X

双击图形中的图例、坐标轴区域，可以重新定义图例和坐标轴的显示格式。双击图形区域，将弹出图形参数设置窗口（见图 8-5）。

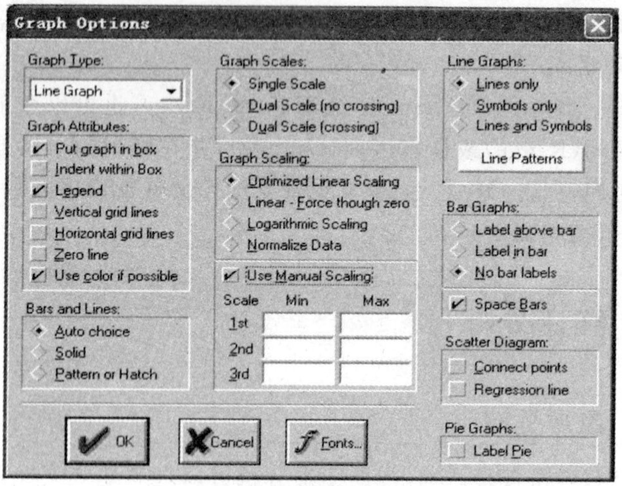

图 8-5 图形参数设置窗口

图形参数设置说明：

（1）在图形类型（Graph Type）列表框中可供选择的图形有：折线图、直方图、叠加直方图、折线—直方图混合图、散点图（相关图）、圆饼图等。

（2）图形属性（Graph Attributes）选择框中，常用的选择项有图形框、垂直/水平刻度线、彩色图形，等等。

(3) 图形纵轴刻度(Graph Scales)选择框中,可以设定单坐标轴或双坐标轴;当变量的量纲不同时,只有选择双坐标轴才能合理显示所有变量的图形。

(4) 图形的比例尺度(Graph Scaling)选择框中,默认设置为自动设定,也可以取成强制通过原点、对数比例尺度、标准化数据(Normalize Data)和手动设置等,标准化数据尤其适宜于显示具有不同量纲变量的图形。

(5) 在折线图选择框中,可以选择折线、散点、点线图;在散点图(Scatter Diagram)中,可以选择显示回归线(Regression Line)。

(6) 点击 Fonts 按钮,可以设置图形文字标识的字体、字型等字体样式。

2. 相关图分析

格式:SCAT　X　Y

作用:一是观察变量之间的相关程度;二是观察变量之间的相关类型,即为线性相关还是曲线相关,曲线相关时大致是哪种类型的曲线。

说明:

(1) SCAT 命令中,第一个变量为横轴变量,一般取为解释变量;第二个变量为纵轴变量,一般取为被解释变量。

(2) SCAT 命令每次只能显示两个变量之间的相关图,若模型中含有多个解释变量,可以逐个进行分析;此时虽然得到的是 Y 与 X_i 的切面图,但还是有助于分析被解释变量与各个解释变量之间的相关关系的。

(3) 在趋势图中,通过改变图形类型也可以得到如图 8-6 所示的相关图。

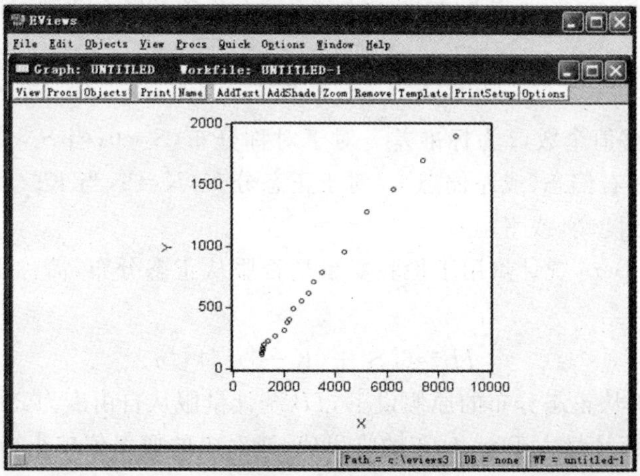

图 8-6　相关图

8.3.2　描述统计

描述统计主要是利用均值、标准差、偏态系数和峰态系数等数字特征来描述变量的取值分布情况。在数组窗口中点击 View\Descriptive Stats(统计描述)，就可以得到数组中每个变量的各个数字特征。在工作文件窗口中双击某个变量,并在序列窗口中点击 View\Histogram and Stats,则在显示该变量数字特征的同时,还将显示其取值的频率直方图(如图 8-7 所示)。

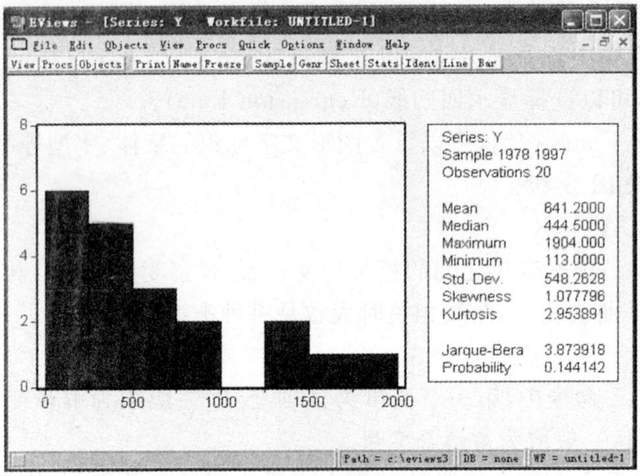

图 8-7 变量的描述统计量

其中,Mean 和 Median 分别是反映集中趋势位置的均值和中位数,Maximum 和 Minimum 分别为变量的最大值和最小值;Std. Dev 为反映变量离散程度的标准差;Skewness 和 Kurtosis 分别为偏态系数和峰态系数,计算公式为:

$$S=\frac{\sum(X_i-\overline{X})^3}{ns^3} \qquad K=\frac{\sum(X_i-\overline{X})^4}{ns^4}$$

式中,n 为观察值个数,s 为标准差。对于对称分布,$S=0$;当 $S>0$(或 $S<0$)时表明分布存在右偏态(或左偏态)。对于正态分布,$K=3$,当 $K>3$(或 $K<3$)时说明分布比较陡峭(或平坦)。

Jarque—Bera 统计量用于检验变量是否服从正态分布,简称 JB 检验,其计算公式为:

$$JB=6[S^2+(K-3)^2/4]/n$$

在变量服从正态分布的原假设下,JB 统计量服从自由度为 2 的 χ^2 分布;因此,如果 JB 统计量大于 χ^2 分布的临界值,或对应的概率值较小,则拒绝该变量服从正态分布的假设。

8.3.3 相关分析

1. 简单相关分析

利用相关图可以直观地分析变量的相关情况，EViews 软件还可以直接计算变量的(简单)相关系数和协方差系数。

(1) 菜单方式：

① 在工作文件窗口中选定有关变量组成数组，并打开数组窗口；

② 在数组窗口中点击 View\Correlations(相关系数)，或 Covariances(协方差)，将显示变量的相关系数矩阵或协方差系数矩阵。

(2) 命令方式：

COR　变量名 1　变量名 2　…　变量名 k　　　计算相关系数矩阵

COV　变量名 1　变量名 2　…　变量名 k　　　计算协方差矩阵

2. 自相关分析

自相关分析主要用于分析某个变量各期值之间的相关情况，建立自回归模型以及检验模型的自相关性时，都需要进行自相关分析。

(1) 命令方式：

格式：IDENT(k)　变量名 Y

功能：计算并显示 Y_t 与 Y_{t-1}，Y_{t-2}，…，Y_{t-k} 的相关系数和偏相关系数，其中 k 为滞后期长度。

说明：

① 可以直接键入 IDENT 命令，然后再确定滞后期长度 k；

② 应取滞后期长度 $k \leqslant n-2$；

③ 在图 8-8 的输出结果中，右端分别为 Y_t 与 $Y_{t-i}(i=1,2,\cdots,k)$ 的相关系数

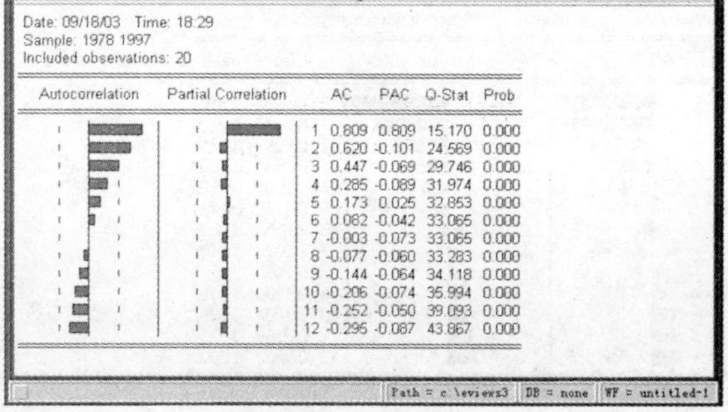

图 8-8 自相关分析

(AC)和偏相关系数(PAC);为了排除变量各期值之间的相关性,一般依据偏相关系数的值进行分析。

④ 为了直观地反映变量之间的相关程度,图 8-8 中采用直方图直观地描述相关系数数值的大小;相关系数和偏相关系数栏中的虚线分别表示±0.5,所以当直方块超过虚线时则表明存在较强的相关性。

(2) 菜单方式:

在工作文件窗口中双击需要分析的变量,并在打开的变量(序列)窗口中点击 View\Correlogram,输入滞后期长度后确认 OK。

如果以数组方式打开变量,则点击 View\Correlogram(1),系统将显示数组中第一个变量的自相关分析结果。

3. *互相关分析*

互相关分析主要用于分析变量 Y 与 X 的各期值之间的相关关系,即 X 对 Y 是否存在着滞后影响。建立分布滞后模型时,需要借助互相关分析判断模型滞后期的长度。

(1) 命令方式:

格式:CROSS (k) Y X

功能:计算并显示 Y_t 与 $X_t, X_{t-1}, \cdots, X_{t-k}$ 的相关系数,k 为滞后期长度。

说明:

① 可以在键入 CROSS 命令之后,再确定滞后期长度 k,$k \leqslant n-2$。

② 在图 8-9 中,第一栏为 Y 与 X 各期滞后值的相关系数直方图。第二栏为 Y 与 X 各期领先值的相关系数直方图,通常是观察第一栏的情况来分析滞后因素的影响。

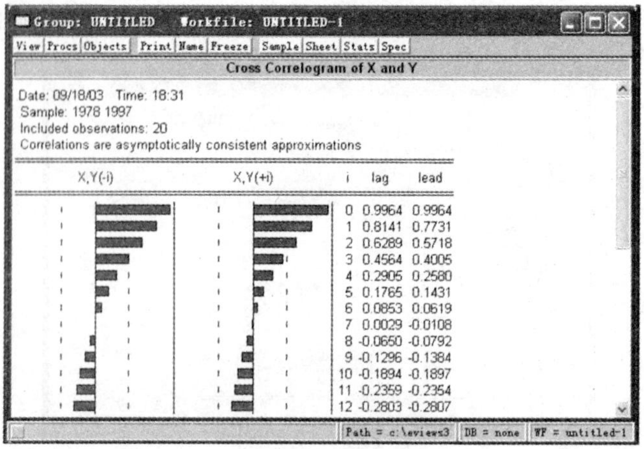

图 8-9 互相关分析

(2) 菜单方式：

在数组窗口中(数组中 Y 为第一个变量，X 为第二个变量)点击 View\Cross Correlation(2)，再输入滞后期长度后点击 OK。

§8.4 回归分析

8.4.1 线性回归模型

对于多元线性回归模型：

$$Y=b_0+b_1X_1+b_2X_2+\cdots+b_kX_k+\varepsilon$$

利用最小二乘法估计模型的命令为：

LS　Y　C　X1　X2　…　Xk

其中，C 为 EViews 软件的保留字，代表常数项 b_0；执行 LS 命令之后，将在主窗口中打开如图 8-10 所示的方程窗口。

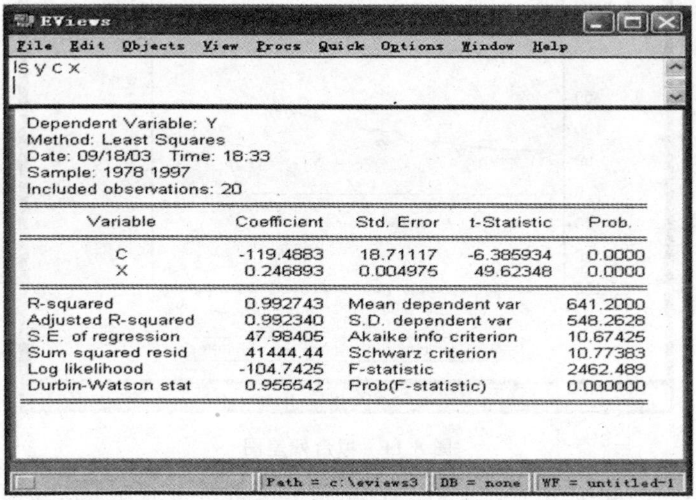

图 8-10　回归方程窗口

说明：

(1) 方程窗口的上半部分为参数估计结果，其中第 1 列为解释变量名(包括常数项)，第 2 列为相应的参数估计值，第 3 列为参数的标准误差 $S(b)$，第 4 列为 t 统计量值，第 5 列为 t 检验的双侧概率值 p，即：

$$P(|t|>t_i)=p$$

(2) 方程窗口的下半部分主要是一些统计检验值，其中各统计量的含义为：

R-squared	判定系数 R^2
Adjusted R-squared	调整的判定系数
S. E. of regression	回归方程的标准误差
Sum squared resid	残差平方和
log likelihood	对数似然函数
Durbin-Watson stat	DW 统计量
Akaike info criter	赤池信息准则
Schwarz criterion	施瓦兹准则
F-statistic	F 统计量

(3) 点击方程窗口中的 Resids 按钮，将显示模型的拟合图和残差图（如图 8-11 所示）。

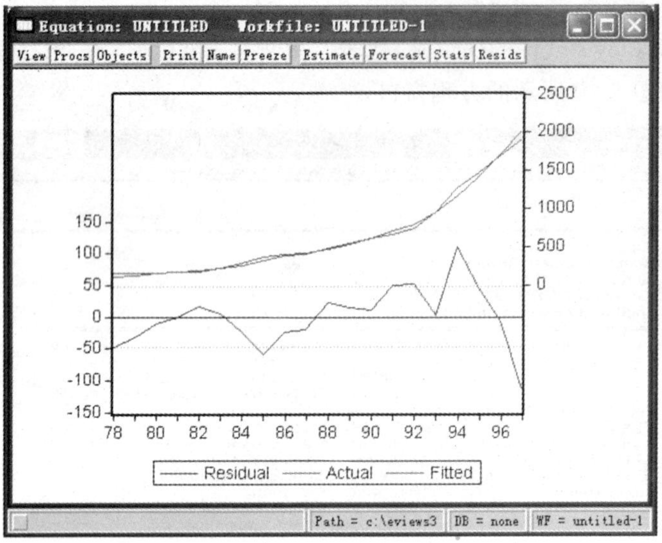

图 8-11 拟合残差图

点击 View\Actual, Fitted, Residual\Table，可以得到拟合值和残差的有关计算结果（如图 8-12 所示）。

(4) 在方程窗口中点击 Name 按钮，可以将当前方程按用户指定的名称保存在工作文件中。点击 Estimate 按钮重新估计方程时，命名方程中的估计结果也会随之改变。如果想利用命名的方式保存不同的估计方程，则只能在命令窗口中重新键入 LS 命令。

(5) 点击方程窗口中的 Estimate 按钮，将弹出如图 8-13 所示的对话框。在方程描述框中可以重新定义方程中的变量及其函数形式，也可以重新设定样本区间，选择其他参数估计方法，等等。例如，在本例的文教卫财政支出模型中，可以引入虚拟变量 D_1（1994～1997 年期间 $D_1=1$；其余时期 $D_1=0$）和 $D_1 \times X$，将会显著提高模型的拟合优度。

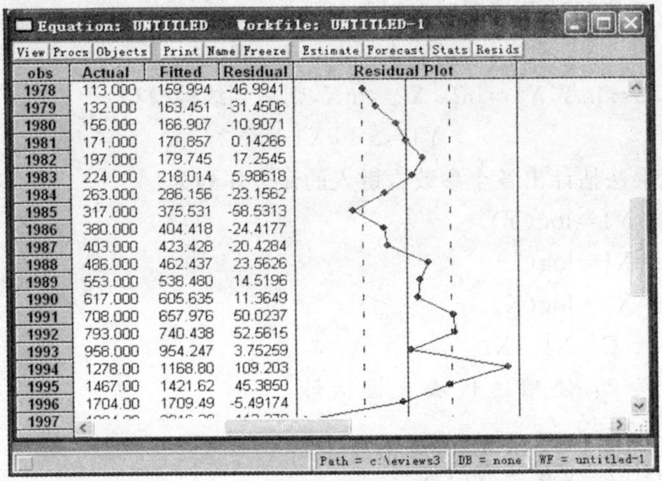

图 8-12　拟合值和残差值

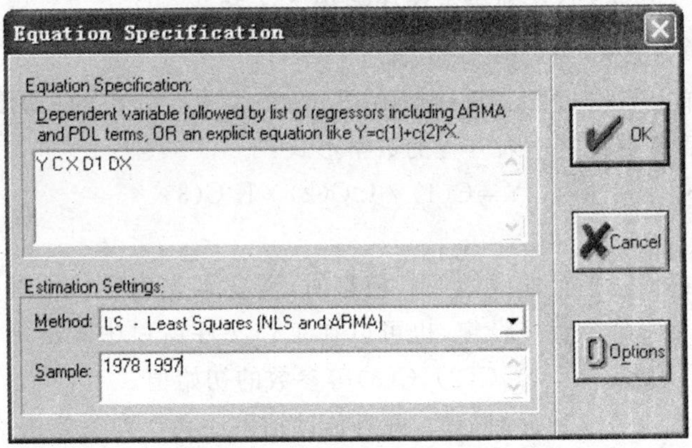

图 8-13　估计方程的对话框

（6）方程窗口中的 Forcast 按钮是使用当前方程进行预测；Freeze 按钮是将当前方程窗口中的内容“固化”成一个二维表格，以便编辑和保存；Stats 按钮是将窗口切换到最初的估计结果窗口。

8.4.2　非线性回归模型

对于非线性回归模型，可以使用两种方式进行估计：一是经过适当的变量变换将其转化成线性模型；二是使用迭代法直接进行估计（第二种方法尤其适用于不可线性化的模型）。例如，对于C-D生产函数：

$$Y=AL^{\alpha}K^{\beta}$$

1. 方式1：转化成线性模型

在C-D生产函数两端同时取对数，得：

$$\ln Y=\ln A+\alpha\ln L+\beta\ln K$$

设$Y1=\ln Y$，$a=\ln A$，$X1=\ln L$，$X2=\ln K$，则得到线性模型：

$$Y1=a+\alpha X1+\beta X2$$

再用最小二乘法估计出各个参数。键入的命令序列为：

```
GENR  Y1=log(Y)
GENR  X1=log(L)
GENR  X2=log(K)
LS  Y1  C  X1  X2
```

2. 方式2：使用迭代法直接估计

(1) 命令方式：

格式：NLS　变量＝表达式

例：NLS　Y=C(1) * L^C(2) * K^C(3)

式中，C(1)、C(2)、C(3)分别代表待估参数A，α和β。

(2) 菜单方式：

在主菜单上点击Quick\Estimate Equation，并在弹出的（如图8-13所示）方程描述对话框中直接输入方程的数学形式：

Y=C(1) * L^C(2) * K^C(3)

说明：

① 利用迭代法估计非线性回归模型时，需要事先确定待估参数的初始值。可以用PARAM命令直接设定，也可以在工作文件窗口中双击序列C，然后在序列窗口中依次输入C(1)，C(2)，C(3)等参数的初始值。

② 迭代估计是一种近似估计，并且估计结果还会受到参数初始值和误差精度设定的影响。因此，对于可线性化的非线性模型，最好还是将其转化成线性模型进行估计。

③ 在方程描述窗口中点击按钮Options，可以设置迭代估计的最大迭代次数(Max Iterations)和误差精度(Convergence)，以便控制迭代估计的收敛过程。

8.4.3 残差检验

在方程窗口中点击View\Residual Test，将弹出一个残差检验的二级菜单。各项检验内容为：

Correlogram-Q-Statistics　　各期残差的相关分析
Correlogram Squared Residuals　　各期残差平方的相关分析
Histogram-Normality Test　　残差的正态分布检验
Serial Correlation LM Test　　自相关性的 LM 检验
ARCH LM Test　　ARCH 效应检验
White Heteroskedasticity　　异方差性的怀特检验

残差的相关分析输出了各期残差的相关系数和偏相关系数，由此可以大致判断误差项的自相关性(见图 8-14)。

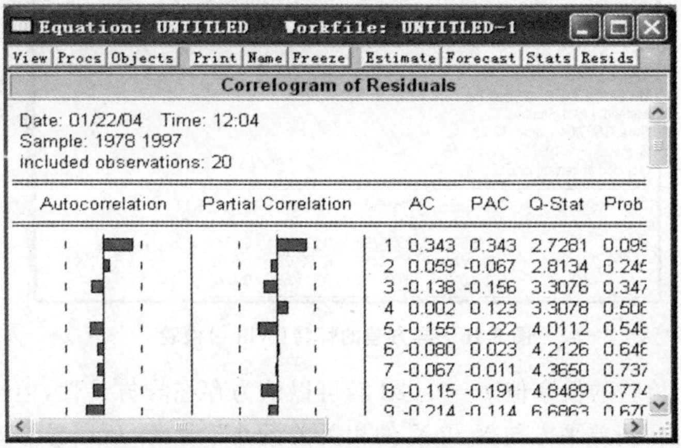

图 8-14　残差的自相关分析

如图 8-14 所示，文教卫财政支出模型只存在较弱的一阶相关性。因为 e_t 与 e_{t-1} 的偏相关系数(PAC)只有 0.343。

自相关性的拉格朗日乘数(Lagrange Multiplier)检验，实际上是利用辅助回归方程检验自相关性的 B-G 检验，输出的部分结果见图 8-15。

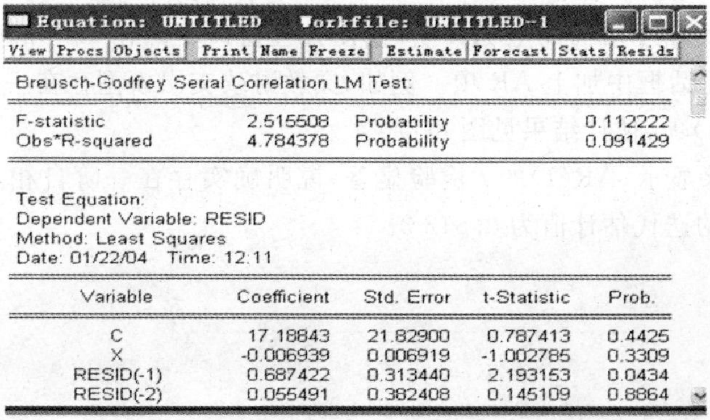
Equation: UNTITLED Workfile: UNTITLED-1

Breusch-Godfrey Serial Correlation LM Test:

F-statistic	2.515508	Probability	0.112222
Obs*R-squared	4.784378	Probability	0.091429

Test Equation:
Dependent Variable: RESID
Method: Least Squares
Date: 01/22/04 Time: 12:11

Variable	Coefficient	Std. Error	t-Statistic	Prob.
C	17.18843	21.82900	0.787413	0.4425
X	-0.006939	0.006919	-1.002785	0.3309
RESID(-1)	0.687422	0.313440	2.193153	0.0434
RESID(-2)	0.055491	0.382408	0.145109	0.8864

图 8-15　自相关性的 LM 检验的输出结果

由于 χ^2 检验的概率值 $p=0.091$，意味着取显著水平 $\alpha>0.091$ 时，就可以认为存在自相关，而且辅助回归方程中 RESID(−1)(即 e_{t-1})的 t 检验值显著，表明存在一阶自相关性。

怀特(White)检验是利用辅助回归方程检验误差项的异方差性，输出的部分结果见图 8-16。

Equation: UNTITLED   Workfile: UNTITLED-1

View | Procs | Objects | Print | Name | Freeze | Estimate | Forecast | Stats | Resids

White Heteroskedasticity Test:

F-statistic	5.097090	Probability	0.018440
Obs*R-squared	7.497325	Probability	0.023549

Test Equation:
Dependent Variable: RESID^2
Method: Least Squares
Date: 01/22/04 Time: 12:12
Sample: 1978 1997
Included observations: 20

Variable	Coefficient	Std. Error	t-Statistic	Prob.
C	673.6164	2307.793	0.291888	0.7739
X	-0.107744	1.369435	-0.078678	0.9382
X^2	0.000122	0.000150	0.813465	0.4272

图 8-16 异方差的怀特(White)检验

由于 χ^2 检验的概率值 $p=0.0235$，可以认为存在异方差性，但从辅助回归方程可以看出，残差平方与 X 和 X^2 的相关关系并不显著，所以异方差性并不显著(事实上，在消除自相关性或引入虚拟变量之后，异方差问题将得以解决)。在怀特检验中，可以根据样本容量的大小，决定辅助回归方程中是否包含解释变量的交叉乘积项(Cross term)。

8.4.4 自相关性调整

如果模型经检验存在自相关性，可以使用广义差分法消除自相关性。具体做法是：在 LS 命令后面加上 AR 项，或在方程窗口中点击 Estimate 按钮，然后在方程描述对话框中加上 AR 项。例如，文教财政支出模型存在一阶自相关，所以加上 AR(1)项，估计结果见图 8-17。

估计结果显示，AR(1)的 t 检验显著，说明确实存在一阶自相关性，并且自相关系数 p 的迭代估计值为 0.8123。

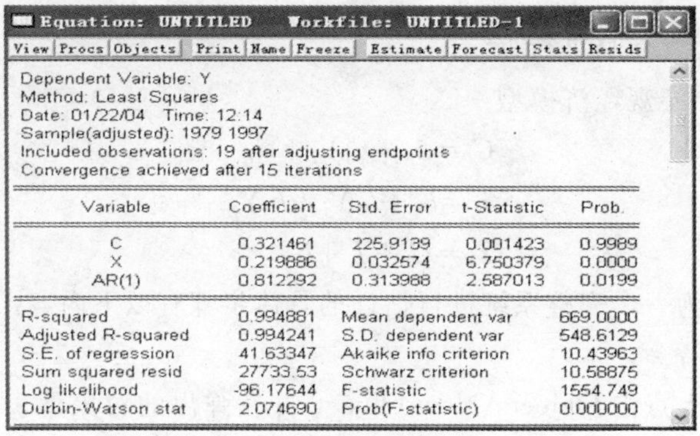

Equation: UNTITLED　Workfile: UNTITLED-1

View | Procs | Objects | Print | Name | Freeze | Estimate | Forecast | Stats | Resids

Dependent Variable: Y
Method: Least Squares
Date: 01/22/04　Time: 12:14
Sample(adjusted): 1979 1997
Included observations: 19 after adjusting endpoints
Convergence achieved after 15 iterations

Variable	Coefficient	Std. Error	t-Statistic	Prob.
C	0.321461	225.9139	0.001423	0.9989
X	0.219886	0.032574	6.750379	0.0000
AR(1)	0.812292	0.313988	2.587013	0.0199

R-squared	0.994881	Mean dependent var	669.0000
Adjusted R-squared	0.994241	S.D. dependent var	548.6129
S.E. of regression	41.63347	Akaike info criterion	10.43963
Sum squared resid	27733.53	Schwarz criterion	10.58875
Log likelihood	-96.17644	F-statistic	1554.749
Durbin-Watson stat	2.074690	Prob(F-statistic)	0.000000

图 8-17　自相关性调整

8.4.5　异方差性调整

如果模型经检验存在异方差性，可以使用加权最小二乘法消除异方差性。为此需要事先判断异方差性的类型，以便确定权数变量。例如，取权数变量 WT 为 1/X，则键入：

GENR　WT＝1/X

然后在方程窗口中点击 Estimate 按钮，在弹出的对话框中点击 Options 按钮，得到参数设置对话框（如图 8-18 所示）。

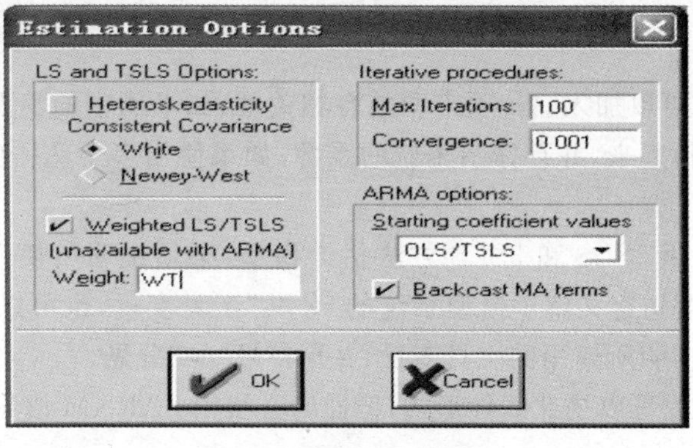

图 8-18　参数设置对话框

选中加权最小二乘法，并在权数变量栏输入权数变量 WT 后点击 OK，将得到模型的加权最小二乘估计值（WLS）。

估计过程中可以事先生成多个权数变量，然后在权数变量栏中依次输入各个权数变量，这样可以比较不同 WLS 估计的结果，以便从中选择一个较为理想的模型。

8.4.6 系统估计方法

例如，对于宏观经济模型

$$C_t = a_0 + a_1 Y_t + \varepsilon_{1t}$$
$$I_t = b_0 + b_1 Y_t + b_2 Y_{t-1} + \varepsilon_{2t}$$
$$Y_t = C_t + I_t + G_t$$

将模型作为一个完整系统进行估计的具体步骤有以下内容。

1. 创建系统

在主菜单上点击 Objects\New Object，并在弹出的对象列表框中选择 System（系统）；然后在打开的系统窗口中输入结构式模型的随机方程，如图 8-19 所示。

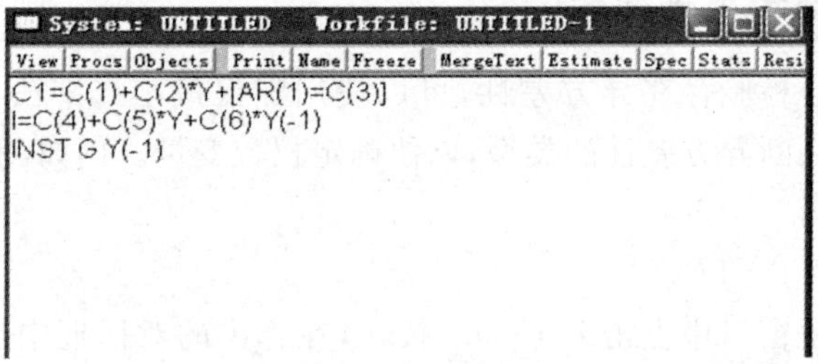

图 8-19 系统窗口

说明：

① 方程中可以加入 AR 项来调整自相关性，如本例中的消费函数。AR 项必须用方括弧括起来，并且标明相应的系数；如果使用多个 AR 项，则各项之间用逗号分隔。

② 如果使用 2SLS 和 3SLS 方法估计模型，必须说明所使用的工具变量。一般用 INST 语句定义整个模型系统的“公共”工具变量，也可以在每个结构方程的尾部直接标明所使用的工具变量，并用符号“@”分隔。

③ 结构方程可以是非线性形式，但此时必须用 PARAM 语句定义待估参数的初始值。

2. 估计模型

在系统窗口中点击 Estimate 按钮，将弹出估计方法选择窗口，如图 8-20 所示；选择有关方法后点击 OK。则输出估计结果。

在估计方法中，如果选择最小二乘法、二阶段最小二乘法和加权最小二乘法，则仍然是用单方程估计方法估计模型中的每一个方程；若选择似乎不相关回归(SUR)和三阶段最小二乘法，则是用系统估计方法估计模型中的所有参数。

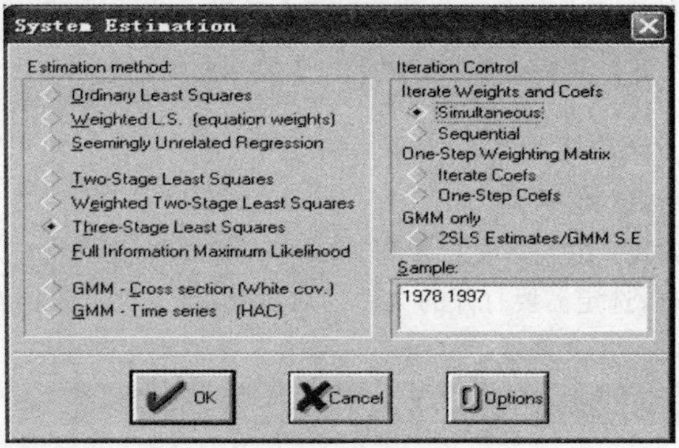

图 8-20　系统估计方法选择窗口

8.4.7　模拟分析

利用估计的联立方程模型可以直接进行模拟分析。模拟区间选择不同，模拟分析的内容也有区别。将模拟区间取为样本期时，模拟分析实际上就是模型的整体拟合优度检验；而将模拟区间取成样本期以外时，则是进行外推预测或政策的模拟分析。

模拟分析的具体步骤为：

(1) 利用系统估计方法估计联立方程模型；

(2) 利用 SMPL 命令设定样本区间(即进行模拟分析的模拟区间)；

(3) 在系统窗口中点击 Procs\Make Model，将生成一个模型(Model)窗口，窗口中自动写入了估计的联立方程模型；在此基础上再加入联立方程模型中的恒等式。

(4) 在模型窗口中点击 Solve 按钮，则软件系统利用迭代估计法求解出模型中各个内生变量的估计值，并将估计结果存贮在(工作文件的)指定变量中。

利用 EViews 软件还可以估计 VAR(向量自回归)模型、季节调整模型、虚拟因变量模型等；还可以进行模型的稳定性检验、变量的单位根检验、因果关系检验等。从 EViews 软件的命令菜单和帮助窗口中可以了解这些方法的具体内容。

§8.5　输入与输出管理

8.5.1　工作文件的存贮与调用

1. 保存工作文件

(1) 菜单方式：

在工作文件窗口中点击 Save 按钮，或在主菜单上点击 File\Save（或 Save as），将弹出一个文件存贮对话框，如图 8-21 所示。

（2）命令方式：

格式：SAVE　　　　　　工作文件名

2．读取工作文件

（1）菜单方式：在主菜单上点击 File\Open\Workfile，将显示与图 8-21 完全相同的对话框；选定需要打开的文件之后，则将该文件读入内存，并在内存中自动建立相应的工作文件区。

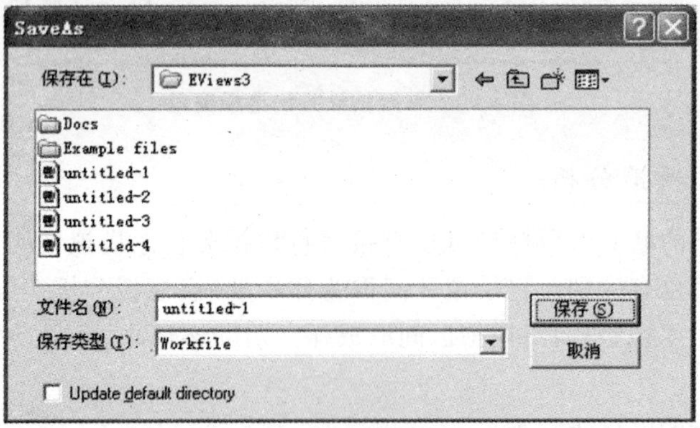

图 8-21　文件存贮对话框

（2）命令方式：

格式：LOAD　工作文件名

8.5.2　对象的存贮与调用

EViews 软件对各种工作对象（如数组、方程、图像、模型、系统等）采用两种存贮方式：一是以命名方式将对象保存在（内存中的）当前工作文件之中，这样保存工作文件时将连同已命名的对象一起保存到磁盘，打开工作文件时也同时将其中的命名对象调入内存；二是用 Store 命令直接将对象保存到磁盘。

1．对象的命名与调用

在对象窗口上点击 Name 按钮，并输入有关名称，则将当前对象保存到当前工作文件中，各种对象用特定的图标表示。

在工作文件窗口中双击对象图标，将打开该对象窗口。

2．对象的存贮与调用

在主菜单（或对象窗口）上点击 Object\Store，或在工作文件窗口上选定有关对象后点击 Store 按钮，则将当前（或选定的）对象按指定的文件名保存到磁盘的指定路径中。各类对象的默认扩展名为：

. DB　　序列(series)
. DBE　　方程(equation)
. DBM　　矩阵(matrix, vector, or coefficient)
. DBC　　图像(graph)
. DBR　　数组(group)
. DBT　　表格(table)
. DBL　　模型(model)
. DBS　　系统(system)

在主菜单上点击 Object\Fetch,并在弹出的对话框中的文件列表框中选定需要调用的对象之后,则将选定的对象加载到当前工作文件之中。

对各种对象单独进行存取操作,即节省了磁盘存贮空间,又便于在不同的工作文件(或实用软件)中交换数据。

8.5.3 数据文件的交换

EViews 软件可以与 Excel 和 Lotus 软件相互交换数据文件,也可以将有关内容输出到文本文件。例如,设 Excel 或 Lotus 软件的电子数据表格为:

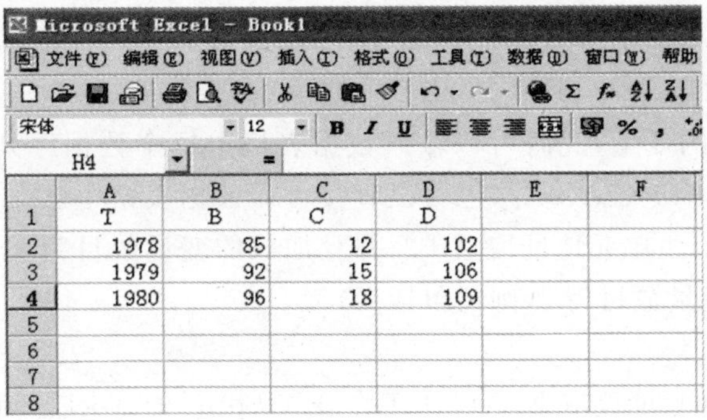

	A	B	C	D	E	F
1	T	B	C	D		
2	1978	85	12	102		
3	1979	92	15	106		
4	1980	96	18	109		
5						
6						
7						
8						

1. 数据文件的输出

若将 EViews 中的变量(序列)存贮成 Excel 或 Lotus 软件的数据文件,则具体步骤为:

(1) 在主菜单上点击 Procs\Export data,将弹出一个类似如图 8-21 所示的文件存贮对话框;此时可以指定驱动器、路径,并在文件类型列表栏(List Files of Type)中选择要转换的文件类型:

文本文件(. txt)

Lotus 的数据文件(. wkl 或. wk3)

Excel 的数据文件(. xls)

然后在 File Names 栏中输入文件名(扩展名由系统给定)。

(2) 系统将弹出一个数据输入/输出对话框，需要依次确认：

① 数据的排列次序(Order of data)，一般取按列存放(Series in columns)。

② 数据表格中数据区的左上角单元地址(不包括变量名)，由于表格中的第一行一般用于说明变量名，所以取数据区的起始位置为A2或B2。如果输出的是文本文件，则系统询问缺少的数据是否用NA表示(Text for NA)，此时可以改用其他特殊的数值或符号来表示。

③ 需输出的变量(Series to write)，即工作文件中需输出的序列；如本例中的Y、X1、X2等。

2. 数据文件的输入

若将Excel或Lotus数据文件中的变量加载到EViews的工作文件中，则具体步骤为：

(1) 在主菜单上点击Procs\Import data，并在弹出的打开文件对话框中指定驱动器、路径和文件类型；然后在File Names栏中确认需加载的数据文件。

(2) 系统又将弹出一个数据输入/输出对话框，需要依次确认：

① Excel(或Lotus)数据文件中数据的排列次序(Order of data)，本例中是取按列存放(Series in columns)。

② 数据表格中数据区的左上角单元地址(不包括变量名)，本例中若只取Y、X1、X2，则取成B2；若还包括T，则取成A2。

③ 需加载的变量，此时可以输入数据表格中每个数据序列所对应的变量名，如本例中的Y、X1、X2等，也可以直接输入数据表格中已命名的变量数目；若数据区的左上角单元地址取成B2，并且加载的变量数目为2，则只输入Y和X1；若加载的变量数目为3，则还包括X3。

说明：

① EViews只能读取Excel2.1工作表和Lotus的.wk1、.wk3数据文件；

② Excel和Lotus的数据表格中，变量名必须直接排在数据区的上一行(如本例中的第一行)，否则将无法读取变量。

3. 特殊文本的输出

(1) 将有关内容打印输出到文本文件

① 在主菜单上点击Options\Print Setup，设置打印参数；

② 在目标(Destination)选择框中，选择打印输出到文本文件(Text file)；

③ 在文件名栏中输入文本文件名，文件名前可以设置盘符和路径(如C:\FILES\EXP1)；这样，以后所有的打印内容(如数据表格、模型的估计结果、系统等)都将输出到指定的文本文件中去(如上述C盘FILES子目录中的EXP1文件)，利用文字处理软件可以很方便地编辑这些输出结果。

说明：

① 在重新定义文本文件名之前，所有的打印结果都依次输出到指定的文本文件；在文件名栏中重新定义新的文件名之后，打印结果将保存到新指定的文件。

② 如果要恢复到在打印机输出，可以将目标(Destination)修改成打印机(Printer)。

(2) 对象的固定格式文本输出：

① 在对象(如数组、方程等)窗口上点击 Freeze 按钮，则将当前窗口转化成一个数据表格(Table)窗口。

② 在表格窗口中，可以点击 Edit 按钮对数据进行编辑，点击 Insdel 按钮进行行、列的插入或删除。

③ 在菜单上点击 Procs\Column Widlth，可以调整列的宽度。

④ 在菜单上点击 Procs\Number Cell Format，可以定义数据的数值格式和对齐方式；有两种格式供选择：固定宽度(Fixed digits)和固定小数位(Fixed decimal)；对齐方式可以取左对齐、右对齐和中间对齐。

⑤ 在菜单上点击 Procs\Justification，可以定义数据(包括数值和字符)的对齐方式。

⑥ 将打印输出指定为文本文件，并在对象窗口菜单上点击 Print 按钮，则将对象按固定格式输出到文本文件。

附表 1

t 分布表

$$P(t>t_{\alpha}(n))=\alpha$$

n \ α	0.15	0.10	0.05	0.025	0.01	0.005	0.0005
1	1.963	3.076	6.314	12.706	31.821	63.657	636.619
2	1.386	1.886	2.920	4.303	6.965	9.925	31.598
3	1.250	1.638	2.353	3.182	4.541	5.841	12.941
4	1.190	1.533	2.132	2.776	3.747	4.604	8.610
5	1.156	1.476	2.015	2.571	3.365	4.032	6.859
6	1.134	1.440	1.943	2.447	3.143	3.707	5.959
7	1.119	1.415	1.895	2.365	2.998	3.499	5.405
8	1.108	1.397	1.860	2.306	2.896	3.355	5.041
9	1.100	1.383	1.833	2.262	2.821	3.250	4.781
10	1.093	1.372	1.812	2.228	2.764	3.169	4.587
11	1.088	1.363	1.796	2.201	2.718	3.106	4.437
12	1.083	1.356	1.782	2.179	2.681	3.055	4.318
13	1.079	1.350	1.771	2.160	2.650	3.012	4.221
14	1.076	1.345	1.761	2.145	2.624	2.977	4.140
15	1.074	1.341	1.753	2.131	2.602	2.947	4.073
16	1.071	1.337	1.746	2.120	2.583	2.921	4.015
17	1.069	1.333	1.740	2.110	2.567	2.898	3.965
18	1.067	1.330	1.734	2.101	2.552	2.878	3.922
19	1.066	1.328	1.729	2.093	2.539	2.861	3.883
20	1.064	1.325	1.717	2.074	2.508	2.819	3.792
23	1.060	1.319	1.714	2.069	2.500	2.807	3.767
24	1.059	1.318	1.711	2.064	2.492	2.397	3.745
25	1.058	1.316	1.708	2.060	2.485	2.787	3.725
26	1.058	1.315	1.706	2.056	2.479	2.779	3.707
27	1.057	1.314	1.703	2.052	2.473	2.771	3.690
28	1.056	1.313	1.701	2.048	2.467	2.763	3.674
29	1.055	1.311	1.699	2.045	2.462	2.756	3.659
30	1.055	1.310	1.697	2.042	2.457	2.750	3.646
40	1.050	1.303	1.684	2.021	2.423	2.704	3.551
60	1.046	1.296	1.671	2.000	2.390	2.660	3.460
120	1.041	1.289	1.658	1.980	2.358	2.617	3.373
∞	1.036	1.282	1.645	1.960	2.326	2.576	3.291

附表 2　　F 分布表($\alpha=0.05$)

$P(F>F_{0.05}(n_1,n_2))=0.05$

n_2 \ n_1	1	2	3	4	5	6	7	8	10	20
1	161.4	199.5	215.7	224.6	230.2	234.0	236.8	238.9	241.9	248.0
2	18.51	19.00	19.16	19.25	19.30	19.33	19.35	19.37	19.40	19.45
3	10.13	9.55	9.28	9.12	9.01	8.94	8.89	8.85	8.79	8.66
4	7.71	6.94	6.59	6.39	6.26	6.16	6.09	6.04	5.96	5.80
5	6.61	5.79	5.41	5.19	5.05	4.95	4.88	4.82	4.74	4.56
6	5.99	5.14	4.76	4.53	4.39	4.28	4.21	4.15	4.06	3.87
7	5.59	4.74	4.35	4.12	3.97	3.87	3.79	3.73	3.64	3.44
8	5.32	4.46	4.07	3.84	3.69	3.58	3.50	3.44	3.35	3.15
9	5.12	4.26	3.86	3.63	3.48	3.37	3.29	3.23	3.14	2.94
10	4.96	4.10	3.71	3.48	3.33	3.22	3.14	3.07	2.98	2.77
11	4.84	3.98	3.59	3.36	3.20	3.09	3.01	2.95	2.85	2.65
12	4.75	3.89	3.49	3.26	3.11	3.00	2.91	2.85	2.75	2.54
13	4.67	3.81	3.41	3.18	3.03	2.92	2.83	2.77	2.67	2.46
14	4.60	3.74	3.34	3.11	2.96	2.85	2.76	2.70	2.60	2.39
15	4.54	3.68	3.29	3.06	2.90	2.79	2.71	2.64	2.54	2.33
16	4.49	3.63	3.24	3.01	2.85	2.74	2.66	2.59	2.49	2.28
17	4.45	3.59	3.20	2.96	2.81	2.70	2.61	2.55	2.45	2.23
18	4.41	3.55	3.16	2.93	2.77	2.66	2.58	2.51	2.41	2.19
19	4.38	3.52	3.13	2.90	2.74	2.63	2.54	2.48	2.38	2.16
20	4.35	3.49	3.10	2.87	2.71	2.60	2.51	2.45	2.35	2.12
21	4.32	3.47	3.07	2.84	2.68	2.57	2.49	2.42	2.32	2.10
22	4.30	3.44	3.05	2.82	2.66	2.55	2.46	2.40	2.30	2.07
23	4.28	3.42	3.03	2.80	2.64	2.53	2.44	2.37	2.27	2.05
24	4.26	3.40	3.01	2.78	2.62	2.51	2.42	2.36	2.25	2.03
25	4.24	3.39	2.99	2.76	2.60	2.49	2.40	2.34	2.24	2.01
26	4.23	3.37	2.98	2.74	2.59	2.47	2.39	2.32	2.22	1.99
27	4.21	3.35	2.96	2.73	2.57	2.46	2.37	2.31	2.20	1.97
28	4.20	3.34	2.95	2.71	2.56	2.45	2.36	2.29	2.19	1.96
29	4.18	3.33	2.93	2.70	2.55	2.43	2.35	2.28	2.18	1.94
30	4.17	3.32	2.92	2.69	2.53	2.42	2.33	2.27	2.16	1.93
40	4.08	3.23	2.84	2.61	2.45	2.34	2.25	2.18	2.08	1.84
50	4.03	3.18	2.79	2.56	2.40	2.29	2.20	2.13	2.03	1.78
60	4.00	3.15	2.76	2.53	2.37	2.25	2.17	2.10	1.99	1.75
80	3.96	3.11	2.72	2.49	2.33	2.21	2.13	2.06	1.95	1.70
100	3.94	3.09	2.70	2.46	2.31	2.19	2.10	2.03	1.93	1.68
125	3.92	3.07	2.68	2.44	2.29	2.17	2.08	2.01	1.91	1.65
150	3.90	3.06	2.66	2.43	2.27	2.16	2.07	2.00	1.89	1.64
200	3.89	3.04	2.65	2.42	2.26	2.14	2.06	1.98	1.88	1.62
300	3.87	3.03	2.63	2.40	2.24	2.13	2.04	1.97	1.86	1.61
500	3.86	3.01	2.62	2.39	2.23	2.12	2.03	1.96	1.85	1.59
∞	3.84	3.00	2.60	2.37	2.21	2.10	2.01	1.94	1.83	1.57

附表 3 **χ^2 分布表**

$P(\chi^2 > \chi_\alpha^2(n)) = \alpha$

n \ α	0.99	0.975	0.95	0.90	0.10	0.05	0.025	0.01
1	$0.0^3 16$	0.001	0.004	0.016	2.706	3.841	5.024	6.635
2	0.020	0.051	0.103	0.211	4.605	5.991	7.378	9.210
3	0.115	0.216	0.352	0.584	6.251	7.815	9.348	11.345
4	0.297	0.484	0.711	1.064	7.779	9.488	11.143	13.277
5	0.554	0.831	1.145	1.610	9.236	11.071	12.833	15.086
6	0.872	1.237	1.635	2.204	10.645	12.592	14.449	16.812
7	1.239	1.690	2.167	2.833	12.017	14.067	16.013	18.475
8	1.646	2.180	2.733	3.490	13.362	15.507	17.535	20.090
9	2.088	2.700	3.325	4.168	14.684	16.919	19.023	21.666
10	2.558	3.247	3.940	4.865	15.987	18.307	20.483	23.209
11	3.053	3.816	4.575	5.578	17.275	19.675	21.920	24.725
12	3.571	4.404	5.226	6.304	18.549	21.026	23.337	26.217
13	4.107	5.009	5.892	7.042	19.812	22.362	24.736	27.688
14	4.660	5.629	6.571	7.790	21.064	23.685	26.119	29.141
15	5.229	6.262	7.261	8.547	22.307	24.996	27.488	30.578
16	5.812	6.908	7.962	9.312	23.542	26.296	28.845	32.000
17	6.408	7.564	8.672	10.085	24.769	27.587	30.191	33.409
18	7.015	8.231	9.390	10.865	25.989	28.869	31.526	34.805
19	7.633	8.907	10.117	11.651	27.204	30.144	32.852	36.191
20	8.260	9.591	10.851	12.443	28.412	31.410	34.170	37.566
21	8.897	10.283	11.591	13.240	29.615	32.671	36.479	38.932
22	9.542	10.982	12.338	14.042	30.813	33.924	36.781	40.289
23	10.196	11.689	13.091	14.848	32.007	35.172	38.076	41.638
24	10.856	12.401	13.848	15.659	33.196	36.415	39.364	42.980
25	11.524	13.120	14.611	16.473	34.382	37.652	40.646	44.314
26	12.198	13.844	15.379	17.292	35.563	38.885	41.923	45.642
27	12.879	14.573	16.151	18.114	36.741	40.113	43.194	46.963
28	13.565	15.308	16.928	18.939	37.916	41.337	44.461	48.278
29	14.257	16.047	17.708	19.768	39.087	42.557	45.722	49.588
30	14.954	16.791	18.493	20.599	40.256	43.773	46.979	50.892
31	15.655	17.539	19.281	21.434	41.422	44.985	48.232	52.191
32	16.362	18.291	20.072	22.271	42.585	46.194	49.480	53.486
33	17.074	19.047	20.867	23.110	43.745	47.400	50.725	54.776
34	17.789	19.806	21.664	23.952	44.903	48.602	51.966	56.061

续表

α / n	0.99	0.975	0.95	0.90	0.10	0.05	0.025	0.01
35	18.590	20.569	22.465	24.797	46.059	49.802	53.203	57.342
36	19.233	21.336	23.269	25.643	47.212	50.998	54.437	58.619
37	19.960	22.106	24.075	26.492	48.363	52.192	55.668	59.892
38	20.691	22.878	24.884	27.343	49.513	53.384	56.896	61.162
39	21.426	23.654	25.692	28.196	50.600	54.572	58.120	62.428
40	22.164	24.433	26.509	29.051	51.805	55.758	59.342	63.691
50	29.71	32.36	34.76	37.69	63.17	67.50	71.42	76.15
60	37.48	40.48	43.19	46.46	74.40	79.08	83.30	88.38
70	45.44	48.76	51.74	55.33	85.53	90.53	95.02	100.4
80	53.54	57.15	60.39	64.28	96.58	101.9	106.6	112.3
90	61.75	65.65	69.13	73.29	107.6	113.1	118.1	124.1
100	70.06	74.22	77.93	82.36	118.5	124.3	129.6	135.8

附表 4　　D-W 检验上下界表(α=0.95)

n	$k=1$		$k=2$		$k=3$		$k=4$		$k=5$	
	d_L	d_u	d_L	d_u	d_L	d_u	d_L	d_u	d_L	d_u
6	0.610	1.400								
7	0.700	1.356	0.467	1.896-----						
8	0.763	1.332	0.559	1.777	0.368	2 287----				
9	0.824	1.320	0.629	1.699	0.455	2.128	0.296	2.588--		
10	0.879	1.320	0.697	1.641	0.525	2.016	0.376	2.414	0.243	2.822
11	0.927	1.324	0.658	1.604	0.595	1.928	0.444	2.283	0.316	2.645
12	0.971	1.331	0.812	1.579	0.658	1.864	0.512	2.177	0.379	2.506
13	1.010	1.340	0.861	1.562	0.715	1.816	0.574	2.094	0.445	2.390
14	1.045	1.350	0.905	1.551	0.767	1.779	0.632	2.030	0.505	2.296
15	1.077	1.361	0.946	1.543	0.814	1.750	0.685	1.977	0.562	2.220
16	1.106	1.371	0.982	1.539	0.857	1.728	0.734	1.935	0.615	2.157
17	1.133	1.381	1.015	1.536	0.897	1.710	0.779	1.900	0.664	2104
18	1.158	1.391	1.046	1.536	0.933	1.696	0.820	1.872	0.710	2.060
19	1.180	1.401	1.074	1.536	0.967	1.685	0.859	1.848	0.752	2.023
20	1.201	1.411	1.100	1.537	0.998	1.676	0.894	1.828	0.792	1.991
21	1.221	1.420	1.125	1.538	1.026	1.669	0.927	1.812	0.829	1.964
22	1.239	1.429	1.147	1.541	1.053	1.664	0.958	1.797	0.863	1.940
23	1.257	1.437	1.168	1.543	1.078	1.660	0.986	1.785	0.895	1.920
24	1.273	1.446	1.188	1.546	1.101	1.656	1.013	1.775	0.925	1.902
25	1.288	1.454	1.206	1.550	1.123	1.654	1.038	1.767	0.953	1.886
26	1.302	1.461	1.224	1.553	1.143	1.652	1.062	1.759	0.979	1.873
27	1.316	1.469	1.240	1.556	1.162	1.651	1.084	1.753	1.004	1.861
28	1.328	1.476	1.255	1.560	1.181	1.650	1.104	1.747	1.028	1.850
29	1.341	1.483	1.270	1.563	1.198	1.650	1.124	1.743	1.050	1.841
30	1.352	1.489	1.284	1.567	1.214	1.620	1.143	1.739	1.071	1.833
31	1.363	1.496	1.297	1.570	1.229	1.650	1.160	1.735	1.090	1.825
32	1.373	1.502	1.309	1.574	1.244	1.650	1.177	1.732	1.109	1.819
33	1.383	1.508	1.321	1.577	1.258	1.651	1.193	1.730	1.127	1.813
34	1.393	1.514	1.333	1.580	1.271	1.652	1.208	1.728	1.144	1.808
35	1.402	1.519	1.343	1.584	1.283	1.653	1.222	1.726	1.160	1.803
36	1.411	1.525	1.354	1.587	1.295	1.654	1.236	1.724	1.175	1.799
37	1.419	1.530	1.364	1.590	1.307	1.655	1.249	1.723	1.190	1.795
38	1.427	1.535	1.373	1.594	1.318	1.656	1.261	1.722	1.204	1.792
39	1.435	1.540	1.382	1.597	1.328	1.658	1.273	1.722	1.218	1.789
40	1.442	1.544	1.391	1.600	1.338	1.659	1.285	1.721	1.230	1.785

续表

n	k=1		k=2		k=3		k=4		k=5	
	d_L	d_u	d_L	d_u	d_L	d_u	d_L	d_u	d_L	d_u
45	1.475	1.566	1.430	1.615	1.383	1.666	1.336	1.720	1.287	1.776
50	1.503	1.585	1.462	1.628	1.421	1.674	1.378	1.721	1.335	1.771
55	1.528	1.601	1.490	1.641	1.452	1.681	1.414	1.724	1.374	1.768
60	1.549	1.616	1.514	1.652	1.480	1.689	1.444	1.727	1.408	1.767
65	1.567	1.629	1.536	1.662	1.503	1.696	1.471	1.731	1.438	1.767
70	1.583	1.641	1.554	1.672	1.525	1.703	1.494	1.735	1.464	1.768
75	1.598	1.652	1.571	1.680	1.543	1.709	1.515	1.739	1.487	1.770
80	1.611	1.662	1.586	1.688	1.560	1.715	1.534	1.743	1.507	1.772
85	1.624	1.671	1.600	1.696	1.575	1.721	1.550	1.747	1.525	1.774
90	1.635	1.679	1.612	1.708	1.589	1.726	1.566	1.751	1.542	1.776
95	1.645	1.687	1.623	1.709	1.602	1.732	1.579	1.755	1.557	1.778
100	1.654	1.694	1.634	1.715	1.613	1.736	1.592	1.758	1.571	1.780
150	1.720	1.746	1.706	1.760	1.683	1.774	1.679	1.788	1.665	1.802
200	1.758	1.778	1.748	1.789	1.738	1.799	1.728	1.810	1.718	1.820

总复习模拟试卷(1)

一、填空题(本大题共计 20 个空格,每空 1.5 分,共 30 分)

1. 计量经济学是以______________为指导,以数据事实为依据,以______________为方法、以计算机技术为手段,研究经济关系和经济活动数量规律及其应用,并以____________________为核心的一门经济学学科。

2. 在计量经济模型中引入随机误差项 u_t 的理由可以归纳为如下几条:① 建立模型时被忽略掉的经济因素的影响都归入了随机误差项中;② 在模型估计时,计量与归并误差也都归入了随机误差项中;③______________;④______________。

3. 因变量为 Y,自变量为 X 的一元线性回归分析中的总体回归方程为:______________________________________。

4. 计量经济学的最小二乘准则是____________________。

5. 经济计量学对模型"线性"含义有两种解释,一种是______________;另一种是________________。通常线性回归更关注第二种解释。

6. 研究经济问题时,一般要处理三种类型的数据:①______________;②________________;以及③ Pooled 数据,它是①和②种数据的组合。

7. 在多元线性回归模型中,解释变量间呈现线性关系的现象称为多重共线性问题,给计量经济建模带来不利影响,因此需检验和处理它。通常的处理方法有① 保留重要解释变量;②________________;③________________;④ 主分量法。

8. 在计量经济建模时,对非线性模型的处理方法之一是线性化,写出模型 $Y=\dfrac{X}{\alpha X+\beta}$ 线性化的变量变换:____________________。

9. 在经济发展发生转折时期,可以通过引入虚拟变量方法来表示这种变化。例如,研究进口消费品的数量 Y 与国民收入 X 的模型关系时。1979 年前后,Y 对 X 的回归关系明显不同。现以 1979 年为转折时期,设虚拟变量 $D_{1979}=\begin{cases}0 & \text{1979 年以前}\\ 1 & \text{1979 年以后}\end{cases}$,数据散点图显示进口消费函数发生了结构性变化:基本消费部分下降了,边际消费倾向变大了。写出该进口消费品线性消费方程:

______________________。

10. 对分布滞后模型 $Y_t=\alpha+\beta_0X_t+\beta_1X_{t-1}+\cdots+\beta_{t-p}X_{t-p}+u_t$ 在进行参数估计时，考耶克分布滞后模型和部分调整模型的处理思路不同，但最后得到的模型形式上是一样的，可写成______________________；尽管它们的残差项的性质不同，这在估计方法的选择上引起注意就可以了。

11. 模型 $Y_t=2.5+0.7X_t+0.86X_{t-1}+0.55X_{t-2}+0.39X_{t-3}+u_t$ 的长期效果为______________。

12. 在联立方程结构模型中一个______________可能在结构方程中是因变量，而在另一个结构方程中又是解释变量。于是造成______________________，违背了 OLS 的基本假定。如果此时采用 OLS 法估计参数，那么估计参数是有偏的，而且是不一致的。所以，通常采用______________________方法对联立方程模型进行参数估计。

二、问答、计算与证明题(本大题共 4 小题，第 1 题 8 分，第 2 题 20 分，第 3 题 8 分，第 4 题 12 分，共 48 分)

1. 设回归模型指定为 $Y_t=\beta X_t+u_t$，这里 u_t 满足所有的基本假设。现给出了参数 β 的估计量：$\hat{\beta}=\dfrac{\sum X_tY_t}{\sum X_t^2}$，试证明 $\hat{\beta}$ 是 β 的无偏估计量。

2. 计量经济学研究工作中的重要内容是研究对古典模型假定违背的经济计量问题，通常包括异方差性问题、序列相关问题、多重共线性问题、解释变量的随机性问题等。请回答：

(1) 异方差性的含义是什么?

(2) 模型产生异方差问题时将有什么危害?

(3) 叙述戈德菲尔德—匡特(Goldfeld—Quandt)检验的过程。

(4) 若异方差形式为 $E(u_i^2)=\sigma^2X_i$，试写出解决此异方差问题的方法。

3. 对于如下形式的自回归模型 $Y_t=\beta_1+\beta_2X_t+\beta_3Y_{t-1}+u_t$，由于某些解释变量是被解释变量的滞后变量，Durbin—Walson 的 d 统计量不再适用。为此 Durbin 建议使用 h 统计量：$h=\hat{\rho}\sqrt{\dfrac{n}{1-nV\hat{a}r(\hat{\beta}_3)}}$，其中 n 为样本容量，$\hat{\rho}$为自相关系数 ρ 的估计值，$V\hat{a}r(\hat{\beta}_3)$ 为 β_3 估计量的方差。Durbin 证明，大样本且零假设 $H:\rho=0$成立的情况下，h 统计量服从标准正态分布。现在考虑如下的货币需求函数(1948～1965 年)：

$$\ln \hat{M}_t = 1.6027 - 0.1024 \ln R_t + 0.6869 \ln Y_t + 0.5284 \ln M_{t-1}$$
$$(1.2921)(0.2784) \quad (2.004) \quad (2.6328)$$
$$R^2 = 0.9227 \quad d = 1.8624$$

其中 M 为实际货币量、R 为长期利息率、Y 为实际国民收入。请计算 h 统计量并检验是否存在一阶序列自相关？

4. 在如下的收入决定模型中，利率 R、政府支出 G 为外生变量，模型为：

$$\begin{cases} C_t = \alpha_0 + \alpha_1 Y_t + \alpha_2 T_t + u_1 & \text{……消费方程} \\ I_t = \beta_0 + \beta_1 Y_{t-1} + \beta_2 R_t + u_2 & \text{……投资方程} \\ T_t = \gamma_0 + \gamma_1 Y_t + u_3 & \text{……税收方程} \\ Y_t = C_t + I_t + G_t & \text{……收入方程} \end{cases}$$

试利用模型识别条件分析判断模型的可识别性？

三、模型分析题（本大题共 1 小题，22 分）

以 1951～1994 年美国的基本数据，建立鸡肉需求模型。下表中变量 YC 表示人均鸡肉的消费量、PC 表示鸡肉的零售价格、PB 表示牛肉的价格、YD 表示居民的可支配收入。利用 EViews 软件的各种分析输出结果如下，依据计量经济学建模步骤，选择你需要的命令结果，写出你理解的计量经济分析报告。

（一） Dependent Variable: YC
Method: Least Squares
Date: 01/02/02 Time: 20:26
Sample: 1951 1994
Included observations: 44
YC=C(1)+C(2)*PC

	Coefficient	Std. Error	t-Statistic	Prob.
C(1)	66.02855	7.314568	9.026992	0.0000
C(2)	-1.869736	0.573248	-3.261654	0.0022

R-squared	0.202103	Mean dependent var	43.37500
Adjusted R-squared	0.183106	S.D. dependent var	16.83854
S.E. of regression	15.21904	Akaike info criterion	8.327361
Sum squared resid	9728.008	Schwarz criterion	8.408460
Log likelihood	-181.2019	Durbin-Watson stat	0.104990

（二） Dependent Variable: YC
Method: Least Squares
Date: 01/02/02 Time: 20:28
Sample: 1951 1994
Included observations: 44
YC=C(1)+C(2)*PC+C(3)*YD

	Coefficient	Std. Error	t-Statistic	Prob.
C(1)	32.94193	1.251191	26.32845	0.0000
C(2)	-0.700954	0.084099	-8.334841	0.0000
C(3)	0.272477	0.005936	45.90552	0.0000

R-squared	0.984772	Mean dependent var	43.37500
Adjusted R-squared	0.984030	S.D. dependent var	16.83854
S.E. of regression	2.127957	Akaike info criterion	4.413948
Sum squared resid	185.6562	Schwarz criterion	4.535597
Log likelihood	-94.10685	Durbin-Watson stat	0.946570

（三） Dependent Variable: YC
Method: Least Squares
Date: 01/02/02 Time: 20:38
Sample: 1951 1994
Included observations: 44

Variable	Coefficient	Std. Error	t-Statistic	Prob.
C	31.49604	1.312586	23.99541	0.0000
PC	-0.729695	0.080020	-9.118941	0.0000
PB	0.114148	0.045686	2.498536	0.0167
YD	0.233830	0.016447	14.21738	0.0000

R-squared	0.986828	Mean dependent var	43.37500
Adjusted R-squared	0.985840	S.D. dependent var	16.83854
S.E. of regression	2.003702	Akaike info criterion	4.314378
Sum squared resid	160.5929	Schwarz criterion	4.476577
Log likelihood	-90.91632	F-statistic	998.9207
Durbin-Watson stat	0.978759	Prob(F-statistic)	0.000000

Correlation Matrix

	PC	PB	YD
PC	1.000000	-0.239750	-0.302744
PB	-0.239750	1.000000	0.942794
YD	-0.302744	0.942794	1.000000

（四）残差图

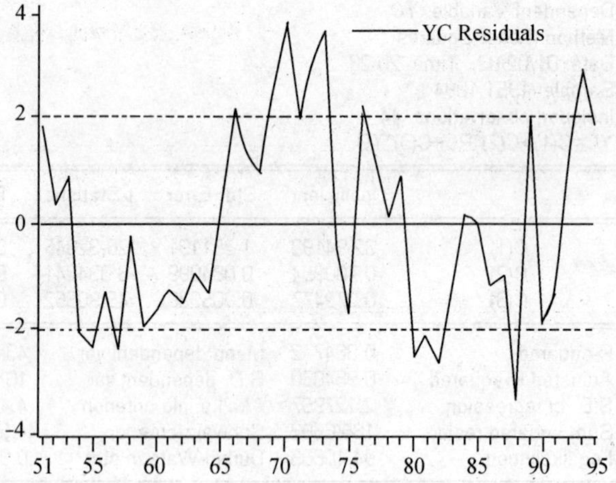

（五）

Dependent Variable: YC
Method: Least Squares
Date: 01/02/02 Time: 20:39
Sample(adjusted): 1952 1994
Included observations: 43 after adjusting endpoints
Convergence achieved after 11 iterations

Variable	Coefficient	Std. Error	t-Statistic	Prob.
C	26.72912	3.991136	6.697120	0.0000
PC	-0.109891	0.084950	-1.293583	0.2036
PB	0.090283	0.043807	2.060943	0.0462
YD	0.242026	0.026511	9.129309	0.0000
AR(1)	0.902889	0.063699	14.17423	0.0000

R-squared	0.995060	Mean dependent var	43.87674
Adjusted R-squared	0.994540	S.D. dependent var	16.70169
S.E. of regression	1.234162	Akaike info criterion	3.367605
Sum squared resid	57.87989	Schwarz criterion	3.572396
Log likelihood	-67.40351	F-statistic	1913.442
Durbin-Watson stat	2.159883	Prob(F-statistic)	0.000000

Inverted AR Roots	.90

（六） Dependent Variable: D(YC)
Method: Least Squares
Date: 01/02/02 Time: 20:36
Sample(adjusted): 1952 1994
Included observations: 43 after adjusting endpoints

D(**)表示变量**的一价差分

Variable	Coefficient	Std. Error	t-Statistic	Prob.
D(PC)	-0.132723	0.080430	-1.650175	0.1067
D(PB)	0.090516	0.042578	2.125880	0.0397
D(YD)	0.247189	0.038573	6.408345	0.0000

R-squared	0.201524	Mean dependent var	1.365116
Adjusted R-squared	0.161600	S.D. dependent var	1.381835
S.E. of regression	1.265266	Akaike info criterion	3.375656
Sum squared resid	64.03593	Schwarz criterion	3.498531
Log likelihood	-69.57661	Durbin-Watson stat	2.181594

注意：$\alpha=5\%$时，$t_{\alpha/2}=2.021$，$F_{\alpha}(1,42)=4.07$，$F_{\alpha}(2,41)=3.22$，$F_{\alpha}=(3,40)=2.84$，$k=2,3,4$ 时 $d_L=1.57,1.43,1.38$；$d_U=1.48,1.62,1.67$

总复习模拟试卷(2)

一、填空题(本大题共计 15 个空格,每空 1.5 分,共 18 分)

1. 经济变量之间数量关系研究中常用的分析方法有回归分析、________、________等。其中应用最广泛的是回归分析。

2. 在计量经济模型中的随机项 u_t 满足的古典假设条件:① ________;② 同方差;③ ________;④ ________;⑤ $u_t \sim N(0, \sigma_u^2)$。

3. 高斯—马尔可夫定理是指在总体参数的各种线性无偏估计中,最小二乘估计具有________的特性。

4. 检验样本是否存在多重共线性的常见方法有:________和逐步分析检验法。处理多重共线性的方法有:保留重要解释变量、去掉不重要解释变量、________、________。

5. 在计量经济建模时,对非线性模型的处理方法之一是线性化,写出模型 $Y=\dfrac{e^{\alpha+\beta X}}{1+e^{\alpha+\beta X}}$ 线性化的变量变换:________。

6. 计量经济模型的计量经济检验通常包括________、多重共线性检验、________。

二、选择题(本大题共 6 小题,每小题 2 分,共 12 分。在每小题的四个备选答案中,选出一至四个正确的答案)。

1. 回归分析中使用的距离是点到直线的垂直坐标距离。最小二乘准则是指 ( )

A. 使 $\left|\sum_{t=1}^{n}(Y_t-\hat{Y}_t)\right|$ 达到最小值　　B. 使 $\sum_{t=1}^{n}|Y_t-\hat{Y}_t|$ 达到最小值

C. 使 $\max|Y_t-\hat{Y}_t|$ 达到最小值　　D. 使 $\sum_{t=1}^{n}(Y_t-\hat{Y}_t)^2$ 达到最小值

2. 在多元线性回归分析中,修正的决定系数 $\overline{R}^2$ 与一般决定系数 R^2 之间的关系为 ( )

A. $\overline{R}^2 \leqslant R^2$　　B. $\overline{R}^2 \geqslant R^2$

C. $\overline{R}^2$ 只能大于零　　D. $\overline{R}^2$ 可能为负值

3. 已知三元线性回归模型估计的残差平方和为 $\sum e_t^2 = 800$,估计用样本容

量为 $n=24$，则随机误差项 u_t 的方差估计量 S^2 为 ( )

A. 33.33　　B. 40　　C. 38.09　　D. 36.36

4. 在一元线性回归问题中，因变量为 Y，自变量为 X 的总体回归方程可表示为 ( )

A. $Y_t=\beta_0+\beta_1 X_t+u_t$

B. $Y_t=\beta_0+\beta_1 X_t+e_t$

C. $\hat{Y}_t=\hat{\beta}_0+\hat{\beta}_1 X_t$

D. $E(Y_t)=\beta_0+\beta_1 X_t$　(其中 $t=1,2,\cdots,n$)

5. 分布滞后模型 $Y_t=4.1+1.20X_t+0.70Y_{t-1}+u_t$ 的长期效果为 ( )

A. 5.30　　B. 1.20　　C. 6.00　　D. 4.00

6. 在经济发展发生转折时期，可以通过引入虚拟变量方法来表示这种变化。例如，研究中国城镇居民消费函数时，1991 年前后，城镇居民商品性实际支出 Y 对实际可支配收入 X 的回归关系明显不同。现以 1991 年为转折时期，设虚拟变量 $D_t=\begin{cases}1 & \text{正常年份}\\0 & \text{反常年份}\end{cases}$，数据散点图显示消费函数发生了结构性变化：基本消费部分下降了，边际消费倾向变大了。则城镇居民线性消费函数的理论方程可以写做 ( )

A. $Y_t=\beta_0+\beta_1 X_t+u_t$

B. $Y_t=\beta_0+\beta_1 X_t+\beta_2 D_t X_t+u_t$

C. $Y_t=\beta_0+\beta_1 X_t+\beta_2 D_t+u_t$

D. $Y_t=\beta_0+\beta_1 X_t+\beta_2 D_t+\beta_3 D_t X_t+u_t$

三、判断题(本大题共 5 个小题，每小题 2 分，共 10 分。在每小题中，对者在其后的括号内打“√”，否则打“×”并说明原因)

1. 计量经济建模过程中，当采用的是一个自变量并且使用的样本量 $n\leqslant 30$ 时，对参数的显著性检验要用正态分布检验。( )

2. 一般情况下，广义最小二乘估计量比普通最小二乘估计更有效。( )

3. 分布滞后模型 $Y_t=\alpha+\beta_0 X_t+\beta_1 X_{t-1}+\cdots+\beta_p X_{t-p}+u_t$，在进行参数估计时，由于考耶克分布滞后模型和部分调整模型的处理思路不同，因而最后得到的模型形式上也是不一样的。( )

4. 联立方程结构模型中，对模型中的每一个随机方程单独使用普通最小二乘法得到的估计参数是有偏但一致的。( )

5. 包含常数项的季节变量模型运用最小二乘法时，如果模型中需要引入季节虚拟变量时，一般引入虚拟变量的个数为 4。( )

四、简答、计算题(本大题共 4 小题,每小题 10 分,共 40 分)

1. 给定一元回归模型:

$$Y_t=\beta_1+\beta_2 X_{2t}+\mu_t \qquad t=1,2,\cdots,n$$

(1) 叙述模型的古典假定;

(2) 写出回归系数及随机误差项方差的最小二乘估计量,并说明参数估计量的性质。

2. 某公司想决定在何处建造一个新的百货店,对已有的 30 个百货店的销售额作为其所处地理位置特征的函数进行回归分析,并且用该回归方程作为新百货店的不同位置的可能销售额,估计得出(括号内为估计的标准差):

$$\hat{Y}_t=30+0.1\times X_{1t}+0.01\times X_{2t}+10.0\times X_{3t}+3.0\times X_{4t}$$

$$(0.02) \qquad (0.01) \qquad (1.0) \qquad (1.0)$$

其中,Y_t=第 i 个百货店的日均销售额(百美元);

X_{1t}=第 i 个百货店前每小时通过的汽车数量;

X_{2t}=第 i 个百货店所处区域内的平均收入;

X_{3t}=第 i 个百货店内所有的柜台数量;

X_{4t}=第 i 个百货店所处地区竞争店面的数量。

请回答以下问题:

(1) 各个变量前参数估计的符号是否与期望的符号一致?

(2) 计算每个变量参数估计值的 T 值;

(3) 在 $\alpha=0.05$ 的显著性水平下检验各变量的显著性。

(临界值 $t_{0.025}(25)=2.06$,$t_{0.025}(26)=2.056$,$t_{0.05}(25)=1.708$,$t_{0.05}(26)=1.706$)

3. 根据我国 1978~2000 年的财政收入 Y 和国内生产总值 X 的统计资料,可建立如下的计量经济模型:

$$Y=556.6477+0.1198\times X$$

$$(2.5199) \qquad (22.7229)$$

$$R^2=0.9609,\ S.E=731.2086,\ F=516.3338,\ DW=0.3474$$

请回答以下问题:

(1) 何谓计量经济模型的自相关性?

(2) 试检验该模型是否存在一阶自相关,为什么?

(3) 自相关会给建立的计量经济模型产生哪些影响?

(4) 如果该模型存在自相关,试写出消除一阶自相关的方法和步骤。

(临界值 $d_L=1.24$,$d_U=1.43$)

4. 考察凯恩斯(Keyesian)宏观经济模型

$$\begin{cases} C_t=\beta_1+\beta_2 Y_t-\beta_3 T_t+\mu_{1t} & \text{（消费函数）}\\ I_t=\alpha_0+\alpha_1 Y_{t-1}+\mu_{2t} & \text{（投资函数）}\\ T_t=\gamma_0+\gamma_1 Y_t+\mu_{31} & \text{（税收函数）}\\ Y_t=C_t+I_t+G_t & \text{（恒等式）}\end{cases}$$

其中：C=消费额，I=投资额，T=税收额，Y=国民收入额，G=政府支出额

(1) 请指出模型中哪些变量是内生变量，哪些变量是外生变量？

(2) 判别每个方程和整个模型的可识别性。

五、模型分析题（本大题共 1 小题，20 分）

"基尼系数"是反映收入差别总水平的一个指标，也是反映社会公平程度的主要指标。基尼系数越大，收入分配差别越大；反之，基尼系数越小，收入分配差别越小。对影响我国居民正常收入差别基尼系数的因素，我们主要考察经济发展水平（人均 GDP）及财政收入水平（财政收入占 GDP 的比重）这两个因素。

用 G 表示全国居民正常收入的基尼系数，PD 表示人均 GDP（万元），PD2 表示 PD 的平方，CG 表示预算内财政收入占 GDP 的比重，利用 1988～1997 年的有关数据，估计的结果为：

Dependent Variable: G
Method: Least Squares
Date: 03/17/02 Time: 09:00
Sample: 1988 1997
Included observations: 10

Variable	Coefficient	Std. Error	t-Statistic	Prob.
C	0.263881	0.018996	13.89167	0.0000
PG	0.721745	0.127955	5.640636	0.0008
PG2	-0.818424	0.174517	-4.689648	0.0022

R-squared	0.902818	Mean dependent var	0.387751
Adjusted R-squared	0.875052	S.D. dependent var	0.029672
S.E. of regression	0.010488	Akaike info criterion	-6.03375
Sum squared resid	0.000770	Schwarz criterion	-5.942982
Log likelihood	33.16879	F-statistic	32.51502
Durbin-Watson stat	2.434137	Prob(F-statistic)	0.000286

Dependent Variable: G
Method: Least Squares
Date: 03/17/02 Time: 08:59
Sample: 1988 1997
Included observations: 10

Variable	Coefficient	Std. Error	t-Statistic	Prob.
C	0.558204	0.025067	22.26825	0.0000
CG	-1.290334	0.187584	-6.878686	0.0001

R-squared	0.855377	Mean dependent var	0.387751
Adjusted R-squared	0.837299	S.D. dependent var	0.029672
S.E. of regression	0.011969	Akaike info criterion	-5.836211
Sum squared resid	0.001146	Schwarz criterion	-5.775694
Log likelihood	31.18105	F-statistic	47.31632
Durbin-Watson stat	2.039398	Prob(F-statistic)	0.000127

（1）建立经济发展水平解释基尼系数的计量经济模型；

（2）检验该模型并说明其意义；

（3）人均 GDP 达到多少万元时，居民收入差别最大？

（4）建立财政收入水平解释基尼系数的计量经济模型并作出检验；

（5）从实际估计结果论述预算内财政收入水平对居民收入差别的影响。

六、附加题

假设回归方程 $Y=\beta_1 X_1+\beta_2 X_2+U$ 中系数的约束条件为 $\beta_1+\beta_2=1$，现有观测值的如下计算结果：

$$\boldsymbol{X}^T\boldsymbol{X}=\begin{pmatrix}2 & 0\\ 0 & 4\end{pmatrix} \qquad \boldsymbol{X}^T\boldsymbol{Y}=\begin{pmatrix}1.5\\ 2.5\end{pmatrix}$$

求系数 β_1，β_2 的有约束最小二乘估计。

总复习模拟试卷(3)

一、填空题(本大题共计 10 个空格,每空 2 分,共 20 分)

1. 在联立方程结构模型中,模型中的结构方程可以分类为__________、技术方程、__________和平衡方程,在对模型结构式进行识别时,只需要识别前两种方程。

2. 在计量经济建模时,对非线性模型的处理方法之一是线性化,写出模型 $Y=\frac{e^{\alpha+\beta X}}{1+e^{\alpha+\beta X}}$ 线性化的变量变换形式为:__________,变换后的模型形式为:__________。

3. 在计量经济建模过程中,当采用的是一个自变量并且使用的样本量 $n\leqslant 30$ 时,对参数的显著性检验要用______检验。

4. 在多元线性回归模型中,解释变量间呈现线性关系的现象称为多重共线性问题,给计量经济建模带来不利影响,因此需检验和处理它。通常的处理方法有① __________;② 去掉不重要的解释变量;③ __________;④ 主分量法。

5. 高斯—马尔可夫定理是指在总体参数的各种线性无偏估计中,最小二乘估计具有__________的特性。

6. 计量经济模型的计量经济检验通常包括__________、多重共线性检验、__________。

二、选择题(本大题共 10 个小题,每小题 2 分,共 20 分)

1. 结构式模型中的每一个方程都称为结构式方程。在结构方程中,解释变量可以是前定变量,也可以是 ( )

A. 外生变量　　B. 滞后变量

C. 内生变量　　D. 外生变量和内生变量

2. 已知样本回归模型残差的一阶自相关系数接近于-1,则 DW 统计量近似等于 ( )

A. 0　　B. 1　　C. 2　　D. 4

3. 假设总体回归模型为 $Y_t=\beta X_t+u_t$,其中 X_t 为随机变量,X_t 与 u_t 相关,则 β 的普通最小二乘估计量 ( )

A. 无偏且一致　　B. 无偏但不一致

C. 有偏但一致　　　　D. 有偏且不一致

4. 戈德菲尔德—匡特检验法可用于检验　　(　　)

A. 异方差性　　　　B. 多重共线性

C. 序列相关　　　　D. 设定误差

5. 设无限分布滞后模型 $Y_t=\alpha+\beta_0X_t+\beta_1X_{t-1}+\beta_2X_{t-2}+\cdots+u_t$ 满足考耶克变换的假定，则长期效果为　　(　　)

A. $\dfrac{\beta}{1-\lambda}$　　B. $\lambda^k\beta$　　C. $\dfrac{(1-\lambda^k)\beta}{1-\lambda}$　　D. $\lambda\beta$

6. 在给定的显著性水平之下，若 DW 统计量的下和上临界值分别为 d_L 和 d_u，则当 $d_L<DW<d_u$ 时，可认为随机误差项　　(　　)

A. 存在一阶正自相关　　　　B. 存在一阶负相关

C. 不存在序列相关　　　　D. 存在序列相关与否不能断定

7. 设 k 为回归模型中的参数个数，n 为样本容量。则对总体回归模型进行显著性检验(F 检验)时构造的 F 统计量为　　(　　)

A. $F=\dfrac{ESS/(k-1)}{RSS/(n-k)}$　　　　B. $F=1-\dfrac{ESS/(k-1)}{RSS/(n-k)}$

C. $F=\dfrac{ESS}{RSS}$　　　　D. $F=\dfrac{RSS}{ESS}$

8. 当联立方程模型中第 i 个结构方程是不可识别的，则该模型是　　(　　)

A. 可识别的　　　　B. 不可识别的

C. 过度识别的　　　　D. 恰好识别的

9. 在计量经济模型中引入的虚拟变量　　(　　)

A. 主要来代表质的因素，但在有些情况下可以用来代表数量因素

B. 只能代表质的因素

C. 只能代表数量因素

D. 只能代表季节影响因素

10. 前定变量是(　　)的合称。

A. 外生变量和滞后变量　　　　B. 内生变量和外生变量

C. 外生变量和虚拟变量　　　　D. 解释变量和被解释变量

三、简答、计算题(每大题共 4 小题，前 3 题每题 12 分，最后一题 9 分，共 45 分)

1. 对于多元线性计量经济学模型：

$$Y_t=\beta_1+\beta_2X_{2t}+\beta_3X_{3t}+\cdots+\beta_kX_{kt}+\mu_t$$

$$t=1,2,\cdots,n$$

试求：(1) 该模型的矩阵形式及各矩阵的含义；

(2) 对应的样本模型；

(3) 模型的最小二乘参数估计量；

(4) 证明在满足基本假定的情况下该最小二乘法估计量具有无偏性。

2. 为了解美国工作妇女是否受到歧视，可以用美国统计局的“当前人口调查”中的截面数据，研究男女工资有没有差别。这项多元回归分析研究所用到的变量有：

W—雇员的工资率(美元/小时)

$$SEX=\begin{cases}1 & \text{若雇员为妇女}\\ 0 & \text{其他}\end{cases}$$

ED—受教育的年数

AGE—年龄

对 124 名雇员的样本进行的研究得到回归结果为(括号内为估计的 t 值)：

$$\hat{W}=-6.41-2.76SEX+0.99ED+0.12AGE$$
$$(-3.38)\quad(-4.61)\quad(8.54)\quad(4.63)$$
$$R^2=0.867\quad F=23.2$$

求：(1) 该模型调整后的决定系数$\bar{R}^2$；

(2) 各估计值的标准差为多少？

(3) 检验美国工作妇女是否受到歧视，为什么？

(4) 按此模型预测一个 30 岁受教育 16 年的美国男性的平均每小时的工作收入为多少美元？

(显著性水平 $\alpha=0.05$，$t_{0.05}(124)=1.656$，$t_{0.025}(124)=1.97$，$t_{0.025}(120)=1.98$，$t_{0.05}(120)=1.658$)

3. 根据我国 1985～2001 年城镇居民人均可支配收入和人均消费性支出资料，按照凯恩斯绝对收入假说建立的消费函数计量经济模型为：

$$\text{城镇居民人均消费性支出}=137.422+0.772\times\text{城镇居民人均可支配收入}$$
$$(5.875)\quad(127.09)$$
$$R^2=0.999;S.E=51.9;DW=1.205;F=16\,151$$
$$e_t^2=-451.9+0.871\times\text{城镇居民人均可支配收入}$$
$$(-0.283)(2.103)$$
$$R^2=0.477;S.E=354\,0;DW=1.91;F=4.424$$

(1) 解释模型中 137.422 和 0.772 的意义；

(2) 简述什么是模型的异方差性；

(3) 检验该模型是否存在异方差性；

(4) 如果模型存在异方差性，写出消除模型异方差性的方法和步骤。

(显著性水平 $\alpha=0.05$，$\chi^2_{0.05}(1)=3.84$；$\chi^2_{0.05}(2)=5.99$；$\chi^2_{0.05}(16)=26.3$；$\chi^2_{0.05}(15)=25$)

4. 对于农产品供求联立模型：

$$\begin{cases} Q_t^D=\alpha_0+\alpha_1 P_t+\alpha_2 Y_t+\alpha_3 Y_{t-1}+\mu_{1t} \\ Q_t^S=\beta_0+\beta_1 P_t+\beta_2 W_t+\mu_{2t} \\ Q_t^D=Q_t^S=Q \end{cases}$$

其中：P—某种农产品的价格；

Q^D—农产品的需求量；

Q^S—农产品的供给量；

Y—消费者收入水平；

W—天气条件

(1) 指出模型中的内生变量、外生变量和前定变量；

(2) 写出模型的简化式；

(3) 识别第一个方程。

四、模型分析题(本大题共 1 小题，15 分)

一国的对外贸易分为出口和进口，净出口被定义为出口与进口的差额。影响净出口的因素很多，在宏观经济学中，汇率和国内收入水平被认为是两个最重要的因素，我们根据这一理论对影响中国的净出口水平的因素进行实证分析。

设 NX 表示我国净出口水平(亿元)；GDP 为我国国内生产总值(亿元)，反映我国的国内收入水平；D(GDP)表示 GDP 的一阶差分；E 表示每 100 美元对人民币的平均汇率(元/百美元)，反映汇率水平。利用 1985～2001 年我国的统计数据(摘自《2002 中国统计年鉴》)，估计的结果见下表。

(1) 选择解释我国净出口水平最适合的计量经济模型，写出该模型并说明选择的原因，其他模型可能存在什么问题；

(2) 解释选择的计量经济模型的经济意义。

相关系数矩阵

	NX	GDP	E
NX	1.000000	0.853314	0.786534
GDP	0.853314	1.000000	0.916241
E	0.786534	0.916241	1.000000

Dependent Variable: NX
Method: Least Squares
Date: 03/21/02 Time: 11:02
Sample: 1985 2001
Included observations: 17

Variable	Coefficient	Std. Error	t-Statistic	Prob.
C	-2135.887	645.9685	-3.306488	0.0048
E	4.851832	0.983587	4.932794	0.0002

R-squared	0.618636	Mean dependent var	879.9059
Adjusted R-squared	0.593211	S.D. dependent var	1348.206
S.E. of regression	859.8857	Akaike info criterion	16.46161
Sum squared resid	11091052	Schwarz criterion	16.55963
Log likelihood	-137.9237	F-statistic	24.33245
Durbin-Watson stat	0.890230	Prob(F-statistic)	0.000180

Dependent Variable: NX
Method: Least Squares
Date: 03/21/02 Time: 11:04
Sample: 1985 2001
Included observations: 17

Variable	Coefficient	Std. Error	t-Statistic	Prob.
C	-761.6691	313.1743	-2.432093	0.0280
GDP	0.036827	0.005810	6.338492	0.0000

R-squared	0.728145	Mean dependent var	879.9059
Adjusted R-squared	0.710021	S.D. dependent var	1348.206
S.E. of regression	726.0044	Akaike info criterion	16.12312
Sum squared resid	7906237.	Schwarz criterion	16.22115
Log likelihood	-135.0465	F-statistic	40.17648
Durbin-Watson stat	1.289206	Prob(F-statistic)	0.000013

Dependent Variable: NX
Method: Least Squares
Date: 03/21/02 Time: 11:06
Sample: 1985 2001
Included observations: 17

Variable	Coefficient	Std. Error	t-Statistic	Prob.
C	-822.2318	789.9381	-1.040881	0.3156
E	0.180334	2.145081	0.084069	0.9342
GDP	0.035671	0.015008	2.376855	0.0323

R-squared	0.728282	Mean dependent var	879.9059
Adjusted R-squared	0.689465	S.D. dependent var	1348.206
S.E. of regression	751.2964	Akaike info criterion	16.24026
Sum squared resid	7902248.	Schwarz criterion	16.38730
Log likelihood	-135.0422	F-statistic	18.76202
Durbin-Watson stat	1.279954	Prob(F-statistic)	0.000109

Dependent Variable: NX
Method: Least Squares
Date: 03/21/02 Time: 11:09
Sample(adjusted): 1986 2001
Included observations: 16 after adjusting endpoints

Variable	Coefficient	Std. Error	t-Statistic	Prob.
C	-3036.617	444.7869	-6.827128	0.0000
E	8.781248	0.929788	9.444358	0.0000
D(GDP)	-0.301465	0.054757	-5.505550	0.0001

R-squared	0.878586	Mean dependent var	962.9563
Adjusted R-squared	0.859907	S.D. dependent var	1346.761
S.E. of regression	504.0793	Akaike info criterion	15.45070
Sum squared resid	3303247.	Schwarz criterion	15.59557
Log likelihood	-120.6056	F-statistic	47.03583
Durbin-Watson stat	2.214778	Prob(F-statistic)	0.000001

总复习模拟试卷(4)

一、单项选择题(本大题共30小题,每小题1分,共30分。在每小题的四个备选答案中,选出一个正确答案,并将正确答案的序号填在题干的括号内)

1. 经济计量模型是指 ( )

A. 投入产出模型　　B. 数学规划模型

C. 包含随机方程的经济数学模型　　D. 模糊数学模型

2. 在具体的模型中,被认为是具有一定概率分布的随机数量是 ( )

A. 内生变量　　B. 外生变量

C. 虚拟变量　　D. 前定变量

3. 设 M 为货币需求量,Y 为收入水平,r 为利率,流动性偏好函数为:

$$M=\beta_0+\beta_1 Y+\beta_2 r+u$$

又设 a,b 分别是 $\beta_1\beta_2$ 的估计值,则根据经济理论,一般来说 ( )

A. a 应为正值,b 应为负值　　B. a 应为正值,b 应为正值

C. a 应为负值,b 应为负值　　D. a 应为负值,b 应为正值

4. 回归分析中定义的 ( )

A. 解释变量和被解释变量都是随机变量

B. 解释变量为非随机变量,被解释变量为随机变量

C. 解释变量和被解释变量都为非随机变量

D. 解释变量为随机变量,被解释变量为非随机变量

5. 如果一个非平稳时间序列经过 k 次差分后为平稳时间序列,则该序列为 ( )

A. k 阶单整的　　B. $k-1$ 阶单整的

C. k 阶协整的　　D. $k-1$ 阶协整的

6. 分段线性回归模型的几何图形是 ( )

A. 平行线　　B. 垂直线

C. 光滑曲线　　D. 折线

7. 容易产生异方差的数据为 ( )

A. 时序数据　　B. 修匀数据

C. 横截面数据　　D. 年度数据

8. 根据建立模型的目的不同,将宏观经济计量模型分为经济预测模型、政

策分析模型和 （　　）

A. 中长期模型　　B. 年度模型

C. 结构分析模型　　D. 国家间模型

9. 检验协整关系的方法是 （　　）

A. 戈德菲尔德—匡特方法　　B. 德宾—沃森方法

C. 葛兰杰—恩格尔方法　　D. 安斯卡姆伯—雷姆塞方法

10. 如果一个回归模型中不包含截距项，对一个具有 m 个特征的质的因素要引入虚拟变量数目为 （　　）

A. m　　B. $m-1$　　C. $m-2$　　D. $m+1$

11. 线性回归模型 $Y_i=\beta_0+\beta_1X_{1i}+\beta_2X_{2i}+\Lambda\Lambda+\beta_kX_{ki}+u_i$ 中，检验 $H_0:\beta_i=0(i=0,1,\cdots k)$ 时，所用的统计量 $t=\dfrac{\hat{\beta}_i}{\sqrt{Var(\hat{\beta}_i)}}$ 服从 （　　）

A. $t(n-k+1)$　　B. $t(n-k-2)$

C. $t(n-k-1)$　　D. $t(n-k+2)$

12. 调整的判定系数 $\overline{R}^2$ 与多重判定系数 R^2 之间有如下关系 （　　）

A. $\overline{R}^2=R^2\dfrac{n-1}{n-k}$　　B. $\overline{R}^2=1-R^2\dfrac{n-1}{n-k}$

C. $\overline{R}^2=1-(1+R^2)\dfrac{n-1}{n-k}$　　D. $\overline{R}^2=1-(1-R^2)\dfrac{n-1}{n-k}$

13. 当需求完全无弹性时， （　　）

A. 价格与需求量之间存在完全线性关系

B. 价格上升速度与需求量下降速度相等

C. 无论价格如何变动，需求量都不变

D. 价格上升，需求量也上升

14. 对于自适应预期模型，估计模型参数应采用 （　　）

A. 普通最小二乘法　　B. 间接最小二乘法

C. 二阶段最小二乘法　　D. 工具变量法

15. 考耶克变换模型参数的普通最小二乘估计量是 （　　）

A. 无偏且一致　　B. 有偏但一致

C. 无偏但不一致　　D. 有偏且不一致

16. C-D 生产函数的替代弹性为 （　　）

A. 1　　B. ∞　　C. 0　　D. -1

17. 简化式模型就是把结构式模型中的内生变量表示为（　　）

A. 外生变量和内生变量的函数关系

B. 前定变量和随机误差项的函数模型

C. 滞后变量和随机误差项的函数模型

D. 外生变量和随机误差项的函数模型

18. 宏观经济计量模型导向的决定因素为 ( )

A. 总供给　　B. 总需求

C. 总供给和总需求　　D. 总供求的矛盾

19. 对于有限分布滞后模型,解释变量的滞后长度每增加一期,可利用的样本数据就会( )

A. 增加1个　　B. 减少1个

C. 增加2个　　D. 减少2个

20. 对于回归模型 $Y_t=\alpha_0+\alpha_1 X_t+\alpha_2 Y_{t-1}+v_t$,检验随机误差项是否存在自相关的统计量为 ( )

A. $d=\dfrac{\sum_{t=2}^{n}(e_t-e_{t-1})^2}{\sum_{t=1}^{n}e_t{}^2}$　　B. $H=\left(1-\dfrac{1}{2}d\right)\sqrt{\dfrac{n}{1-n\,Var(\hat{\alpha}_2)}}$

C. $F=\dfrac{\delta_1^2}{\delta_2^2}$　　D. $t=\dfrac{r\sqrt{n-2}}{\sqrt{1-r^2}}$

21. 对于部分调整模型 $Y_t=\delta\beta_0+\delta\beta_1 X_t+(1-\delta)Y_{t-1}+\delta u_t$,若 u_t 不存在自相关,则估计模型参数可使用 ( )

A. 普通最小二乘法　　B. 加权最小二乘法

C. 广义差分法　　D. 一阶差分法

22. 下列宏观经济计量模型中投资函数所在方程的类型为 ( )

$$\begin{cases} Y_t=C_t+I_t+G_t \\ C_t=a_0+a_1 Y_t+u_{1t} \\ I_t=\beta_0+\beta_t Y_{t-1}+\beta_2\gamma_t+u_{2t} \end{cases}$$

A. 技术方程式　　B. 制度方程式

C. 恒等式　　D. 行为方程式

23. 如果同阶单整的线性组合是平稳时间序列,则这些变量之间关系是 ( )

A. 伪回归关系　　B. 协整关系

C. 短期的均衡关系　　D. 短期非均衡关系

24. 若回归模型中的随机误差项存在一阶自回归形式的序列相关,则估计模型参数应采用 ( )

A. 普通最小二乘法　　B. 加权最小二乘法

C. 广义差分法　　　　　　　　D. 工具变量法

25. 假如模型中第 i 个方程排除的变量中没有一个在第 j 个方程中出现，则第 i 个方程是　　（　　）

A. 可识别的　　　　　　　　B. 恰好识别

C. 过度识别　　　　　　　　D. 不可识别

26. 在包登价格决定方程 $P_t = g^* P_{t-1} + (1-g^*)P_t^*$ 中，若市场处于非均衡状态，则有　　（　　）

A. $g^*=0$　　B. $g^*<0$　　C. $g^*\leqslant 0$　　D. $g^*>0$

27. 假设回归模型为 $Y_i=\alpha+\beta X_i+U_i$，其中 $Var(U_i)=\sigma^2 X_i^2$ 则使用加权最小二乘法估计模型时，应将模型变换为　　（　　）

A. $\dfrac{Y}{\sqrt{X}}=\dfrac{\alpha}{\sqrt{X}}+\beta\sqrt{X}+\dfrac{U}{\sqrt{X}}$　　B. $\dfrac{Y}{\sqrt{X}}=\dfrac{\alpha}{\sqrt{X}}+\beta+\dfrac{U}{\sqrt{X}}$

C. $\dfrac{Y}{\sqrt{X}}=\dfrac{\alpha}{X}+\beta+\dfrac{U}{X}$　　D. $\dfrac{Y}{X^2}=\dfrac{\alpha}{X^2}+\dfrac{\beta}{X}+\dfrac{U}{X^2}$

28. 经济计量模型的预测功效最好，说明希尔不等系数 U 的值　　（　　）

A. 等于 0　　　　　　　　B. 接近于－1

C. 接近于 1　　　　　　　D. 趋近于＋∞

29. 当识别的阶条件为：$K-g<k-1$，则表示　　（　　）

A. 第 i 个方程恰好识别　　　　B. 第 i 个方程不可识别

C. 第 i 个方程过度识别　　　　D. 第 i 个方程具有唯一统计形式

30. 在某个结构方程过度识别的条件下，不适用的估计方法是　　（　　）

A. 间接最小二乘法　　　　B. 工具变量法

C. 二阶段最小二乘法　　　D. 有限信息极大似然估计法

二、多项选择题（本大题共 5 小题，每小题 2 分，共 10 分。在每小题的五个备选答案中，选出二至五个正确的答案，并将正确答案的序号分别填在题干的括号内，多选、少选、错选均不得分）

1. 下列哪些变量属于前定变量（　　）

A. 内生变量　　B. 随机变量　　C. 滞后变量

D. 外生变量　　E. 工具变量

2. 当线性回归模型的解释变量之间存在较严重的多重共线性时，可使用的有偏估计方法有　　（　　）

A. 加权最小二乘法　　B. 工具变量法　　C. 岭回归估计法

D. 主成分回归估计法　　E. 间接最小二乘法

3. 对联立方程模型参数的单方程估计法包括（　　）

A. 工具变量法　　　　　　　　B. 间接最小二乘法
C. 完全信息极大似然估计法　D. 二阶段最小二乘法
E. 三阶段最小二乘法

4. 下列模型中属于几何分布滞后模型的有(　　)
A. 考耶克变换模型　　　　　B. 自适应预期模型
C. 部分调整模型　　　　　　D. 有限多项式滞后模型
E. 广义差分模型

5. 系统变参数模型中,参数变化是(　　)
A. 随机的　　　　　　　　　B. 离散的
C. 非随机的　　　　　　　　D. 连续的
E. 系统的

三、名词解释(本大题共 7 小题,每小题 2 分,共 14 分)

1. 工具变量法
2. 拟合优度
3. 外生变量
4. 超样本性质
5. 经济计量学
6. 分布滞后模型
7. 异方差

四、简答题(本大题共 5 小题,每小题 4 分,共 20 分)

1. D-W 检验的局限性主要有哪些?
2. 协整理论的提出,有何重要意义?
3. 用做经济预测的经济计量模型通常要具备哪些性质?
4. 需求函数有哪些基本性质,其经济含义是什么?
5. 简述模型不可识别与过度识别的原因。

五、计算题(本大题共 2 小题,每小题 8 分,共 16 分)

1. 根据 8 个企业的广告支出 X 和销售收入 Y 的资料,求得:

$\sum X_i=108$, $\sum Y_i=480$, $\sum X_i^2=1\,620$, $\sum X_iY_i=6\,870$, $\sum Y_i^2=30\,000$

试用普通最小二乘法确定销售收入 Y 对广告支出 X 的回归直线,并计算判定系数。

2. 设有国民经济的一个简单宏观模型为:

$$\begin{cases} C_t=\alpha+\beta Y_t+U_t \\ Y_t=C_t+I_t \end{cases}$$

式中 Y、C、I 分别为国民收入、消费和投资,其中投资 I 为外生变量。现根据该国民经济系统近 9 年的统计资料已计算得出：

$$\sum C_t = 522, \sum I_t = 198, \sum I_t^2 = 4\,740, \sum I_t C_t = 12\,060,$$

试用间接最小二乘法估计该模型。

六、模型分析题（本大题共 1 小题，10 分）

1. 根据某地 1961～1999 年共 39 年的总产出 Y、劳动投入 L 和资本投入 K 的年度数据，运用普通最小二乘法估计得出了下列回归方程：

$$\ln\hat{Y} = -3.938 + 1.451\ln L + 0.384\,1\ln K$$

$$(0.237)\quad (0.083)\quad (0.048)$$

$$R^2 = 0.994\,6, \mathrm{DW} = 0.858$$

式下括号中的数字为相应估计量的标准误。在 5% 的显著性水平之下，由 D -W 检验临界值表，得 $d_L = 1.38$，$d_U = 1.60$。问：

(1) 题中所估计的回归方程的经济含义；

(2) 该回归方程的估计中存在什么问题？应如何改进？

参考文献

[1] Gerha Tintner , Methodology of Mathematical Econometrics,《数理经济学与计量经济学方法论》, The Universitiy of Chicago Press, Chicago, 1968年,第74页。

[2] P. A. Samuelson, T. C. Koopmans and J. R. N. Stone, "Repot of the Evaluative Committee for Econometrica(计量经济学刊评议委员会报告)", Econometrica, Vol. 22, No. 2, 1954年4月,第141—146页。

[3] Arthur S. Goldberger, Econometric Theory,《计量经济学理论》, John Wiley & Sons, New York, 1964年,第1页。

[4] H. Theil Principles of Econometrics,《计量经济学原理》, John Wiley & Sons, New York, 1971年,第1页。

[5] E. Malinvaud, Statistical Methods of Econometric,《计量经济学的统计方法》, Rand McNally , Chicago, 1966年,第514页。

[6] Adrian C. Damell and J. Lynne Evans, The Limits of Econometrics,《计量经济学的限度》, Edward Elgar Publishing, Hants, England, 1990年,第54页。

[7] T. Haavelmo, The Probability Approach in Econometrics,《计量经济学的概率方法》, Supplement to Econometrica, Vol. 12, 1944年, preface 第Ⅲ页。

[8] 古扎拉蒂《计量经济学》(上册),中国人民大学出版社,北京,2000年,第1—12页。

[9] 赵卫亚《计量经济学教程》,上海财经大学出版社,上海,2003年,第163—184页。

[10] 刘德强,国有企业的经营者:是能力不足还是努力不足——关于钢铁工业的实证研究,经济学(季刊)第1卷第2期,2002年1月。

[11] 魏尚进,不透明性的经济成本:外国投资损失以及额外经营成本,经济学(季刊)第2卷第1期,2003年1月。

[12] 张维迎、周黎安、顾全林,经济转型中的企业退出机制——关于北京市中关村科技园区的一项经验研究,经济研究,2003年第9期。

